新时代外国语言文学
新发展研究丛书

总主编　罗选民　庄智象

中国翻译史新发展研究

Chinese Translation History: New Perspectives and Development

段　峰　罗　金／著

清華大學出版社
北　京

内 容 简 介

本书对新世纪以来，尤其是近十年（2010—2019）的中国翻译史研究进行了详细的梳理和分析，回顾了新时期中国翻译史研究的发展历程，总结了中国翻译史研究的丰硕成果，指出了存在的问题以及今后的发展方向。全书分中国翻译史研究概述、近十年中国翻译史研究概论、近十年中国翻译史学理论研究成果、近十年中国翻译史研究方法发展与展望、近十年中国翻译史研究反思与展望等五大部分，纵横交错、点面结合，呈现了新时期中国翻译史研究的全貌。

版权所有，侵权必究。 举报：010-62782989，beiqinquan@tup.tsinghua.edu.cn。

图书在版编目（CIP）数据

中国翻译史新发展研究 / 段峰，罗金著. —北京：清华大学出版社，2021.10（2023.3重印）

（新时代外国语言文学新发展研究丛书）

ISBN 978-7-302-57383-8

Ⅰ.①中…　Ⅱ.①段…　②罗…　Ⅲ.①翻译—语言学史—研究—中国　Ⅳ.① H159-092

中国版本图书馆 CIP 数据核字（2021）第 020272 号

策划编辑：郝建华
责任编辑：郝建华　曹诗悦
封面设计：黄华斌
责任校对：王凤芝
责任印制：丛怀宇

出版发行：清华大学出版社
网　　　址：http://www.tup.com.cn, http://www.wqbook.com
地　　　址：北京清华大学学研大厦 A 座　　邮　编：100084
社 总 机：010-83470000　　　　　邮　购：010-62786544
投稿与读者服务：010-62776969, c-service@tup.tsinghua.edu.cn
质量反馈：010-62772015, zhiliang@tup.tsinghua.edu.cn
印 装 者：大厂回族自治县彩虹印刷有限公司
经　　销：全国新华书店
开　　本：155mm×230mm　　印　张：19　　字　数：288 千字
版　　次：2021 年 10 月第 1 版　　　印　次：2023 年 3 月第 2 次印刷
定　　价：118.00 元

产品编号：088104-01

中国英汉语比较研究会
"新时代外国语言文学新发展研究丛书"
编委会名单

总主编

罗选民　　庄智象

编　委

（按姓氏拼音排序）

蔡基刚	陈　桦	陈　琳	邓联健	董洪川
董燕萍	顾曰国	韩子满	何　伟	胡开宝
黄国文	黄忠廉	李清平	李正栓	梁茂成
林克难	刘建达	刘正光	卢卫中	穆　雷
牛保义	彭宣维	冉永平	尚　新	沈　园
束定芳	司显柱	孙有中	屠国元	王东风
王俊菊	王克非	王　蔷	王文斌	王　寅
文秋芳	文卫平	文　旭	辛　斌	严辰松
杨连瑞	杨文地	杨晓荣	俞理明	袁传有
查明建	张春柏	张　旭	张跃军	周领顺

总　　序

外国语言文学是我国人文社会科学的一个重要组成部分。自 1862 年同文馆始建，我国的外国语言文学学科已历经一百五十余年。一百多年来，外国语言文学学科一直伴随着国家的发展、社会的变迁而发展壮大，推动了社会的进步，促进了政治、经济、文化、教育、科技、外交等各项事业的发展，增强了与国际社会的交流、沟通与合作，每个发展阶段无不体现出时代的要求和特征。

20 世纪之前，中国语言研究的关注点主要在语文学和训诂学层面，由于"字"研究是核心，缺乏区分词类的语法标准，语法分析经常是拿孤立词的意义作为基本标准。1898 年诞生了中国第一部语法著作《马氏文通》，尽管"字"研究仍然占据主导地位，但该书宣告了语法作为独立学科的存在，预示着语言学这块待开垦的土地即将迎来生机盎然的新纪元。1919 年，反帝反封建的"五四运动"掀起了中国新文化运动的浪潮，语言文学研究（包括外国语言文学研究）得到蓬勃发展。中华人民共和国成立后，尤其是改革开放以来，外国语言文学学科的发展势头持续迅猛。至 20 世纪末，学术体系日臻完善，研究理念、方法、手段等日趋科学、先进，几乎达到与国际研究领先水平同频共振的程度，取得了令人瞩目的成绩，有力地推动和促进了人文社会科学的建设，并支持和服务于改革开放和各项事业的发展。

无独有偶，在处于转型时期的"五四运动"前后，翻译成为显学，成为了解外国文化、思想、教育、科技、政治和社会的重要途径和窗口，成为改造旧中国的利器。在那个时期，翻译家由边缘走向中国的学术中心，一批著名思想家、翻译家，通过对外国语言文学的文献和作品的译介塑造了中国现代性，其学术贡献彪炳史册，为中国学术培育做出了重大贡献。许多西方学术理论、学科都是经过翻译才得以为中国高校所熟悉和接受，如王国维翻译教育学和农学的基础读本、吴宓翻译哈佛大学白璧德的新人文主义美学作品等。这些翻译文本从一个侧面促成了中国高等教育学科体系的发展和完善，社会学、人类学、民俗学、美学、教育学等，几乎都是在这一时期得以创建和发展的。翻译服务对于文化交流交融和促进文明互鉴，功不可没，而翻译学也在经历了语文学、语言学、文化学等转向之后，日趋成熟，如今在让中国了解世界、让世界了解中国，尤其是"一带一路"建设、人类命运共同体构建，讲好中国故事、传递好中国声音等方面承担着重要使命与责任，任重而道远。

20世纪初，外国文学深刻地影响了中国现代文学的形成，犹如鲁迅所言，要学普罗米修斯，为中国的旧文学窃来"天国之火"，发出中国文学革命的呐喊，在直面人生、救治心灵、改造社会方面起到不可替代的作用。大量的外国先进文化也因此传入中国，为塑造中国现代性发挥了重大作用。从清末开始特别是"五四运动"以来，外国文学的引进和译介蔚然成风。经过几代翻译家和学者的持续努力，在翻译、评论、研究、教学等诸多方面成果累累。改革开放之后，外国文学研究更是进入繁荣时代，对外国作家及其作品的研究逐渐深化，在外国文学史的研究和著述方面越来越成熟，在文学理论与文学批评的译介和研究方面、在不断创新国外文学思想潮流中，基本上与欧美学术界同步进展。

外国文学翻译与研究的重大意义，在于展示了世界各国文学的优秀传统，在文学主题深化、表现形式多样化、题材类型丰富化、批评方法论的借鉴等方面显示出生机与活力，显著地启发了中国文学界不断形成新的文学观，使中国现当代文学创作获得了丰富的艺术资源，同时也有力地推动了高校相关领域学术研究的开展。

进入21世纪，中国的外国语言学研究得到了空前的发展，不仅及时引进了西方语言学研究的最新成果，还将这些理论运用到汉语研究的实践；不仅有介绍、评价，也有批评，更有审辨性的借鉴和吸收。英语、汉语比较研究得到空前重视，成绩卓著，"两张皮"现象得到很大改善。此外，在心理语言学、神经语言学和认知语言学等与当代科学技术联系紧密的学科领域，外国语言学学者充当了排头兵，与世界分享语言学研究的新成果和新发现。一些外语教学的先进理念和语言政策的研究成果为国家制定外语教育政策和发展战略也做出了积极的贡献。

习近平总书记指出："要着力推进国际传播能力的建设，创新对外宣传方式，加强话语体系建设，着力打造融通中外的新概念新范畴新表述，讲好中国故事，传播好中国声音，增强在国际上的话语权。"为贯彻这一要求，教育部近期提出要全面推进新工科、新医科、新农科、新文科等建设。新文科概念正式得到国家教育部门的认可，并被赋予新的内涵和定位，即以全球新技术革命、新经济发展、中国特色社会主义新时代为背景，突破传统的文科思维模式与文科建构体系，创建与新时代、新思想、新科技、新文化相呼应的新文科理论框架和研究范式。新文科具备传统文科和跨学科的特点，注重科学技术、战略创新和融合发展，立足中国，面向世界。

新文科建设理念对外国语言文学学科建设提出了新目标、新任务、新要求、新格局。具体而言，新文科旗帜下的外国语言文学学科的发展目标是：服务国家教育发展战略的知识体系框架，兼备迎接新科技革命的挑战能力，彰显人文学科与交叉学科的深度交融特点，夯实中外政治、文化、社会、历史等通识课程的建设，打通跨专业、跨领域的学习机制，确立多维立体互动教学模式。这些新文科要素将助推新文科精神、内涵、理念得以彻底贯彻落实到教育实践中，为国家培养出更多具有融合创新的专业能力，具有国际化视野，理解和通晓对象国人文、历史、地理、语言的人文社科领域外语人才。

进入新时代，我国外国语言文学的教育、教学和研究发生了巨大变化，无论是理论的探索和创新，方法的探讨和应用，还是具体的实验和实践，都成绩斐然。回顾、总结、梳理和提炼一个年代的学术发展，尤其是从理论、方法和实践等几个层面展开研究，更有其学科和学术价值及现实和深远意义。

鉴于上述理念和思考，我们策划、组织、编写了这套"新时代外国语言文学新发展研究丛书"，旨在分析和归纳近十年来我国外国语言文学学科重大理论的构建、研究领域的探索、核心议题的研讨、研究方法的探讨，以及各领域成果在我国的应用与实践，发现目前研究中存在的主要不足，为外国语言文学学科发展提出可资借鉴的建议。我们希望本丛书的出版，能够帮助该领域的研究者、学习者和爱好者了解和掌握学科前沿的最新发展成果，熟悉并了解现状，知晓存在的问题，探索发展趋势和路径，从而助力中国学者构建融通中外的话语体系，用学术成果来阐述中国故事，最终产生能屹立于世界学术之林的中国学派！

本丛书由中国英汉语比较研究会联合上海时代教育出版研究中心组织研发，由研究会下属 29 个二级分支机构协同创新、共同打造而成。罗选民和庄智象审阅了全部书稿提纲；研究会秘书处聘请了二十余位专家对书稿提纲逐一复审和批改；黄国文终审并批改了大部分书稿提纲。本丛书的作者大都是知名学者或中青年骨干，接受过严格的学术训练，有很好的学术造诣，并在各自的研究领域有丰硕的科研成果，他们所承担的著作也分别都是迄今该领域动员资源最多的科研项目之一。本丛书主要包括"外国语言学""外国文学""翻译学""比较文学与跨文化研究"和"国别和区域研究"五个领域，集中反映和展示各自领域的最新理论、方法和实践的研究成果，每部著作内容涵盖理论界定、研究范畴、研究视角、研究方法、研究范式，同时也提出存在的问题，指明发展的前景。总之，本丛书基于外国语言文学学科的五个主要方向，借助基础研究与应用研究的有机契合、共时研究与历时研究的相辅相成、定量研究与定性研究的有效融合，科学系统地概括、总结、梳理、提炼近十年外国语言文学学科的发展历程、研究现状以及未来的发展趋势，为我国外国语言文学学科高质量建设与发展呈现可视性极强的研究成果，以期在提升国家软实力、构建人类命运共同体过程中承担起更重要的使命和责任。

感谢清华大学出版社和上海时代教育出版研究中心的大力支持。我们希望在研究会与出版社及研究中心的共同努力下，打造一套外国语言文学研究学术精品，向伟大的中国共产党建党一百周年献上一份诚挚的厚礼！

罗选民　庄智象

2021 年 6 月

前　言

　　何为翻译史？这一研究领域名称中的"翻译"与"史"之间究竟是何关系——是翻译的历史，历史上的翻译，还是翻译与历史？翻译史是隶属于翻译研究学科的一个子领域，是横跨翻译学与历史学之间的交叉学科，还是历史学下辖的专门史的一个分支领域？对上述问题的思考势必产生不同的答案，也因而将翻译史学者划分成不同的阵营。从学术传统来看，翻译研究领域的学者多将翻译史看作与翻译理论和翻译批评并驾齐驱的翻译学三大部分之一；历史学领域中尤其是热衷于研究跨国文化史、科学史和知识史的近代史研究学者则更倾向于将翻译史看作一种专门史的史学范畴。近十年来，翻译学界不断拓新的跨学科性与当代西方历史哲学领域的"修辞（或语言学的）转向"使翻译史越来越明显地成为两个学科之间的公共领域。翻译学界的学者不断地从历史学科借鉴可利用的史学方法，微观史、全球史、文化史、思想史及口述史、民族志等新的史学观和方法论相继成为翻译史论著的理论框架和书写实践，并由此诞生了一系列高水平的研究成果。史学界中关注近现代西方科学、思想、文化及学科知识体系之"西学东渐"的学者则将研究兴趣投射于知识跨国（transnational）翻译、旅行和流转对历史进程的影响，将历史上的译者、译著或翻译事件的钩沉作为探索中西文化交流史的方法或视角。在跨学科、多学科、交叉学科或超学科研究盛行的当下，不少学者主张跨学科学者应分清学科之间的主次关系，一方面坚守自己的学科本位，另一方面向其他学科寻求新的视角方法或问题解决方案。可以说，翻译与历史的视域融合与学术会通正处于一个继往开来的关键阶段。

　　就翻译学学科而言，中国翻译史研究的繁荣对学科发展具有重大意义。首先，它为翻译学提供了持续的学科动力，将翻译学始终驻留在一个人文思想文化的平台上，而避免滑落进以技能为驱动的研究桎梏中；其次，中国翻译史丰富的理论和实践资源，昭示了普适性和特色兼备的中国译学思想和理论的在场，增强了中国学者的文化自信，提升了他们在国际译学论坛上的话语权；最后，翻译史作为翻译学和其他学科最频繁的接口，呈现出友好的界面，翻译学在借鉴其他学科理论和方法时，也为其他学科开启了广阔的研究空间，使翻译学和其他学科始终处于良好的学术互动中。

　　本书对新世纪以来，尤其是近十年的中国翻译史研究进行梳理和概括。全书分中国翻译史研究概述、近十年中国翻译史研究成果、近十年中国翻译史学理论研究成果、近十年中国翻译史研究方法发展与展望、近十年中国翻译史研究反思与展望五大部分，力图尽可能全面反映新时代中国翻译史研究的全貌。在编写过程中，我们为中国翻译史研究所取得的成绩感到骄傲，并由衷钦佩译界同仁为中国翻译史研究的发展所做出的努力。十年在历史长河中只是短短的一瞬间，但对中国翻译史研究而言却是稳稳的一大步。

殷 峰

2020 年 9 月

目　　录

第1章　中国翻译史研究概述 ⋯⋯⋯⋯⋯⋯⋯⋯⋯⋯⋯⋯⋯ 1

　1.1　20 世纪的中国翻译史研究 ⋯⋯⋯⋯⋯⋯⋯⋯⋯⋯⋯ 2

　　1.1.1　20 世纪初到中华人民共和国成立 ⋯⋯⋯⋯⋯⋯ 2

　　1.1.2　中华人民共和国成立到 20 世纪末 ⋯⋯⋯⋯⋯⋯ 5

　1.2　21 世纪的中国翻译史研究 ⋯⋯⋯⋯⋯⋯⋯⋯⋯⋯ 18

　　1.2.1　2000—2009 年翻译史研究 ⋯⋯⋯⋯⋯⋯⋯⋯⋯ 18

　　1.2.2　2010—2019 年翻译史研究发展脉络 ⋯⋯⋯⋯⋯ 24

第2章　近十年中国翻译史研究成果 ⋯⋯⋯⋯⋯⋯⋯⋯⋯ 37

　2.1　近十年中国翻译史研究重要专著 ⋯⋯⋯⋯⋯⋯⋯ 37

　　2.1.1　文学翻译史和翻译文学史 ⋯⋯⋯⋯⋯⋯⋯⋯⋯ 37

　　2.1.2　实学翻译史 ⋯⋯⋯⋯⋯⋯⋯⋯⋯⋯⋯⋯⋯⋯⋯ 44

　　2.1.3　译学理论和翻译思想史 ⋯⋯⋯⋯⋯⋯⋯⋯⋯⋯ 46

　　2.1.4　翻译出版传播史 ⋯⋯⋯⋯⋯⋯⋯⋯⋯⋯⋯⋯⋯ 52

　　2.1.5　翻译教学史 ⋯⋯⋯⋯⋯⋯⋯⋯⋯⋯⋯⋯⋯⋯⋯ 57

　　2.1.6　断代翻译史 ⋯⋯⋯⋯⋯⋯⋯⋯⋯⋯⋯⋯⋯⋯⋯ 57

　　2.1.7　区域翻译史和民族翻译史 ⋯⋯⋯⋯⋯⋯⋯⋯⋯ 61

　　2.1.8　以译作为中心的翻译史 ⋯⋯⋯⋯⋯⋯⋯⋯⋯⋯ 66

　　2.1.9　以译者为中心的翻译史 ⋯⋯⋯⋯⋯⋯⋯⋯⋯⋯ 68

　　2.1.10　翻译史研究论文集 ⋯⋯⋯⋯⋯⋯⋯⋯⋯⋯⋯⋯ 72

　　2.1.11　汉籍外译史 ⋯⋯⋯⋯⋯⋯⋯⋯⋯⋯⋯⋯⋯⋯⋯ 76

　　2.1.12　翻译通史与史略 ⋯⋯⋯⋯⋯⋯⋯⋯⋯⋯⋯⋯⋯ 79

　　2.1.13　翻译史相关资料编纂 ⋯⋯⋯⋯⋯⋯⋯⋯⋯⋯⋯ 80

　　2.1.14　其他翻译史专题研究 ⋯⋯⋯⋯⋯⋯⋯⋯⋯⋯⋯ 83

2.2 **近十年中国翻译史研究重要论文** ·················· **90**

2.2.1 期刊论文 ····················· 90

2.2.2 博士学位论文 ··············· 101

2.3 **近十年中国翻译史研究重要学术团体** ·········· **136**

2.4 **近十年中国翻译史研究重要学术会议** ·········· **139**

第3章 **近十年中国翻译史学理论研究成果** ············· **153**

3.1 **翻译史学理论的元语言研究** ················· **154**

3.1.1 翻译史论、翻译史引论、元翻译史论·········· 155

3.1.2 翻译史实践、翻译史学实践（翻译史论）、

翻译史学理论 ················· 158

3.1.3 中国翻译史学、中国翻译史学史 ·········· 161

3.1.4 翻译史学、翻译史论 ··············· 162

3.1.5 翻译史学理论话语的比较 ············· 163

3.2 **翻译史料学研究的发展** ···················· **165**

3.2.1 口述史料 ···················· 166

3.2.2 译者、译学学者、翻译编辑或出版者等

自述性史料 ··················· 166

3.2.3 翻译展示馆 ·················· 167

3.3 **翻译史书写视角研究的发展** ················· **168**

3.3.1 科学翻译史研究对象的拓宽··········· 168

3.3.2 文学翻译史/翻译文学史研究视角的突破······ 172

3.3.3 宗教翻译史研究的发展 ············· 175

3.3.4 翻译家研究理论的发展 ············· 177

3.3.5 翻译史书写会通视角的提出··········· 181

3.3.6 国家翻译实践史研究视角的提出········· 183

3.3.7 女性翻译史研究视角的拓宽··········· 185

3.3.8　民族与区域翻译史研究视角的发展 ·············· 186

3.3.9　口译史研究视角的拓展 ····························· 189

3.4　翻译史阐释理论：跨学科视角的发展 ············ **190**

3.4.1　内部史与外部史阐释视角的借鉴 ·············· 191

3.4.2　全球史阐释视角的借鉴 ························· 192

3.4.3　思想史 / 知识史阐述视角的借鉴 ·············· 194

3.4.4　文化史阐释视角的借鉴 ························· 196

3.4.5　科学技术史阐释视角的借鉴 ···················· 197

3.4.6　社会学研究理论的借鉴 ························· 198

第 4 章　近十年中国翻译史研究方法发展与展望 ·········· **201**

4.1　中国翻译史研究方法回顾 ····················· **204**

4.1.1　微观史 ······································· 205

4.1.2　个案研究法 ································· 208

4.1.3　文本分析法 ································· 212

4.1.4　文献研究法 ································· 214

4.1.5　历史学方法 ································· 215

4.2　近十年中国翻译史研究方法的新发展 ·············· **219**

4.2.1　语料库方法 ································· 220

4.2.2　文献计量学方法 ····························· 222

4.2.3　翻译史料学研究新方法 ······················ 224

4.2.4　口述史研究方法 ····························· 226

4.2.5　社会学方法 ································· 229

4.2.6　人类学方法 ································· 232

4.3　中国翻译史研究方法未来走向 ················· **233**

第 5 章　近十年中国翻译史研究：反思与展望 ············· **235**

　　5.1　近十年中国翻译史研究总结 ····················· **235**

　　5.2　中国翻译史研究面临的挑战 ····················· **238**

　　　　5.2.1　对翻译史实践的重视程度、规范程度不足 ····· 238

　　　　5.2.2　翻译史发展方向的迷思：离心式还是向心式？··· 239

　　　　5.2.3　史学素养与意识匮乏 ······················ 241

　　5.3　应对学科实践挑战的举措 ······················· **243**

　　　　5.3.1　厘清相关的术语概念 ······················ 244

　　　　5.3.2　史论结合，提高"论"的能力 ··············· 245

　　　　5.3.3　培养探索翻译史学理论的意识 ··············· 246

　　　　5.3.4　培养译史研究的整体观 ···················· 248

结语 ··· **251**

参考文献 ··· **253**

术语表 ·· **285**

后记 ··· **287**

第1章
中国翻译史研究概述

　　本章关于中国翻译史研究综述在时间上分为 20 世纪的中国翻译史研究综述和 21 世纪的中国翻译史研究综述。20 世纪的中国翻译史研究部分再以中华人民共和国成立为分界点，分为成立前和成立后两个时间段，前者以 1902 年为起始点；后者以地域划分为内地（大陆）、台湾与港澳三个部分，其中，内地（大陆）的翻译史研究以改革开放作为分界点，分段梳理各时期的翻译史研究情况。21 世纪以来的翻译史研究则划分为前十年和后十年分别进行梳理。

　　20 世纪的港澳台地区以及改革开放前的内地（大陆）的翻译史研究相对零散，因此主要以历时的方法进行梳理。内地（大陆）在改革开放后，因翻译史研究出现蓬勃发展势态，成果繁多，则将翻译史研究的文献分门别类进行论述。综述尽可能地涵盖港澳台与内地（大陆）的翻译史研究情况，但因港澳台地区在 20 世纪上半叶的研究成果较少，下半叶的成果相对较多，因此将其整个纳入 20 世纪下半叶的编排中。进入 21 世纪后，港澳台与内地（大陆）交流频繁，比如同一本书在大陆和台湾由不同出版社先后出版，要将此书划分给其中一个地域显然并不合适，因此将港澳台与内地（大陆）的翻译史研究情况也综合进行分类梳理，不再做地域的划分。

　　综述尽可能全面地涵盖 20 世纪以来出版的翻译史研究成果，所参考的翻译史研究资料以正式出版的著作为主，这类翻译史研究资料有一定的系统性，能够针对某一论题进行较为深入的研究，因此具有一定的代表性。在翻译史研究资料较少的时期，例如 20 世纪初期，综述也列入了翻译史研究的相关论文；某些著作虽然并非翻译史研究的专门作品，但其中不少篇幅提及翻译史，或者书中涉及针对某个特殊对象的翻译史研究的专门篇文，因此也被纳入本综述中。翻译史研究的著作可依据多种方法进行分门别类，本章对翻译史研究进行分类梳理的部分中，主要是依据各翻译史研究资料所研究的主要对象或范畴进行划分，具体分为文学翻译史和翻译文学史、实学（自然科学与社会科学）、翻译史、译学理论和翻译思想史、翻译出版传播史、翻译教学史、断代翻译史、民族和区域翻译史、以译作为中心的翻译史、以译者为中心的翻译史、翻译史研究论文集、汉籍外译史、翻译通史与史略、翻译史相关资料编纂、通史和其他专题研究等。这些类别之间的界限并非完全清晰，某些类别可涵盖的内容有交叉的部分，因此有些翻译史著作可划分在多个类别之下。鉴于此，本章视情况只将其归于某一类翻译史研究之下，不再纳入其他类别之中。同一类别中的翻译史研究文献主要以时间先后顺序进行介绍，对同年出版的著作的罗列，顺序不分先后。

1.1 20 世纪的中国翻译史研究[1]

1.1.1 20 世纪初到中华人民共和国成立

光绪二十八年（1902）载于《中外日报》的《译书略论》（佚名，2003：12）一文指出，以东汉时期的佛典翻译为起始，中国拥有悠久的译书传统。该文重点论述明朝之后的译书情况，并将明朝后的翻译活动分为四个时期，详述每个时期的所译之书属类、译书之人、译书之地、译书宗旨，甚至经费来源。虽然此文只有片段式的分析，但已摆脱传统感悟式的写法，"有史以来第一次把明末至清末的西学翻译史做了历史时期的划分"，是"第一篇比较系统地讨论中国翻译史的篇文"。（邹振环，2017：28–29）

20 世纪 20 年代，梁启超开始从现代学术的视角整理和研究佛典翻

1　该部分的内容，尤其 20 世纪上半叶的翻译史部分以及港澳台地区的翻译史部分，重点参照了邹振环，《20 世纪中国翻译史学史》，上海：中西书局，2017，并以其为基础补充史料。

译文献，其中与佛典翻译史直接关联的研究主要集中在两篇文章：一为《佛典之翻译》（1923），另一文为《中国古代之翻译事业（翻译文学与佛典）》（1921）[1]。前者详细考察了东汉至隋唐年间约七百年（公元 67—789 年）的佛典翻译事业，并将其分为三个时期，即东汉至西晋之"启蒙"期，两晋至南北朝之"骤盛"期，唐贞观至贞元之"全盛"期。每个时期述其时代背景、译经代表人物、译经方法特点等，最后提及译经活动因几次灭法灭佛历史事件而致衰落。唐贞元年（公元 785）后约两百年间译业中止，到太平兴国八年（公元 983）往后五十多年间译场再兴，但此时的译经影响及质量都难及前期。《中国古代之翻译事业（翻译文学与佛典）》分"佛教输入以前之古代翻译文学""佛典翻译界之代表人物""翻译所据原本及译场组织""翻译文体之讨论""译学进步之影""翻译文学之影响与一般文学"六个部分，较为详细地论述了佛典翻译史的若干问题。20 世纪 20 年代的翻译史研究有胡适所著《白话文学史（上卷）》（1928），其中的第九章和第十章分别为《佛教的翻译文学》上、下篇，包括了多篇对不同时期的佛典翻译活动，多位佛经翻译家及译经对中国文学的影响等文章。蒋翼振编有《翻译学通论》（1927），其中收录了严复、梁启超、胡以鲁等多位学人论翻译问题的文章。谭正璧编著有《中国文学进化史》（1929），该书中有三篇涉及翻译史的文章：《释典的翻译》《翻译文学上》《翻译文学下》。其中，《释典的翻译》一文简要梳理了中国古代佛典翻译史、翻译动机以及影响等方面的内容，另外两篇文章梳理了彼时汉译的十多个国家的书目及译者名。同年还有陈子展所著《中国近代文学之变迁》（1929）中的《翻译文学》一章论及了清末民初时期的翻译史。

　　该时期涉足翻译史研究的学者还有郑振铎、贺麟与阿英。郑振铎在《小说月报》发表的《林琴南先生》（1924）和贺麟刊载于《东方杂志》的《严复的翻译》（1925）两篇文章开启了近代翻译家研究的序幕。郑振铎对清末翻译史也有整体的描述，如写有《清末翻译小说对新文学的影响》（1936）。阿英所著《晚清小说史》（1937）共 14 章，书中最后一章专门对晚清的翻译小说进行分类研究；另有用章回体小说编纂的近代中国的《翻译史话》（1938），但只有四回，后便搁置了。阿英在 1941

1　梁文署名均为梁启超笔名"梁任公"。

年还写有《初期的翻译杂志》一文，介绍了五种专门刊载翻译文章的杂志。20 世纪 30 年代与翻译史有关的，还有冯承钧编纂的《历代求法翻经录》（1931），向达的《中外交通小史》（1933）和《中西交通史》（1934），王哲甫的《中国新文学运动史》（1933）一书中第七章《翻译文学》梳理了清末民初的翻译史，寒光的《林琴南》（1935），郑伯奇著《两栖集：中国现代文学史参考资料》（1936）中的《清末的翻译小说》和《清末的翻译论争》二文。20 世纪 40 年代有黄嘉德编纂的《翻译论集》（1940），该书是编者在上海圣约翰大学教授翻译课程时所积累的材料，共四辑，分别为"翻译通论""论译名""论译诗"，以及"翻译的历史"。全书共 20 多篇文章，其中包括严复、林语堂、胡适、周作人、傅斯年、艾伟、鲁迅、曾虚白、陈西滢、吴稚晖、郭沫若、朱经农、吴挚甫、胡以鲁、容挺公、章行严、曾孟朴、成仿吾、刘半农、郑鹤声和郑鹤春等人对翻译的原理、方法、历史等方面的探讨。另外还有林榕的《晚清的翻译》（1943），李一鸣著《中国新文学史讲话》（1943）中的第八章《翻译整理及其他》，罗根泽编著的《魏晋六朝文学批评史》（1943）中的《佛经翻译论》一章，田禽《中国戏剧运动》（1944）中的《三十年来戏剧翻译之比较》，李季的《我国的翻译事业》（1946），周一良在《申报》上发表的《论佛典翻译文学》（1947，1948）一文，王宗炎的《古代的翻译》（1948a）、《求经与翻译》（1948b）等。

1930 年郑鹤声、郑鹤春编纂的《中国文献学概要》注意到翻译在文献学中的地位，1944 年由郑鹤声撰写的《八十年来官办编译事业之检讨》一文分期论述了清末以来的编译事业。周昌寿的《译刊科学书籍考略》（1937）被认为是"20 世纪中国最早研究科学翻译史的成果"（邹振环，2017：50）。范行准著《明季西洋传入之医学》（1943）涉及由西方传入中国之医学知识的梳理。另有通史类书籍如历史学家柳诒徵的《中国文化史》（1932），将中国文化史分为三大时期，并用相当的篇幅讨论了不同历史时期的译书活动。另在民国时期有几部译书目录形成，如由虚白编、蒲梢修订的《汉译东西洋文学作品编目》（1929），蒲梢编《中译俄小说编目》（1930），杨家骆的《民国以来出版新书总目提要》（1933），郭沫若创作生活二十五周年纪念筹备会编的《郭沫若先生二十五年著译编目》（1941），戈宝权的《高尔基作品中译本编

目》（1947）及其续编（1948），吕叔湘编著《英华集：中诗英译比录》
（1948），徐宗泽的《明清间耶稣会士译著提要》（1949）。

　　中国翻译史研究初期虽成果有限，但参与之人既有当时的大学者如
梁启超、胡适，也有后来成名的各大家，如文学家郑振铎、哲学家贺
麟、文献学家郑鹤声、历史学家柳诒徵、目录学家徐宗泽等。因此，是
有着多学科多视角的研究。

1.1.2　中华人民共和国成立到 20 世纪末

　　本小节将此时期的翻译史研究按地域分为内地（大陆）地区、台湾
地区以及港澳地区，分别梳理各地翻译史研究状况。内地（大陆）地区
的翻译史研究在改革开放前后有较大的差异，因此将进一步以改革开放
为时间节点，分别梳理前后两段时间的翻译史研究状况。

1. 内地（大陆）地区
1）中华人民共和国成立至改革开放

　　1949 年中华人民共和国成立，内地（大陆）、台湾、香港受各自
体制与意识形态的影响，翻译史研究方面形成各自的路径。中华人民
共和国中央人民政府于 1950 年成立出版总署翻译局，同年创刊《翻译
通报》，1951 年董秋斯发表《论翻译理论的建设》一文，认为应该完
成《中国翻译史》和《中国翻译学》两部大书。1951 年的《翻译通报》
第二卷第五期和第三卷第一期均推出了"中国翻译史特辑"，邀约了包
括叶恭绰、张建木、苏晋仁、余文、柏乐天（Prahlad Pradhan）、黄贤
俊、漆侠、谢再善、季羡林、张孟闻、参话等一批学者，组织了一系
列关于中国翻译史的讨论，这些文章讨论的重点集中在佛经的翻译史，
近代方面则主要集中在严复、林纾二人。1952 年翻译界开始了"三反"
运动，翻译史的文章越来越少。与此同时，关于俄文的翻译及其讨论
日趋热烈。在 20 世纪 50 年代末至 60 年代初出现"史学革命"运动，
其中北京大学西语系法文专业 1957 级学生编写的《中国翻译文学简
史》受到俄苏翻译史研究转向的影响，算是中国有史以来"第一部完

整的标明为《中国翻译文学简史》的著作"（邹振环，2017：82）。

1957 年后，翻译史研究进入低潮期，特别是 1966 年至 1976 年这十年中，几乎完全停顿，但这一时期在翻译出版史料的整理工作上仍有成就，阿英和张静庐在此方面有相当大的贡献。阿英从 20 世纪 30 年代起致力于资料的整理工作，关于翻译小说的成果有《晚清戏曲小说目》（1954）、《晚清文学丛钞：域外文学译文卷》（1961a）、《晚清文学丛钞：俄罗斯文学译文卷》（1961b）。这一时期另一位在出版史上有卓越贡献的学者为张静庐。自 1949 年后，张静庐广泛收集出版史料，于 20世纪 50 年代集成《中国近代出版史料》《中国现代出版史料》《中国出版史料补编》共七编八册 250 万字，涵盖 1862 年至 1959 年近一百年的有关出版事业的重要资料，其中包括了 1862 年京师同文馆的创立到 1949 年间的翻译出版的丰富史料。除此之外，由伊凡·巴夫洛夫（Ivan Petrovich Pavlov）著、戈绍龙译的《高级神经活动研究论文集》（1955）中有《关于苏联伊凡·巴夫洛夫高级神经活动研究有关的经典著作的翻译及编译》一文。译家研究方面，有沈鹏年所辑《鲁迅研究资料编目》（1958），该书共三辑，上辑是"鲁迅著译及有关书录"，中辑为"有关鲁迅著译的一些原始资料目录"，下辑是"关于鲁迅的研究资料系年目录"。上官艾明编著的《瞿秋白与文学》（1959）中论及瞿秋白对翻译工作的贡献。另外，还有孔立所编的《林纾和林译小说》（1962）。佛典目录整理方面，金陵刻经处出版了《玄奘法师译撰全集》（1957）。涉及《资本论》的翻译史的著作有北京师范大学政治经济学系编《〈资本论〉研究论丛（第 1 辑）1949—1959》（1976）。

2）改革开放至 20 世纪末

进入 20 世纪 80 年代，随着改革开放，中国翻译史迎来了有史以来成果最多的时期。翻译史资料汇编方面，1983 年中国对外翻译出版公司编纂《翻译理论与翻译技巧论文集》，选择了 30 余篇文章；商务印书馆分别在 1981 年和 1982 年推出了论文集《林纾的翻译》和《论严复与严译名著》，并配套出版了"林译小说丛书"和"严译名著丛刊"。1982 年有胡从经的《晚清儿童文学钩沉》，涉及晚清儿童文学的翻译史，1983 年有薛绥之和张俊才编《林纾研究资料》，较《林纾的翻译》

内容更加丰富。

　　邹振环（2017）认为 1984 年是中国的"翻译史"年，缘于此年涉及三件大事：一为中国翻译工作者协会和《翻译通讯》编辑部选编了《翻译研究论文集》（1984a，1984b）共两集，第一集收入了 1894—1948 年历史上翻译理论的论文 51 篇，第二集收入 1949—1983 年译学论文 63 篇，选编内容较之刘靖之编《翻译论集》在晚清部分有拓展；二为罗新璋编《翻译论集》的问世，收集自汉末至编定日有关翻译的文论 180 余篇，该论集在 2009 年出版第一次修订版，在 2016 年出版第二次修订本，该书自问世以来深受学界好评，其编者在长篇序言《我国自成体系的翻译理论》中提出发展我国独具特色的翻译理论的主张；三为马祖毅的《中国翻译简史——五四以前部分》，该书涉及佛经翻译和西学翻译两个传统，以及少数民族翻译活动，是一部贯通上下的简明中国翻译史，1998 年该书出版增订本。除上述三件大事外，1984 年还有戈宝权的《中国翻译的历史》问世，他晚年在《伊索寓言》等作品的翻译史研究上也有一定成就，该方面论文收入《中外文学因缘——戈宝权比较文学论文集》（1992）一书中。对翻译史资料较为系统的整理，至今仍是学者不懈努力的事业。

　　翻译史的研究对象还应包括译者对于翻译事业的回忆，读者等对翻译事件的口述等直接翻译史料，以及翻译事件发生后译者追忆或补充的口述历史等间接史料。在翻译家自述、口述和访谈的出版方面，有 1989 年王寿兰主编的《当代文学翻译百家谈》，收录了 104 位翻译名家的翻译短论和简要自传和简历。1990 年施蛰存主编的《中国近代文学大系（翻译文学集 1）》共三卷约 190 万字翻译文学史资料汇编，收录"五四运动"之前的外国文学译本，第一卷收入 28 本所谓"纯文学"译本的长短篇小说，第二卷收入 18 种科幻、神怪和推理小说题材的长短篇通俗翻译小说，第三卷收入翻译文学中的散文、诗歌、散文诗、寓言、童话、莎士比亚剧本故事、天方夜谭和戏剧等类别译文。译名问题也是翻译史研究的重要方面，1990 年张启之、周祖达主编的《译名论集》，是结集的译名史资料的专题汇编。该论集分五个部分，第一部分 3 篇论文，是关于译名和科技名词术语规范问题及统一术语的意义的总体论述；第二部分 3 篇论文，主要是从"五四运动"到 20 世纪 30 年代关于译名问题的讨论；第三部分 11 篇论文，为一般译名和科技译名的讨论；第四部分 14 篇文章，主要是哲学、经济学、历史学、法律学和体育学的译名问题；第五部分 12 篇文章，涉及统一译名的原则、意义、方法和建议等。20 世纪 80 年代到 90 年代末这段时期，中国翻译史研究在史料整理和研究的开拓上有着突出的成就。

在文学翻译史和翻译文学史方面，陈玉刚主编的《中国翻译文学史稿》（1989）是中国第一部正式出版的完整标明"中国翻译文学史"的著作。该书将 1840 年到 1966 年间的中国翻译文学的演变划分为五编，分别为第一编"中国近代翻译文学的发展（从 1840 年鸦片战争到 1919 年'五四运动'）"，第二编"中国现代翻译文学发展的初期（从 1915 年新青年社到 1930 年'左联'成立）"，第三编"中国现代翻译文学发展的中期（从 1930 年'左联'成立到 1937 年抗战开始）"，第四编"中国现代翻译文学发展的后期（从 1937 年抗战到 1949 年中华人民共和国成立）"，第五编"中国当代翻译文学（从 1949 年中华人民共和国成立到 1966 年）"，每一编都对每个时期的相关翻译活动、翻译机构、译者进行了讨论。田本相的《中国现代比较戏剧史》（1993）基于比较文学视角，从中外话剧运动、理论思潮和创作的关系来阐述中国话剧的诞生、形成、发展和演变的历史，说明中国话剧在世界戏剧史上的地位和影响。郭延礼的《中国近代翻译文学概论》（1998）分上、下篇编排，上篇为近代翻译文学的发展脉络及其特点，下篇讨论近代以来主要的翻译家，该书 2005 年出修订本。赵光育的《中国翻译小说史论》（1999），分"近代编""现代编""当代编"三编，每编分成三个时期，是专门讨论中国近现代翻译小说的专著。

在实学（自然科学与社会科学）翻译史料的整理方面，有北京师范大学政治经济学系编的《〈资本论〉研究论丛（第 4 辑）1966—1979》（1980），其中涉及《资本论》的翻译史。中共中央马克思、恩格斯、列宁、斯大林著作编译局马恩室编《马克思恩格斯著作在中国的传播：纪念马克思逝世一百周年》（1983），较为全面地梳理了相关作品的翻译史；在这方面另有高军等主编的《五四运动前马克思主义在中国的介绍与传播》（1986）。该时期有突出贡献的是黎难秋，他首先编纂了《中国科学文献翻译史稿》（1993），所收文献时间段在 1911 年到 1949 年；后与李亚舒合编了《中国科学翻译史料》（1996），该书分上、中、下三篇，上篇叙述汉晋至清末科技文献的通史，中篇分学科介绍相关知识传入中国的过程及其作用，下篇为科学文献的影响。此外，黄见德著《20世纪西方哲学东渐问题》（1998），上编为"20世纪西方哲学东渐的历程和问题"，下编为"20世纪西方哲学东渐问题反思"，上编中涉及20世纪中国的西方哲学翻译史。

在译学理论和翻译思想史方面，1992年陈福康出版了《中国译学理论史稿》，并于2000年出修订本。该书集结了中国翻译家和其他学者关于翻译的理论或者言说，并进行了系统的梳理。杜承南、文军主编的《中国当代翻译百论》（1994）也是集多家之言的译论集萃。严复的翻译理论在20世纪占据了长时间的讨论空间。沈苏儒的《论信达雅——严复翻译理论研究》（1998），主要考察了严复翻译理论在中国译学史上的地位，指出严复的翻译理论依其本身的价值意义得到了广泛的认同。王宏志的《重释"信、达、雅"：20世纪中国翻译研究》（1999）也通过解读严复的翻译理论来解读中国的翻译理论史或者翻译思想史，指出翻译史研究应改变"原著中心论"的方法，以更高的眼界来关照翻译史的研究。

在翻译出版传播史方面，最早将"翻译出版"作为一个整词进行理论阐释的是李景端（邹振环，2017：259）。此外，邹振环的《江苏翻译出版史略》（1998），讨论了江苏地区自古至20世纪30年代的翻译出版史。

在翻译教学史方面，关于中国翻译教学的研究，有三部著作涉及同文三馆及其翻译教学史——付克的《中国外语教育史》（1986）、李良佑等编著的《中国英语教学史》（1988）、张正东的《中国外语教学法理论与流派》（2000）。高时良主编的《中国教会学校史》（1994）有多处讨论教会大学中的翻译教学。有关1949年后的翻译教学史，有四川外国语学院高等教育研究所编纂的《中国外语教育要事录（1949—1989）》（1993）和穆雷的《中国翻译教学研究》（1999），后者梳理了中国翻译教学历史，并分析各个时期的特点。在翻译教材的编纂方面，有张美芳1999年完成的博士论文《中国大陆翻译教科书发展研究》，修订后于2001年以《中国英汉翻译教材研究（1949—1998）》为题出版，书中对此阶段出版的英汉翻译教材作了细致的归纳分析。

在断代翻译史研究方面，熊月之著《西学东渐与晚清社会》（1994）涉及部分翻译史料，孙致礼的《1949—1966：我国英美文学翻译概论》（1996）分三篇分别介绍了中国 1949 年到 1966 年间出版的 460 种英美文学译作、涉及的译者研究以及这 17 年的翻译史带来的经验和启示。断代史研究还有周子东等编著的《民主革命时期马克思主义在上海的传播 1898—1949》（1994），卜立德（David Edward Pollard）主编的 *Translation and Creation: Readings of Western Literature in Early Modern China, 1840—1918*（1998），另有陈应年和徐式谷《哲学社会科学翻译的回顾与现状》（1992）一文回顾了 19 世纪 90 年代至 20 世纪 90 年代间的哲学社会科学的翻译史。讨论 20 世纪 80 年代改革开放时期的翻译史的文章有叶水夫的《大陆改革开放时期的外国文学翻译工作》（1994），以及王晓明的研究报告《翻译的政治——从一个侧面看 80 年代的翻译运动》（1998）。

在民族翻译史和区域翻译史方面，史金波著《西夏佛教史略》（1988）涉及西夏文佛典的翻译史。热扎克·买提尼牙孜主编的《西域翻译史》（1994）是一部以区域方法来考察翻译活动的著作，该书将西域翻译史分为五个阶段：古代、东汉至隋、唐宋时期、元明时期、清代，分述每个阶段的翻译活动和基本特征。其后陈世明的《新疆现代翻译史》（1999），描绘了 20 世纪初期到 20 世纪 90 年代初期新疆地区的翻译活动情况。

在以译作（指外文书籍中译作品）为中心的翻译史方面，代表作品有袁锦翔的《名家翻译研究与赏析》（1990），该书讨论了多个译者多种译本的翻译情况。邹振环的《影响中国近代社会的一百种译作》（1996），以译作为中心建构晚明以来的西书中译史，该书 2008 年出版修订本。胡培兆、林圃的《〈资本论〉在中国的传播》（1985），是以《资本论》为中心的"百科全书式"的研究，涉及《资本论》在中国的翻译、出版和传播，类似的还有雍桂良著《〈资本论〉的写作与传播》（1982）。以译作为研究对象的还有曹鹤龙的《列宁著作在中国：1919—1992 年文献调研报告》（1995）。

在以译者为中心的翻译史方面，20 世纪 80 年代以来有中国佛教协会编写的《中国佛教（二）》（1982）"中国佛教人物"，其中收录 92 位佛学家，大部分为佛典翻译家。20 世纪 80 年代初复刊的《翻译通讯》刊登了不少中国翻译家的回忆录或由他人所作的介绍。此外，对单个翻译家的研究还有陈石平、成英著《军事翻译家刘伯承》（1988），吴洁敏、朱宏达著《朱生豪传》（1990），张积玉、王钜春著《马克思主义理论家翻译家张仲实》（1991），高惠群、乌传衮著《翻译家严复传论》（1992），金梅著《傅雷传》（1993）以及丁言模著《曹靖华：百年翻译家传略》（1998）。涉及翻译家群体的研究，有顾长声著《从马礼逊到司徒雷登——来华新教传教士评传》（1985），该书对西方传教士译者群体进行系统研究，共涉及 29 位新教传教士。郭著章著《翻译名家研究》（1999）包括 16 位著名的翻译家。穆雷著《通天塔的建设者——当代中国中青年翻译家研究》（1997），选取了 20 位中青年翻译家进行研究。这方面研究还有曹增友著《传教士与中国科学》（1999）、黎舟著《新文学大师的选择》（1999）。

　　在以翻译史研究为中心的论文集方面，有民族语文翻译研究论文集编辑组编《民族语文翻译研究论文集》的第一集（1987）和第二集（1990），其中涉及蒙藏等语言的翻译史论文。关于佛典翻译史的论文集有曹仕邦的《中国佛教译经史论集》（1990）。1999 年起孔慧怡策划的"翻译研究论丛"三辑陆续出版，这是一套以翻译史研究为核心的论文集，第一辑是王宏志编《翻译与创作：中国近代翻译小说论》（2000），收录 1996 年在香港中文大学举办的"近代文学翻译与创作国际研讨会"上的论文；第二辑是孔慧怡的个人专题论文集《翻译·文学·文化》（1999）；第三辑是孔慧怡和台湾学者杨承淑合编的《亚洲翻译传统与现代动向》，是 1998 年在台湾辅仁大学举办的"亚洲翻译传统与现代动向国际研讨会"的论文汇编。另有戈宝权著《中外文学因缘——戈宝权比较文学论文集》（1992），选编了自中华人民共和国成立以来，其本人在研究中外文学关系史、中国翻译史、外国作家著作在中国的传播和影响等方面的论文 44 篇。

　　20 世纪 80 年代以来，中国有多部翻译史相关词典出版，包括中国翻译家词典编写组编的《中国翻译家词典》（1988），陕西省翻译工作者协会编的《翻译家辞典》（1989），林煌天、贺崇寅主编的《中国科技翻译家词典》（1991），黄河清主编的《中华百科要览·中国译学编》（1993），林煌天主编的《中国翻译词典》（1997）。

另有书目编纂类作品出版，苏川、倪波编《郭沫若著译系年》（1979），成都市图书馆编《郭沫若著译及研究资料》两册（1979，1980），上海市图书馆编《中国当代文学研究资料：郭沫若著译系年目录 1904—1949》（1980），中国版本图书馆编《1949—1979 翻译出版外国古典文学著作目录》（1980），萧斌如、邵华编《郭沫若著译书目》（1980），伍光建译《伍光建翻译遗稿》（1980），书目文献出版社编《中国现代作家著译书目》（1982），书目文献出版社编《中国现代作家著译书目·续编》（1986），中国版本图书馆编《1949—1979 翻译出版外国文学著作目录和提要》（1986），北京图书馆编《民国时期总书目·外国文学（1911—1949）》（1987），萧斌如、邵华编《郭沫若著译书目（增订本）》（1989），中国版本图书馆编《1980—1986 翻译出版外国文学著作目录和提要》（1989），金陵刻经处编《玄奘法师译撰全集》（1989），台湾图书馆汉学研究中心编《中国文学著述外文译作书目》（1990），牛仰山、孙鸿霓编《严复研究资料》（1990），楚图南著《楚图南著译选集》（1992），余振贵、杨怀中著《中国伊斯兰文献著译提要》（1993），胡志挥编《中国文学作品英译本索引手册》（1993），陈久仁主编《中国学术译著总目提要 1978—1987·自然科学卷》（1994a）和《中国学术译著总目提要 1978—1987·社会科学卷》（1994b），周国伟编著《鲁迅著译版本研究编目》（1996），另有商务印书馆编《商务印书馆九十年》（1987）、《商务印书馆九十五年》（1992）、《商务印书馆一百年》（1998）。

在汉籍外译史方面，最早出版的是戈宝权著《阿Q正传在国外》（1981），其内容涉及《阿Q正传》这本书的英、法、俄、日、德以及世界语翻译史。王丽娜的《中国古典小说戏曲名著在国外》（1988）是对中国古典小说戏曲著作在国外传播第一次比较系统的收集整理，对后来的研究产生较大影响，如施建业的《中国文学在世界的传播和影响》（1993）和宋柏年主编的《中国古典文学在国外》（1994）。自20世纪90年代起，"中国文学在国外丛书"陆续出版，包括《中国文学在朝鲜》（1990）、《中国文学在法国》（1990）、《中国文学在俄苏》（1990）、《中国文学在日本》（1990）、《中国文学在英国》（1992）、《中国文学在德国》（2002）。古典文学外译方面的代表作还有黄鸣奋的《英语世界中国古典文学之传播》（1997），马祖毅、任荣珍编《汉籍外译史》（1997），后者将"汉籍"囊括的范围扩大到了文学的范畴之外。

通史类的作品有谭载喜著《西方翻译简史》（1991），内容包括从古罗马第一部有文字记载的翻译作品到 20 世纪 80 年代西方的翻译实践史和翻译思想发展史，涉及了近三百个翻译家和翻译理论家与翻译有关的历史事件。马祖毅著《中国翻译史（上）》（1999），梳理了周代到清代的翻译活动，涉及外事机构及包括宗教文献的翻译、少数民族语言文字的互译、科学翻译、西学翻译、文学翻译等在内的口笔译活动。

其他翻译史相关研究作品还有孙瑞珍、王中忱编《丁玲研究在国外》（1985），张立慧、李今编《巴金研究在国外》（1986），后者收录有巴金作品的多种语言外译本的序跋，对了解巴金作品的外译史有一定帮助。在翻译史研究的通俗读本方面，有臧仲伦著《中国翻译史话》（1991），彭斐章主编的《中外图书交流史》（1998），后者涉及自汉代到民国时期的中外图书的翻译和传播历史。另有张泽乾著《翻译经纬》（1994）分上、中、下三编，上编涉及翻译史；郭延礼著《中西文化碰撞与近代文学》（1999）。

2. 台湾地区

1952 年后，一批优秀的研究者把翻译史研究的传统带到了台湾。方豪发表了多种有关中国翻译史研究的成果，1953 年在台湾出版的《中西交通史》是其最有代表性的作品之一。书中记述史前至明清时期的中西文化交流史，尤其重墨于以明清之际西书中译史的讨论，涉及内容广博，在明清之际传教士的西书中译研究方面对译本原本的考证尤其缜密。从事明末清初西学中译史研究的还有裴源，著有《中国翻译史纲》上、中篇，上篇为《佛经翻译史实研究》（1983），中篇为《明末清初东来耶稣会士翻译著述之研究》（1984），后者整理了传教士的宗教类和非宗教类的译著、小传并探讨了译著的影响。其他著述中关于中国翻译史的讨论有张振玉的《译学概论》（1966）一书中的第二章《中国翻译史略》和第三章《中国之翻译论》，前者从佛经翻译起梳理到 20 世纪初以来英文汉译史，后者类似为中国翻译理论史的节本。在文学翻译方面，孟瑶的《中国小说史》中论述有清代的翻译，并指出中国的文学翻译开始于清乾隆年间。

中国的佛典翻译史研究在台湾尤其有特色，道安著《中国大藏经翻译刻印史》（1978a），全书分三大部分——"大藏经翻译刻印总述""历代翻译大德名录及其所译佛典""中国大藏经历代译经师年籍表"。同年，道安著《中国大藏经雕刻史话》（1978b），以完善佛经"雕刻史"方面的叙述。张曼涛主编的《佛典翻译史论》（1978a）收录关于佛教翻译史的 14 篇文章；其同年主编的文集《佛典译述及著录考略》（1978b），收录关于佛典在后汉、三国、西晋等朝代的译经目录以及回鹘文、吐火罗文、梵文、藏文等佛典目录的整理。此外，张曼涛主编的"现代佛教学术丛刊"中的《玄奘大师研究（下）》（1977），收录了 20 多篇论文，其中接近一半的论文以玄奘的翻译事业为中心并附带玄奘的译书目录；该"丛刊"中的《西藏佛教教义论集（1）》（1979）还包括专门对西藏佛典翻译史的梳理文章。1983 年，裴源在《佛经翻译史实研究——中国翻译史纲（上篇）》一书中分期叙述译经工作并讨论译场组织、译经分类文体及其影响等内容。1984 年，王文颜的博士论文《佛典汉译之研究》出版，该书从译经史的流变、译场制度组织及译经理论方面说明了佛经汉译的现象。这些基础性研究是对梁启超 20 世纪 20 年代以来佛经翻译史研究的延续。

在近代西学翻译史研究方面，20 世纪 60 年代到 80 年代在台湾有不少优秀的专题研究。如 20 世纪 60 年代郭廷以发表在《大陆杂志》上的《近代科学与民主思想的输入——晚清译书与西学》一文，该文后收录至其《近代中国的变局》（2012）一书中；王树槐的《清末翻译名词的统一问题》《基督教教会及其出版事业》和《清季的广学会》的 3 篇文章，后均收录至其《基督教与清季中国的教育与社会》（2011）一书中。20 世纪 70 年代关于传教士的个别人物研究有阎振瀛著《理雅各氏英译论语之研究》（1971）、林治平的论文《丁韪良的生平与志事》（1970）、吴相湘的论文《傅兰雅与中国近代译学》（1978）。陈鹏翔主编的《翻译史·翻译论》（1975），选有台湾学者关于翻译史和译论史的论文。在晚清翻译机构同文三馆的研究基础上，有孙子和的《清代同文馆之研究》（1977）；苏精的《清季同文馆》（1978），该书后来经过修订和增补纳入了《清季同文馆及其师生》（1985）一书中。在数据资料整理与工具书编纂方面，有台湾图书馆编《近百年来中译西书目录》（1958）、《中译外文图书目录》（1972），王尔敏编著的《中国文献西译书目》（1975）。20 世纪 80 年代，在翻译史研究方面，有李志刚的《基督教早期在华传教史》（1985），其中的第四章讨论了马礼逊（Robert Morrison）翻译中文《圣经》及其影响和早期基督教士出版的中文书刊及其影响。李志刚还著有《基督教与近代中国文化论文集》共三集，分别在 1989 年、1993 年、1997 年出版，其内容中亦涉及基督教的翻译史。这时期还有伊德木扎布著《蒙古文学史话（13 世纪—15 世纪）》（1988），其中的第七章专门讨论翻译文学。20 世纪 90 年代台湾学者关注文学翻译史或者翻译文学史的有吕正惠的《西方文学翻译在台湾》（1996a），其所编的《大陆的外国文学翻译》（1996b）是"第一部台湾学者研究大陆文学翻译史的论著"（邹振环，2017：125）。同期，台湾有学者从比较文学的视野进入台湾地区翻译史的研究，如辅仁大学赖慈芸、李惠珍、周文萍、张琰等人的硕士论文，分别是关于美国诗作、美国小说、英语戏剧、英国小说在台湾的翻译史，以及进入 2000 年后台湾师范大学多篇关于翻译史的硕博论文。另外，在 1996 年，《翻译学研究集刊》创刊印行，1999 年由"台湾翻译学学会"印行，该集刊每年出版一期，刊载有关翻译学研究之学术论文。自 17 世纪荷兰侵占台湾、19 世纪末日本割据台湾以及西方多国传教士入台以来，台湾地区一直有着丰富的翻译史研究资料，但尚待进一步挖掘。

3. 港澳地区

20 世纪 50 年代至 90 年代，香港地区的翻译史研究，有其自身的特点。1966 年韩迪厚在香港大学中文系完成硕士论文《严复林纾傅东华翻译检讨》，后以《近代翻译史话》为题于 1969 年出版，书中将晚清到"五四"的翻译史分成三个时期，重点考察近现代翻译家的英汉翻译。香港中文大学图书馆的特藏文献——曾锦漳的《林译小说研究》（1966，1967），是"20 世纪 60 年代中国学界关于林译小说研究最有成就的代表"（邹振环，2017：192）。该论著分五大部分，分别为"林纾的翻译事业""林纾的原本""林译小说的文体与风格""林纾的译述方法""林译小说的影响及其评价",突出之处在于涉及"口授者"、序跋和评语、名词翻译、夹注的运用等方面的研究。在西书汉译和汉籍外译史方面,罗香林从区域翻译史角度,撰写《香港与中西文化之交流》(1961),其中的第二章《香港早期之教会与理雅各欧德理等之翻译中国要籍》论述了二人在翻译中国典籍方面的贡献。梁元生的《林乐知在华事业与〈万国公报〉》(1978)涉及翻译家林乐知和《万国公报》中的翻译内容。在翻译史资料汇编方面,1981 年刘靖之所编《翻译论集》收录自 1898 年严复《天演论·译例言》以来的 30 多篇有关译学的文章,涉及翻译标准和原则、翻译理论和经验、译作译者评价及有关翻译史的叙述。香港地区在翻译史上的贡献还有周兆祥的《汉译〈哈姆雷特〉研究》(1981),该书介绍了 80 年来《哈姆雷特》剧作在中国的翻译、演出、译本、译者、评介等。另外还有谭汝谦主编的《中国译日本书综合目录》(1980a)和《日本译中国书综合目录》(1980b),在出版这两本目录后,谭汝谦又撰文《中日之间翻译事业的几个问题》(1985),讨论中日翻译事业中的译书编目、译文编目和翻译选题方面的问题。谭汝谦本人还著有《近代中日文化关系研究》(1988),其中的第四部分专门梳理了 1660 年至 1937 年近三百年的中日译书事业与文化交流状况。在香港出版的翻译史研究著作还有张曼仪著《卞之琳著译研究》(1989),梳理了卞之琳的生平、创作以及翻译等情况。关于翻译家访谈的研究有金圣华、黄国彬主编《因难见巧:名家翻译经验谈》(1996)。

从 20 世纪 60 年代到 80 年代,香港是《圣经》中译史的研究重镇,英国传教士海恩波(Marshall Broomball)影响颇大的著作 *The Bible in China* 于 1934 由伦敦内地会和 The Religious Tract Society 出版。该书囊括了在中国大地上进行的各类语言的《圣经》翻译史梳理及其流传的故事,其最富特色之处在于将《圣经》的中文翻译放在世界史的背景下叙述,并将中西《圣经》翻译史相比较。该书由陈翼经节译,于 1951 年以《圣经与中华》的书名于香港出版;全译本由蔡锦图译出,书名为《道在神州——圣经在中国的翻译与流传》,于 2000 年由国际圣经协会出版。20 世纪 60 年代,香港圣经中文翻译史最突出的成果是荷兰学者贾保罗(Robert P. Kramers)主编的《圣经汉译论文集》(1965),该文集收录了 20 世纪 30 年代到 60 年代的 6 篇论文，涉及《圣经》汉译史、翻译的正确性、译名等相关问题。陈惠荣的 48 页的《中文圣经翻译小史》（1986）简要介绍了中文《圣经》的翻译史，也涉及译词比较，旨在提供华人教会史资料。赵维本的硕士论文《译经溯源——现代五大中文圣经翻译史》（1993）选择 20 世纪《圣经》的五部译本予以详尽的分析和评估。庄柔玉的《基督教圣经中文译本——权威现象研究》（2000）是一部"具有相当独创性的《圣经》专题翻译史研究论著"（邹振环，2017：192），该书分上、中、下三篇，上篇为"基督教圣经中文译本概览"，中篇为"《和合本》权威现象的内在因素——华人基督徒群体的期望"，下篇为"《和合本》权威现象的外在因素——中文圣经多元系统的检视"。作者指出，《和合本》长期占领中文圣经多元系统的中心位置，是因其诞生于《圣经》汉译稳占信仰期望系统中心位置的时期，其权威性有强大的历史基础支持。20 世纪的下半期，香港是《圣经》翻译的中心，也因此出现了《圣经》汉译史研究的小高潮。

其他涉及翻译史研究的著作有沙枫的《鲁迅著作英译絮谈》（1976a）、《中国文学英译絮谈》（1976b）、《中诗英译絮谈》（1979），其中《中诗英译絮谈》中涉及翻译史概况。董桥于 1978 年所写的《翻译与"继承外国文学遗产"商兑》一文，涉及近代文学翻译史的简要回顾。20 世纪下半期香港学者对中国近代翻译史、香港区域翻译史、中日书籍交流史和《圣经》的中译史展开了较为系统的研究，既有对中国学术传统的继承，也有对西方现代学术传统的开发。此外，香港中文大学自 1997 年起开始出版《翻译学报》，每年两期，刊载翻译研究的相关文章，其中涉及不少翻译史的篇文。

澳门地区的翻译史研究，在 20 世纪未见专门论著，相关的论述可见由程祥徽主编《澳门人文社会科学研究文选（语言翻译卷）》（2010）一书中的《翻译的神话与语言的政治》和《澳门翻译的历史和现状》两篇文章，这两篇文章较为完整地勾勒出澳门翻译史发展的轮廓。

自 20 世纪初以来，中国的翻译史研究从成果零星到逐渐形成蓬勃发展的局面，为 21 世纪中国翻译史研究的新格局做出了铺垫性和开拓性的工作。

1.2　21 世纪的中国翻译史研究

进入 21 世纪后，翻译史研究呈现更为蓬勃的发展态势。本节将过去的二十年分为前十年和后十年，分别分类梳理中国翻译史研究概况。

1.2.1　2000—2009 年翻译史研究

在 21 世纪第一个十年中，翻译史研究相关著作频出。文学翻译史和翻译文学史方面出现的专著数量较其他类别的翻译史研究更多。其中，在时间跨度上和涵盖范围上较广的有罗选民主编的《外国文学翻译在中国》（2003），该书对 20 世纪外国文学翻译在中国的情况进行了全面系统的梳理，分别就美国文学翻译、英国文学翻译、法国文学翻译、俄苏文学翻译、其他外国文学翻译在中国以及翻译文学在中国的接受和影响进行分章讨论。孟昭毅、李载道主编的《中国翻译文学史》（2005），对 1896 年至 2003 年的中国翻译史分四个时间段（1896—1920 年、1921—1950 年、1951—1978 年、1979—2003 年）共四编进行梳理。该书主要以译者、译作为重心对各个时间段中涉及的翻译机构、译者、译作、翻译出版等外国文学在中国的译史进行梳理。查明建、谢天振合著的《中国 20 世纪外国文学翻译史》（2007），分上、中、下三编，上编为 1898—1949 年的中国近现代外国文学翻译，中编为 1949—1976 年的中国当代外国文学翻译，下编为 1977—2000 年的中国当代外国文学翻译，分别以翻译事件为重心分述各个时期的翻译史。杨义主编的《二十世纪中国翻译文学史》（2009），共六卷，分别为"近代卷""五四时期卷""三四十年代·英法美卷""三四十年代·俄苏卷""十七年及'文革'卷"和"新时期卷"，从翻译文学的角度，勾勒各个时期的翻译文学发生路线。王向远著《东方各国文学在中国——译介与研究史论述》（2001a），全书共四章，分别论述南亚、东南亚、中东及东亚各国文学在中国的翻译情况。以上几部著作均带有小型通史的性质。

其余的文学翻译史著作研究重心或集中在国别上，如王向远著

《二十世纪中国的日本翻译文学史》（2001），王建开著《五四以来我国英美文学作品译介史（1919—1949）》（2003），卫茂平著《德语文学汉译史考辨：晚清和民国时期》（2004），李今著《三四十年代苏俄汉译文学论》（2006），许钧、宋学智著《20世纪法国文学在中国的译介与接受》（2007），韩一宇著《清末民初汉译法国文学研究（1897—1916）》（2008），丁超著《中罗文学关系史探》（2008），孙致礼主编《中国的英美文学翻译 1949—2008》（2009），康东元编著《日本近现代文学翻译研究》（2009），陈国恩等著《俄苏文学在中国的传播与接受》（2009）；或集中在文体上的翻译史研究，如王宏志编《翻译与创作：中国近代翻译小说论》（2000），蒙兴灿著《五四前后英诗汉译的社会文化研究》（2009），胡翠娥著《文学翻译与文化参与——晚清小说翻译的文化研究》（2007）；或者集中在某个时间段上的翻译史综合研究，如袁荻涌著《二十世纪初期中外文学关系研究》（2002），谢天振、查明建主编《中国现代翻译文学史：1898—1949》（2004），平保兴著《五四翻译文学史》（2005），马士奎著《中国当代文学翻译研究（1966—1976）》（2007），任淑坤著《五四时期外国文学翻译研究》（2009）。

　　在实学（自然科学与社会科学）翻译史方面，有黎难秋、李亚舒主编《中国科学翻译史》（2000）。全书分五篇，第一篇总论共四章，讨论科学翻译史的研究对象、基本特点、理论和发展、科技翻译的基本特征和地位作用等；第二篇共三章，分时期讨论汉至明初的科学翻译；第三篇共四章，讨论明清时期的科学翻译，其中第四章专门研究了科学翻译理论；第四篇共六章，讨论民国时期的科学翻译；第五篇共十二章，讨论中华人民共和国成立后的科学翻译，其中口译和机器翻译是该书后半部分的两个重点。黎难秋著《中国科学翻译史》（2006）以汉代以前（公元前 206 年之前）为起点，以历时的方法分别论述中华人民共和国成立前的中国科学口译史和笔译史。在实学方面的著作还有邹振环著《晚清西方地理学在中国——以 1815 年至 1911 年西方地理学译著的传播与影响为中心》（2000c），王健著《沟通两个世界的法律意义：晚清西方法的输入与法律新词初探》（2001），郭庆堂等编著《20世纪西方哲学在中国》（2002），李志军著《西学东渐与明清实学》（2004），李兆华主编《中国近代数学教育史稿》（2005），范祥涛著《科学翻译影响下的文化变迁：20世纪初科学翻译的描写研究》（2006），邹振环著《西方传教士与晚清西史东渐——以1815年至1900年西方历史译著的传播与影响为中心》（2007），黄见德著《西方哲学的传入与研究》（2007），林学忠著《从万国公法到公法外交：晚清国际法的传入、诠释与应用》（2009），孙青著《晚清之"西政"东渐及本土回应》（2009），张登德著《求富与近代经济学中国解读的最初视角——〈富国策〉的译刊与传播》（2009）。

在译学理论和翻译思想史方面，以对我国传统翻译理论的梳理和对外国翻译理论的引介二者并重，此方面的著作有许钧主编四册本的"外国翻译理论研究丛书"，分别为《当代英国翻译理论》（2001）、《当代法国翻译理论》（2001）、《苏联翻译理论》（2000）、《当代美国翻译理论》（2000），分别对相应各国的翻译理论进行介绍和评价。廖七一编著《当代西方翻译理论探索》（2000），系统介绍分析了西方翻译的主要理论，包括西方翻译理论概览、当代西方翻译理论流派评述、当代西方翻译理论家评述、西方翻译理论与英汉互译等内容。王宏印著《中国传统译论经典诠释——从道安到傅雷》（2003），涉及从东汉的道安到当代的傅雷期间的翻译理论，分古代（148—1840）、近现代（1840—1949）、当代（1949—2000）进行述论，并精选有代表性的译论进行详细解析和现代阐释。王秉钦著《20世纪中国翻译思想史》（2004），全书分上、下篇，上篇为"传统篇"，论述中国传统翻译思想的形成、转折、发展、鼎盛四个时期；下篇为"现代篇"，重点论述中西翻译思想"融合期"、翻译学科全面"建设期"和当代中国翻译思想"调整期"，该书于2009年推出修订本，又于2018年再版。刘军平著《西方翻译理论通史》（2009）提供了从古代到当代的西方翻译理论发展路线图，梳理西方翻译理论的主要发展脉络和流派，并列举各个学派代表性的人物和主要翻译观点，该书2019年出修订本。另有平保兴著《五四翻译理论史》（2004），Leo Tak-hung Chan（陈德鸿）编 *Twentieth-Century Chinese Translation Theory: Modes, Issues and Debates*（2004），唐瑾著《当代英国翻译理论》（2004），吴克礼主编《俄苏翻译理论流派评述》（2006），李林波著《中国新时期翻译研究考察：1981—2003》（2007）。

在断代翻译史研究方面，有季压西、陈伟民合著的有关"语言障碍与晚清近代化进程"三部曲——《中国近代通事》（2007a）、《来华外国人与近代不平等条约》（2007b）、《从"同文三馆"起步》（2007c），探讨语言障碍与晚清近代化进程之间的关系。三部著作分别以语言障碍对近代中国重大历史事件的影响、中国近代各方面在突破语言障碍上所做的不同努力，以及这些努力对晚清近代化进程的直接或间接的影响为主题展开。涉及晚清时期翻译史的研究还有段怀清著《传教士与晚清口岸文人》（2007），王立新著《美国传教士与晚清中国现代化：近代基督新教传教士在华社会、文化与教育活动研究》（2008）。断代翻译史研究还有李晶著《当代中国翻译考察（1966—1976）："后现代"文化研究视域下的历史反思》（2008），该书从"翻译与政治"这一文化研究视域对1966 年至 1976 年间的中国翻译活动进行全面的梳理和考察，内容主要关涉产生翻译的社会—文化语境、译作形态和译本特色、赞助人和译者在翻译过程中扮演的角色以及译本的阅读和接受等。

在翻译出版史方面，有邹振环著《20 世纪上海翻译出版与文化变迁》（2000b），崔波著《在政治与知识之间——以晚清翻译出版为中心》（2009）。在翻译教学史方面，有李传松、田正平主编《中外教育交流史》（2004），许宝发著《中国近现代外语教育史》（2006）。

在民族和区域翻译史方面，除了少数民族相关翻译史研究外，也出现了以省为单位的地方性翻译史研究，如旺堆次仁等编著的藏文版《藏族翻译史及历代译师传略明鉴》（2001），林本椿主编《福建翻译家研究》（2004），顿官刚编著《湖湘译林与外国翻译研究》（2006），陈秀等编著《浙江省译家研究》（2007），吴笛等著《浙江翻译文学史》（2008），吴笛著《浙籍作家翻译艺术研究》（2009）。

在以译作为中心的翻译史方面，有王宪明著《语言、翻译与政治：严复译〈社会通诠〉研究》（2005），郝岚著《林译小说论稿》（2005），韩洪举著《林译小说研究——兼论林纾自撰小说与传奇》（2005），佛雏著《王国维哲学译稿研究》（2006），任东升著《圣经汉译文化研究》（2007），杜慧敏著《晚清主要小说期刊译作研究（1901—1911）》（2007），傅敬民著《圣经汉译的文化资本解读》（2009）。

在以译者为中心的翻译史方面，有王青建著《科学译著先师徐光启》（2000），汪晓勤著《中西科学交流的功臣伟烈亚力》（2000），尚智丛著《传教士与西学东渐》（2000），纪志刚著《杰出的翻译家和实

践家——华蘅芳》（2000），王扬宗著《傅兰雅与近代中国的科学启蒙》
（2000），王渝生著《中国近代科学的先驱——李善兰》（2000），王友
贵著《翻译家周作人》（2001），俞政著《严复著译研究》（2003），杨
全红著《走近翻译大家》（2004），孙迎春编著《张谷若翻译艺术研
究》（2004），岳峰著《架设东西方的桥梁——英国汉学家理雅各研究》
（2004），王友贵著《翻译西方与东方：中国六位翻译家》（2004），谢天
振著《傅雷：杰出的翻译家和散文家》（2004），郑鲁南主编《一本书和
一个世界》（2005），王友贵著《翻译家鲁迅》（2005），廖七一著《胡适
诗歌翻译研究》（2006），高黎平著《美国传教士与晚清翻译》（2006），
刘全福著《翻译家周作人论》（2007），张旭著《视界的融合：朱湘译
诗新探》（2008），何绍斌著《越界与想象——晚清新教教士译介史
论》（2008），郑鲁南主编《一本书和一个世界（第二集）》（2008），吴
钧著《鲁迅翻译文学研究》（2009），黎昌抱著《王佐良翻译风格研究》
（2009），顾钧著《鲁迅翻译研究》（2009），高伟著《翻译家徐志摩研
究》（2009）。

在汉籍外译史方面，有孙歌等著的戏曲外译史的专门著作《国外中
国古典戏曲研究》（2000），以及李玉良著《〈诗经〉英译研究》（2007）。
翻译史方面的通俗读本有王晓丹著《翻译史话》（2000），邹振环著《译
林旧踪》（2000a），陈立刚编著《中国著名翻译家史话》（2006）。

以翻译史研究为主的论文集类作品有杨熙楠、雷保德编《翻译与
吸纳：大公神学和汉语神学》（2004），郭延礼著《文学经典的翻译与解
读——西方先哲的文化之旅》（2007）。

在译书目录编纂方面，有樽本照雄（Teruo Tarumoto）编《新编增补
清末民初小说目录》（2002），王韬、顾燮光等编《近代译书目》（2003），
李伯和、佘烨主编《译论译技与译评译介》（2006），朱立文编《林语堂
著译及其研究资料系年目录》（1995/2007），熊月之主编《晚清新学书
目提要》（2007），范军编撰《中国出版文化史研究书录：1985—2006》
（2008），刘永文编《晚清小说目录》（2008），文军主编《中国翻译理
论著作概要（1902—2007）》（2009），顾正祥编著《歌德汉译与研究总
目（1878—2008）》（2009），黄立著《英语世界唐宋词研究》（2009）。

在宏观通史类的翻译史研究方面，有黎难秋主编《中国口译史》（2002），分别从外交、对外贸易、军事战争、翻译科学文学作品、翻译佛典、课堂授课、中国人出国访问考察、外国人来华访问考察、中国共产党革命历程中的口译活动以及历代培养口译人才学校方面较为全面地阐述了我国的口译历史。何寅、许光华主编的《国外汉学史》（2002）涉及部分翻译史。佘协斌著《法汉翻译研究》（2003）的中篇为"译介篇"，涉及中法作品的翻译史。方华文著《20 世纪中国翻译史》（2005）包括清末民初时期的翻译活动、民国时期的翻译活动、中华人民共和国成立后的翻译活动三部分，该书于 2008 年出修订本。李伟著《中国近代翻译史》（2005）分五个阶段对鸦片战争前后至"五四"新文化运动百年来的翻译史进行了系统而有重点的论述。马祖毅等著五卷本《中国翻译通史》（2006），该书将研究时间延续到了当代，详述了构成中国翻译史的四大高潮，即东汉至唐宋的佛经翻译、明末清初的西学翻译、鸦片战争至"五四"时期的第二次西学翻译、改革开放后 20 世纪八九十年代的翻译。此外，还有王铁钧著《中国佛典翻译史稿》（2006），高华丽编著《中外翻译简史》（2009），谢天振等著《中西翻译简史》（2009），许钧、穆雷主编《中国翻译研究（1949—2009）》（2009b），王介南著《近代中外文化交流史》（2009）。

其他专题的翻译史研究，有董洪川著《"荒原"之风：T. S. 艾略特在中国》（2004），汪介之著《回望与沉思：俄苏文论在 20 世纪中国文坛》（2005），段怀清、周俐玲编著《〈中国评论〉与晚清中英文学交流》（2006），吴格非著《萨特与中国：新时期文学中"人"的存在探询》（2006），宋炳辉著《弱势民族文学在中国》（2007），史锦秀著《艾特玛托夫在中国》（2007），荣广润等著《地球村中的戏剧互动：中西戏剧影响比较研究》（2007），陈建华主编《中国俄苏文学研究史论》（2007），单德兴著《翻译与脉络》（2007），彭建华著《现代中国的法国文学接受——革新的时代、人、期刊和出版社》（2008），张彩霞等编著《自由派翻译传统研究》（2008），侃本著《汉藏佛经翻译比较研究》（2008），倪正芳著《拜伦与中国》（2008），杨柳著《20 世纪西方翻译理论在中国的接受史》（2009），蒋芳著《巴尔扎克在中国》（2009）。

1.2.2 2010—2019 年翻译史研究发展脉络

2010—2019 年的文学翻译史和翻译文学史方面的研究作品同样丰富，并且相关著作更加集中于对某个较短的时间段或者某种文学文体的翻译进行深入研究。此时期的相关研究有王晓元著《翻译话语与意识形态——中国 1895—1911 年文学翻译研究》（2010），张旭著《中国英诗汉译史论——1937 年以前部分》（2011），姜智芹著《中国新时期文学在国外的传播与研究》（2011），李明滨著《中国文学俄罗斯传播史》（2011），吴赟著《文学操纵与时代阐释——英美诗歌的译介研究（1949—1966）》（2012），宋绍香著《中国新文学 20 世纪域外传播与研究》（2012），赵利民著《对话与交流：中国传统文学与外国文学关系研究》（2013），阚文文著《晚清报刊上的翻译小说》（2013），李琴著《新世纪中国翻译文学研究》（2013），孟昭毅著《中国东方文学翻译史》（2014），连燕堂著《二十世纪中国翻译文学史（近代卷）》（2014），杨四平著《跨文化的对话与想象：现代中国文学海外传播与接受》（2014），王晓平著《中日文学经典的传播与翻译》（2014），王友贵著《20 世纪下半叶中国翻译文学史：1949—1977》（2015），谢天振、许钧主编《新中国 60 年外国文学研究（第五卷）：外国文学译介研究》（2015），徐剑、袁辉著《出场差异合理性：晚清以来英美小说翻译行为研究》（2016），郭景红著《当代俄罗斯（自 1991 年至 2010 年间）中国文学研究》（2017），宋绍香著《中国新文学俄苏传播与研究史稿》（2017），赵稀方著《翻译与现代中国》（2018），白晶等著《跨文化视野下中西经典文学翻译研究》（2018），陈向红著《中国文学在英语世界的译介、传播与接受研究》（2019），贾一村《改革开放以来俄罗斯文学在华译介传播研究》（2019），刘坤《中国当代小说在美国的译介与研究》（2019），吕敏宏著《中国当代小说海外传播研究》（2019），陈晓莉著《外国儿童文学发展历程及其在中国的译介和传播》（2019），吴笛编著《外国文学经典生成与传播研究》（2019），冯强著《中国当代诗歌海外传播研究》（2019），王颖冲著《京味小说英译研究》（2019），阮秋贤《译介的话语：20 世纪中国文学在越南》（2019）。

在实学（自然科学与社会科学）翻译史方面，有袁媛著《近代生理学在中国 1851—1926》（2010），刘毅著《他山的石头——中国近现代法学译著研究》（2012），咏梅著《中日近代物理学交流史研究：1850—1922》（2013），屈文生著《从词典出发——法律术语译名统一与规范化的翻译史研究》（2013），聂馥玲著《晚清经典力学的传入——以〈重学〉为中心的比较研究》（2013），滕超著《权力博弈中的晚清法律翻译》（2014），赖骏楠著《国际法与晚清中国：文本、事件与政治》（2015），胡为雄著《马克思主义哲学在中国传播与发展的百年历史》（2015），李照国著《中医翻译研究》（2017）。

在译学理论和翻译思想史方面，第二个十年的研究是对第一个十年的接续，有陈福康编《中国译学史》（2010），张佩瑶编著《中国翻译话语英译选集（上册）：从最早期到佛典翻译》（2010），郑意长著《近代翻译思想的演进》（2010），周晔著《本雅明翻译思想研究》（2011），韩晓玲等主编《中国传统译论思想论集》（2012），朱志瑜、黄立波合著的《中国传统译论：译名研究》（2013），刘峰等著《西方翻译理论通史》（2013），高华丽著《中西翻译话语研究》（2013），邹海仑主编《从〈黑奴吁天录〉到〈喧哗与骚动〉——微澜与巨潮激荡的百年史》（2016），何心著《西方翻译理论发展史研究》（2016），高圣兵著《译学刍论》（2017），华满元著《中国古代佛典译道的知识谱系及现代阐释》（2018），邵有学著《中国翻译思想史新论》（2018）。

在翻译出版传播史方面，有关西大学文化交涉学教育研究中心出版博物馆所编《印刷出版与知识环流——十六世纪以后的东亚》（2011），孙轶旻著《近代上海英文出版与中国古典文学的跨文化传播（1867—1941）》（2014），肖超著《翻译出版与学术传播：商务印书馆地理学译著出版史》（2016），何明星著《中国文化翻译出版与国际传播调研报告（1949—2014）》（2016），董丽敏等著《商务印书馆与中国文化的"现代"转型（1902—1932）》（2017）。

翻译教学史方面的成果稍少，有黎难秋著《同文三馆——晚清翻译家外交家的摇篮》（2016），分上、下两编，上编为"同文三馆的设立"，述及北京同文馆、上海广方言馆、广州同文馆的历史沿革；下编为"同文三馆的贡献"，述及同文三馆在翻译人才、外交人才的培养和教科政经方面的议题。

在断代翻译史研究方面，有李奭学著《中国晚明与欧洲文学——明末耶稣会古典型证道故事考诠（修订版）》（2010），冯志杰著《中国近代翻译史（晚清卷）》（2011），邹振环著《晚明汉文西学经典：编译、诠释、流传与影响》（2011），陈南先著《师承与探索：俄苏文学与中国十七年文学》（2011），赵稀方著《翻译现代性：晚清到五四的翻译研究》（2012），唐欣玉著《被建构的西方女杰——〈世界十女杰〉在晚清》（2013），孙轶旻著《近代上海英文出版与中国古典文学的跨文化传播（1867—1941）》（2014），高黎平著《传教士翻译与晚清文化社会现代性》（2014），李艳丽著《晚清日语小说译介研究（1898—1911）》（2014），邓联健著《委曲求传：早期来华新传教士汉英翻译史论（1807—1850）》（2015），廖七一等著《抗战时期重庆翻译研究》（2015），赵献涛著《民国文学研究——翻译学、手稿学、鲁迅学》（2015），王晓凤著《晚清科学小说译介与近代科学文化》（2015），苏艳著《从文化自恋到文化自省：晚清中国翻译界的心路历程》（2018），姚达兑著《现代的先声：晚清汉语基督教文学》（2018），许钧主编《改革开放以来中国翻译研究概论（1978—2018）》（2018），张静著《1898—1908翻译文学之"变相"研究》（2019）。

民族和区域翻译史方面的研究成果在近十年频出，有马旦尼亚提·热依扎编《二十世纪中国哈萨克翻译家》（2010），李宁著《〈福乐智慧〉英译研究》（2010），温中兰等编著的《浙江翻译家研究》（2010），张秀仿著《河北省翻译史专题研究》（2012），罗杰鹦著《世界文学与浙江文学翻译》（2012），扎西东珠等著《〈格萨尔〉文学翻译论》（2012），林大津总主编的《福建翻译史论》（2013），李同良著《嘉兴翻译家研究》（2013），阚海英著《蒙古族中国现代翻译文学史研究》（2014），张旭著《近代湖南翻译史论》（2014），杨承淑《日本统治期台湾における译者及び"翻译"活动——植民地统治と言语文化の错综关系》（2015），梁真惠著《〈玛纳斯〉翻译传播研究》（2015），袁斌业著《桂林抗战文化城翻译出版研究》（2015），李长森著《近代澳门翻译史稿》（2016），段峰著《文化翻译与少数民族文学对外译介研究——基于翻译研究和民族志的视角》（2016），邢力著《蒙古族典籍翻译研究——从〈蒙古秘史〉复原到〈红楼梦〉新译》（2016），陈清贵著《四川翻译史研究》（2016），李宁著《维吾尔族（西域）典籍翻译研究——丝路遗珍的言际旅行》（2016），王治国著《藏族典籍翻译研究——雪域文学与高原文化的域内外传播》（2016），刘雪芹著《西南诸民族典籍翻译研究——她们从远古的歌谣中走来》（2016），哈森著《通往巴别塔的路上——中国少数民族翻译家访谈》（2016），宋韵声编著《辽宁翻译文学史》（2016），王治国著《集体记忆的千年传唱：〈格萨尔〉翻译与传播研究》（2017），彭清著《瑶族典籍〈盘王大歌〉翻译与研究》（2018），熊辉著《抗战大后方翻译文学史论》（2018），熊辉著《抗战大后方社团翻译文学研究》（2018），唐吉思著《蒙古族翻译史研究》（2019）。

　　在以译作（指外文书籍中译作品）为中心的翻译史方面，有宋莉华著《传教士汉文小说研究》（2010），付晶晶著《格林童话在中国》（2010），田全金编著《言与思的越界：陀思妥耶夫斯基比较研究》（2010），姜倩著《幻想与现实：二十世纪科幻小说在中国的译介》（2010），刘宏照的《林纾小说翻译研究》（2011），张治编《中西因缘：近现代文学视野中的西方“经典”》（2012），杨玲著《林译小说及其影响研究》（2013），韩承桦著《审重咨学：严复翻译〈群学肄言〉之研究》（2013），王治江著《莎剧译介研究》（2014），杨焯著《丁译〈万国公法〉研究》（2015），宋莉华著《近代来华传教士与儿童文学的译介》（2015），杨文瑜主编《文本的旅行：日本近代小说〈不如归〉在中国》（2015），鲜明著《晚清首部国人译介的社会主义著作的翻译史考察》（2016），刘佳著《〈飘〉在中国的形象变迁及经典化历程》（2016），程梦婧著《〈人权宣言〉在晚清中国的旅行》（2017），卢明玉著《西人西学翻译与晚清救国良策的探索》（2018），刘火雄著《历历来时路：诺贝尔文学奖获奖作品在华出版传播研究》（2019）。

　　在以译者为中心的翻译史研究方面，作品也相当丰富，有柯林娟、杜雅萍著《坚守良知的翻译家：草婴传》（2010），陈俐、陈晓春主编《诗人、翻译家曹葆华（史料·评论卷）》（2010），刘克敌、李酉宏主编《那些翻译大师们》（2010），上海图书馆编《传教士所著汉文小说研究》（2010），卢明玉著《译与异：林乐知译述与西学传播》（2010），张旭著《湘籍近现代文化名人（翻译家卷）》（2011），冯智强著《中国智慧的跨文化传播：林语堂英文著译研究》（2011），袁斌业著《翻译报国，译随境变——马君武的翻译思想和实践研究》（2011），代发君著《贺麟西方古典哲学译介研究》（2011），杨丽华著《中国近代翻译家研究》（2011），穆凤良、许建平著《译德载物——清华人文学者对中国翻译的贡献》（2011），李奭学著《译述：明末耶稣会翻译文学论》（2012），褚东伟著《翻译家林语堂》（2012），严晓江著《梁实秋的创作与翻译》（2012），陈惠著《阿瑟·韦利翻译研究》（2012），吴伏生著《汉诗英译研究：理雅各、翟理斯、韦利、庞德》（2012），吴学录著《国际学者翻译家校友戈宝权》（2014），邝可怡编校《战火下的诗情：抗日战争时期戴望舒在港的文学翻译》（2014），田建国著《翻译家村上春树》（2015），许钧等著《傅雷翻译研究》（2016），郑锦怀著《泉籍翻译家与中西交流——生平述介与著译考录》（2016），秦毅著《粤籍翻译家研究》（2016），向洪全著《翻译家巴金研究》（2016），白立平著《翻译家梁实秋》（2016），王小林著《传播·影响·接受：中国现代作家与美国文学》（2016），王宏印著《诗人翻译家穆旦（查良铮）评传》（2016），宽旭编《达摩笈多著述辑要》（2016a）、《不空著述辑要》（2016b）、《义净著述辑要》（2017）、《善无畏一行著述辑要》（2018），袁帅亚著《肌理论：邵洵美的翻译诗学研究》（2017），方梦之、庄智象主编三卷本《中国翻译家研究》（2017），张旭著《视界的融合：朱湘译诗新探（修订版）》（2017），戎林海著《瞿秋白翻译研究》（2017），朱振武等著《汉学家的中国文学英译历程》（2017），王林著《田汉的戏剧译介与艺术实践》（2018），孙宇著《文化翻译视域下葛浩文中国文学英译研究》（2018），刘瑾著《翻译家沙博理研究》（2018），李同良著《译苑芳菲——浙江女性翻译家研究》（2018），董双建著《那些翻译家》（2018），张政、蒋童编著《中国近现代翻译家肖像》（2018），辛红娟等著《杨宪益翻译研究》（2018），徐若楠著《中西经典的会通：卫礼贤翻译思想研究》（2018），张旭著《心田的音乐——翻译家黎翠珍的英译世界》（2019），朱春花著《翻译家与编辑家：鲁迅研究》（2019），单德兴著《翻译家余光中》（2019），马会娟著《彼岸的声音——汉学家论中国文学翻译》（2019）。

以翻译史研究为中心的论文集有杨全红著《翻译史另写》（2010），许钧主编《傅雷的精神世界及其时代意义——"傅雷与翻译"国际学术研讨会论文集》（2011），北京外国语大学中国海外汉学研究中心、中国近现代新闻出版博物馆编《西学东渐与东亚近代知识的形成和交流》（2012），北京鲁迅博物馆编《鲁迅翻译研究论文集》（2014），郑炜明主编《香港大学饶宗颐学术馆十周年馆庆同人论文集（琴学卷）》（2014），王宏志著《翻译与近代中国》（2014），王宏志主编《翻译史研究》集刊（2011，2012，2013，2015a，2015b，2017，2018，2020），王昌富、吉格阿加著《彝学与翻译研究论文集》（2017），罗选民主编《在可译与不可译之间：第三届全国宗教经典翻译研讨会论文集》（2018），许钧、李国平主编《中国文学译介与传播研究（卷一）》（2018a）、《中国文学译介与传播研究（卷二）》（2018b），冯全功、卢巧丹主编《中国文学译介与传播研究（卷三）》（2018）。

　　这一时期的翻译史研究在汉籍外译史方面有相当的侧重，且以中国古代典籍为主，相关著作有李磊荣著《文化可译性视角下的〈红楼梦〉翻译》（2010），杨平著《中西文化交流视域下的〈论语〉英译研究》（2011），顾伟列主编《20 世纪中国古代文学国外传播与研究》（2011），梁高燕著《〈诗经〉英译研究》（2013），洪涛著《从窈窕到苗条：汉学巨擘与诗经楚辞的变译》（2013），江岚著《唐诗西传史论——以唐诗在英美的传播为中心》（2013），徐志啸主编《中国古代文学在欧洲》（2013），涂慧著《如何译介，怎样研究：中国古典词在英语世界》（2014），赵莹著《〈三国演义〉在日本的译介与研究》（2014），李海军著《从跨文化操纵到文化和合——〈聊斋志异〉英译研究》（2014），高玉海著《中国古典小说在俄罗斯的翻译和研究》（2014），戴俊霞著《诸子散文在英语世界的译介与传播》（2014），江帆著《他乡的石头记：〈红楼梦〉百年英译史研究》（2014），李新德著《明清时期西方传教士中国儒道释典籍之翻译与诠释》（2015），耿强著《晚清至现代中国文学的对外译介研究——一段隐形的翻译史》（2015），李声凤著《中国戏曲在法国的翻译与接受（1789—1870）》（2015），付文慧著《中国女作家作品英译（1979—2010）研究》（2015），贾卉著《杜甫诗歌在英语国家的译介与传播》（2015），赵征军著《中国戏剧典籍译介研究：以〈牡丹亭〉的英译与传播为中心》（2015），江晓梅著《〈中庸〉英译研究：基于理雅各、辜鸿铭、休中诚、陈荣捷、安乐哲和郝大维译本的分析》

（2016），闵宽东著《中国古代小说在韩国研究之综考》（2016），谢淼著《德国汉学视野下中国当代文学的译介与研究》（2016），蒋向艳著《唐诗在法国的译介和研究》（2016），杨玉英著《〈孙子兵法〉在英语世界的传播与接受研究》（2017），李安光著《英语世界的元杂剧研究》（2017），李红、刘国利著《老庄中原传统哲学思想的世界性影响及贡献研究》（2017），宋丽娟著《"中学西传"与中国古典小说的早期翻译（1735—1911）——以英语世界为中心》（2017），孟伟根著《中国戏剧外译史》（2017），赵长江著《十九世纪中国文化典籍英译史》（2017），朱振武著《〈聊斋志异〉的创作发生及其在英语世界的传播》（2017），李伟荣著《英语世界的〈易经〉研究》（2018），谢春平著《英语世界的〈水浒传〉研究》（2018），崔溶澈著《〈红楼梦〉在韩国的传播与翻译》（2018），姚军玲著《〈红楼梦〉在德国的传播与翻译》（2018），郭晓春著《〈楚辞〉在英语世界的译介与研究》（2018），岳峰著《中华文献外译与西传研究》（2018），王颖冲著《中文小说英译研究》（2019），黄文虎著《英语世界中的〈金瓶梅〉》（2019）。大象出版社出版的"20世纪中国古代文化经典域外传播研究书系"，该书系的编年部分有多册，内容包括20世纪中国古代文化经典在欧、美、亚多个国家或者地区的传播影响研究，书系的文学文化部分以及专题研究部分的丛书也涉及翻译史研究。

宏观通史类的翻译史研究著作有张志芳、张彬编《译以载道：佛典的传译与佛教的中国化》（2012），谢天振、何绍斌著《简明中西翻译史》（2013），于丽萍著《中日翻译文化交流史》（2016），宋韵声撰《中英翻译文化交流史》（2017）。

在译著书目编纂成果方面，有贾植芳等编《中国现代文学总书目·翻译文学卷》（2010），付建舟、朱秀梅著《清末民初小说版本经眼录》（2010），付建舟著《清末民初小说版本经眼录二集》（2013），卢茂君著《新世纪国外中国文学译介与研究文情报告（日本卷）（2001—2003）》（2013），文大一编著《新世纪国外中国文学译介与研究文情报告（韩国卷）（2001—2005）》（2013），张旭、车树昇编著《林纾年谱长编（1852—1924）》（2014），吴如嵩著《孙子兵法中外图书总览》（2016），顾正祥编著《歌德汉译与研究总目（续编）》（2016），陆国飞主编《清末民初翻译小说目录（1840—1919）》（2018），陈剑光、毛一国编著《新编中国文献西译书目（1900—2017）》（2019）。

其他翻译史专题研究有沈国威著《近代中日词汇交流研究：汉字新词的创制、容受与共享》（2010），上海图书馆编《江南制造局翻译馆图志》（2011），杨玉英著《英语世界的郭沫若研究》（2011），徐红主编《西文东渐与中国早期电影的跨文化改编：1913—1931》（2011），杨莉馨、卓岩著《我的河在向你奔来：20 世纪英语女作家在中国》（2011），曾利君著《加西亚·马尔克斯作品的汉译传播与接受》（2011），邹振环著《疏通知译史：中国近代的翻译出版》（2012），林文艺著《1951—2001 年英文版〈中国文学〉研究》（2012），李卫华著《中国新时期翻译文学期刊研究：1978—2008》（2012），曾利君著《马尔克斯在中国》（2012），宋庆宝著《拜伦在中国：从清末民初到五四》（2012），蔡俊著《米兰·昆德拉在中国的传播与变异》（2012），杨玉峰《南社著译叙录》（2012），程小娟著《God 的汉译史——争论、接受与启示》（2013），李越著《老舍作品英译研究》（2013），吴伏生著《英语世界的陶渊明研究》（2013），谭慧著《中国译制电影史》（2014），王俊菊主编《莫言与世界：跨文化视角下的解读》（2014），刘祥文著《肖洛霍夫在中国》（2014），杨玉英著《郭沫若在英语世界的传播与接受研究》（2015），柳迪善著《新中国译制片史：1949—1966》（2015），吕佩爱著《马修·阿诺德的文化理论及其当代价值研究》（2015），陈越洋著《阿拉伯文化在中国》（2016），彭桂芝、何世杰编著的《中外翻译史解读》（2016），司佳著《近代中英语言接触与文化交涉》（2016），王芳著《波伏瓦在中国》（2016），张曼著《老舍翻译文学研究》（2016），钱林森、周宁主编"中外文学交流史丛书"系列共 17 册（2014—2016），李崇月著《毛泽东诗词对外译介研究》（2017），邹振环著《20 世纪中国翻译史学史》（2017），罗选民著《翻译与中国现代性》（2017），李今主编共四册的《汉译文学序跋集》（2017），马立安·高利克（Marián Gálik）著、刘燕主编《从歌德、尼采到里尔克：中德跨文化交流研究》（2017），梁海军著《法语世界的鲁迅传播与研究：1926—2016》（2017），赵丰、罗星海著《童话往事：中国译制动画片（1979—1987）》（2017），赵丰著《童话往事：中国动画译制片（1988—1992）》（2017），郝莉著《中国现当代女作家作品英译史研究》（2017），丁晓敏著《川端康成在中国的接受与传播》（2018），莫丽芸著《英美汉学中的白居易研究》（2018），马军编著《史译重镇：上海社会科学院历史研究所的翻译事业（1956—2017年）》（2018），夏登山著《慕化归译史》（2018），林敏洁著《鲁迅与20世纪中外文化交流》（2018），刘略昌著《梭罗与中国：东学西传后的西学中渐》（2018），李春雨著《老舍作品在俄罗斯》（2018），何杏枫著《重探张爱玲：改编·翻译·研究》（2018），陈曦著《莫言作品在法国的译介研究》（2019），耿强著《中国文学：新时期的译介与传播——"熊猫丛书"英译中国文学研究》（2019），宁明著《莫言作品的海外传播研究》（2019），王世欣著《跨文化视野下的斯坦贝克》（2019），陈力卫著《东往东来：近代中日之间的词语概念》（2019）。

近十年的中国翻译史研究视角丰富多样，取得的成果之多，可圈可点。这时期的翻译史研究在某些领域有相当的侧重，例如在民族和区域翻译史研究以及汉籍翻译史研究方面相比于第一个十年成果大增，说明此时期学者更加注重我国自身的翻译史的挖掘，在小范围深度挖掘和在细节处勾勒填充我国翻译史的整体蓝图，同时注重我国典籍在国外交流推介的历史梳理。我国是一个历史底蕴深厚、拥有多个民族以及广阔疆域的国家，加之漫长的域外文化交流历史，因此在民族翻译史和各个区域的翻译史方面有丰富的可挖掘的历史资料。

在20世纪末才开始出现的少数民族翻译史研究，在过去的二十年当中，虽相继出现以某些民族文字文化为中心的专题翻译史研究，如维吾尔族、蒙古族、藏族、哈萨克族等，但这方面的成果数量相比我国众多少数民族而言，仍有待发掘的广阔空间。在区域性翻译史研究方面，近二十年的成果相较20世纪可以说有一个飞跃，出现如新疆维吾尔自治区、内蒙古自治区、西藏自治区、澳门、台湾、四川、河北、湖南、浙江、福建等地区的翻译史研究，但相比我国34个省级行政区划单位的数量，此背后应该有更多的翻译史需要进一步发掘。此外，现有的区域性翻译史研究也并不平衡，在某些地区上的翻译史已经出现了多部专著、多个角度的研究，如浙江、福建等地，而在其他某些区域还是空白。另外，已有的某些区域翻译史研究或集中在某个时间段，或从某些研究角度出发，就全局而言也未必全面，也还有进一步补充的空间。

从汉籍外译史方面的研究来看，20 世纪末的汉籍外译史专著注重宏观的翻译史勾勒；进入 21 世纪，尤其在最近的十年当中，针对某一部汉籍的翻译史研究呈现相当蓬勃的态势。作为文化集萃的汉文典籍本身带有历史的厚度，对单部典籍的翻译史研究有助于研究者对研究对象进行纵向深入的探究，也利于挖掘译史中涉及的文化意义。不过，汉文典籍的数量之多是不言而喻的，有着属于自己的可书写的翻译史的典籍相当之多，尤其有些古代典籍蕴含的文化价值颇深，对外影响也深远。相比于 21 世纪的第一个十年，近十年呈现的汉籍翻译史研究成果喷发的态势应属可喜，这也与当下提倡文化对外传播的政策是一致的。但是，现有的翻译史研究成果相较于庞大的汉籍基数，即便加上未出版的各种硕博研究论文，也只是冰山一角；且大部分的现有成果还集中在汉籍的文学作品上，在其他方面，如实学、宗教文本等方面的翻译史研究还有广阔的领域待开拓。

从 20 世纪末至今，以外文书籍中译为中心的翻译史研究对象同时包含有文学作品和实学作品，但相比于同期出现的宏观角度下大部头的文学翻译史、翻译文学史以及实学翻译史著作，把译作作为专题的翻译史研究在数量上似乎显得单薄，尤其在实学翻译史研究方面，著作数量也少于文学作品的翻译研究。而这一时期在以翻译家为中心的翻译史研究方面，学术界保持了一贯较强烈的兴趣，专著数量在渐增。对译者的译史发掘有助于从微观史层面补足翻译史实，从作为文本的译作之外书写和补充译作的生发过程，进而瞥见文化交流的起因以及翻译的社会背景。在现有以译者为中心的专著中，所研究的译者对象中外兼具，就庞大的译者数量而言，这应该是个较为高产的领域。

国内对翻译思想或理论史有体系的梳理研究起于 20 世纪末。随后的二十多年中，在对我国以及西方的翻译思想或理论史的研究梳理方面均有大的进展，这些进展对我国译界以史为鉴、借他国之力丰己之羽翼，跟进国际翻译学的研究步伐，进一步开拓思想或理论方面的研究有重要的作用。

以上对近十年中国翻译史研究的分类中，属于其他翻译史专题研究类别的研究数量较多，原因在于，某些与翻译史相关的研究不能恰当地放在先前的几种分类当中，比如中国的译制片史、题名中以中外某个作者为中心的翻译史研究、以某个机构或者期刊为中心的译史研究、对某个词汇或者概念的译史研究等。故而笔者在该综述开始时提到,翻译史研究的分类,是按照已有的翻译史研究中心对象的类别划分,而并非笔者提前划分出翻译史研究"应该"有哪些类别,如此框定研究者对翻译史的研究兴趣点或者研究角度是不妥当,也是不可能的。近十年中出现越多的其他翻译史专题研究,越能说明翻译史研究的研究范围或者研究范式、角度的潜在的可扩展性和创新性。可以预见的是,未来翻译史研究的议题会更加丰富,所形成的类别会更加多样。

另外,在翻译史研究的范围方面,有学者提出一些新的名词,如王克非在《翻译文化史论》中提出"翻译文化史"的概念,指出"翻译文化史重在研究翻译对于文化(尤其是译入语文化)的意义和影响,它在文化史上的作用,以及文化对于翻译的制约,特别是在通过翻译摄取外域文化精华时,翻译起到什么样的作用,达到什么样的目的,发生什么样的变异","翻译文化史研究实质上是翻译史与思想史、文化史的结合"(王克非,1997:2-3),这一概念侧重于从更加宏观的视角探究翻译在文化交流中扮演的角色。邹振环在《20世纪中国翻译史学史》中指出,王克非对"翻译文化史"的构想有着"比较翻译史"的内涵,并认为"翻译文化史"或"比较翻译史"所考察的"应该是两种或多种文化如何发生交流,是以语言为基础的交流产生的因素、过程、结果和影响",注重从文化学和文化传播意义上对翻译现象作分析解释,应是介于翻译史和文化史之间的研究,考虑的范围除了从原作到译作的形成过程、译本研究、赞助人研究、文化意象翻译,还有如中外不同翻译传统、译论体系以及不同国家地区翻译史的比较等(邹振环,2017:306-309)。谢天振在《中西翻译简史》(2009)中提出"中西翻译史整体观"概念。以往的中、西翻译史专著的编写大多"各行其道""互不干扰",该书作者依据中西翻译史上特定历史阶段的主流翻译对象,把中西翻译史划分为"宗教文献翻译阶段""文学翻译阶段"和"非文学(实用文献)翻译阶段"三大历史发展阶段,将中西翻译史有机地融合在一起,把它们作为一个有机的整体予以审视和考察。作者还发现,中西翻译史不仅是在译学观念的演变上具有许多共性,在具体的翻译活动展开、进行以及翻译在中西方所起的作用、所产生的影响方面,更是不乏共同之处。诸如比较翻译史方面的研究，侃本的《汉藏佛经翻译比较研究》（2008）应该算是一个比较不同地区翻译传统等方面的较好例子，在某些翻译史著作中也偶见这方面的研究。翻译史的研究多是选定一个议题，再进行历时的梳理，研究者多专注于一对原语与目标语文化，而比较翻译史除了包含在一对原语与目标语之间的不同译作、译者等方面的微观比较之外，也提出在多对原语与目标语之间的宏观比较。由此可见，这方面的研究对于研究者的学术功底以及眼界的要求是非常高的，但的确也为未来的翻译史研究提出了新方向。这些概念的提出和界定有助于未来对翻译史的研究进行更为深入的思考和推进。

第 2 章
近十年中国翻译史研究成果

近十年的中国翻译史研究在推进以往研究的基础之上，在研究对象、研究视角的多样性以及研究层次及深度上都取得了长足的发展。除翻译通史、断代史、文学翻译史外，民族与区域翻译史、汉籍外译史、非文学翻译史等领域的研究也在不断丰富，对翻译家、翻译作品及翻译实践的考察更为深入多元。近十年从事中国翻译史研究的学者越来越多，既有从事外语专业的学者，又有包括历史、文学、文化、法律、编辑出版、自然科学等背景的学者，这与中国翻译史的研究上呈现出跨学科的特色相关。此外，也涌现出了专门研究中国翻译史的学术共同体、会议论坛以及相关刊物。

2.1 近十年中国翻译史研究重要专著

近十年来，又有不少致力研究中国翻译史的著作相继出版。其中，既有对以往研究的拓展与补充，也有对新史料的深入挖掘和系统梳理，以及从其他学科与视野切入翻译史的多元化研究作品。

2.1.1 文学翻译史和翻译文学史

翻译文学的国籍具有"模糊性、双重性甚至游移性"（张南峰，2005：54），因此既无法在源语文学系统中得到承认，又常常被目的语文化系统中的国别文学史忽略。自 20 世纪 80 年代以来，在中国翻译史研究的发展进程中，有关文学翻译史与翻译文学史的研究已蔚然可观。然而就何为"文学翻译"，何为"翻译文学"这一问题，学界仍未达成共识。杨武能认为"翻译文学与文学翻译关系密切，常易混为一谈，却并非同一概念：文学翻译定性于原著的性质，与之对照的是其他门类的翻译，如科技翻译、军事翻译，等等；翻译文学定性于译著的质地和水准，即本身必须仍旧是文学。因此，后者并非前者的必然结果，而只是其成功的高水平的结果"（参见林煌天，1997：186）。邹振环（2017：239）也认为，"'翻译文学史'和'文学翻译史'应该不完全是一种写法，而目前很多所谓'翻译文学史'实际上只是'文学翻译史'"。

我们认为，"翻译文学史"侧重将翻译文学作为一个相对独立的实体，系统考察其在特定社会、文化中的演进、发展与影响，重心依然在"文学"；而"文学翻译史"则聚焦文学翻译活动事件中的各个方面，包括翻译活动的发起、过程，译作的传播、接受、影响，以及翻译家、翻译团体的活动、思想与成就等内容。以下论及的著作，无论题名为"翻译文学"或"文学翻译"，均或多或少涉及二者，并没有明确区分，因此归为同一小节。但对"翻译文学史"与"文学翻译史"内涵的侧重与区分，值得后来翻译史研究者注意与明确。

王晓元著《翻译话语与意识形态——中国1895—1911年文学翻译研究》（2010）属于断代翻译文学史研究。作者立足语用学、社会学与文化研究理论构建翻译社会学模式，历时考察了中国近代的社会文化语境及该时期翻译活动的总体特征，并以此作为研究清朝末期这一阶段文学翻译的背景与切入点，从翻译、话语与意识形态的视角考察具体个案中的翻译主体行为与翻译行为。该书第一章提出"翻译社会学"的理论模式；第二章简要考察了鸦片战争至甲午战争期间的社会文化语境，即"西学"话语策略、翻译实践中的文本类型与翻译主体；第三章则聚焦晚清文学翻译高潮的发生，并从翻译主体、文本类型、译本语言和翻译方法等主要方面对晚清的小说翻译实践进行简要的综述。在主体部分第四至六章中，作者以个案的形式分别分析了林纾与合译者翻译的3个文本，试图从翻译动机、翻译方法、翻译语言、翻译效果和翻译话语与意识形态等方面解读文本，借以深入探究中国翻译史上第一次文学翻译高潮的特点。

姜倩著《幻想与现实：二十世纪科幻小说在中国的译介》（2010）一书为英文行文，着重考察 20 世纪科幻小说这一通俗小说门类在中国的译介与接受状况。通过对典型文本的分析，由点及面地对各时期科幻小说的译介背景和特征进行深入的探讨，考察译介过程中翻译与政治、经济、科技、文化、文学等不同系统之间复杂微妙的关系，从而揭示不同历史时期制约或推动科幻小说的翻译与接受的种种因素，以及科幻翻译对本土科幻文学发展的深远影响。科幻小说的翻译一直以来为文学翻译史研究所冷落，但在近年的翻译研究中引起了越来越多年轻学者的兴趣，该书对后续相关研究具有较强的史料价值。

张旭著《中国英诗汉译史论——1937 年以前部分》（2011）是张佩瑶与张旭共同主编策划"通天塔丛书"中的第一部。全书试图从现代翻译学的视角探讨抗日战争全面爆发以前中国英诗汉译的情况，既是一部有关翻译诗歌的断代史，又是一部立论鲜明的诗歌批评史。

该书除绪论外分为两个主要部分，对应于两个历史时期："五四"以前的萌建期（第一至五章）和 1919 年至 1937 年的发展期（第六至十章）。绪论提纲挈领地介绍了本研究的特色、性质、内容和沿革。第一部分论述"五四"以前英诗汉译的情况，其中第一章又细分为"文化外求时期""文化碰撞期""文化动荡时期"三个阶段。该时期的英诗汉译以诗学价值理念为上，不涉及诗体层面。其余四章从不同的视角对英诗汉译进行微观分析，具体包括"近代在华传教士与英语宗教诗歌汉译""意识形态与近代英诗汉译""译经文学传统与近代英诗汉译""近代三家英诗汉译活动考察"。第二部分关注"五四"后至抗战前英诗汉译的兴盛。首先概述该时期英诗汉译活动及体现出的特色，该时期在译者数量、译介规模、取材范围等方面均为中国近现代英文汉译之最。此后以学术团体为依据分章论述，包括"创造社""新月社"和"学衡派"的英诗汉译活动，在勾勒现代英诗汉译的历史脉络过程中深入个案分析。

该书以英诗汉译为研究对象，着眼中国近现代文学发展史，属于断代专门史。作者文献学功底深厚，在史料钩沉上较前人所著通史、简史成果更加丰富、严谨，以融会中西的理论思维用当代西方翻译理论与中国传统诗学对相关史料史实加以阐释，题名中的"史论"名副其实。这些特色在作者此后出版的《近代湖南翻译史论》（2014）中也可窥见。

田本相、宋宝珍著《中国百年话剧史述》（2013）一书叙述了中国话剧的诞生、演变、发展的历程，把中国话剧的历史作为一门综合艺术的发展历史加以研究和描述，即把话剧文学、话剧运动、舞台艺术、导演艺术和表演艺术纳入话剧历史的范围，对中国百年话剧发展作了一次历史的总结。该书聚焦中国话剧史，但中西戏剧的碰撞与交融是中国戏剧发展进程中不可缺失的重要环节。从 16 世纪中国人第一次目睹了西洋戏剧到 20 世纪初中西文化大碰撞催促了中国新剧的诞生，从 1907 年的第一部完整的中国话剧《黑奴吁天录》到新时期的话剧舞台，时间跨度逾 300 年。中西戏剧的交流与发展必然以翻译为手段实现，这也为文学翻译史研究者提供了重要史料来源。

孟昭毅等著《中国东方文学翻译史》（2014）系季羡林主编的"东方文化集成丛书"之一。全书分上、下两册，近 1100 页，主要涵盖东方文学范畴内的翻译家及其翻译的东方文学作品，翻译活动前后所关联的事件和影响接受情况等。本书以文学社团的翻译活动和有关翻译的历史事件为经线，以著名翻译家的翻译成就、翻译思想为纬线，纵横交叉、史论结合，呈现出一种串珠式的整体性和系统性。该书涉及近百位主要翻译家，另对其中 30 多位重要翻译家设有专节介绍，力图展现中国自近代至现当代 110 多年间的东方文学翻译五彩缤纷的全貌。

国内文学翻译通史类著作，如谢天振、查明建主编的《中国现代翻译文学史》（2004），孟昭毅、李载道主编的《中国翻译文学史》（2005），杨义总主编的六卷本《二十世纪中国翻译文学史》（2009）等，多以英、法、美、德、俄苏、日等国家的文学作品译介为主，对这些国家之外的文学翻译活动仅予以少量章节简介。该书重点考察与"西方文学"相对的"东方文学"翻译史，突破了主流文学翻译史研究的局限，对国内文学翻译史的建构起到了完善补充作用。略有遗憾之处在于，该书在上编部分仍介绍了大量欧美文学翻译内容，对近代中国翻译机构，林纾、严复等人的翻译思想，《新青年》杂志的翻译活动等内容虽也进行了详细讨论，但与其他翻译史著作相比，在内容、形式与观点上差异不大。"东方文学"翻译部分内容涉猎广泛，分章介绍了国内对日语、波斯语、阿拉伯语、朝鲜语、蒙古语，以及南亚和东南亚诸语种文学的翻译，港澳台地区的东方文学，但后者多以史料罗列为主，分析探讨不多，这也是许多大而全的翻译通史类著作需要精进之处。

谢天振、许钧主编《新中国 60 年外国文学研究（第五卷）外国文学译介研究》（2015）为北京大学申丹、王邦维主编的"新中国 60 年外国文学研究丛书"中的一卷。该书旨在从翻译的角度对中华人民共和国成立 60 年来我国外国文学的译介过程及其特点进行审视。全书分为上、下两编，共 11 个章节。上编以国别专题的形式分别考察分析了中华人民共和国成立 60 年来俄苏文学，英美文学，法国文学，德国与德语文学，东、南、北欧文学及亚非拉文学的翻译情况；下编以类别和热点为专题进行探讨，包括外国文论的翻译，外国文学史的翻译，翻译文学期刊的考察分析，1966 年至 1976 年间的外国文学翻译，以及"名著重译"、"现代派"与后现代、翻译与市场消费等热点议题。

在全面考察中华人民共和国成立 60 年来外国文学译介情况的基础上，该书对外国文学在中国语境中的翻译、变形、认同与接受过程进行了细致的剖析，并在我国率先对外国文学史、外国文论、外国通俗文学的译介和文学翻译期刊的独特作用等进行了总体梳理和专题探讨，对外国文学经典化与翻译之间的关系、翻译与世界文学地图之间构建等问题进行了深入的考察。与传统的文学翻译史著作相比，该书在分析论证上大下功夫，专门探讨外国文论、文学史的翻译，乃至将人道主义、市场消费等议题纳入翻译史研究，均尚属首次。该书编者深厚的学识学养与高屋建瓴的视野，以及丛书本身的重要定位，使得该书在译介研究与译史研究的同类著作中脱颖而出。

王友贵著《20 世纪下半叶中国翻译文学史：1949—1977》（2015）一书所涉及的 20 世纪翻译文学是国内翻译史研究著作最为丰富的研究领域，是一部断代翻译史著作。全书分为上、下两篇共 18 章，每篇各 9 章。上篇以 1949—1977 年翻译活动的体制化为语境，考察翻译需要与翻译关系、赞助人、意识形态、诗学对翻译文学的制约、操控，政治与翻译文学的纠结，翻译文学的译者、读者以及几个翻译传统的兴衰演变；下篇分国别考察俄苏、东欧、北欧、中欧、南欧、英法、亚非、澳新和美洲各国的文学翻译成果，述评各国部分重要译者，总结各国译场在此期间的历史书写，同时考察了外国文学期刊和通俗文学翻译。

该书在历史分期上将 1949—1965 年的十七年和 1966—1976 年的十年接续，在国内断代翻译史研究中尚属首次。尽管将时间框定在这一时期，但在研究内容上仍分别接续了民国与改革开放后的翻译，并未将紧密联系的历史割裂开。我国宏观翻译史的写作长期呈现出史料丰富、史观薄弱的特征，该书作者也指出，"至于 20 世纪的翻译活动和翻译文学史……评述的力量似嫌不够，使用的材料不丰富，考察的角度似嫌单调。"因而该书"在描述、记录翻译文学史的同时，加强了评述，尝试提出新观点，尝试了一些新的观察角度。本书祈望在提供新材料、新数据的同时，也提供新的发现，甚至新的研究角度。"（王友贵，2015：8）作者倾注 15 年心血，钩沉的一手史料涵盖日记书信、文学辞典、回忆录传记、译作序跋、期刊史、出版史、编辑史等，对历史整体会通把握的能力又将这些史料以体系化的组织呈现，避免成为个案研究的累积。基于可考可靠的史料，书中观点如翻译输出要"刺激、培育译入语国的需要，而不是不问对方之需、径直翻译别人压根儿不需要的东西"（王友贵，2015：33），对当下语境中的文学对外译介具有启示意义。

该书在国内翻译文学史发展成果丰硕之际出现，在历史分期、写作模式、观点评述上均不落窠臼，体现了作者丰富与更新 20 世纪中国翻译文学史研究的自信与决心，其史料价值与学理价值值得后续同类翻译史研究参照。

赵稀方著《翻译与现代中国》（2018），以文化研究的方法研究晚清以来的中国翻译文学史。该书在写作特色与主题内容上延续了其《翻译现代性：晚清到五四的翻译研究》（2012），着眼文化历史语境对翻译活动的制约影响，以及翻译对中国文化主体的塑造。全书以 1949 年为界分为上、下编，考察 1949 年前后翻译与现代中国文化建构的关系。各章节按历时排序，多以翻译个案研究的模式切入文化思潮的变迁与社会发展的转型。赵稀方（2018）在序言中说明："篇幅所限，只能选取一些'点'，划出一条轮廓。既粗略展示翻译史的线索，也试图通过不同写法表现翻译研究的张力。"这种以点代面的翻译史研究方式在近十年的翻译史研究中愈发成熟，在邹振环、王宏志与赵稀方等学者著述所产生的影响中可窥见一斑。杨平在"中国现代翻译史研讨会暨《翻译与现代中国》新书发布会"上就指出，这部新著着眼于探究翻译实践对于中国现代性的形成和近代以来中国社会历史发展的影响，格局甚大，提供了一个推进翻译史研究的新框架。

作为中国社会科学院文学所研究员，赵稀方的主要研究领域为中国现当代文学，其翻译史研究也体现出与翻译学背景研究者不同的特点，从作为跨语际实践的翻译活动切入文学与文化研究。将翻译作为历史脉络中的"点"，串联起现代中国历史上的重要文化现象。基于对中国现当代文学发展具有的系统认识，赵稀方将现当代文学史上各个时期的重要文学翻译活动准确定位，镶嵌在重要的话语与文化构建实践之中，绘制出相应的知识谱系，并提出自己深刻独到的见解。譬如在考察《新青年》翻译的章节时，作者通过详细梳理陈独秀、胡适、刘半农、周氏兄弟等人的翻译实践，较准确评判了该刊文学翻译的价值，指出从晚清到"五四"的翻译文学的演进过程中，后期较之前期有明显进步："因为历史任务的不同，《新青年》开始有意识地改变晚清翻译模式，并最终奠定了'五四'以后中国现代翻译文学的基本格局。"（赵稀方，2018：93）在《现代主义的海外接续——香港〈文艺新潮〉的翻译》中，赵稀方指出《文艺新潮》的贡献在于不仅为香港文化场域带来以法国存在主义为代表的现代思潮，还帮助承接了中国现代文学中的颓废传统，避免了因 1949 年政治变化所带来的现代主义传统的脱节。尽管该书中各篇文章专题内容相对独立，但是"现代性"这一核心理念将各个时代的翻译活动衔接起来，突显了中国现当代文学史上翻译与现代的关系。

赵稀方作为国内后殖民文论研究的著名学者，最初接触翻译研究，也始于斯皮瓦克（Gayatri C. Spivak）、韦努蒂（Lawrence Venuti）、罗宾逊（Douglas Robinson）、尼南贾纳（Tejaswini Niranjana）等后殖民理论研究学者有关翻译与政治、帝国、文化身份的论述，这种理论视野在其书中也多次显现。他在《另类现代性的建构——〈学衡〉的翻译》一章中指出，"从哲学到文学，《学衡》经由翻译给我们提供了一种完全不同的剪裁西方文化的方式，并且与中国古典精神结合起来。可惜的是，历史后来被'五四'激进主义所主导，而《学衡》所提供的另外一条现代性方式完全脱离了我们的视野"（赵稀方，2018：168）。在《从政治实践到话语实践——明清"译名之争"》一文中，以后殖民视野审视中外传教士对 God 一词的中译名的争论，认为中国传教士对国族性的坚持有力挑战了西方中心主义，而将基督教儒化则导致了基督教原教旨的变形。不同文化的碰撞与冲突、交流与融通，在翻译实践中变得鲜明具体。

《翻译与现代中国》是以翻译为契机，从翻译学学科外部进入翻译史研究的一部力作。正如收录此书至"中国当代翻译研究文库"的选编者所言，尽量考虑"有不同学术背景、不同学科背景、不同外语语种的作者，尽量使入选的作者更具代表性"，"把能够代表中国译学研究前沿的专家学者及其代表性著述带入国际翻译研究界"。（谢天振、王宁，2018：6）通过翻译审视文化交流中产生的问题，梳理文化主体的建构与社会思潮的演化，《翻译与现代中国》的写作方式呼应了翻译研究的文化转向，是近十年中国翻译史研究的又一代表性成果。

2.1.2 实学翻译史

刘毅著《他山的石头——中国近现代法学译著研究》（2012）是一部法学与译学相结合的翻译史研究作品。此书对近代以来中国法学译著进行了梳理和总结，试图透过一百多年来法学译著的发展历程观察法学学术的演变轨迹，从中寻找法学译著与中国法律现代化之间深层次的内在关联和意义，从而更为深入、多方位地反思中国法治的现状和未来。知史而鉴今，对中国近现代法学翻译事业的历史回顾，有助于更好地理解建构中国法治文明的意义与使命。与横跨法学与译学两界的法律翻译研究者屈文生不同，本书作者对法学作品翻译过程与机理关注较少，主要梳理介绍中国近现代法学作品译介传播，更着重分析法学译著本身对中国近现代法学发展的构建，但这种从翻译切入学科史的写作模式也证明了翻译史学科发展的无限潜力。

咏梅著《中日近代物理学交流史研究（1850—1922）》（2013）一书以 16、17 世纪近代物理学的诞生到 20 世纪 20 年代量子力学建立的物理学为背景，分析 19 世纪中叶至 20 世纪 20 年代中日两国间物理学交流的情况，阐释同处东亚的中国与日本如何引入、传播、吸收和发展物理学的详细过程。本书并非纯粹的翻译史研究，但翻译却是中日近代物理学交流的主要手段。书中的章节，如"洋务运动时期的汉译物理学著述""汉译物理学著作在日本流播""最早译日本物理学书籍之探讨""被广泛翻译的日本物理学书籍""新政时期译自日本物理学书籍的统计分析"等皆是从翻译的角度或直接通过翻译活动和翻译作品来考察中日物理学交流史。

聂馥玲著《晚清经典力学的传入——以〈重学〉为中心的比较研究》（2013）为自然科学史与翻译史相结合的跨学科研究。该书从微观的角度选取了《重学》为主要研究对象，从两个方面、三个层次对晚清编译的有代表性的西方力学著作展开全面分析。全书重点研究在中国传统知识背景下，中国人对全新的西方力学知识体系、方法的理解与重构，进而揭示影响西方力学知识在晚清传播与接受的内在因素，说明西方力学在晚清传播的程度。本书以《重学》为核心，探讨《重学》的翻译与传播，实际上涉及了晚清半个多世纪西方力学的移植的问题。

屈文生著《从词典出发——法律术语译名统一与规范化的翻译史研究》（2013）从法律专业词典出发，勾勒出一幅中西法律术语翻译发展的历史脉络图。该书作为一部结合法学、词典研究与翻译学的跨学科翻译史研究，令人耳目一新。

全书除绪论外由三个部分组成，共九章。第一部分"近代法律术语的翻译与法律词语的形成"包括第一至第四章。第一章基于史料梳理探讨我国近代法律翻译各分期的特征与价值，介绍汉译法律术语的外语来源。第二章以马礼逊编译《五车韵府》作个案研究，讨论早期法律术语的英译及其社会影响。第三章通过 19 世纪中叶传教士的译书考察早期法律术语汉译情况。第四章关注汉语法律新名词在近代中国的翻译与传播。第二部分"辞书编纂和法律术语译名统一与规范问题"包括第五、第六两章。第五章通过介绍英、美两国早期法律辞书的编纂与出版，考察近代中国法律辞书中重要译名的创建。第六章探讨辞书与法律术语翻译的失范与规范问题。第三部分"法律术语译名统一与规范化的理论依据与现状分析"包括第七至第九章。第七章从语言学与翻译的视角讨论法律翻译中译者的主体性。第八章总结我国近年法律术语英译规范化的成就与问题，并提出解决问题的有效途径。第九章论述了国外法律术语在内地（大陆）与港澳台地区翻译的差异状况。

该书钩沉史料深入扎实，对《五车韵府》《英华字典》《滑达尔各国律》《万国公法》《法律大辞书》等一手史料熟练驾驭，体现了作者深厚的文献学功底和宽泛的法学研究背景。此外，作者从中西法律交流中的译名问题出发，综合了法学、历史学、语言学、翻译学、辞书学、术语学等学科的研究方法。这种贯穿始终的问题意识与多学科的研究视野正是当今许多从其他学科切入译者研究的优势与特色，研究成果也呈现为翻译史、知识史、文化交流史与专门学科史的交融。

滕超著《权力博弈中的晚清法律翻译》（2014）从梳理现代西方法律语言学源流入手，通过概览中外法律翻译研究现状，揭示纯语言学路径的局限兼及历史文化转向的兴起。在此基础上，作者努力贯通多元系统观、规范学派、改写范式等流派，阐明描写范式依托系统论的优越性，继而结合晚清法制转型期的多元文化特征，考察鸦片战争前后、洋务运动及宪政革命等关键历史节点涌现的经典译著，以期重构"西法东渐"在我国近代内政外交博弈中留下的不可磨灭的印记。

2.1.3　译学理论和翻译思想史

陈福康著《中国译学理论史稿》（1992）在国内译学界影响深远，已成为了解中国翻译理论的必读书目。该书自 1992 年出版以来，多次重印、修订、再版，2010 年更名为《中国译学史》，由上海人民出版社再版，2011 年又由上海外语教育出版社出版。

2011 年版《中国译学史》共分为四章，与《中国译学理论史稿》在结构安排上基本相同，仅在章节标题上进行了改动。初版分为中国古代、近代、现代、当代译学理论四章，新版分别更名为《中国古代的译论》《晚清民初的译论》《民国时期的译论》《新中国成立以后的译论》。就内容而言，第二章增加了《孙诒让论译学附成本璞》《章太炎论翻译》《蔡元培论译学》三节；第三章增加《邹韬奋的翻译论》一节；第四章《国家领导人谈翻译》一节更名为《老一辈革命家谈翻译》。

　　该书第一章首先追溯先秦之前最早的译事与零星评述，随后以东汉末年肇始的佛经翻译为核心，分别介绍支谦、道安、鸠摩罗什、慧远、玄奘等译僧的译论；明末清初的第二次翻译高潮，涉及当时入华的传教士以及徐光启、李之藻、杨廷筠、魏象乾等人的翻译思想与学说。第二章以林则徐、魏源的翻译主张开始，相继梳理冯桂芬、李鸿章、张之洞等洋务派的翻译思想，介绍傅兰雅（John Fryer）的科技翻译主张与译名规则，马建忠提出的"善译"标准，梁启超提出译书的"首立三义"，严复的"信达雅"论，林纾翻译小说"存其文而不踬其事"的主张，周氏兄弟对翻译的见解等。第三章从新文化运动中胡适、刘半农等人的译论开始，包括胡适提出白话译诗的观点，郑振铎就翻译与创作关系及文学翻译规范和标准的讨论，朱自清、郭沫若、闻一多对诗歌翻译的看法，鲁迅就直译与硬译、欧化语言等问题发表的论说，林语堂对直译与意译的探讨，以及贺麟、陈康、朱光潜、金岳霖等哲学家的翻译论说。第四章聚焦 1949 年以后的翻译学说，涉及董秋斯对翻译学与翻译史学科建设的呼吁，焦菊隐对翻译批评标准、重点的论述，茅盾对文学翻译者条件及翻译批评重要性的探讨，钱锺书对林纾翻译的探讨，还包括著名作家巴金、老舍、叶圣陶、丰子恺的翻译学说，以及思果、林以亮、刘靖之、余光中等港台译家、学者的翻译观点。

　　该书以中国历史发展为经，以对翻译实践与理论发表过看法的代表性翻译家、学者为纬，详尽介绍了从古至今的中国译学理论，对当今从事翻译实践与译学研究的学者皆具有指导与参照作用。该书在初版近 20 年后再版，在编写体例、内容上改动细微，因此在当今的语境关照下显现出了一定的局限性。梁新军（2017：89）在评述该书时提出，"真正的译学史应展现不同翻译学说兴起的历史动因，呈现不同时期不同处境下的相关人群（如译者、翻译需求者）的翻译观念。这一意义上，《中国译学史》一书显然更近于各种翻译论说的史料集，而非真正的译学史。"此外，该书在内容选取上也存在一定局限，民国时期的重要译论家如梁实秋、徐志摩，世界语倡导者叶君健等均未收入，20 世纪 80 年代至今涌现了许多翻译研究者融通中西的翻译理论，提出了许多富有创见的学说，该书也并未关注。

　　朱志瑜、黄立波著《中国传统译论：译名研究》（2013）是关于中国传统译名问题研究的专论。译名（佛经翻译称之为"翻译名义"）问题是中国翻译界讨论得最多的问题之一，其核心就是如何用汉语来表达外来事物或概念。这一讨论始于佛经翻译时期，后来经历了基督教、科技、人文社会以及文学翻译各个阶段。《中国传统译论：译名研究》内容涵盖从东汉至 1949 年，对佛经时期的有关翻译名义的分析，天主教和基督教有关圣名（上帝之名）译法的论述，科技翻译以及后来人文社科和文学翻译中有关译名问题的争论都进行了详细的论述。

高华丽著《中西翻译话语研究》（2013）通过对各个时期中西翻译话语的分析，解析中西翻译话语产生的不同社会历史文化背景和话语发出者的文化身份，透视中西翻译话语中的异同，进而寻求中西翻译研究交流和对话的基础，倡导国际合作和交流，共同推进翻译学建设深入发展。

张佩瑶编著 *An Anthology of Chinese Discourse on Translation*（《中国翻译话语英译选集》）分上、下两册，上册副标题 *From Earliest Times to the Buddhist Project*（从最早期到佛典翻译），2006 年由圣杰罗姆出版公司（St. Jerome）出版，后又由上海外语教育出版社于 2010 年引进出版，2014 年劳特里奇出版公司（Routledge）再版；下册副标题为 *From the Late Twelfth Century to 1800*（从 12 世纪晚期到 1800 年），由倪若诚（Robert Neather）协助编辑，于 2017 年由劳特里奇出版公司出版。

张佩瑶（2012：132）解释对该书标题采用 discourse（话语）一词而非 theory（理论）一词原因有二：一为"话语"一词既包含理论话语，也包含与翻译相关未成理论的话语，因而可以避免"中国是否存在翻译理论"的无谓争论；二因"话语"一词指向福柯（Michel Foucault）对话语与权力关系论述，暗含这种话语对外传播的意识形态目的。在张佩瑶看来，《中国翻译话语英译选集》（以下简称《选集》）的推出有两大目的：对外让传统译论进入西方翻译理论的话语系统，以此产生互动，促进国际译学发展；对内则期望译本在源语文化发挥影响，鼓励中国读者阅读或重读传统译论。

《选集》立足于美国翻译学者阿皮亚（Kwame Anthony Appiah）提出的"丰厚翻译"（又译作"厚翻译""深度翻译"）理念，以选、译、评、注的形式对外输出我国传统译论的软实力。选集上册收录条目共

82 项，其中哲学思想 25 项，佛典译论 57 项，均选自历代文献中与翻译相关的文段，内容涵盖道安的"案本而传""五失本""三不易"、玄奘的"五不翻"、赞宁的"译之言易也，谓以所有易所无也"、道宣的"铨品译才"以及彦琮的"八备"说等方面；下册收录 28 个条目，覆盖 12 世纪末到 19 世纪初的翻译思想，译作序跋作品不少，包括选自《明清间耶稣会士译著提要》的《刻〈西学凡〉序》《〈同文算指〉序》《刻〈几何原本〉序》《性学自序》《性学觕述序》《哀矜行诠自序》《泰西人身说概序》《〈古新圣经〉再序》等。为准确、生动地传达中国传统翻译话语，张佩瑶在写作方式上践行"丰厚翻译"的原则，在各条目下附上作者简介与脚注，提供原文作者的时代背景、社会意识形态等信息，降低了英文读者的阅读难度。

作为英文编译的理论史选集，《选集》在国际学界产生的影响堪比陈福康《中国译学史》在国内学界的影响，可视作我国翻译理论话语在国际学界发声的代表性作品之一。张旭（2008）认为此作有利于中国译学现代化的实现，是治疗当下中国文化"失语症"的良药；美国翻译理论家提莫志克（Maria Tymoczko）、英国汉学家闵福德（John Minford）等学者也对该作予以高度评价。

王秉钦著《20 世纪中国翻译思想史（第二版）》（2018）（以下简称《思想史》）是第一部系统论述我国翻译学思想发展史的专著。该书 2004 年 3 月由南开大学出版社首次出版，2009 年修订后作为"高等院校翻译专业必读系列"再版，又于 2018 年以"自选集"的形式纳入"南开百年学术文库"由南开大学出版社再次出版。作为一部系统而简要论述中国翻译思想发展史的著作，该书性质类同于史略或简史。全书以思想为经，以人物为纬，分"中国传统翻译思想"与"现代翻译思想"上、下两篇，对选取的 27 位杰出翻译家的翻译思想进行考察，以反映 20 世纪中国翻译思想的发展脉络。

该书共七章，上篇除绪论外，分四章论述了中国传统翻译思想的形成、转折、发展、鼎盛四个时期；下篇共三章，分别为中国现代翻译思想的发展时期，包括中西翻译思想融合时期、中国翻译学科建设时期、中国当代翻译思想的发展路径和走向。每章内部又分为三个部分，包括对该时期社会背景、翻译事业发展、主要译论译派及其相关的著名译家的概论，对该时期代表人物翻译生涯及翻译思想的详论，以及对贯穿中国翻译思想主线的该时期代表性译文的浓缩总结。

《思想史》一书对中国传统翻译思想进行梳理，认为坚持以忠实于原文为原则，以文本为中心的"案本–求信–神似–化境"的翻译思想是正确道路。中国传统翻译思想发展史以"十大学说"为重要标志，包括"文质说"（以支谦、鸠摩罗什、玄奘为代表）、"信达雅说"（严复）、"信顺说"（鲁迅）、"翻译创作论"（郭沫若）、"翻译美学论"（林语堂）、"翻译艺术论"（朱光潜）、"艺术性创造翻译论"（茅盾）、"神似说"（傅雷）、"化境说"（钱锺书）、"整体（全局）论"（焦菊隐）。"十大学说"思想既相互独立又相互联系，具有相同的历史渊源，构成一条贯穿中国传统翻译思想始终的轴线。该书以钱锺书、朱光潜、王佐良、季羡林、许渊冲等人提出的重要现代性观念为核心，提炼出四种学说：（1）"灵魂转生"说。以钱锺书、余光中等人为代表的翻译家认为，"躯体虽异，精神姿态依然故我"的翻译如同"灵魂转生"，而直译，甚至硬译、死译，充其量只是剥制的标本。这与西方解构主义者所称"文本因经过翻译而被赋予新的意义，并获得新的生命"的说法一致。（2）"译者个性"说。与秉承忠实的传统翻译思想不同，叶君健特别强调"译者的个性"的作用和创造"个性的译作"的思想。译者的个性赋予译作生命力，一部有"个性的译作"是译者的心血、思想感情、文字和艺术修养的总和。在"信、达、雅"翻译思想一统天下的时代，"译者个性"受到禁锢，而现代的翻译研究需要解放思想，不断接受新的观念。（3）"从心所欲，不逾矩"新解。现代翻译家将孔子论说人生的规律运用于翻译艺术领域，认为它体现了翻译由"必然王国"到"自由王国"的全过程，诠释了翻译的哲学本质。（4）"文化中心转移"说。季羡林认为，西方的哲学思维只见树木不见森林，究极细节分析而缺乏宏观概括，中国的东方思维则从整体着眼，从事物间的联系着眼，更合乎辩证法的精神。在21世纪，东方寻求整体综合的文化将逐步取代以分析为基础的西方文化。季羡林所言"取代"并非"消灭"，而是指西方文化几百年来所达到的水平基础上，以东方文化为主导，汲取西方文化中的精华，把人类文化的发展推向一个更高的阶段。这一思想与当代文化翻译研究中的话语诉求不谋而合。

　　该书对 20 世纪中国翻译思想史的梳理，是我国翻译学者对中国翻译理论史研究的重要尝试。20 世纪的西方翻译思想发展，大体基于西方语言之间的互译问题。许渊冲在王秉钦（2018）一书的序言中提到，西方语言之间同多于异，90% 以上可以对等，所以西方翻译学者提出"对等译论"。而西方语言和中国语言之间异多于同，只有 40% 左右能够对等，因而"对等译论"只能解决 40% 左右的中西互译问题，另外一半以上的问题需要"创作论"或"艺术论"的思想解决。《思想史》一书的主要贡献，除了对 20 世纪中国翻译思想史发展梳理把脉，还在于替中国翻译家对翻译问题思考并发声。然而与西方渐成体系的翻译理论不同，中国百年翻译思想璀璨丰富，但成理论体系者少。因而有人轻视中国传统的译学思想，唯西方理论至上；也有学者对西方译学理论不熟悉，主观认为西方译论在中国水土不服，中国本土的理论足以适用。王秉钦摒弃这两种相互对立的偏见，站在科学的立场，以西方译学理论对中国的影响为背景，向读者展现 20 世纪中国翻译学术的来龙去脉。既坚守中国翻译思想的文化本位，又不故步自封，诚如王秉钦（2018：4）在自序中所言："中国传统翻译思想，深深根植于我国悠久、丰富、灿烂的文化历史，是以中国古典文论和古代哲学及古典美学为理论基础和基本方法而建立的中国（本土）翻译思想（它并不排除西方传统和传统译学理论的影响）。"而在中国现代翻译思想部分，作者更是毫不避讳地指出西方翻译理论对中国现代译论的影响，以及中西翻译理论的互动与融通，如融合中西翻译思想的"多元互补论"。

　　《思想史》一书选取的代表译家及翻译思想丰富全面，涵盖了 20 世纪的各个重要历史时期。但正如作者本人所说，这是一部史略或简史，作者本人的学术趣旨和材料掌握使全书的选材存在一定的主观与局限。

　　邵有学著《中国翻译思想史新论》（2018）以"翻译思想"为研究对象，但并非单纯个人学说和理论的集合，而是具有连续性的翻译思想的演化进程：不仅包括对翻译史及理论史上核心议题的反思，也涵盖社会思潮和时代背景下的翻译行为、事件及其背后更深层的理念、集体精神、价值观和思维方式。引论部分通过概念辨析，梳理翻译思想史的研究对象、研究方法，追溯翻译思想和翻译思想史的源流，从而为翻译思想史的研究奠定学科基础。专论部分探讨中国翻译起源于巫觋、早期佛经翻译中的神异现象、古代佛经翻译思想、晚清过渡时期译才的翻译思想，从而在微观层面考察真实历史事件中的翻译思想脉络。余论部分在宏观层面考察翻译在历史上各朝代的工具性地位，从而回答了中国翻译史上为什么没有形成系统的翻译理论和相关著作、学说这一问题。

华满元著《中国古代佛典"译道"的知识谱系及现代阐释》（2018）以"历史优先""互为主体""自圆其说"三原则为指导，从知识谱系学的研究视角和现代多重诗学理念的观察导向出发，并基于释僧祐的《出三藏记集》等文献史料，对中国古代佛典"译道"知识谱系的起源和建构进行了动态历时的描述。在强调佛典"译道"的民族个性的同时，也力图勾勒出贯穿佛典"译道"发展史中的主要线索和内在理路。

2.1.4 翻译出版传播史

日本关西大学文化交涉学教育研究中心、出版博物馆编《印刷出版与知识环流——十六世纪以后的东亚》（2011）一书为"第三届出版史国际学术会议"论文集，收录了来自中国、新加坡、日本、德国、挪威等国家和地区的 35 位学者提交的 33 篇学术论文。这次会议论文的一个重要特点是突破中国疆域，在整个东亚视域中研究 16 世纪以来的欧、中、日之间的知识环流、书籍流通、翻译出版、语言演化等问题。该论文集分为"出版文献与文化交流""西学东渐与中国出版""语言接触与文献翻译""东亚的出版文化交流"四大主题，其中不少论文都是由翻译和印刷技术革新引起的知识传递方式变化而触发的问题意识。大航海时代以后，物资和人员的流动进一步加速了知识的移动。在学校及其他媒体尚不存在的时代，译书、刻书、贩书是知识传播的主要途径。该论文集聚焦前人忽视的近代文献，探讨的话题与近代翻译史关系甚密。在中国出版史研究中，近代文献夹在古代文献与现代文献当中，一度处于目录学不讲、藏书家不重、图书馆不收的尴尬境地，但由于受中西方文化交汇和翻译的影响，近代文献中蕴藏着翻译史研究难得的宝藏。因此，近代文献出版史和海外近代文献的开发利用应该引起翻译史学者的关注。

宋原放主编《中国出版史料》（以下简称《史料》）于 2001 年出版现代部分，2004 年出版古代部分，2006 年出版现代部分补卷，2011 年出版近代部分。《史料》共出版十卷，约四百万字，其上限自古代至近代，下限包括共和国成立后至世纪末。该书卷帙浩繁，汇聚中国出版界多位专家心血，框架结构完善，收录有条有理。与张静庐先生所编《中国近代出版史料》和《中国现代出版史料》相比，该书在时代上跨度更大，收录更为全面；与大象出版社《中国当代出版史料》（1999）相比，后者主要辑录出版期刊及报纸上的论文，分列专题而成，与此书编辑特点不尽相同。翻译史研究者钩沉辑佚史料常从专门的翻译通史或翻译出版史出发，不免受到一定局限。《史料》时间跨度之广、辑录规模之大，可为治翻译史者提供更为丰富的史料资源以及目录学、版本学方面的参考。

孙轶旻著《近代上海英文出版与中国古典文学的跨文化传播（1867—1941）》（2014）从出版史和物质史的视角，关注经由中国本土（上海占主要比重）的外资西文出版发行机构出版，然后流布于世界各地的中国古典文学译本或用英文写成的相关论述文字。中国古典文学经上海向世界传播并非偶然现象，一方面，上海书业的发展及众多外资出版发行机构使上海逐步成为全国的印刷、出版、发行中心，中国古典文学向西方传播的物质载体正是建立在发达的出版业基础之上的；另一方面，这也是开设在上海的西文出版机构迫切想要了解中国大环境下的自觉的文化翻译选择。该书作者遍访国内各大图书馆和博物馆，搜罗资料，爬梳剔抉，并以 1867 年至 1941 年为时间节点、以上海为重点，详尽论述了上海英文出版的机构及其兴衰，并探讨评论了与中国古典文学相关的西人著述、工具书，乃至单篇论文。该书的创造性在于探索了被忽视的以出版史为依托的中西翻译史问题。借助几部概述性质的通史、志书及关于上海出版业的相关著述和史料，该书作者使用了"都市空间""公领域""第三领域"和布迪厄（Pierre Bourdieu）的"场域"概念，围绕近代上海的出版文化及其形成的都市文化空间，探讨近代上海如何生产以英语为媒介的关于中国文化的知识生产史的问题。作者认为，近代上海英文出版拓展了上海都市文化空间，近代上海英文出版业繁荣的物质基础促进了中国古典文学译介群体的形成和文化场域的生成。该书作者扎实的史料搜集和汇编工作能力在附录和参考文献中可见一斑。

司佳著《近代中英语言接触与文化交涉》（2016）以扎实的史料和精锐的分析，论述了"语言接触"这一跨文、史学科的论题，是在前人研究基础上有史料建树并具问题新意的佳作。在诸多影响近代中国社会变迁的要素中，语言文化的接触与交流一直贯穿于近代中外关系的实践过程。作者关注近代历史上的语言接触与文化交涉，从语言接触视角界定研究对象和范围，以学术回顾的方式确立边界与延展，从研究内容方面确定了文本与人物。在早期的语言接触中，洋泾浜语（pidgin）构成的"语言形象"是近代通事翻译史中绕不开的现象。从洋泾浜到双语字典，贯通了最早的翻译尝试的实践。从19世纪上海英文出版业的发展到中国人编纂英汉词典的始末，从近代基督教中文《三字经》翻译与中西语言文化接触史到《训女三字经》翻译与规训话语中的中西碰撞，从传教士研习清代《圣谕广训》到晁德莅翻译的《圣谕广训》拉丁文译本中的翻译策略、译者序言所体现的中西文化竞争关系，司佳采用21世纪初日本近代东西言语文化接触研究会学者提出的"文化交涉学"概念，探讨近代中西文化交流进程中的语言接触问题。作者没有采纳全球史视角下的各种新兴史学理论，主要是因为当今欧美学术框架内的翻译史已逐渐成为跨地区、跨文化的一种表达，所涉及的诸多实质性问题与后殖民理论思潮中的语言表征及身份认同相关，更多关注的是近代历史上曾经受到过西方殖民统治的国家和地区。这些区域的本土文化大多缺乏历史根基，因而容易受到外来文化的改造，尤其是来自强势文明的影响。然而欧美学术框架未必适用于中西文化交流语境中的翻译史研究。18世纪末，以英国为首的欧洲贸易势力在向远东地区大规模扩展时，面临的是中国这样的文化大国，中西文化的接触与交涉是有别于殖民地文化遭遇的。作者认为有必要跳出西方各种新兴史学理论的窠臼，根据中英近代文化交涉的实际情况，采用适宜的理论框架，挖掘这一历时变化过程中多种因素影响下由"翻译"链接起来的"历史"。

邹振环著《晚明汉文西学经典：编译、诠释、流传与影响》（2011）聚焦晚明来华传教士的西学汉译经典，通过剖析晚明西学东渐的十个经典案例，考察这些作品的编译过程和在华流传、接受过程以及后续影响。该书主体共十章，分述十例个案分析，内容包括：利玛窦（Matteo Ricci）译绘世界地图对明清人士"世界意识"的构建；德礼贤（Pasquale M. D'Elia）《交友论》在明清更迭之际的知识场域中的翻译、出版与影响；《天主实义》《畸人十篇》《七克》三部著作的共同特点、编译手法与影响；《几何原本》历经两个半世纪的翻译诠释；会通中西科技的《泰西水法》《同文算指》在晚明的传播与晚清的回应；从《西学凡》与《童幼教育·西学》看西方科学知识的传入与接受；艾儒略（Giulio Aleni）《职方外纪》在晚明的传播影响；《远西奇器图说录最》里的机械知识在晚明的流传；《泰西人体说概》中"脑主记忆说"与西方解剖学在华传播与流变；《火攻挈要》中火器技术知识在晚明至晚清的传入转移。

　　该书的研究对象为晚明汉文西学经典，此时间定位在翻译活动的发生时间，但在作品的影响方面，将中国社会源自西方现代性理念的渊源追溯至晚明，又将传教士西学汉译的影响接续至晚清。这是作者宏观的治史视野呈现出的优势，是一部会通翻译史、出版史与知识史之作，值得那些就"译事"论"译事"而缺乏对译作传播、影响考察的翻译史研究借鉴。

　　肖超著《翻译出版与学术传播：商务印书馆地理学译著出版史》（2016）系在其博士论文《商务印书馆地理学译著出版研究（1897—2012）》基础上修改而成。有关商务印书馆出版活动的研究不少，但从翻译史角度，尤其从地理学著作翻译出版方面进行专门著述尚属首次。就翻译史而言，与占据了我国译史书写与研究中心地位的文学翻译史相比，科学翻译史与人文社科学术著作的翻译史研究成果不多。张志强在该书序言中指出："目前，学界在地理学翻译出版方面并无系统的研究。《翻译出版与学术传播：商务印书馆地理学译著出版史》运用多学科的研究方法，对商务印书馆建馆以来的地理学翻译出版史进行了梳理和研究，为商务印书馆馆史的研究开辟了一个新的窗口。"（肖超，2016：1）专门研究地理学译著的出版史，除邹振环《晚清西方地理学在中国——以 1815 至 1911 年西方地理学译著的传播与影响为中心》（2000c）之外，国内学界也较少见，该作是继邹振环著作后的又一重要贡献，其跨学科的研究理路为我国非文学翻译史的研究注入了新的活力。

该书作者利用印刷型书目、数据库及网络资源，基于在商务印书馆、中国国家图书馆、上海图书馆等机构的实地研究，获得了商务印书馆出版地理学译著的所有版本信息。在此基础上，从书名、作者、国别、译者、出版时间、原版本信息等方面对搜集到的资料进行系统整理编排，形成了"商务印书馆地理学译著统计表"；又根据译著名称、时间间隔、中文版出版年份、原版出版年份、国外出版社五个方面制出"商务印书馆地理学译著国内外出版时间间隔统计表"，为整个研究奠定了坚实丰厚的史料基础。

此外，该书作者基于版本学的穷尽式考察和统计学方法的使用，为翻译学界缺乏史学理论与方法治史者提供了参照。在此基础上，以"副文本"和"共同体"等其他学科理论为视角，研究商务印书馆译著的流通与影响，作者、译者、读者群体，地理学共同体的形成以及地理学学术的发展。研究论证了商务印书馆地理学译著对西方地理学思想变革及研究趋势的反映，译著序言对当时国际形势的体现，译者序对图书推荐功用，商务印书馆擅长在地理学译著中做图书广告等问题。

该书还考察商务印书馆地理学译著的销售情况。与国内其他出版社出版的同类著作相比，商务印书馆出版的地理学译著重印再版率高、丛书收录多、被引频次多、书评数量多。这些结论可供出版界从业者与地理学或社科学术著作译者参考借鉴，也为出版研究者、翻译史研究者及地理学者提供学术启示。在出版方面，本书提倡地理学译著出版国别应多元化，应加强政治地理、后现代地理等薄弱领域著作和教材的引进，重视地理学教科书的翻译出版；按学科设置编辑室，编辑学者化，提高学术译著从业者的薪酬。对学界而言，本书呼吁国内学界重视学术翻译，提倡学者职业化，建立学术共同体。

商务印书馆的地理学著作翻译工作，在晚清时期主要由留日学生完成。在中华人民共和国成立初期，高校地理系集体翻译及外语工作者翻译的苏联地理译著较多。20 世纪 80 年代以来，则以具有良好外语水平的地理学者翻译为主。该书作者也注意到，"一些地理学者与外语工作者合作翻译，使学术能力与外语特长相互补充，确保翻译的准确性"（肖超，2016：265）。但在学术共同体的论述部分，本书关注的仍是以地理学研究为主的学者知识谱系的共享与话语体系的建立。就地理学译著的出版而言，若将有共同学术兴趣的地理学者、出版学者、历史学者与翻译学者汇合，会产生更有价值的跨学科研究成果。

该书凭借极其丰富的研究资源，全景式呈现了商务印书馆地理学译著出版的发展脉络与演变轨迹，探究地理学译著出版与学术传播的内在机理，并就译著副文本反映的现象与学术共同体的建立等问题逐一分析，拓宽了出版史的研究视域，丰富了商务印书馆馆史的研究，也对研究成果较薄弱的翻译出版史与非文学翻译史研究进行了补充。作者肖超是一位对地理学感兴趣的出版传播学青年学者，他在研究展望中提到，此书并未关注地理学译著的翻译方式、翻译语体和翻译特点，若能增加翻译学的视角，将会使该研究的体系更加完善。这反映了历史学、传播学等背景的学者与外语学科背景的翻译研究者在翻译史研究重心与方法论上的差异。翻译学界内部长期诟病的文本分析等翻译内部问题研究，对于其他学科关注翻译史的学者却能构成新的视野。翻译史研究的跨学科特性再次指明，多学科视角与方法的融通以及不同学科背景学者的通力合作将是翻译史研究的新进路。

2.1.5　翻译教学史

黎难秋著《同文三馆——晚清翻译家外交家的摇篮》（2016）是为数不多从翻译教育机构着手的翻译专题史。该书分为上、下两编，上编详细介绍了北京同文馆、上海广方言馆和广州同文馆的设立、章程、课程、教习、学生与学生升途；下编叙述同文三馆的历史贡献，详细介绍了同文三馆培养的翻译人才、外交人才与教科政经人才。该书对翻译机构史、翻译教学史方面的研究具有文献价值。

2.1.6　断代翻译史

近代对明末以来到中国传教的耶稣会教士的研究，多聚焦在交流史、科技史或传教史上，而李奭学著《中国晚明与欧洲文学——明末耶稣会古典型证道故事考诠（修订本）》（2010）一书研究的重点则在于明末传入中国的天主教西洋古典证道故事。除《圣经》之外，传教士极好地使用欧洲神话、动物寓言、传奇和历史逸事证道，这也是最早传入中国的欧洲文学。作者分别就文学、哲学、修辞学和传教学考察传教士训练的谱系及实践，不仅钩稽其源流，且着重文本分析，填补了17世纪中欧文化交流研究工作的重要空白，是这方面的开山之作。

冯志杰著《中国近代翻译史（晚清卷）》（2011）采用非编年体例，在简要介绍中国近代社会背景和晚清翻译活动演进的基础上，从翻译的客体、主体、历史流变和历史影响等方面，探讨了晚清翻译活动的发展演进规律。该书以"分层扫描"的方式将中国近代翻译史的图景展现给读者，同时探讨了晚清翻译活动对中国近代社会变革的历史作用，使读者对晚清翻译史有一个比较完整和系统的了解。

赵稀方著《二十世纪中国翻译文学史（新时期卷）》（2009）中专辟章节讨论翻译研究学派，而其随后出版的《翻译现代性：晚清到五四的翻译研究》（2012）一书正是对此学派研究模式的践行。该书将历史文化视野投射到晚清至"五四"时期的具体翻译案例，结合作者本人的后殖民理论研究背景，考察翻译与文化之间的互动关系，尤其注重翻译对中国现代性的形塑作用。

该书共六章，考察自晚清传教士的翻译到《新青年》杂志的翻译在近代中国文化建构及现代性塑造中发挥的影响与作用。第一章《从政治实践到话语实践》讨论了 God 一词的汉译。对该词译名的论争最初主要在外国传教士之间展开，中国仅以政治的力量参与。随着国力式微，中国的政治话语已难以介入，而本土的传教士却开始参与论争。中国传教士尽管在基督教信仰上与西方传教士并无二致，但他们始终坚持本国国族文化。具体到传教过程中的翻译活动，便产生了维系原教义与坚持国族性的冲突，其结果是对西方中心主义权威的挑战，也篡改了西方基督教的原教旨教义。第二章《中国的"再疆域化"》运用德勒兹（Gilles Deleuze）"再疆界化"的理论，详致梳理文献，分析19世纪以来的传教士在翻译宗教、科学、政法作品过程中对现代性的构建作用。第三章《政治动员》关注政治小说与虚无党小说的翻译及两者之间的关系。政治小说对应于"立宪"，虚无党小说对应"革命"，二者均反映出文本与历史之间的互动性。第四章《文化协商》以言情小说《茶花女》和侦探小说《毒蛇圈》的翻译为案例，探讨文学翻译过程中产生的文化冲突与协商。林纾翻译的《茶花女》以中国传统重构小说的核心，将对爱情的忠贞延伸至关涉"礼法""伦纪""节义"等富含中国社会道德含义的范畴。周桂笙翻译、吴趼人评点的《毒蛇圈》则体现了译评者试图在引入西方法律制度中"现代性"的同时，将其挪用、改写至中国语境中。翻译过程中体现出的文化冲突、妥协与协商正是翻译研究学派的主要关注对象。第五章《天演与公理》考察严复翻译赫胥黎（Thomas Henry Huxley）《天演论》与杨廷栋转译卢梭（Jean-Jacques Rousseau）《民约论》。《天演论》强化"物竞天择"的思想与革命的联系，但忽视进化论所体现出的英国经验主义的一面；而杨廷栋则抓住《民约论》中的一句话，将其作为"革命"的主旨，鼓吹推翻专制政府。本属不同思潮的两部作品，因需服务于相同的特定目的，经翻译与改写之后同时在晚清盛行。第六章《承前启后〈新青年〉》探索《新青年》杂志在翻译方面对近代中国现代性构建的重要作用。此章以历时顺序大篇幅梳理分析《新青年》杂志刊登的翻译文学，由早期延续晚清以来爱国主义的作品，到凸显"五四"个性主义的作品，再到周氏兄弟对弱小民族文学和俄国文学的关注，绘制出新文化运动以来中国新文学翻译的发展潮流。

　　该书中引用的文学史料多为一手资料，其文学史研究的宏阔视野又为史料的充分解读提供保障。赵稀方（2012：251）指出，翻译研究已进入文化研究者的视野，但"国内中文系的学者，尚少见有人应用这种翻译研究的路径"。对国内外语系学者而言，翻译研究文化学派的理论研究在国内已发展多年，但以文化视野切入翻译史的成果仍不多见。此书在译史研究上体现出的史学功底与文化视野，值得以史料整理评述为主流的译史研究者借鉴。

　　赵献涛著《民国文学研究——翻译学、手稿学、鲁迅学》（2015）由"翻译学""手稿学""鲁迅学"三卷构成。上卷"翻译学"研究抗战时期沦陷区的翻译文学，使其浮出历史的地表，参与民国翻译文学史的构建，探讨国统区翻译文学主要现象及特征。中卷"手稿学"提出建立手稿学的初步设想，并结合民国时期文学案例，重点对手稿学的两个基本分支（纯理论的手稿学和应用手稿学）进行初步建构。下卷"鲁迅学"勾画鲁迅思想及其作品的流传轨迹，并进一步追溯鲁迅思想及其作品的渊源所在。该书关于沦陷区与国统区翻译文学研究，分地域考察了东北沦陷区、华北沦陷区、汪伪时期南京、沦陷时期上海、抗战时期重庆/成都/桂林等地的翻译文学生态，填补了翻译文学史的一些空白。

邓联健著《委曲求传：早期来华新教传教士汉英翻译史论（1807—1850）》（2015）基于 1807—1850 年间新教传教士所译中国图书与文献，将 17 名传教士所译的 80 余种文献分类为儒家典籍、官府文献和民间俗文三大类别，系统分析了传教士翻译在翻译动机、文本选择、操作方式、策略选择以及传播途径等方面的主要特征。此外，该书列举个案对传教士翻译进行具体入微的研究，揭示了传教士在传教逆境中借由翻译，委曲实现传教目标的史实，以及这场翻译运动的历史意义和文化影响。

许钧主编《改革开放以来中国翻译研究概论（1978—2018）》（2018）由许钧和其他 12 位活跃在翻译学研究前沿的专家学者联袂撰写，对改革开放 40 年以来中国翻译研究的发展历史及重大成果进行回顾，是一部重要的当代翻译研究学科史。

该书除绪论外共 12 章，根据内容可大致分为翻译学学科建设、翻译理论构建、翻译基础性领域的发展、中译外研究、翻译技术手段的应用和翻译行业发展六个部分。第一部分即第一章，对改革开放以来中国翻译学学科建设发展全貌进行了整体勾勒与细致描绘。第二部分包括第二至第四章：第二章《翻译学理论建设》对翻译理论建设与学科建设之间的互动关系进行探讨，指出中国翻译理论发展逐渐体系化，相关话语体系建设经历了沿用传统文论话语、引介西方跨学科理论话语到现阶段中外会通的阶段；第三章《中国传统译论的阐发与研究》对传统译论的研究领域、重要成就以及经典文献对外译介进行梳理，审视现代译论对传统译论的传承与阐释；第四章《外国翻译理论的引介与反思》回顾国内译介西方翻译理论的过程，对其中的问题、争议进行深究，提出互通中西翻译理论，提升中国翻译理论话语权的展望。第三部分含第五至第七章：第五章《翻译史研究》从翻译史研究的面相、史料钩沉、翻译理论史编撰等方面对翻译史研究方法进行反思与探索，可视作这一时段的翻译史学史；第六章《翻译批评研究》梳理翻译批评理论发展，并特别考察了具有代表性的翻译批评个案；第七章《中国口译研究的发展、成就和趋向》在爬梳改革开放以来口译研究各类文献的基础上，介绍口译教学、口译语料库研究、口译理论和方法论以及国际化进程等显著成果。第四部分为第八章《中国文学"走出去"和"中译外研究"》，重点考察了中国文学外译过程及海外传播现状，从历史演进、传播困扰与研究现状三个方面指出文学文化"走出去"的不足与空白，并提出相应对策。第五部分为第九章《技术手段和翻译研究》，重点介绍了语料库、键盘记录、眼动仪等技术对翻译研究的贡献和最新进展。第六部分包括第十章和第十一章：第十章《翻译的职业化发展》概览中国翻译职业化发展从起步到深化的动态建构过程，对翻译市场发展及其构成要素、全球语言服务市场格局和国内翻译市场供需特征进行了细致分析；第十一章《翻译的学术出版》考察出版社与期刊出版专著、论丛和发表学术论文的情况，指明了翻译的学术出版观念和出版质量的发展趋势与方向。

全书文献资料丰富，撰写体例简明统一，对改革开放 40 年以来富有中国特色的译学研究发展历程、主要成就与今后发展作出了全景式扫描。以往关于我国断代翻译史的研究多将目光聚焦在晚清、民国、建国前后或整个 20 世纪的语境下，本书关注改革开放后我国翻译研究发展最繁荣的阶段，对相关研究的匮乏进行了及时补充。其中对翻译技术手段、翻译行业发展的介绍与探讨更是体现出了鲜明的当代特色。此外，该书也是第一次以推动中国文化"走出去"战略，建立文化自信、理论自信，促进跨文化交流为旨归的回顾、反思与展望，对于中国翻译学科建设、语言行业发展与国家和民族形象建构均具有重大的历史与现实意义。

2.1.7　区域翻译史和民族翻译史

温中兰等编著《浙江翻译家研究》（2010）以研究翻译家为经，以研究催发翻译事业繁荣的经济、社会原因为纬，聚焦唐宋时期、清末民初、民国时期以及中华人民共和国成立之后这几个历史时段中涌现出来的诸多浙江籍翻译家的翻译活动和译学观点，探究浙江作为翻译家故乡深刻的历史、经济及地缘原因。此书在挖掘并掌握大量史料的基础上，以史带论，史论结合，把 20 多位浙江籍译家的翻译活动及其翻译思想点画得通透可见。

福建被誉为"近代中国翻译家的故乡"，林纾、严复、郑振铎、林语堂等知名翻译家诞生于此，中国的区域翻译史研究自然绕不开此地。由林大津担任总主编的《福建翻译史论》（2013）是继林本椿主编的《福建翻译家研究》（2004）之后的又一力作。该书共分为古近代、现代与当代三卷，首次系统考察了从古至今福建省众多译家、译事、译论及其产生的深刻影响，其编写规模在国内区域翻译史研究中首屈一指。

该书在前人研究成果的基础上，对福建翻译史展开更加体系化的深入研究。既从宏观层面介绍福建译事的社会历史背景，讲述福建翻译家如何对中国社会发展做出令人瞩目的贡献，又从微观角度描述译家名流的译作风格，展现福建翻译活动之肇始、发展与高潮，凸显福建翻译家的风采与成就。该书主编林大津在 2013 年接受《福建日报》采访时谈到，"在编撰过程中，为了尽可能全面深入地描述和阐释历史事实，作者除了挖掘现有文字史料外，还采访了译者本人或其家属、后人，获取有关信息；三卷本出自 50 位执笔人，统一格式规范费时费神，从框架酝酿经几易其稿到最终出版，历时 5 年"。[1] 每卷书在进行该时期翻译史概述后，分翻译活动与翻译家个案研究两部分进行介绍论述。三卷书目上起周、秦、汉、三国时期的福建对外交流与翻译活动，下至林煌天、李景端、冯春等当代闽籍翻译家。

该书内容繁多，涉及福建翻译的方方面面。由于编撰体量大，编者众多，因此并未选用统一的主题与视角，而以史实的爬梳和客观呈现为主。其中采访译者本人或其家属、后人的史料展现了当今翻译史研究较为缺乏的口述史方法。本书还纳入了福建历史沿革、福建地理概况、福建文化特征，厦门大学、福建师范大学、福州大学等省内高校外国语学院的翻译教学情况与发展。在这种宏大的叙事框架下，追求"史"的内容齐全与丰富也在某种程度上削弱了"论"的部分，但总体而言，本书

1　参见《福建日报》，2013 年 12 月 6 日，第 11 版。

填补了国内在福建翻译史出版方面的空白，具有重大学术价值和深远的历史意义。

张旭著《近代湖南翻译史论》（2014）是近年国内区域翻译史研究的又一力作。此书将时间框定在"近代"，主要因为翻译对于近代中国步入现代化进程的重要意义。作者在序言中提出，"从某种意义上说，现代化就肇源于翻译。没有翻译，就没有中国的现代化"（张旭，2014：1）。近代湖南翻译史的发展与近代中国翻译史基本贴合，该书旨在从湖湘人士的角度来看翻译与中国的现代化。

全书共分为六个章节。第一章绪论部分概括了近代时期湖南翻译活动全貌，介绍了湖湘文化精神与区域翻译史研究，并交代全书的研究背景、目的、方法与意义。第二章重点考察近代湖南翻译赞助者与翻译活动的先声：魏源"编译"的《海图国志》帮助中国封建士大夫睁眼看世界，"师夷长技以制夷"的思想对后世产生了深刻的影响；在曾国藩的扶持下兴建的江南制造局、金陵机器制造局、安庆内军械所等机构内部多设有专门从事机械文件翻译的部分；京师同文馆、上海同文馆和广州同文馆三所翻译学校也相继建立；郭嵩焘作为中国第一个职业外交官，大力推进了近代中国外交翻译事业；曾纪泽等其他湘籍翻译赞助者也是近代湖南翻译活动的早期发声者。第三章从教育改革的角度窥探湖南翻译人才的培养，包括书院教育与译学门的创设、新式学堂与翻译课程的设置以及教会学校、留学生教育与翻译人才的造就。第四章关注出版翻译作品的报刊与翻译机构，其中专门介绍了由湖南留日学生组成的东京游学译编社在东京创刊的《游学译刊》。第五章以翻译家为核心，分节介绍湖南代表性译家，包括"近代西学与时事新闻翻译之大家"曾广铨、"译介社会主义第一人"赵必振、"译介孙中山的第一人"章士钊、"力倡西洋宪政文献翻译"的宋教仁，从事新史学、社会学著作翻译的杨毓麟，编译《中外舆地全图》的邹代钧等。

"经世致用"是近代湖南学人的重要价值观，在近代湖南翻译活动中也同样适用。湖湘人士通过赞助翻译、创设翻译学校、推进翻译教育事业、积极参与翻译以引进西方的先进工业，追求实业救国。特殊的历史背景以及特定的政治伦理价值取向，决定了近代湖南翻译活动选材以政治、历史、舆地、法律、教育等实学为主，但在对外交流与碰撞过程中又同时推动了对西方人文思想的引进。

《近代湖南翻译史论》作为一部断代区域翻译史研究作品，秉承"价值重估"的精神，从湖湘人士的视角重现了务实的湖南翻译人对中国现代化进程的推动。王东风在序言中指出该书让人印象深刻的两大特点：一是其代表翻译研究的历史转向；二是其为类似研究所提供的范式意义。"历史转向"是翻译研究文化转向发展过程中的必然产物，不仅指对翻译史研究的关注，还关涉翻译史研究的史学视野与治史方法。作者张旭具有宏观的翻译史视野，"现代化"与"经世致用"的主题贯穿始终，突破了常规区域翻译史研究重述轻论的模式。该书具有深刻的范式意义，更多的类似研究（即各省各地区的翻译史）将会涌现，对未来集大成的中国翻译史的编撰影响巨大，会提升其"深度、广度和信度"。

李长森著《近代澳门翻译史稿》（2016）以大量中外文献史料为基础，对澳门近代的翻译活动进行了深入、细致的研究。内容包括翻译对葡人定居澳门的意义，澳门开埠至20世纪初的翻译状况及其特点，澳门官方翻译机制的建立，翻译工作者的职业特点和工作方式，翻译政策与文化冲突之间的关系，澳葡当局在不同时期选用翻译人员的标准和翻译策略的变化，鸦片战争后以土生葡人为主体的翻译活动及其贡献等，并重点指出近代澳门翻译在中西文化交流中的作用。

段峰著《文化翻译与少数民族文学对外译介研究——基于翻译研究和民族志的视角》（2016）考察我国少数民族文学对外译介活动，从整体把握我国民族文学翻译史研究。我国的翻译研究，尤其是翻译史研究，多以外国作品的对内译介为主要内容，而中译外活动尽管在规模上不如外译中，但也未停止过。该书指出，"梳理、研究中国文学文化经典，其中也包括中国少数民族作家文学和民间文学的对外译介和传播，对于增强中国文化自信，展示中国文化的多元统一性具有重要的意义"（段峰，2016：4）。翻译是一种跨文化交际活动，这一认识将少数民族文学对外译介与文化翻译架构起来，构成了本书的主要研究内容。

该书共六章，前三章重点考察文化翻译，后三章关注少数民族文学对外译介。第一章将"文化翻译"概念置于多学科视野下考察。这一学术术语在翻译研究里着重体现负载文化的语言符号转换，在民族志研究中被视作再现他族文化的跨文化传播手段，而在文化迁徙、文化离散与后殖民理论视野下则传达出特定的政治动因与内涵。该术语在不同学科视野下的用法彼此独立而又相互联系，这些区别和联系通过此书首次得以廓清。第二章与第三章分别从翻译研究与民族志研究的视角审视文化翻译，包括翻译研究中的文化理论与方法、文化翻译的具体手段体现出的文化认知模式，以及文化翻译在口头程式化理论、表演理论与民族志诗学中的体现。后三章直触少数民族文学对外译介史研究。第四章首先回溯早期"西学东渐"与"中学西传"，随后详细梳理中华人民共和国成立后主体文学与少数民族文学的对外译介以及少数民族民间文学域外传播与对外译介。第五章将文化翻译与少数民族文学对外译介结合，讨论少数民族文学对外译介中的文化翻译理论与实践。第六章从宏观回归微观，分别对藏族史诗《格萨尔》、彝族文学《阿诗玛》、壮族文学《刘三姐》与《苗族史诗》的对外译介与传播进行个案研究，将少数民族文学对外译介与文化翻译的融通性具象化。

　　该书并不属于纯粹的翻译史研究，但其体现出跨学科、多视角的特性，在对文化翻译概念置于多学科理论框架下辨析与探讨后，将其融入少数民族文学翻译史的考察，形成了别具一格的翻译史研究特色。我国民族翻译史的研究常局限于单一少数民族，多关注民译汉；该书的研究内容涵盖多个少数民族的文学翻译，且为对外译介，这是该书的另一特色。我国翻译史研究历经从札记、目录编撰到成体系的史料爬梳剔抉，再到述论结合的发展脉络，而该书颠覆了翻译史研究常态，理论探究与建构与史料梳理、个案分析在篇幅上平分秋色，问题意识贯穿全书，译史研究不再是"断线的珍珠"。但由于民族文学翻译涉及内容庞杂，民族语言与外语文本对比分析难度不小，该书在个案研究的深度挖掘及范围扩展上还有待后来者填补完善。

　　哈森著《通往巴别塔的路上——中国少数民族翻译家访谈》（2016）以访谈的形式，采访了 20 位来自蒙古族、藏族、维吾尔族、哈萨克族、朝鲜族、彝族、壮族、柯尔克孜族、汉族等少数民族语文翻译工作者。该书以翻译家们的成长经历，映现了将近一个世纪以来一个个民族的历史变迁、社会变革和人文变化；以每个翻译家不凡的经历、斐然的成果，展示一个个民族的历史底蕴、文化魅力和精神风貌；以每个翻译家丰富的经验和独到的眼光探讨翻译相关的一系列问题，展现了新时代少数民族翻译家们的专业水平、敬业精神和无私情怀。该书以口述史料的方式和口述史的研究方法对少数民族语文翻译工作者翻译经历、心得体会以及翻译思想进行记载，体现了当前翻译史研究对口述翻译史、少数民族翻译史等议题的关注。

唐吉思著《蒙古族翻译史研究》（2019）梳理了不同历史时期的蒙古族翻译活动，分上、下两篇共十五章内容。上篇为古、近现代部分，包括蒙古帝国、元代、北元（明代）、清代和近现代等共五章。下篇为中华人民共和国成立后的蒙古族翻译事业的发展进步，包括 1949 年以后"十七年"间文学作品的蒙古文翻译、"新时期"文学作品的蒙古文翻译、儿童文学及儿童科普作品的蒙古文翻译、诗词的蒙古文翻译、非文学作品的蒙古文翻译、托忒蒙古文翻译、蒙古文著作的汉文翻译等内容。

2.1.8　以译作为中心的翻译史

宋莉华著《传教士汉文小说研究》（2010）分门别类论述了明末清初传教士汉文小说的起因、因承和发展线索，对这些小说的文学地位与艺术价值做了客观公允的评价。该书资料掌握丰富，述论结合，是一部专门研究传教士汉文小说的著作。

张治著《中西因缘：近现代文学视野中的西方"经典"》（2012）的研究对象是清末至民国时期以汉语言文字翻译并公开发表的外国文学作品，基于这些作品所展开的评论、研究等活动，以及由此对现代文学产生的影响。作者避开空洞、宏大的文学史叙事，选择经典的个案开展研究，对该时期文学翻译和写作活动的详尽介绍呈现了个人独特的见解。

杨焯著《丁译〈万国公法〉研究》（2015）以《万国公法》为研究对象，对其进行中英文对比分析。该书对 19 世纪中国法律文本的翻译策略及翻译目的作了历史语境的解释，全面展示同治时期国际法翻译的性质和面貌。该书最大的特色是其长达 20 万字的附录部分。作者依据日本早稻田大学图书馆收藏的崇实影印本，由此校正了上海书店出版社

2002 年平装版和中国政法大学出版社 2003 年点校本中的遗漏和误差。这一研究成书后成为全球第一本《万国公法》中英双语对照文本。作者通过自建英文到文言文的平行语料库，考察翻译过程中文本信息的迁移与对应关系和信息的冗余与完整度，发现了从原作到译作的事实性变化，如整体性增删规律，核心概念在翻译中的迁移及因此形成的观点的屏蔽。作者认为，从原作到译作存在结构上的简化现象，从副文本中考察译者与读者的预设关系，并以社会系统论解读《万国公法》作为二阶观察的翻译研究。该书可视为具有跨学科性质的国际法翻译史著作，其中的语料库、文本对比、副文本研究和社会系统论与作为二阶的翻译研究均显示了翻译研究中的常见方法。

程梦婧著《〈人权宣言〉在晚清中国的旅行》（2017）通过追溯《人权宣言》在晚清中国的翻译和传播史，充分展示了《人权宣言》最初进入中国的图景和存在方式，进而论证晚清中国的政治改革和法律系统更迭在何种程度上蒙受了这份人类权利宣言的恩惠。《人权宣言》是以法语起草的，对于不懂法语的中国人来说，将其翻译成中文，是促使人们认识、传播以及研究《人权宣言》的基础。翻译是跨文化交流的基本途径，只有通过翻译，才能使一个国家或一种文化中的人们初识来自于另一个国家或文化中的思想与理论。译者的概念、术语选择及其表达方式是多样的，有时甚至是有问题的，如"川"译本中对"国家""国民""人民"等核心概念的误解。"人权"一词经由翻译从西方传入中国，其基本概念及思想在中国的传播对中国的思想文化和政治形态产生了极为重要的影响。研究晚清《人权宣言》的翻译史，其目的不仅仅是呈现文本最基本的字面意思，更是要挖掘其中隐藏的译者对文本的理解。对《人权宣言》这份初来乍到的人权文本的"最初认识"，既包括翻译，也包括解读。从"解读"中可以看出晚清士大夫对《人权宣言》的认知和把握。在这一阶段，仅仅依靠对翻译用词的挖掘，还不足以直接体现译者对译本的解读，更为直接有力的是通过译者对文本的注解或注释。只有对《人权宣言》的内容进行深入解读和分析之后，晚清人士才能判定其中哪些内容能够被接纳，哪些内容与当世相违背。程梦婧（2017：104）认为西学、西法在晚清中国的东渐，是一个相当复杂的过程。新的观念经由翻译传入，总是会经过或强或弱的激荡，以至于在接纳与抵抗之间，引申出创新的东西，以及产生新与旧的化合与混同，而其终极则是完全变为自有的文化生命。《〈人权宣言〉在晚清中国的旅行》一书偏重于对《人权宣言》在晚清中国的"旅行"，所以《人权宣言》的翻译并不是着墨的中心，而只是其传入晚清中国开始"旅程"的起始。经过该书的研究，《人权宣言》在晚清中国的旅行过程，从被译介到解读和接纳及至引发异见，直到最后被应用，这一相对完整的链条得以较为清晰地呈现。

2.1.9　以译者为中心的翻译史

张旭著《湘籍近现代文化名人（翻译家卷）》（2011）精选湘籍翻译家赵必振、李季、朱湘、钱歌川等共 10 人，对他们的翻译活动与成就展开了系统全面的研究与介绍。作者立足于实证文献，叙述融汇了现代西方翻译思想，重点彰显了湖湘文化精神与近现代湘籍翻译家的文化贡献，确立这些翻译家作为文化创造者的身份和地位。除介绍翻译家译介成果外，该书还分析了这些翻译家成功的内在动因、心路历程、品行素质和外部环境、社会需求等，以此展示他们的翻译观，讨论他们的翻译选题和翻译过程，分析他们的翻译策略与当时社会环境的相互关系，以求让读者从中得到启迪。

杨丽华著《中国近代翻译家研究》（2011）是对中国近代翻译家的一项描写性研究，具体采用个体与整体、宏观与微观、评述与分析、梳理与归纳相结合的研究方法。全书分为两个部分：第一部分从译者生平与译事、译者译论阐释、翻译文本分析三个方面，对近代翻译家典型代表进行考察，显现他们之间的个体差异；第二部分从近代翻译家拟译文本选择、翻译策略选择、翻译文体生成、翻译规范制约以及对中国文学文化现代转型影响五个方面，对近代翻译家整体进行描写，凸显他们之间的时代共性。

许钧等著《傅雷翻译研究》（2016）着力于目前国内有关傅雷翻译研究的学术空白处，对傅雷的翻译世界进行较为系统的研究。全书共九章，首先对傅雷的翻译世界进行概览，继而从诗学、风格、选择与文艺思想等主要方面详尽探讨和阐述了这一世界的构成，并在此基础上，结合傅雷富有代表性的译文文本，对这种构成进行了饱含说服力的个案分析。此后三章中，则分别提供了傅雷翻译研究的多种新视角，揭示了傅雷其人其译之于后学的启示与意义。在此过程中，作者使用大量、翔实的第一手资料，采取宏观与微观、理论与文本相结合的立体研究模式，全面展现了傅雷的翻译思想、翻译精神、翻译实践与翻译影响。

张旭著《视界的融合：朱湘译诗新探（修订版）》（2017）探究了诗人兼翻译家朱湘的译诗和创作及其在中国现代文学史上举足轻重的地位。该书在东西文学发展的坐标系中，集中运用多元系统理论和现代翻译规范理论，探讨了主体文化体系中的文学规范与西诗汉译理念的嬗变、文化外求时期朱湘的译诗成就、译诗译入语的新探索、译诗"建筑美"的实验以及"音乐美"的实验等话题，阐述了他对中国翻译诗歌事业以及中国新诗创作做出的贡献。该书以作者的博士论文为基础，第一版于 2008 年出版。作者文献整理工作扎实，论述严谨缜密，该书对高校翻译系（专业）师生、翻译理论研究者、中文系师生等有较高参考价值。

朱振武等著《汉学家的中国文学英译历程》（2017）通过对葛浩文（Howard Goldblatt）、罗慕士（Moss Roberts）、闵福德等共 21 位英译中国文学的汉学家的生平、翻译作品的总体情况和翻译策略，特别是翻译互动等所做的研究，得出了翻译活动给"中国文化走出去"带来的启示。中国文化要走出去，首先要推出有文化自觉和创作自觉的优秀民族文学作品。葛浩文等一批汉学家兼翻译家在翻译过程中的"信"很大程度上成就了有文化自信和创作自觉的莫言等中国作家，使他们的作品成功地走向英语世界乃至西方世界。从翻译到创作再到批评，都应多几分文化上的自信和自觉，都应该有起码的文化担当和家国情怀。

方梦之、庄智象主编《中国翻译家研究》（2017）是当今以译者为中心的翻译史研究集大成者。对单个翻译家或翻译群体进行全面扫描，或对翻译家的某些作品进行个案分析，已成为近十年翻译史研究的主流趋势。该书按历史年代分为历代卷、民国卷和当代卷，卷帙浩繁，容易令人联想到《中国翻译家辞典》(中国对外翻译出版公司，1988 年）。但与辞典式的简约丰富不同，《中国翻译家研究》近百科全书式的书写模式对翻译家的介绍更为详尽，在收录翻译家数量上较《翻译家词典》却少得多。

全书对中国从古至今有代表性的 93 位翻译家作了个案描述，这些翻译家分别致力于我国的宗教翻译、文学翻译、科技翻译或社科翻译，以翻译实践家为对象，顺顾个别翻译理论家和翻译赞助人。全书以实为证、以论驳史、史论结合，突出学术性、史料性和内容的创新性。以现代译论为指导，在我国历史发展背景下重塑我国译者群像，以服务国家文化发展战略目标。编者强调本书的编辑方针是"人有我有、人略我详、人无我有"。对举世公认的译界巨擘不作遗漏，对一般翻译史不收、不顾或语焉不详而确有重要贡献的翻译家，本书详加介绍。历代卷包括佛经翻译和明清"东学西渐"两大翻译高潮中涌现的代表性人物，从支谦到辜鸿铭，共 29 人。民国卷收录主要贡献在民国时期、出生在 19 世纪的翻译家，包括伍光建、朱生豪等共 34 人，几乎都是跨年代的。当代卷人物均出生于 20 世纪，大多成长于中华人民共和国成立之前，包括贺麟、杨自俭等共 30 人。对每位译家的描述分为生平简介、翻译活动、翻译思想、著译分析、翻译影响五个部分。在史料挖掘的基础上对史料进行价值判断，既分析在当时背景下的积极作用，又阐明其在当代条件下的理论价值或应用价值。

编者通过考察 93 位代表性翻译家的群体形象，总结出了中国翻译家的四大特质：（1）使命感、责任感。中国的翻译家具有家国天下的情怀，以译笔来传达对原作的恭敬，对民族兴衰成败的使命感。朱生豪怀着崇高的信念与坚定的毅力，以生命为代价去从事译莎工作。鲁迅先生视科学翻译为"改良思想，补助文明"之大业，奔着"改良思想，补助文明"的使命感开始走上翻译道路。（2）经世致用。翻译史也是文化史、经济发展史的写照。译述《远西寄器图说录最》的王征被李约瑟称为"中国第一个近代工程师"；徐寿、华蘅芳在参照《博物新编》并实地考察外国轮船后建造了我国第一艘蒸汽轮船。（3）多语种、跨学科。在我国近现代翻译大家中，文理兼容、中西融通者众。他们游走于多国语言之间，句比字栉，冥心钩考，翻译时游刃有余。陈季同通英语、德语、法语、拉丁语，先后为五位驻外公使担任口、笔译，他用法文大量翻译和编写了中国古典诗词与传奇故事，是用法文全面介绍中国文化、历史、社会、哲学、宗教、风俗的第一人。冯承钧是一位著译等身的高产学问家，通晓法语、英语、梵语、阿拉伯语、波斯语，在历史学、历史地理学、历史考古学、中外交通史等领域造诣颇深。周煦良除了在文学翻译方面有出色的贡献外，在哲学、逻辑学、自然科学和社会科学方面的翻译活动也较活跃。（4）精益求精，翻译与考订相结合。冯承钧在翻译时，注意利用中西史料比对，考订史实直到融会贯通；傅雷对文字总是从艺术的高度再三推敲、百般锤炼。

该书规模宏大，覆盖面广。以个案研究带动整体研究，结合了通史类著作与微观个案史料研究的特色，令读者一览我国译家、译事、译论之全貌。史学研究与译学研究的交叉融合体现了跨学科的研究特点，强大的作者团队也保障了该书内容的广度与深度。

张旭著《心田的音乐——翻译家黎翠珍的英译世界》（2019）关注当代香港非常活跃的一位翻译家——黎翠珍。黎长期从事英汉双语写作，又有众多英汉和汉英翻译作品，其译文颇具特色。该书尝试在现代翻译理论的观照下，结合黎翠珍翻译的小说、诗歌、戏剧、散文、外宣文本等不同文类作品，通过文本细读，考察她是如何发挥自己的双语特长、注重香港元素的传译以及营构言语的音乐效果的。在全书的六章中，作者对黎翠珍英译的《原野》《一把酒壶》《香港礼宾府》《鸟人》以及现代汉语诗歌等不同文本类型的译本进行向心式和跨文化的解读，力图向读者展示中国文化如何能够从"他译"走向"自译"。该书认为，中国译家在世界文学交流的舞台上应该发出自己的声音，努力让世界来正视中国，而不是将中国作为一个文化上的"他者"来对待。只要这样，才能促进世界各国文化的正常交流和共同繁荣。

单德兴著《翻译家余光中》（2019）是学者单德兴为缅怀其师余光中并探讨余光中译介上的成就所作的纪念文集。书中收录多篇文章，主要从余光中作为一名译者的不太为人熟知的方面出发，精炼而老到地分析他的翻译贡献与理论。同时作为余氏弟子，单德兴也写下数篇文章缅怀先师，向读者介绍余光中的不同研究面向与学术关怀。此外，也有若干对余光中本人的访谈收录其中。

2.1.10　翻译史研究论文集

杨全红著《翻译史另写》（2010）收录其撰写的翻译史相关论文 18 篇，内容主要是中国的翻译史，且又主要是 20 世纪 80 年代以前的翻译史。"翻译史"取广义，除真正意义上的翻译史，还包括翻译思想（史）和翻译家的内容。与孔慧怡 2005 年出版的《重写翻译史》突出"重写"的旨归不同，此书所谓"另写"，乃因该书"文章不全是严格意义上的'史'"，"部分篇名看上去不怎么学术"，且"最与众不同的恐怕还是书中的部分观点"（杨全红，2010：1）。

该书收录论文探讨的主题广阔多样，生动有趣者如对"舌人"一词的溯源，对"唐僧"姓名的考辨，解析翻译家所作与翻译相关的梦，回忆傅雷、钱锺书、杨绛之间的翻译轶事；严肃求索者又有"谈译作《摩诘经》与《天演论》及其影响""《翻译论集》（修订本）之得与失""玄奘翻译理论辨伪"；别出心裁者还有"朱生豪译莎动力谈""《法句经序》补课""傅雷'神似'译论新探"。从论文题名足以看出杨全红治学写作幽默风趣之风格，严肃枯燥的议题在其笔下变得活泼。"另写"并非胡写，他提出的"另类"观点如爱国并非朱生豪翻译莎士比亚的首要动力；中国传统译论可以用"旨"一言以蔽之；傅雷"神似"译论中的"神"当可解为"精气神"等，或与主流学术观点相左，但皆基于严谨扎实的史料文献考证而进行论证。与其他论文集形式出版的翻译史专著相比，该书缺乏统一的主题线索与时间脉络，其中某些篇章与译史的关联性不强，这也可谓其"另类"之所在。然而该书不仅观点新颖，治史的态度与方法也值得赞赏，其行文风格更是为国内翻译史研究平添了几分生趣。

北京外国语大学中国海外汉学研究中心和中国近现代新闻出版博物馆合编的《西学东渐与东亚近代知识的形成和交流》（2012）是第四届出版史国际学术会议成果集结，分别围绕"西学东渐与文化交流""中学西传与文化交流""传教士与近代东亚出版""传教士的汉学研究与汉籍出版""基督教与东亚的文化教育"等专题，对晚明至晚清的"西学东渐"与中西文化交流展开了深入研讨。

北京鲁迅博物馆编《鲁迅翻译研究论文集》（2014）共收录了包括

《翻译与独创性：重估作为翻译家的鲁迅》《周氏兄弟早期著译与汉语现代书写语言》《翻译主体的身份和语言问题》《"略参己见"：鲁迅文章中的"作"、"译"混杂现象》《翻译自主与现代性自觉以北京时期的鲁迅为例》《鲁迅的两篇早期翻译》《鲁迅早期三部译作的翻译意图》《民元前鲁迅的翻译活动》《鲁迅与儒勒·凡尔纳之间》等在内的鲁迅翻译研究方面学术论文 20 篇，作者均为国内外鲁迅翻译研究方面的权威学者。

王宏志著《翻译与近代中国》（2014）收录了王宏志有关近代中国翻译史的几个重要个案研究。全书共分为"政治篇""语文篇""人物篇"三部分，共七篇论文，涉及外交活动中的国书翻译、外交语言、文学翻译、译者身份、翻译中的权力关系等主题。

"政治篇"共收录三篇论文。《大红毛国的来信：马戛尔尼使团国书中译的几个问题》曾收入《翻译史研究》集刊，关注了马戛尔尼（George Macartney）使团访华国书的翻译问题。通过分析出现两份不同英王国书翻译的原因及两译本的译者、翻译过程，揭示了中英两国在翻译背后的政治角力；《"张大其词以自炫其奇巧"：翻译与马戛尔尼的礼物》着眼马戛尔尼使团访华时呈献礼物清单的翻译，指出翻译对原文夸张语言的消解避免了潜在的外交危机；《"这简直就是一份外交赝品"：蒲安臣使团国书的英译》探讨蒲安臣使团出使国书翻译过程始末及其中发生的争端，指出清廷长期重视外国译者而忽视本土译者引发的问题。"语文篇"包括两篇论文：《"不通文移"：近代中英交往的语言问题》从翻译层面分析近代中英交往文书往来过程及其中的语言问题；《"人的文学"之"哀弘篇"：论周作人与〈域外小说集〉》一文指出《域外小说集》主要由周作人而非鲁迅译成，进而分析小说选材、翻译标准与方法。"人物篇"收入两篇论文：《"叛逆"的译者：中国翻译史上所见统治者对翻译的焦虑》关注译者在中国历朝历代的恶劣生存环境与政治文化地位；《"律劳卑"与"蛮夷的眼睛"》就律劳卑事件中"律劳卑"这一名字的中文英译谈开，指出中译名带来的问题与危机。

与其主编的《翻译史研究》系列学术集刊相似，该书所收录的王宏志的论文也体现出史料新、挖掘深、研究细、格局广的特点。与聚焦"翻译"本身的翻译史研究相比，王宏志的论著更像是以"翻译"为切入点的历史研究。对此，王宏志（2014：vii）认为"翻译史研究就是历史研究的一种"，研究历史上的翻译活动与现象"既是历史研究，也是翻译研究"。这种认识会让一些翻译学者对"翻译史"这一翻译研究所辖分支学科的地位产生危机意识，但保守的观念也正是译学界在翻译史研究上难以跨越的障碍之一。翻译史并非只谈历史中的"翻译"，也应该关涉翻译与历史的互动，尤其是翻译对历史进程的影响与推动，和对重要历史问题的回应与解答。

罗选民著《翻译与中国现代性》（2017）是又一部专门关注翻译活动对中国现代性建构作用的专题翻译史。该书以论文集的形式，收录作者的 16 篇文章，按主题编为四章。

第一章以"革故鼎新"为关键词，重点探讨严复、梁启超和鲁迅的翻译理论和实践。严复通过翻译宣传进化思想，梁启超借翻译进行整治改良，鲁迅则通过翻译改革中国语言、文学及社会形态。作者还批评了叶维廉对严复翻译标准的误读，以及翻译研究者对鲁迅"硬译"批判的成见。第二章以现代性中的理性概念为核心，分析梁启超、陈寅恪、胡适、赵元任、吴宓等人的翻译活动，对翻译学科的发展及作为教育行为的翻译实践进行思辨。第三章基于萨义德（Edward W. Said）的"旅行理论"，将文化传播、文化记忆、文化自觉等概念与翻译结合讨论：将文化记忆理论与翻译研究结合考察鲁迅的"硬译"，区分"直译""意译"的方法论属性与"归化""异化"的政治议程，并结合自己重译莎剧《安东尼与克莉奥佩特拉的悲剧》的经历，阐明重译本的艺术旨归。第四章以"究理探新"为重心，从话语语言学、文学翻译、诗歌翻译、互文性理论与神学翻译五方面探究翻译学跨学科的理论建构。

该书立足于哲学认识论的高度，引入多维度的理论路径探究翻译活动在中国现代性形成中发挥的关键作用。赵稀方著《翻译现代性：晚清到五四的翻译研究》（2012）一书主要讨论启蒙现代性，而该书关注的现代性涵盖了语言、文学、文化、教育、神学等领域，最终指向翻译研究的现代性。伞式术语的使用让本书拓宽了"现代性"概念外延，但也因此使该书收录各篇文章关联性较弱。赵稀方的作品更长于钩沉新史料并加以重构解读，而该书则多基于熟知的史实做出全新阐释，"论"胜于"史"。

王宏志主编的《翻译史研究》系列学术集刊由香港中文大学中国文

化研究所翻译研究中心主办，复旦大学出版社出版发行。自 2011 年起，该系列每年出版一辑，刊登有关中国翻译史研究的学术论文，并接受有关外国翻译史的译介文章，至今已出版 8 辑。集刊收录的中国翻译史研究论文以研究者主体的"历史位置"顺时编排，同时设有"译学新芽"栏目，刊登香港中文大学翻译研究中心每两年主办一次的"书写中国翻译史——中国译学新芽研讨会"中年轻学者的优秀论文，以及译介外国翻译史研究成果的"外国翻译史论文选译"栏目。

　　《翻译史研究》系列学术集刊收录的论文以翻译史个案研究为主，史料新颖，挖掘深入，常能察人之所不察。与许多通史、史略类的中国翻译史研究作品相比，该系列集刊将目光更多投向了主流翻译史之外的翻译人物、机构、事件与社会影响。在个案历史时期选择上，大量论文聚焦在 20 世纪以前，关涉晚清民初翻译活动者较多，如王宏志《第一次鸦片战争中的译者》、禹玲《众声喧哗的晚清译界——以〈基督山伯爵〉译本为中心》、邹振环《晚清西学东渐史上的邝其照》等。在研究对象方面，关注文学翻译的论文较少，而关注自然科学、社会科学作品翻译及军事、外交活动中的翻译者更多，如徐光台《李之藻与徐光启在西学翻译的不同取向——以对西方两个圆球式宇宙论的反应为例》、王宏志《大红毛国的来信：马戛尔尼使团国书中译的几个问题》、冯锦荣《西洋炮台筑城学典籍在东亚的传播》、罗天《滇缅战役中的军事翻译》等。集刊中论文的贡献者地缘背景广泛，包括来自中国、日本以及东南亚等国的知名学者与青年学者。这些学者基于地缘优势，在搜集史料开展研究时能挖掘到其他翻译史学者鲜有关注且难以发现并利用的资源。这也使得论文个案涉及的地域较为宽广，如关诗佩《大英帝国、汉学及翻译：理雅各与香港翻译官学生计划（1860—1900）》、陈力卫《19 世纪至 20 世纪的英华辞典与英和辞典的相互影响——中日近代新词往来的渠道之一》、杨承淑《小野西洲的汉诗文媒体披露与日台艺文圈形成》、苏精《〈澳门新闻纸〉的版本、底本、译者与翻译》等，对缺乏港澳台及海外研究成果的中国翻译史研究起到补充作用。

　　该系列集刊以个案研究的形式对中国翻译史上的翻译活动进行深度描写，顺应了当前翻译史研究中的微观史视角，即关注主流叙事之外易被忽略的边缘议题。集刊中的许多论文关注的历史事件并非"边缘"，但译者与翻译活动在其中扮演的角色却常湮没在历史洪流中，而研究者本着追本溯源的精神探究翻译与历史之互动，是当前许多文学翻译史研究缺乏的视野，也是该系列集刊的主要特色。《翻译史研究》系列学术集刊关注"翻译"对历史、社会与文化推进与建构，这也正是该系列集刊影响广泛并持续发展的主要原因。

许钧、李国平主编《中国文学译介与传播研究（卷一）》（2018a）及《中国文学译介与传播研究（卷二）》（2018b）系许钧自 2012 年起在《小说评论》主持的"小说译介与传播研究"所刊载文章的编选集。该专栏高度聚焦中国文学，尤其是中国当代文学在国外译介与传播问题，并就中国文学外译的整体状况、存在问题和译介、传播途径展开研究，对具有代表性作家作品的译介历程、接受状况进行分析。

冯全功、卢巧丹主编《中国文学译介与传播研究（卷三）》（2018）收录的近 30 篇论文均为知名翻译学者近年发表的代表性文章，体现了学界对中国文学外译的最新思考。论文集内容分为中国文学译介与传播的理论与思考、文本与策略、渠道与效果、个案与综述四大部分，与卷一、卷二形成了有机整体。

2.1.11　汉籍外译史

赵莹著《〈三国演义〉在日本的译介与研究》（2014）站在中日文化关系史的角度，运用比较文学和比较文化的方法，对《三国演义》与日本文学和文化的关系进行系统地梳理、评述和研究，探索中日文学交流的轨迹。该书首先以译本和再创作版本为中心，深入研究《三国演义》在不同时期所经历的文化过滤、所反映的时代特色、所表达的日人情怀，以及从一部中国古代白话小说发展成适合大众阅读的日本现代小说的过程。其次以人物研究和版本研究为中心，阐释日本学界《三国演义》研究的大众化和日本化等特性。最后以日本视觉系《三国演义》为中心，提供观察《三国演义》的新视角。

李新德著《明清时期西方传教士中国儒道释典籍之翻译与诠释》（2015）研究了明清时期西方传教士翻译中国儒道释经典的实践以及他

们对中国文化的认知与传播。作者对中国典籍西译的历史以及西方传教士的翻译体例、翻译策略等问题进行了系统考察，对他们塑造的中国儒道释之"他者形象"进行了深入分析。

晚清时期的翻译活动是国内译学界的研究热点之一，但多以讨论国外作品的译入为主，对本土译者的关注也不如传教士、汉学家等外国译者。耿强著《晚清至现代中国文学对外译介研究：一段隐形的翻译史》（2015）则将研究范围框定至晚清至现代中国文学对外译介，属于翻译史研究中的断代史与专题史研究，这一段"隐形的翻译史"对该时期的翻译史研究具有填补空白的作用。

该书除导论与结语外，共包括三个主要章节。导论部分明确了本书的研究对象为 19 世纪上半叶到 1949 年期间将中国诗歌、小说、戏剧译成英、法、德语的本土译者与翻译活动。这些本土译者由于不受主流翻译研究的重视而呈现出"隐形"的状态。第一章全景式概览晚清至现代中国文学对外译介的图景。以搜集的译文目录为索引，详尽展现在此期间中国文学对外译介的翻译总量、翻译类型以及译者等信息。第二章论述中国文学对外译介的初始阶段，以沈泱与陈季同为主要代表人物，主要考察两位译者的生平、翻译动机、行为，以及译文的传播与接受，并就具体的文本进行对比分析，如在陈季同的部分进行了中、英、法三语比较。第三章聚焦 20 世纪 20 年代至 40 年代的文学外译活动，内容更为丰富。该时期的对内译介活动丰富，作者发现中国文学对外译介的本土译者愈 70 人，其中翻译作品较多或影响较广的就有 30 多位译者。在对该时期"隐形"译者的群像进行勾勒后，作者将目光投射到江亢虎、蔡廷干、敬隐渔、姚克等十余位译者，通过个案研究与文本对比研究他们的翻译形式、翻译策略与译作接受情况。结语强调了包含语际翻译、语内翻译和反复协商三个过程的协作翻译模式对中国文学外译的重要作用。

中国文学对外译介是国内翻译史研究较为薄弱的环节，自马祖毅、任荣珍主编的《汉籍外译史》（1997）问世后，尚未出现较有影响力的著述。在当前中国文学文化"走出去"的呼声下，翻译史研究者应对此付诸更多努力，《晚清至现代中国文学对外译介研究：一段隐形的翻译史》即在研究对象上回应了这种需求。该书对晚清至现代中国文学译介状况的绘制呈现出一幅长期以来被忽视的图景，尤其第三章对 20 世纪 20 年代至 40 年代代表译者及译作的细致考察，填补了许多翻译通史、史略在外译部分的空白。本书也存在一定遗憾。一方面，晚清部分的研究受史料与文献所限，仅以两位译者作为主要研究对象，对这一时期的汉译外群像及特色呈现不足；同时现代部分受限于研究对象数量的庞大，只能选取具有代表性的译者与活动，不少译者仍然处于"隐身"状态；另一方面，本书作为翻译史研究，花大量篇幅进行翻译文本分析，这是翻译学者进行译史研究的特色所在，但有时也会阻碍翻译史史学价值的显现。总体而言，本书极具史料价值，在理论视野与研究方法值得肯定，在填补中国文学外译史研究空缺上做出了积极贡献。

谢淼著《德国汉学视野下中国当代文学的译介与研究》（2017）主要讨论中国现当代文学在德国的译介成果、研究视角和思维方式。通过对中国现当代文学的译介与研究，德国学界试图揭示和呈现中国真实的生存图景和心路历程，并以此为镜获得对自身的精神观照和反思。本书希望通过对另一种思维方式的借鉴，获得学术研究和精神生活的新观察视角和反省途径。

赵长江著《十九世纪中国文化典籍英译史》（2017）采用断代史的编写方法，以 19 世纪的典籍外译史为铺垫，19 世纪中国文化典籍英译史为重点，20 世纪中国文化典籍英译的研究为展望，梳理出了 19 世纪中国文化典籍翻译的四条线索：（1）新教传教士英译中国儒家和道家经典；（2）外交官英译中国文学著作；（3）期刊上刊登的中国文化典籍英译；（4）汉英词典中的术语英译。作者提出的"侨居地翻译概念"，为当下中国文化走出去提供了借鉴；还提出了典籍英译理论的构建要以丰富的典籍翻译实践为基础，以经文辨读为方法论，借鉴西方现代译论，融合中西，形成有理论体系的典籍翻译理论。本书选取富有代表性的翻译史料，逻辑清晰、观点新颖，推动了我国译学界较为薄弱的汉籍外译史研究。

姚军玲著《〈红楼梦〉在德国的传播与翻译》（2018）大量实地搜集了第一手德文资料，研究了前人学者较少涉猎的《红楼梦》前 80 回德文译本的译者史华慈（Benjamin I. Schwartz）及其译作，采访了史华慈关于德文节译本的看法，探讨了史华慈中国文学作品翻译的具体特色和问题。作者进一步将《红楼梦》德文全译本和节译本进行比较，详细、具体地梳理了《红楼梦》德文译本的发展过程，填补了德文《红楼梦》翻译研究的空白，拓宽了中德文学比较研究的视野。

岳峰著《中华文献外译与西传研究》（2018）将中国典籍按照思想、宗教、文学、科学、农事、艺术、历史、地理、教育、社会、经济、法律与军事分为 13 大类，追述各领域文献借由翻译西传的历史，描述中国文化与西方文化的初识、相遇、碰撞与交融，并展示中国传统科技对西方社会发展的作用。每个大类在综观历史的基础上，就相对有影响的典籍进行个案深入研究。

王颖冲著《中文小说英译研究》（2019）是关于中文小说，特别是现当代中文小说英译的研究，旨在探讨国内外对中文小说英译的研究脉络、新发现和发展趋势，并提出相应的选题建议。全书共五章，第一章全面介绍中国文学英译研究概况，梳理史料和书目的编纂情况，呈现综述类译介研究的全景。第二至第五章分别深入探讨作家与作品研究、译者研究、译介过程研究和传播与接受研究等四大分支，对现有成果进行分类述评与阐释，并对未来研究的方向和方法进行了展望。

2.1.12　翻译通史与史略

王晓丹著《翻译史话》（2012）为"中国史话·近代中外关系系列丛书"中的一辑。基于学界多数学者认可的汉代至元代佛经翻译，明末清初西方科技著作翻译，及近代中国对西方科技、思想与文艺的译介，该书重点关注 1840 年鸦片战争之后，中国翻译西方近代科技书刊与哲学社会书刊的翻译情况，并详细介绍了马克思主义著作与外国文学作品在中国的翻译情况。此外，该书还介绍了外国文学作品的翻译，"西学东渐"之影响，以及重要翻译作品著译者及刊行年代。该作可归为断代翻译史略，通过史料的梳理、归类与呈现，向读者介绍近代中国的翻译情况，具有一定的文献价值。但该书缺乏对史料的分析与研判，介绍内容与许多翻译通史类著作具有重复性，未能突破一些翻译史研究罗列史料的模式。

张志芳、张彬编《译以载道：佛典的传译与佛教的中国化》（2012）以佛典汉译历史为脉络，以佛教在中国的传播活动为横断面，论述了中华固有的文化意识如何影响了佛典翻译的文本抉择、翻译策略，以及佛典汉译如何促使佛教传入中国并使之成为中华文化的有机组成部分。总体而言，汉魏西晋的佛典初译，使佛教在中国的发展初具规模；东晋为佛典汉译的转折期，佛教开始独立发展。

谢天振、何绍斌编《简明中西翻译史》（2013）是为配合翻译专业本科阶段的翻译史教学专门编写，旨在为学习者勾勒出清晰的中西翻译发展史脉络，介绍中西翻译史上最主要的翻译事件、翻译组织机构以及重要的翻译家及翻译思想。全书共 11 章，以历时的形式编排，从人类最早的翻译活动开始，涉及中国历史上的佛经翻译、自汉迄明初的世俗翻译、西方的《圣经》翻译、中国明末清初的翻译、西方中世纪的世俗翻译活动、中国 19 世纪的翻译活动、西方文艺复兴至 19 世纪的翻译活动、中国 20 世纪上半叶的翻译活动、西方 20 世纪的翻译活动，以及中华人民共和国成立以来的翻译活动。因本书面向的读者为翻译专业的本科生，因而内容主要以扼要的史略形式呈现，其中内容较之谭载喜著《西方翻译简史》和马祖毅著《中国翻译简史》更为简略。撰写国别翻译通史本已是难事，要在如此篇幅内概括中西几千年的翻译历史绝非易事，该书为翻译专业学生及对翻译史感兴趣的读者提供了快速了解人类翻译活动历史的指南，也为翻译翻译者查阅索引带来便利。

宋韵声撰《中英翻译文化交流史》（2017）为中英双向翻译文化交流历史过程的编年陈述。该书既写出几百年来中国翻译英国哲学、社会科学、自然科学和文学书籍的历史，又写出了千余年来英国翻译中国哲学、社会科学、自然科学和文学的历史。其中还分别介绍了在两国出版的主要翻译图书和著名翻译家以及对相关文化思想的研究成果。

2.1.13　翻译史相关资料编纂

贾植芳等编著的《中国现代文学总书目·翻译文学卷》（2010）为"中国文学史资料全编·现代卷"丛书中的第 56 卷。该书全面辑录了

1917—1949 年间我国翻译出版的外国文学作品，分诗歌、散文、小说和戏剧四种文体。附录部分收录了 1882—1916 年间问世的翻译文学书目。本书与 20 世纪初期翻译史研究以目录提要为主的资料汇编在形式上类似，但编写规模更大，资料收录更齐全。在中国翻译史研究发轫近百年后，重新编录中国现代翻译文学资料，并作为《中国文学资料全编》项目的一部分，表明了文学研究界对中国现代翻译文学地位的认可。该书对文学史、翻译史研究都具有重要的学科史意义与史料价值。

张旭、车树昇编著《林纾年谱长编》（2014）以谱为核心，以年月顺序的方式，通过详尽介绍、谨严考辨与谱主生平、思想、著述、翻译以及政治活动等有关的史事资料，较为准确客观、系统全面地反映了中国近代著名翻译家林纾一生的生活道路、政治倾向、思想演变和翻译创作历程。该年谱由三部分组成，一为编写说明、林纾家族世系简表以及林纾家族三代家谱；二为对林纾生平的记录，为全书的主体部分；三为参考文献和附录。该年谱长编规模较大、时空覆盖面广，资料翔实、考辨精良，可说是目前国内最完备的林纾年谱。

何明星著《中国文化翻译出版与国际传播调研报告（1949—2014）》（2016）依据全国总书目和 OCLC 数据库，为 1949—2013 年（含部分 2014 年数据）中国文化图书在世界以各种语言翻译出版的研究报告。其中 1949—2009 年的内容主要集中在中国出版机构的对外翻译，并曾在 2012 年中国翻译协会成立 30 周年时对外发布，获得了广泛的社会反响。2009—2013 年的内容，主要集中在世界各国出版机构以各种语言翻译出版中国文化图书的研究与分析，并曾以中国外文局、中国翻译研究院的名义对外发布。该报告资料翔实，数据新颖，是学界第一部以第三方数据为基础，分析和研究中国文化对外翻译出版近 65 年来基本概况和历史贡献的专著。

刘洪涛、黄承元主编《新世纪国外中国文学译介与研究文情报告（北美卷）（2001—2003）》（2012）以 2001—2003 年间的北美中国文学研究资讯为收集对象，分为研究简介和文献索引两个部分。"研究简介"包括中国文学研究重要著作简介及要目，中国文学学者、翻译家简介，中国文学教学研究机构简介，重要学术期刊简介，北美华裔文学简介；"文献索引"包括中国文学译本索引，中国文学研究博士学位论文索引，中国文学研究期刊论文索引，中国文学研究著作索引，北美华裔作家著作索引。书后附人名西中文对照表。

卢茂君编著《新世纪国外中国文学译介与研究文情报告（日本卷）（2001—2003）》（2013）以 2001—2003 年间的日本中国文学研究文献为收集对象，力求无遗漏，并对当年的重要著述、论文进行简要评述，简介日本的中国文学研究机构和相关的重要期刊以及图书馆、书店、网站等。该编著以编年的形式，为学术界提供 21 世纪以来中国文学在日本的译介与研究的文情报告，是从事中国文学研究、比较文学与世界文学研究的重要工具书。

文大一编著《新世纪国外中国文学译介与研究文情报告（韩国卷：2001—2005）》（2013）以"中国文学在韩国的译介与研究"为切入点，一方面希冀对过去"研究成果"进行总结，另一方面更希望中韩文学的交流能在此基础上携手向着更深更远的方向发展。该书以年度为单位，整理并介绍了 2001—2005 年韩国正式出版的与中国文学有关的专著、编著、译著、学位论文、有关期刊论文目录，重要著作、译著、论文的分析，有关机构、期刊、学者的介绍与其内容简介、简评等，称得上是"中国文学在韩国"的文情报告。

顾正祥编著《歌德汉译与研究总目（续编）》（2016）系《歌德汉译与研究总目》（1878—2008）的续编，收编前书出版后七年来歌德译介的新书目，补编前书未及编入的书目，增编经实地查考后的港台书目。截稿于 2015 年 6 月底，该书共收译文条目 445 条，其中诗目 203 条，小说、散文目 189 条，戏剧目 46 条，书信目 7 条；研究条目共 1786 条，其中辞书目 165 条，文学史目 134 条，合集目 544 条，单人集目 40 条，论文目 694 条，非汉语研究目 209 条。删去前编中的格言目，全书合计条目共 2232 条。

陈剑光、毛一国编著《新编中国文献西译书目（1900—2017）》（2019）整理了近百年来欧美国家翻译出版的涉及中国人文社科领域的文献，有助于我国海外汉学研究向纵深发展，尤其是对翻译学、比较文学、出版学等多个学科的研究有重要的参考价值。

2.1.14　其他翻译史专题研究

沈国威著《近代中日词汇交流研究：汉字新词的创制、容受与共享》（2010）一书资料翔实、考证严谨，展示了近代中日词汇交流的全貌，探析了"西学东渐"这一历史大潮中译名的创制、交流、容受和定型。

全书共分五个部分。绪论部分对近代新词、中日词汇交流及新词研究相关成果和研究趋势评述，提出本书的研究问题。第二部分"新词创造篇"详述日本近代汉字新词创制、来华传教士的译词创造和西方概念的引入。第三部分"语言接触篇"重点关注近代新知识容受过程中的日本途径，及"西学从东方来"等内容。第四部分"词汇交流篇"从概念史、词汇学的角度探究"东方报译"、新词、部定词、日语借词等内容。第五部分"词源考证篇"阐述译名生成与传播的复杂过程：译名发生于中国，但在容受、传播过程中受到日语的深刻影响。

该书是一本有关词汇史的著作，在词汇交流与传播的过程中，翻译与文化交流的过程不可避免，因此该书也可视作一部文化交流史与翻译史。此书不仅揭示了新词的创制、演变与传播过程，还对当代语言接触、文化传播、术语审定、译名探索等研究提供了理论启示与实践指导。

樊兆鸣编《江南制造局翻译馆图志》（2011）以上海图书馆所藏丰富的历史文献为基础，对翻译馆在其存在期间有关西学的全部出版物，逐一扼要介绍其内容，并查出原著名称及其简要内容。在充分吸收前人已有研究成果的基础上，夹叙夹议，作了相应的理论分析。该书为近代中西文化交流提供了具体的例证，为中国早期现代化的历史补充了生动的内容，对中国近代史的研究，尤其是近代"西学东渐"的思想文化史研究，具有重要的参考价值和研究意义。此外，该书从翻译学校、翻译馆、出版社等机构切入，已成为近年翻译史研究的主流趋势之一。

邹振环著《疏通知译史：中国近代的翻译出版》（2012）是从史学视角研究翻译史的一部力作，也是第一部正式出版的中国翻译出版史论文集。该书围绕"西书中译与近代中西文化交流"这一主题，辑录作者发表关于 16 世纪末至 20 世纪 40 年代中国近代翻译出版史研究的 28 篇论文，共分为"译史通述""译局专论""译家译著""译林或问"四编。

第一编"译史通述"共收录 8 篇论文。作者进行了翻译史研究领域内部史与外部史之分，这一思想也在作者此后其他著述中反复强调。在此编收录的论文中，作者分明清、民国、抗战三个历史时段，介绍各时期西学汉译的历史文化背景、代表人物、译作与翻译出版刊物等，分析西学汉译的手段、影响、意义等问题。明清之际的翻译者主要包括以传教为目的的传教士，向西方寻求救国良方的本土学人，以及通过日文转译西学的中国留日学生；民初西学汉译内容，涉及经由民主政治、实业杂志、社会改造至文学名著的发展脉络；抗战期间的翻译则主要以时事论文、报告文学、学术作品及马列主义经典著作为主。翻译形式经历了从个人到合作再到以出版物为核心的共同体翻译模式，翻译语体也经历了从古文到旧文体再到白话文的改变。作者还提出了以版本、校勘、目录为核心的西学汉译文献研究体系。

第二编"译局专论"包括 6 篇论文，主要探索近代中国翻译出版机构，涉及官方译局、民营译局和教会等机构的相关史料。包括洋务运动时期的京师同文馆、江南制造局翻译馆，英国伦敦会传教士麦都思（Walter Henry Medhurst）在上海创建的墨海书馆、上海徐家汇天主教教堂设立的土山湾印书馆，以及大同译书局和商务印书馆。该编深入讨论了官方译局为摆脱陈腐观念，引进西方先进技术做出的贡献，教会翻译机构在传播西方宗教文化和印行中西文教科书方面的重要作用，以及民营翻译出版机构在英语教科书出版等方面对近代翻译出版史的巨大贡献。

第三编"译家译著"收录 9 篇论文，研究中国近代翻译出版史上的重要译者译作。主要内容包括克虏伯炮学书籍的翻译在近代中国引介近代西方科技的重要意义，丁福保日本医学文献翻译对输入西学知识体系的贡献，赛珍珠（Pearl S. Buck）作品的翻译出版情况及历史意义，严复和伍光建的"师徒矛盾"，张元济所在的共同社对"五四"后中国社会新思潮的推动作用，以及巴人的翻译反映出的中国翻译史上译者学者化和译者作家化的现象。

第四编"译林或问"的 5 篇论文基于徐继畬《瀛寰志略》、林纾翻译哈葛德（Sir Henry Rider Haggard）小说、梁启超的朝鲜亡国史研究等史料进行思考，深入探索了翻译过程中的文化选择、接受语境对翻译原本的选择和制约等问题；还研究了狄德罗（Denis Diderot）《百科全书》在清末流传境况，及西医学著作的翻译、传播与出版情况。

邹振环的翻译史研究著作以史学见长，在翻译出版史这一领域曾出版区域研究著作《江苏翻译出版史略》（1998）和《20 世纪上海翻译出版与文化变迁》（2000b）。《疏通知译史：中国近代的翻译出版》（2012）一书则将研究范围扩大，进一步考察了近代中国的翻译出版史。该书以注重学科知识与社会文化互动关系的外部史研究为主，从出版传播的角度探索影响翻译演变的条件因素与翻译为社会文化的变革引起的振动，为中国翻译出版史的研究树立了典范。作者也意识到，由个人来完成一部中国近代翻译出版史是一项艰难的任务，该书"研究的面拓展得过宽，很难将研究推向纵深发展，这也是目前一些通述性中国翻译史的缺陷"（2012：iv）。这是该书的局限所在，也为后续翻译出版史研究指明了方向。

谭慧著《中国译制电影史》（2014）共六章，在第一章对译制电影概念、形式、制作流程、世界各国电影译制情况进行概述后，将中国译制电影发展进行历史分期，在后续章节中分别述评。全书以时间为轴，完整梳理了我国译制电影的一条发展脉络：从萌芽时期（1949 年以前）"外国电影在中国的译制开端"，到起步时期（1949—1965）"新中国译制电影的诞生与快速增长"再经过十年的蛰伏期（1966—1976），迎来了"佳作纷呈的改革开放大发展时期"（1977—1993），最终由于全球化浪潮和"大片"引进的冲击，走向了衰落（1994—2000）。而在新时期，随着网络的兴起，进入了对译制电影传统的突破与丢失的多元时期（2000 年至今）。该书侧重于史料的梳理与呈现，对译制行为本身及译制片产生影响的论述不多，主要集中在第二章对电影片名翻译方式的总结和第三章苏联电影对中国人民生活、电影艺术发展及革命运动的影响。多元时期对网络字幕组的介绍与译制理论研究的讨论，对于关注视听翻译的研究者较有意义。附录梳理的"长春电影制片厂译制电影（故事片）目录"与"上海电影译制片厂译制电影（故事片）目录"也对影视翻译研究具有文献价值。

邹振环认为，中国翻译史学主要包括两个方面：一为对翻译史学科的原理、方法进行理论概括，可称为中国翻译史学理论或中国翻译史学原理；二为对中国翻译史研究的进程加以历史梳理，可称为"翻译史学史"。二者均建立在对翻译史研究进行综合考察的基础上。邹振环《20世纪中国翻译史学史》（2017）（以下简称《史学史》）即为对中国翻译史研究在20世纪的形成与演进的历史性回顾与研究，属翻译史学科专门史范畴，贴近易经（2009：215-216）提出的"元翻译史论"。"中国翻译史学史"是指对中国翻译这门学科史研究的进程，加以资料的梳理和历史的反思。该书既有对"翻译史研究"的考察，又有对这一学科本身的反省，实际上是对中国翻译史研究的再研究。此书建立在中国翻译史这门学科基础上，对中国翻译史学科的起源与发展、历史与现状、分期与分派、动因与动向等问题，进行考察、梳理、排比和阐说，即中国翻译史的学术研究史和学科发展史。

《史学史》一书主要讨论20世纪中国学者有关中国翻译史的研究成果，同时涵盖少数与此直接关联的外籍学者以中文撰写的中国翻译史研究专著。不同于以重要政治事件为节点的分期方式，邹振环认为学术史的分期不能全然等同于政治史，因为学术的变化往往不是在短时期的政治事件中完成的。该书以1902年为中国翻译史的起点，将20世纪中国翻译史学史分为1902—1949年、1949—1984年、1984—2000年三个时期，分别对应中国翻译史研究的发轫与初步发展期，中国译史研究的承势与转折期，以及中国译史研究多元格局的形成期。全书分为两篇共七章，上篇五章以线性叙述的方式分别论述"20世纪初中国翻译史研究的发轫""20世纪中期大陆翻译史研究的承势与转折""20世纪50年代至90年代台湾翻译史研究""20世纪50年代至90年代香港翻译史研究"以及"20世纪80年代初至90年代末译史史料的整理和研究"。下篇分"20世纪最后20年中国翻译史研究多元格局的形成"上、下两章，以横向的分科式叙述方式分别展现了"文学翻译史和翻译文学史""科学翻译史料的清理""翻译出版传播史""翻译教学史""断代翻译史""以译作为中心的翻译史""以译者为中心的翻译史""翻译词典中的译史资料与译史研究"等十四小节内容。全书编排体例正如作者所言"以时间为经，以具体的研究个案为纬"（邹振环，2017：10）。该书在研究方法上采取了传统的历史文献学法，注重"辨章学术、考镜源流"，史料的爬梳剔抉翔实细致。尤其在20世纪初中国翻译史发轫部分与港台译史研究部分，作者利用自己多年的学术积累与广泛开展研究的经验，发现了许多此前翻译史研究著作中的遗漏缺失与谬误，并在该书中一一加以补充订正。《史学史》一书同时注重新理论视角的运用。受益于福柯在《知识考古学》中提出的"知识谱系"，作者将该书的视点落到知识史上，着重对学科演变、知识门类产生与变迁的考察，将其与侧重精英思想研究的思想史区分开来，后者也是我国许多以译者为中心的翻译史著作重心。知识史的研究理路融合了侧重学科本身知识产生、发展与变革的内部史与注重学科知识与社会文化互动关系的外部史，极大拓展了译史研究的宽度。此外，比较研究的方法贯穿全书。基于对繁杂史料的熟稔，作者在讨论译史研究成果时，常常将不同的研究对象进行横向与纵向的对比，在肯定一些著作成就与贡献的同时，也指出某些著作对前人成果的忽视或简单重复；探讨港台译史研究成果时也常与早期的译史著作或同时期不同区域的成果进行对比。

尽管作者（邹振环，2017：10）表明在书中采取"以多叙述、少议论的方式，希望追求一种比较朴实的表达形式"，但也做到"尽可能在叙述中提出作者的见解"，这正是该书"元翻译史论"特色所在。《史学史》第一章指出，认为胡适是中国"最先提出翻译文学问题的学者"（罗选民，2003：4）是一种误解，因为梁启超在《翻译文学与佛典》中就已提出了"翻译文学"的概念，其将佛典翻译文学作为一个重要的文学类别进行讨论，给后世的中国文学史、文学批评史研究予以很大的启发。尽管在中国翻译史研究的发轫期，译史研究从札记和目录提要的形式开始发展，还大多属于短篇非系统的零星评述和分析，研究成果有限，但这一时期的研究者不仅有当时的著名学者，还包括文学、哲学、文献学、历史学、目录学等多学科研究者。较高的研究基点使中国翻译史研究在初期阶段就形成了一种比较宽阔的外部史研究视野，为 20 世纪 80 年代以来的中国翻译史研究繁荣打下了坚实的基础。

中国翻译史著作常忽视港台地区的研究成果，《史学史》一书则尽力挖掘港台地区 20 世纪 50 年代至 90 年代翻译史研究史料，如张振玉的《译学概论》（1996），孟瑶的《中国小说史》（1986），释道安、张曼涛、裴源与王文颜等人关于中国佛典翻译史的研究；在严肃汉文学术论著冷落的香港，出现了韩迪厚《近代翻译史话》（1969）和曾锦漳《林译小说研究》(1966，1967)等出色著述。1949 年后，中国内地（大陆）与港台地区的翻译史研究在承续民国研究传统的同时，又出现了各自的转折并发展出独特的体系。20 世纪 80 年代以后，港台地区的翻译史研究又催生了内地（大陆）翻译史研究新的承势与转折，最后三者的合力促成了 20 世纪 90 年代中国翻译史研究的全面复兴与繁荣。

《史学史》第五章对 20 世纪 80 年代初至 90 年代末译史史料的整理与研究进行述评，除了涉及《翻译论集》《中国翻译简史》等扛鼎之作，还包括翻译家的自述、口述和访谈，如王寿兰的《当代文学翻译百家谈》，以及专门讨论译名问题的《译名论集》等。尽管这一时期的翻译史研究开始复兴，邹振环（2017：214）也发现"重资料整理和事实陈述，轻论证分析和观点阐述，几乎成为 20 世纪最后二十年多种中国翻译史研究的显著特征。"译史研究与史料整理原本不能混淆，但这一时期的很多译史论著无异于史料整理。史料的编撰整理无须给出评价，而译史则一定需要作出判断。收入下篇的六、七两章正是基于译史研究不能述而不评的思想，分专题呈现 20 世纪最后 20 年中国翻译史多元格局的形成，"众声喧哗"的局面有待进一步思考、总结与探究，这也对 21 世纪以来的翻译史研究影响深远。邹振环在全书结语中指明，中国翻译史研究仍未走出仅重视史料爬梳和翻译家的"断线式珍珠"的传统叙述模式。新世纪的中国翻译史研究要在进一步挖掘、开拓、汇编与辑印史料的基础上，运用新的理论与方法对史料进行解读和阐释，在翻译整体史与翻译专科史两方面齐头并进，力图建立起翻译史研究自身的学科谱系。

《史学史》一书首次以"元翻译史论"的模式探究中国 20 世纪的翻译史研究活动与成果，史料搜集丰富翔实，考辨细致深入，提供了百科全书式的索引指南。全书论证鞭辟入里，既对前人的研究成果做出充分肯定，也客观切实地指出译史研究存在的问题不足与整体研究典范的固有单一，为后来研究者在研究方法与理论视野上带来启示。在我国翻译史研究工作繁荣发展却屡遇瓶颈之际，适时问世的《史学史》一书对我国愈百年翻译史研究工作进行了总结与反思。

耿强著《中国文学：新时期的译介与传播——"熊猫丛书"英译中国文学研究》（2019）综合翻译社会学、译介学、传播学等翻译研究的理论，借鉴多种研究手段、方法和工具，以 20 世纪 80 年代推出的"熊猫丛书"为典型个案，研究该丛书近 30 年的译介史，客观、科学、中立地描述和解释中国政府主动对外译介中国文学的实践。研究探讨了其中的利弊得失和经验教训，以回应当前中国文化"走出去"的国家战略，更好地促进中国文学的对外译介，重塑本土文化身份，参与世界文化的创造。

陈力卫著《东往东来：近代中日之间的语词概念》（2019）从语词交流史的层面考察中日近代文学、思想上的交流与互动。书中钩沉的全新史料与独特观点，使该书一经出版，便在历史学界引起强烈反响，好评不断。在中日词汇的交流与文化的碰撞过程中，翻译起到了积极作用。该书立足中日词汇的流变，重新考察此过程引发的知识再生产与文化形成，可视作翻译文化史或比较翻译史。邹振环（2017：306-307）曾指出，翻译文化史是"介于翻译史与文化史之间的一种研究"，这种研究"考察两种或多种文化如何发生交流，以语言为基础的交流产生的因素、过程、结果和影响"。

该书序章以探究中日同形词为何如此之多的原因切入，指出从中国输入日本的"西学新书"（如罗存德《英华字典》）"不仅是日本吸收西方知识的一条途径，而且给日语语汇里灌输了近代概念的新鲜血液"，因此在"和制汉语"传入中国这一路线之外，"西学新书"由中国输入日本的路线也是不可忽视的。亚洲近代化的进程通过这种语词交流得以实现，进而形成了东亚范围内"近代化的知识共同体"。该书主体部分分为三编：第一编"西学东渐再东渐"着眼于 19 世纪英华字典以及《博物新编》《万国公法》和江南制造局的西学新书在日本的影响，指出"西学东渐"除了西洋到中国这条路之外，从中国"东渐"到日本也是不可忽视的部分；第二编"东学激起千层浪"则探究 20 世纪日本是如何影响中国的，分析梁启超《和文汉读法》、政治小说《雪中梅》以及《共产党宣言》的翻译问题，认识汉语欧化过程中的日语因素，以及近代汉语词典是如何应对日语新词的；第三编"语词概念定尘埃"则具体描述"民主""共和""主义""优胜劣败，适者生存""金字塔"等概念形成的过程。终章回归语言学史研究，讨论"日语借词"等相关问题，提示研究者应超越狭隘的民族主义情绪，客观细致地展开调查。

该书作者深入各地藏书机构进行书籍版本与内容调查，个案研究的史料扎实可靠，体现其深厚的文献学功底。通过考察汉译西书，作者发现许多我们以为来自日语的词汇实际上是由中国进入日本又返回中国的，这一新认识对于纠正与拓展学界与一般读者的认知具有重要意义。

2.2 近十年中国翻译史研究重要论文

2.2.1 期刊论文

以专著形式出版的翻译史研究多汇聚研究者数年的心血，而学术期刊文章则为篇幅有限但具有重要意义的翻译史研究成果，如具体深入的个案研究，回顾、描述与前瞻式研究，对翻译史理论与方法的阐述等，构建起了及时与学界学人分享的平台。随着翻译史研究的蓬勃发展，近十年学术期刊上发表的翻译史研究论文较前十年有所提升。在中国知网平台以"翻译史"作为主题对 2000—2019 年发表的期刊论文进行检索，共获 1913 篇文献，其中 2010—2019 年占据 1230 篇，包括核心期刊 668 篇；以"翻译史"为关键词进行检索，得到近十年发表成果 475 篇，核心期刊 196 篇；以"翻译史"为篇名检索，得到近十年发表成果 249 篇，核心期刊 90 篇。本节根据以上检索结果，通过进一步手动筛选，根据论文内容与翻译史研究的相关性，剔除书评、书讯、会议综述等文章，结合论文发表平台、下载量以及应用频次，对其中质量较高、影响范围大的重要论文进行述评。

文军（2010）依据其主编的《中国翻译理论著作概要》一书，从历年出书量与研究主题出书量两个方面，对 1949—2007 年的翻译理论著作进行统计分析。文章提出中国翻译理论著作在理论方面要加强原创性研究，翻译史方面应加强国外翻译史、少数民族翻译史、口译史的研究，翻译批评方面要完善批评理论、开拓批评方法、建立翻译批评学，还需加强跨学科合作，推出翻译培训、机器翻译及翻译技术方面的新成果。该文题为"翻译理论著作"，涉及的内容却包括翻译研究的方方面面，应对重要概念的范畴加以说明。

孙会军、郑庆珠（2010）将新时期英美文学翻译分成解冻时期（1976—1978）、复兴时期（1978—1989）与活跃时期（1990—2008）三个发展阶段。在解冻阶段，出版社以重印的形式出版了少量外国文学翻译作品；在复兴阶段，许多曾遭禁绝的现代派、后现代派等英美文学作品重获翻译合法性，从而被译介给国内读者；在活跃阶段，市场经济的全面展开以及体制上的合法性将英美文学翻译带出了 80 年代的低估，呈现出全新的活力。论文以大量数据和图标的形式为读者勾勒了新时期英国文学在中国翻译的全貌，为后来从事更精细及个案研究的学者提供了重要参考框架。

蓝红军（2010）指出，相较于一般的知识史与观念史研究，翻译史研究的方法论意识还较为淡薄，需从四个方面加强：（1）史识观意识。研究者需加强对史学史、翻译史研究史的了解以及对历史认识的性质与独特性、历史认识的客观性、历史普遍规律等问题的认识。（2）问题意识。翻译史研究的意义不在于积累已有的知识，更在于问题的提出与解决，研究者应基于文献对已有观点寻找问题，按照研究问题之间的逻辑联系，分层次逐级展现，推进研究的深入与连贯。（3）翻译理论意识。翻译史研究与翻译史理论本身关系密切，利用适当的翻译理论进行译史研究，在研究过程中对已有翻译理论发问反思，建构新的翻译理论乃至翻译史理论，是翻译史研究者理论取向与素养的展现。（4）史学方法意识。翻译史研究者应具备搜集史料、鉴别史料的专业方法，包括目录、版本、校勘、辨伪、辑佚、本证、穷证、训诂等方法，同时汲取史学与自然科学、社会科学交叉发展产生的方法。此文是国内翻译史研究界较早对翻译史研究方法论提出专门探讨的文章，可称得上拉开了国内翻译史研究方法再研究的序幕。

钟鸣旦（2010）主要考证卡尔达诺（Girolamo Cardano）对托勒密（Claudius Ptolemy）著述评注的汉译，从薛凤祚、穆尼阁以及他们的共同著作入手，介绍《天步真原》的争议性，对底本进行探究后，对汉译《人命部》《世界部》及《选择部》进行了详细评述。

郑锦怀、岳峰（2011）指出作为翻译学分支学科的翻译史研究兼具史学研究的特性，因而提倡史料先行。该文首先区分了直接翻译史料与间接翻译史料：前者包括原始报刊译文、原始译本单行本、（译）文集里的译文、译作未刊本、译者及其同时代人物的日记、书信等，后者则包括经转录的译文、书目索引、前人著述、译者追记等。基于当前翻译史研究在史料运用上的问题，译史研究者需拓展史料获取取道，如外文翻译史料、数字化资源；需以批判意识及怀疑态度鉴别间接史料；还要加强对翻译史料的整理，提升史料意识，运用多维视角观点，提高自身对翻译史料的利用水平。

王玉民（2012）尝试理清西方星座的汉语译名从初步使用、改变到最后定名经历的复杂的过程的历史脉络，在查找、核对大量原始文献的基础上，对现代星座汉译名的演变过程作了较为全面的对比、分析与考证，并从各学科沟通、融合的高度，对一些星座现使用译名的不合理之处提出了修改建议。

邓亮、韩琦（2012）考察先后于 1853 年和 1858 年发表的艾约瑟（Joseph Edkins）与王韬合译的《格致新学提纲》正续二篇与晚清新学传播的历史因果连接。该文介绍了此提纲的内容，考释其中的科技人物，梳理了此提纲与王韬《西学原始考》的关系，以及对黄钟骏《畴人传四编》的间接影响，认为当时编译此提纲的缘由是为了改变中国学者对西学的固有观念，指出它对晚清时期西方科技新知的提倡与西方科学著作的翻译具有先导作用。

夏天（2012a）以翻译家冰心为个案，梳理翻译家研究的典型类型，分析问题难点并提出建议。翻译家研究的主要问题包括"铺陈资料而短于分析""个体活动与社会背景的关系模糊""资料与理论的融合欠缺"。针对这些问题，夏天（2012a：71）指出，"翻译家研究应当选择恰当的研究角度，合理利用翻译理论和其他学科理论支持，并树立明确的目标：借助历史学研究的方法为翻译家翻译活动真实全面地再现添上必要的一笔，通过理论分析加深人们对翻译家活动的认识和理解，最终发现历史发展中人性共通的价值和个性彰显的作用"。

夏天的《史料、语境与理论：文学翻译史研究方法构建》（2012b）是近十年对翻译史研究方法探讨的论文中，发表时间较早、影响范围较广的一篇。该文以该时期的翻译史研究成果为例，从史料梳理线索的确立、翻译活动语境构建及史料分析理论层面共三个方面探索文学翻译史的研究方法。与其他研讨翻译史研究方法的文章不同，该文并非简单挪用历史学研究的方法理论来滋养翻译史内部研究，而是从我国文学翻译史研究的细处着手，根据问题提出具体的翻译史书写与研究方法步骤的建构，更具实际操作意义。

王邦维（2013）指出，就佛经翻译研究而言，研究佛教历史和文献的学者主要从实证出发，讨论佛经翻译的途径、方法，对译语、译文的理解，翻译学学者则倾向引用西方翻译学、比较文学和比较文化理论进行宏观论述。该文从佛经的产生，两千多年间佛经流传的历史以及文化交流和互动等角度讨论古代佛经翻译问题。

杨静（2013）基于对中国哲学典籍英译史的回顾，建议研究者一方面借鉴已有的翻译史研究方法，另一方面要参考比较哲学、文化史、形象学、汉学史等相关学科成果，分国别、分时段梳理中国哲学典籍英译情况，总结发现翻译活动规律与原则，促进中西文化平等交流。

程梦婧（2013）主要关注《人权宣言》在晚清不同版本的中文译本。早期的零星译介和粗略论述使中国士人初步了解到法国《人权宣言》的大意。该研究通过梳理和征引大量的一手资料，认为《人权宣言》不仅对晚清士人人权思想与法律制度的塑造带来了重要影响，更在晚清的新政、修律、预备立宪以及革命过程中被广泛运用。程梦婧指出，《人权宣言》翻译对晚清士人的影响主要体现在对"天赋人权"思想的认识，对自由权、平等权、财产权等具体人权的解读，以及对人权与宪法或立宪之间关系的把握等方面。此外，作者阐释了清季对《人权宣言》的运用主要表现为将人权视为讨伐、鞭挞清朝专制政治的利器，将推翻清朝专制统治的革命行动看作"人权"的重要组成部分，和将人权奉为中国现代文明的基本元素等。

张汨、文军（2014b）利用国内 16 家外语类核心期刊从 1980—2013 年发表关于翻译家研究的论文，建立数据库。采用定性与定量、宏观与微观、历时与共时的研究方法，从发文数量、研究重点、研究主题与内容、研究视角四个方面探索国内翻译家研究的特点与流变，并于国外重要翻译期刊刊登的同类文章进行横向对比，对今后翻译家研究的走向提出建议。

该研究将发文时间分为 1980—1989 年，1990—1999 年，2000—2013 年三个时段，发现三个统计周期发文数呈递增趋势。在研究重点上，以翻译家为切入点的文章达 281 篇，以翻译作品为切入点的有 186 篇，对国内翻译家的研究论文数量是关注国外翻译家论文的近 4 倍，其中对严复、鲁迅、傅雷等名家的研究数量最多。研究主题方面，对翻译家、翻译作品的介绍及译作评价这三类主题关注越来越小，其他主题如对翻译家翻译观的介绍、考证与对比，翻译策略，翻译风格，翻译家影响等则愈发关注。在 21 世纪以前，翻译家研究文章以记叙、访谈或经验、评点式为主，21 世纪以来，跨学科、多视角的理论性研究方法增多，包括从意识形态、文体学、生态翻译学、翻译规范与伦理、女性主义、语料库、叙事学等视角与方法。作者将分析结果与国外同类研究论文相比，发现国外期刊很少从翻译家本身着手，多以翻译作品为着眼点；国内翻译史研究长于对翻译家发表的零散观点进行梳理，而西方翻译家擅长通过翻译作品总结发现规律，进而上升为翻译理论。论文指出，今后的研究应注重对译家翻译观的论证与影响研究，以译作为媒介加强过程研究，采用现代化理论方法开展跨学科、多视角研究。

穆雷、邹兵（2014）使用文献计量的方法，考察了近 20 年中国近 700 篇翻译研究博士论文在研究主题、对象、方法、视角等方面的特征与变化，分析研究方法论层面存在的问题，并针对这些问题提出了相应的思考。研究搜集到的博士论文中，内地（大陆）624 篇，香港地区 47 篇，澳门地区 3 篇，台湾地区 12 篇。在论文作者的学科背景上，以英语语言文学为主，占 363 篇；比较文学与世界文学、语言学与应用语言学、翻译学占比也较大，共 120 篇；此外在俄语语言文学、法语语言文学、中国现当代文学等其他学科也有分布。在论文主题分布上，依数量排序分别为翻译理论研究、翻译史研究、文学翻译研究、典籍翻译研究、非文学翻译研究、口译研究、翻译教学研究。其中，与翻译理论研究同样占相当分量的翻译史研究，其具体研究对象按数量从多至少又细分为作品译介、传播、影响与接受史，翻译家与历史上的译者研究，翻译与学科发展史，文学翻译史，历史上的翻译文学期刊研究，宗教典籍翻译史，翻译理论史，非文学翻译史，历史上的翻译机构研究，翻译活动史和翻译出版史。研究基于文献计量和归纳分析，指出翻译学研究博士论文的一些典型问题并对此进行思考，主要包括：选题分布不均衡，"扎堆"现象严重——可通过建博士论文动态数据库的方式来规避；理论视角使用不准确、不清楚，多种视角杂糅，理论视角与文本分析"两张皮"——
需要博士生加强理论素养，避免生硬套用理论；对研究方法的描述和理
解过于简单，甚至有偏差，缺乏问题意识，史料堆砌而缺乏评论，部分
翻译史论文缺乏史学意识与方法。研究后续还对翻译研究博士论文的作
者进行学术追踪，发现部分博士生毕业后继续从事相关课题研究及发表
情况不甚理想，值得翻译教育者反思。整体而言，该文研究范围大、涉
及面广，对我国翻译研究博士论文的现状、问题及发展做出了令人信服
的分析与批评，其研究结果不仅对翻译研究方向的博士生具有启示意义，
也应引起从事翻译研究的学者、翻译教育者与机构管理者重视。

　　黄焰结（2014）试图廓清翻译史研究中的三个不同层次，即翻译史
实践、翻译史学实践（翻译史论）、翻译史学理论。该划分属于对翻译
史研究的元理论问题的探索，在国内翻译史研究中影响广泛。该文认为
翻译史实践是对翻译活动与翻译思想的描述；史学实践是以理论为指导
对翻译史资料的系统分析及由此形成的历史认识；史学理论则是以前两
者为对象，对翻译史论和翻译史研究自身问题进行理论探索。三个层次
循序发展，前两者是后者的基础，后者是对前两者的反思与提升，中西
方翻译史在这三个层次都呈现了不均衡的态势。此文力图区分关键术语
的混用，尽管三个层次的内容分明，命名却不清晰。翻译史实践其实就
是翻译史书写，翻译史学实践相当于邹振环等学者所使用的"翻译史学
史"，这与"翻译史论"有所区别，因为后者可涉及对史料和史学的理
论探讨。作者将括号中的翻译史论与翻译史学理论区分开来，而后者又
包括对前者的元理论研究，容易造成混淆，或可在命名上重新商榷。

　　张的妮、廖志勤（2015）基于检索到的《易经》英译研究期刊论
文，在翻译史与国外研究、译本比较研究、译文理论研究和其他文献四
个方面对国内 30 年《易经》英译研究情况进行扫描。发现目前国内对
《易经》英译的相关研究分析细致、理论丰富，但仍存在研究成果不足、
刊物分散、范围狭窄、研究不够深入等问题。

　　穆雷、欧阳东峰（2015）尝试厘清历史学研究方法的主要概念和基
本体系，通过对翻译史研究文献及发展情况的梳理，评价历史学研究方
法在翻译学研究上的优势与局限并给出建议。该文通过结构图呈现史学
研究方法体系的三个层次：普遍方法、一般方法和特殊方法。在回顾我

国翻译史研究取得的成就及现状后，分别论述历史学一般方法中的分析方法、实证方法与叙述方法在翻译史研究中的运用，其中分析方法的运用又细分为历史分析方法、阶级分析方法、逻辑分析方法、历史比较分析方法、历史系统分析方法、历史计量分析方法、历史心理分析方法。翻译史研究方法除参考历史学研究方法外，还可借鉴人文社会科学的研究方法，如人类学、社会学等；或自然科学研究方法，如计量学、心理学等。文章最后提醒研究者在"跨学科"研究时切忌悬置翻译研究本体，要以推进翻译学学科建设为宗旨，做到既合理借鉴，又保持专业的独立性。

蓝红军（2016）从学术史的角度对改革开放以来我国翻译著史情况进行简要回顾，从学科发展视野解读当前翻译史书写方式理论源流，并对翻译史书写方式的创新提出建议。文章认为，改革开放以来的翻译史书写方式，大致可以分为整体史和碎片化的两种取向。我国史学传统对"系统"尤为重视，以"通史"和"全史"的著述为目标的观念影响着各学科历史的书写，因而20世纪80年代至21世纪初的许多翻译史著述常有"通"而"全"的特点。长于叙述而略于史实细节，"面面俱到"的整体性研究居多，"精耕细作"的专题性研究较少，且在史料钩沉上以引用二三手数据为主，史学意识与方法不足。受微观史学的影响，许多学者意识到翻译史不能一味追求宏大，因而开始转向范围较小但更能深入挖掘的个案分析、专题研究。但这种细致、局部的研究也呈现出碎片化的趋势，而翻译史的建构绝非零碎个案的堆积。基于此，蓝红军提出翻译史书写的会通视角，主要包括三个方面：（1）会通宏观与微观。（2）会通史实与理论。（3）会通史学与翻译学。翻译史研究中的整体史与碎片化的取向依然具有各自独特价值，但二者的会通与融合将会呈现出更丰富的书写方式，也更适宜学科发展的需要。

程梦婧（2016a）主要关注晚清《人权宣言》翻译对清末政治局势发展的影响和作用。《人权宣言》翻译的引入对晚清革命观念与立宪思想影响深远：一方面，主张革命者意识到，域外的一系列革命都是权利的革命，革命本身应被视作一项权利。另一方面，倡导立宪者也通过援引法国大革命与《人权宣言》的经验与教训来支持自己的立宪主张。

程梦婧（2016b）通过对晚清《人权宣言》翻译史料的文献考古

发现，1903 年小鞮女士的译本并非通常所认为的《人权宣言》。在对 1907 年的"川"本及 1908 年的林万里、陈承泽本进行比较后发现，两者在序文、名称及内容等方面存在差异，"川"本存在一些"误译"，且"误译"的原因是多样的，包括语言能力、翻译目的及社会需求，"误译"的译本仍具重要价值。此文并非外语学者常见的翻译史研究考察，对"误译"成因的分析与价值的强调也回应了翻译学界常常争论的翻译"是"与"应该"之争。

程梦婧（2016c）在研究《人权宣言》翻译史的过程中，亦旁涉英国《大宪章》在晚清中国的翻译史。英国 1215 年的《自由大宪章》经翻译传入中国后出现了多个中译本，对晚清中国人权思想、立宪政治以及宪法学说带来重要影响。影响首先体现在晚清士人对其精神和内容的全面介绍和评价促进了其在晚清中国的传播。其次，《大宪章》引发了晚清士人的深刻反思。他们思考的主要问题包括：《大宪章》与宪法的关系，应当照搬还是借鉴《大宪章》，以及晚清社会应当走改革之路还是行革命之道。

刘泽权（2016）通过梳理当下女性主义文学翻译研究现状，提出构建百年女性翻译史研究的意义与方法，力图廓清中国百年女性文学翻译的历史脉络与成果，以及在中外文化交流史上的地位和影响。研究指出，女性文学翻译史是"记述以女性为主体译介文学作品的语际交流活动及其成因、目的、影响等的专门史集"（刘泽权，2016：26）。研究发现女性翻译史研究现状的特点：翻译史整体书写处于空白；以整体和中国早期女性译者为主题，忽略了中国百年女性翻译时间与空间上的连续性和整体脉动；译者译事与其社会文化语境的联系未得到足够重视；许多研究将女性翻译与女性主义的意识形态强行联系；对女性翻译共性、时代特征与特定社会文化中的普遍意义关注不足。针对上述问题，文章提出构建女性翻译史论的意义：廓清我国女性翻译史，填补翻译史书写空白；总结百年女性翻译成果，完善理论体系建设和人才培养模式；反思西方翻译理论的适用性；加强女性翻译史研究与书写方法的探讨。该文的研究目的包括构建译事、译作目录，勾勒脉络，对代表性译家译作进行分析，对比归纳中国不同时期女性翻译的传统与异同；研究直接对象为中国所有女性翻译家的生平、译作、著述以及序跋、访谈、评论等副文本史料；研究方法应涵盖文献法、口述史或访谈法、文本细读法、历史比较法、语料库与定量研究法等。该文是作者国家社科基金重点项目的阶段性成果，为我国女性翻译史的整体研究描绘了一幅全面、详细、可行的蓝图。

纪志刚（2017）以汉译《几何原本》第一卷"界说"（定义）为例，从术语勘定、拉汉比照、语句解构、定义分析等方面，对36条"界说"进行全面释读。研究结果表明，无论是语义还是文体，汉译《几何原本》的"界说"基本上做到了用切近而自然的对等语再现了原文信息。利玛窦和徐光启用古汉语重构了古典西方数学的逻辑推理和公理化体系，在中西文化交流史上具有重要的里程碑意义。翻译是自然科学史发展进程中的重要环节，翻译史研究者理应从该领域挖掘更多有价值的研究问题与路径。

贾洪伟（2018）重新厘定翻译史研究中的相关称谓（史、史论、史学），区分翻译史的类别，阐述翻译史研究史论结合的范式，以期促进我国翻译史的专业化发展。文章指出，翻译史学是"研究和阐述翻译作为人类社会发展过程中的历史事件及其发展规律的科学"（贾洪伟，2018：109），受研究者意识形态、目的、史观、史德等因素所左右。翻译史著即有关翻译历史事件的著作，至今已出版近80余部。史论分为历史评论与史学评论，翻译史论也应分为对翻译史和翻译史学的评论，二者均属于史学范畴，不是一般意义上的翻译理论研究。翻译史以时间跨度可分为通史和断代史；以国别可分为世界史和国别史；以民族可分为中国少数民族翻译史和具体民族翻译史；以地域可分为泛区域翻译史和某地区为中心的区域史；以内容可分为文学翻译史、佛经翻译史、科技翻译史、军事翻译史、法律翻译史、经济翻译史、语言学翻译史等主题史；以形式可分为传记史、口述史等。史法论相结合的治学范式是解决当前翻译史研究范式混乱不清的有效途径，"史"包括史料、史实，"论"是史学家基于特定历史内容的鉴别、梳理、认识和研究后做出的结论与评论，"法"指史学研究秉持的从特殊到一般、从一般到特殊这种往复循环的理路。文章为中国翻译史研究在理论、分类及方法范式上廓清了许多混乱的概念，值得翻译史研究者重视。

袁丽梅、李帆（2018）统计分析了2000年1月至2018年6月以

"翻译史"为主题的期刊载文，发现以期刊为平台刊载的翻译史研究在核心期刊发文少，且多为外语类核心期刊（如《中国翻译》《外国语》《外语教学与研究》《中国外语》《上海翻译》等），其他学科及综合社科类期刊载文所占比例较小，反映出翻译学科对相邻学科的辐射、影响力较有限。此外，受期刊篇幅所限，史实案例类论文较多，常常聚焦于特定时段、时段、流派、译者的微观分析，研究对象日益集中化、同质化；译史书写与理论结构文章不足；运用新方法、考察新对象的研究呈上升趋势，在口述历史、民族翻译史等领域体现明显。基于对研究现状的统计梳理，该文认为以期刊论文为平台的翻译史研究论文应着力开展针对性强、史料新颖的聚焦式研究；理论探讨尚未成熟，仍需大力推进；应加强一手资料的发掘，鼓励考据充分、有不同发现的个案研究。

屈文生（2018a）提出，科学翻译史研究应置于与文学翻译史研究同等重要的位置，文学翻译史、汉籍外译史、法律翻译史、外交翻译史、自然科学翻译史和马克思主义文献翻译史等几大面向是翻译史研究的出路。翻译史研究有内部研究法和外部研究法，具体分别表现为文学化的翻译史研究和史学化的翻译史研究。当前翻译史内部研究在史料钩沉、史学意识与方法论上较薄弱，需要借鉴全球史、文化史、概念史、社会史等研究方法。文章指出了当前翻译史研究内容上的空缺与方法上的薄弱环节，为以外语学科背景学者为主力的翻译史内部研究指示了道路；但忽视了翻译史外部史研究本身也存在局限性，可从内部史关注的核心问题与理论依据汲取养分。

屈文生（2018b）一方面检视了改革开放后的翻译史研究所取得的成果，指出这一时期翻译史研究多以百科全书式作品呈现，内容多以线条形式述要直陈。另一方面指出翻译史研究存在巨大的潜在空间，学科内的表现力和学科外的影响力较为有限，新时代的翻译史研究具有跨学科特性、共生性与多元性、开放性与包容性、思想性与历史性，可拓展空间广阔。

袁丽梅（2019）关注到当前翻译史研究存在研究对象集中、理论视角单一的问题，以近年来在史学界勃兴的全球史为例，从个案资料扩充与译史书写两方面探讨全球史视野对翻译史研究的价值。全球史视野要求翻译史研究回归翻译本体这一研究内核，围绕翻译行为这一中心，在

"对全球跨区域、跨领域、跨时期多维关系的梳理、追溯、构建等方面坚持与凸显翻译自身的价值"（袁丽梅，2019：70）。但全球史视角有其使用范围，需视研究对象是否成为全球性现象或其中组成部分而定。

贾洪伟（2019）以文献计量统计的方式对国内翻译史著述论文进行梳理分析，归纳出我国翻译史研究在学术、治学意识、管理三个层面存在的问题。在学术方面，存在研究时间点不明确、不准确，人物志与专题史交错，软硬史料部分且硬史料不用或用得不当的问题。文章进一步就时间点不明与硬史料缺乏两个问题，结合大量例证加以讨论。在意识与规范上，史论法相结合的主张要求研究者站在历史的高度，既能以历史移情的方式又能以当下的学术视角看待历史事件，对史料加以挖掘、考辨、评价、分析与解释。但当下翻译史研究对于各类史学题材的写作范式仍未明确区分，时有将宏观-中观-微观的史实混为一谈的现象。在管理方面，缺乏对术语进行统一规范的机构，未经过史学训练的翻译学者兼做译史研究导致翻译史研究活动散乱，翻译史作品的出版与发表缺乏审查机构，专业科研团队队伍建设不足等，这些都是管理部门亟须规划和解决的问题。

包雨苗（2019）对翻译学科针对个案研究法的已有讨论进行评述总结，指出其学理基础的单一性，进而从史学角度探讨该方法在译史研究中的运用。针对个案研究法饱受质疑的"可推广性"问题，借用微观史方法论，探讨如何在个案研究中从微观分析总结出宏观历史结论的核心问题。个案研究是当前翻译史研究的最主要手段，不仅在期刊论文上发表的成果多属此类，许多专著也开始以深入挖掘的形式汇集结合个案研究。本文强调微观史学"多观视角"的方法论原则可为翻译史个案研究引入"对话"的思维模式，这正是会通微观与宏观的有效途径，也是许多研究者正在努力践行的方向。

熊宣东（2019）首先回顾佛典译论译史研究取得的成绩，指出学界现有史著述的瑕疵与不足，包括编之过简、疏于征考、征引二手资料；进而提出要解决这些问题，不仅需要政府、民间社团组织营造有利氛围，加大人力、物力和财力的投入，还需学者不断提高自身对佛学、宗教、古文、历史、梵文的认识，获得一手权威文献史料，编撰更系统、准确、全面的佛经译史。

上述论文为近十年中国翻译史方面较具代表性、影响较为广泛的期刊论文，既包括针对特定对象如法律翻译、宗教翻译及译者群的研究，也有针对翻译史研究的元理论思考，针对翻译史学理论及研究方法的探索与争鸣。此外，近十年发表的高质量翻译史研究论文远不止以上所列，还有许多影响虽不大但同样具有重要学术价值的翻译史个案研究论文值得参阅。

2.2.2　博士学位论文

穆雷、邹兵（2014）曾对 1992—2013 年中国近 700 篇翻译学博士论文进行计量统计分析，发现以翻译史研究为主题的论文为 213 篇，占全部论文的 33.5%，仅次于翻译理论研究主题（35%）。在 200 余篇翻译史博士论文中，作品译介、传播、影响与接受史，翻译家与历史上的译者研究，翻译与语言 / 文化 / 文学 / 社会 / 科学发展史三类占约四分之三，此外还包括文学翻译史、翻译文学期刊研究、宗教典籍翻译史、翻译理论史、非文学翻译史、翻译机构研究、翻译活动史与翻译出版史等主题，但数量不多。以"翻译"或"翻译史"为主题在国内主要博士学位论文数据库进行检索及筛选后，共获取与中国翻译史相关的博士论文共 75 篇，论文所属专题主要为外国语言文字，也有少数属于中国语言文字、中国文学、文艺理论、中国近现代史、宗教等。与专著、期刊论文相比，翻译史博士学位论文在研究对象具体、视角多元、方法多样的特征，难以沿用翻译史专著的分类，因而以下从基于作品的翻译史、基于译者的翻译史、翻译与语言 / 文化 / 文学 / 社会 / 科学发展史以及其他专题翻译史四类，对近十年国内翻译史博士论文进行介评。

1. 基于作品的翻译史

杨玲（2010）通过细致梳理历史资料，以文本细读的方式借由客观史料展示林译小说本身的价值与影响。林译小说是中国文学翻译最早且最有影响的译作，独特的翻译方式及策略选择对文学翻译理论、中国近代文学产生了深远的影响。林纾一直以来用中国传统文化沟通西洋文化的努力使其以认同错位的方式实现了调和文化冲突，达到文化和谐发展的终极目的。

李淑敏（2010）基于文化转向后巴斯奈特（Susan Bassnett）与勒菲弗尔（André Lefevere）等代表人物的理论观点，通过对美国历史上的重要文献之一《独立宣言》在中国不同历史时期的重译作品进行历时和共时的、语言和非语言的比较研究，归纳证实翻译历史观的意义和重要性。根据比较研究的结果，该研究认为翻译的历史观适用于翻译活动的各个环节，同时也体现了翻译影响因素和被影响因素。

施佳胜（2010）从阐释学的视角出发，一方面讨论在汉语语境中对《文心雕龙》的理解、阐释，另一方面重点讨论《文心雕龙》的英译，即探讨经过翻译这种特殊的阐释形式之后原作意义的保留和丢失。论文主体首先对汉语典籍英译在理论上展开阐述，之后分别从阐释的视角出发对《文心雕龙》英译进行针对性讨论，包括以"文""道""德""气"为例讨论书中涉及的中国传统文论有关概念的解读与英译，《文心雕龙》书名以及部分章节标题的解读与英译，书中隐喻的英译进行分类讨论。论文接下来对施友忠、宇文所安、杨国斌三位译者的翻译策略和翻译风格在整体上进行比较，并结合具体的译例分析各自译文的长处和不足，提出商榷性的意见。论文最后指出，西方的古典阐释学、钱锺书的辩证阐释思想、斯坦纳的四步阐释理论可以成为典籍英译的理论基础。

刘宏照（2010）在回顾国内外一百多年来林纾小说翻译方面的研究成果的基础上，探讨了林纾的翻译思想、翻译策略、操纵因素、成功原因、贡献以及不足和缺陷。论文采用了勒菲弗尔的操纵理论进行描述；有关林纾小说翻译的忠实性方面，主要从语言角度加以阐释，重点考察1981年商务印书馆重印的"十大林译小说"的翻译。该文对林纾的小说翻译作了比较系统的研究，揭示了林纾的翻译思想、翻译策略、林译小说产生的历史原因，探索了林译成功的原因和不足。

王治国（2011）将目光聚焦少数民族典籍翻译，对我国藏族与蒙古族共同创造的英雄史诗《格萨尔》的翻译与传播进行了研究。作为一部宏大的少数民族史诗，《格萨尔》自19世纪以来就已在西方发行多种语言译本，并受到国内外学术界的广泛关注与重视，成为西方汉学界及国际藏学研究中的重要组成部分。论文从《格萨尔》民译过渡至外译，从史诗的生成、发展延伸至史诗域内、域外的传播过程，从翻译研究切入，探求以《格萨尔》为代表的少数民族典籍通向世界文学的路径。论文基于对欧陆汉学大卫·妮尔（Alexandra David-Néel）英译本、北美潘尼克（Douglas J. Penick）英译本和中国本土王国振等三大英译本翻译及传播的考察，力图发现不同历史语境下史诗翻译的面貌，并立足口传活态文学的文本性与口承性，深入探讨了口头文学本体论与翻译的理论问题。论文对"民译""汉译""外译"等概念进行了阐释辨析，从民族志诗学的路径探究中国少数民族史诗对外译介的原则、策略与方法，对《格萨尔》这部民族典籍翻译过程中生发出的理论问题进行解释与阐发，为此后十余年国内民族典籍汉译与外译研究在理论视角与方法论上提供了借鉴。

邱少明（2011）以民国时期马克思主义经典著作翻译活动为研究对象，通过对南京临时政府时期（1912）、北洋军阀统治时期（1912—1928）及南京国民政府统治时期（1927—1949）三个历史时期的分段考察，旨在发现马克思主义中国化、群众化的必然性，探究译者的政治信仰、翻译理念、表述技巧为当今马克思主义译介者带来的启示与历史借鉴。论文从晚清马克思主义经典著作概貌开始追溯我国译介马克思主义在政治、经济和文化三个方面的诱因；随后阐述南京临时政府时期马克思主义经典著作翻译活动渐具雏形；北洋军阀统治时期《资本论》《共产党宣言》节译与全译本的问世；后重点论述南京国民政府初期俄文版马克思恩格斯经典的大量译介，抗日战争期间马克思主义经典著作翻译的多维考量及当时出现随意删节、断章取义、主观增添等囿于历史条件生发的问题，解放战争时期以各大解放区为根据地的译介活动。基于对翻译史的全面考察，论文总结了民国马克思主义经典著作翻译的基本规律、基本脉络以及现实启示的基本视角，对马克思主义中国化、时代化与大众化进行了概念辨析、脉络梳理及未来发展的思考。

潘喜颜（2011）以清末十一年间（1901—1911）的亚洲史传译著为研究对象，对其进行历时梳理、分期、分类，在不断演进的地域概念关照下，对这段翻译史进行考察。清末共出版了 87 种史传译著，具有与古代史传颇为不同的特点。清末留日学生取代传教士成为翻译的主力，主要出版机构为民办出版社。其中绝大部分历史译著是在 1901—

1904 年间出版的，其中又以 1902—1903 年为主，而 1903 年是史书译介的鼎盛时期，从 1904 年开始，历史译著逐渐减少。与 1901 年以前相比，清末亚洲史译著的绝对数量与相对数量均大为增加，其中尤以"东洋史"与亡国史的影响较著。清末维新思潮兴起，国人译介了大量有关日本明治维新人物事迹的史传著作，中国维新派和革命派对维新志士的形象作了不同于日本原著者的解释。清末民族主义思潮盛行，国人在重建民族英雄系谱时，不仅从传统史书中寻找材料，而且还积极借助邻国日本所提供的资源，着重塑造了郑成功、成吉思汗、孙中山等人与以往不尽相同的形象。该论文为中国近现代史方向的博士论文，与外国语言文学方向的翻译史论文相比，具有更强的历史整体观与史学意识，也不可避免疏于对译著具体内容微观考察。

刘妍（2012）以萨义德的旅行理论为框架，结合当代语言学及翻译学理论，指出翻译是作为旅行主体的译者携带译本中的文化因素和语言特色去往他乡的旅行，旅途中译者发挥主体作用，采取多种策略及方法跨越时间、地理、语言和文化的障碍以使文本的旅行得以顺利实现。论文通过比较《庄子》在不同时期的各个译本，先找出难点，再研究各个译本克服这些障碍的方法，衡量其得失，剖示了《庄子》文本旅行到英语世界中时，其蕴含的思想文化和语言、文学特色立足他乡时所遇到的阻碍，即翻译中牵涉的难点。论文首先介绍《庄子》英译在国内外的研究状况，介绍旅行理论及其在翻译研究中的运用。基于前人研究及理论框架，论文开始以描写译学和语境理论为指导，宏观把握《庄子》去往英语世界的跨界之旅。此后运用微观手段，通过比较同一原文的多种译本，分析《庄子》中的文化信息，即核心思想、传说典故和各种超自然观念等在旅行中发生了何种变化，比较各个译者针对旅行中遇到的文化障碍。最后把旅行理论和言外语言行为理论相结合，考察翻译过程中《庄子》的属于言外言语行为层面的语言特色和文学风格是否能顺利旅行至英语世界。

温年芳（2012）将 1977—2010 年的英美戏剧汉译视作翻译文学的一个子系统，以多元系统论和文学操控论为主要理论框架，考察这一时期的英美戏剧汉译受哪些因素的制约，又受到哪些操控和改写以确保其译介的合法性，它对译入语文化又产生何种建构作用，并考察该阶段英美戏剧汉译剧库的变化、剧库地位的异同、并尝试解释其异同。论文第一章回顾已有的戏剧翻译研究成果和局限。第二章介绍了 1949—2010 年的英美戏剧汉译概况，以描绘新中国成立以来的英美戏剧汉译全貌。第三章分析 1977—1989 年的英美戏剧汉译如何被操控和改写以适应译入语社会、剧作家剧库地位的不同及原因以及它们对本土戏剧的建构作用。第四章对 1990—1997 年的英美戏剧汉译数量陡降的原因进行分析，探讨其赞助体系的变化、其原因、其表现及其对英美戏剧汉译子系统的影响。第五章对 1998—2010 年的英美戏剧汉译子系统所受的操控及翻译选材的经典化和多元化进行分析。结语指出系统视角对戏剧翻译研究的必要性，认为英美戏剧汉译所受的操控和改写比规约性的研究更能影响英美戏剧汉译子系统的全貌。

阮秋贤（2013）通过研究越南对 20 世纪中国文学的译介情况，来探讨越南读者对中国文学的接受观念。首先对越南语境中的 "20 世纪中国文学" 概念进行界定，概括了 20 世纪中国文学在越南的外国文学身份的形成和发展。接下来分别讨论 20 世纪中国文学在越南的三个译介时期的发展情况，包括作为徐枕亚小说译介背景的 20 世纪初在越南的两次中国小说翻译热潮，越南文坛对鲁迅文学的不同接受观念，以及 20 世纪 90 年代后以莫言作为代表性的译介案例。论文结语指出，越南对 20 世纪中国文学的接受中不仅反映了中国文学在越南的发展面貌，而且也体现了越南对之所形成不同的接受观念。而这些观念是同时受到两个方面的影响和制约，即两国在官方层面上的关系以及越南内部从历史上流传下来的对中国文学形象的理解习惯。两国官方层面有着紧密联系的时候，越南对中国文学的接受基本上跟中国原来的文学发展面貌是贴近的。然而在官方层面关系上发生有距离的状态时，文学接受观念往往从不同种程度上受到传统接受习惯的影响。

郝莉（2013）从性别视角对 20 世纪 30 年代以来的现当代女性作家作品英译史进行研究。基于中西方社会语境发展及翻译活动的特点，论文将中国现当代女性文学英译史分为三个时期：20 世纪 30 年代至 60 年代，70 年代至 80 年代，以及 90 年代至今，采用描述性翻译研究与质性研究方法从宏观至微观分析现当代女作家英译作品特征与个性，揭示社会语境及性别因素对翻译活动的影响。女性主义与后殖民主义是当代西方文论中反复并行出现的主题，论文除以性别视角为研究主线外，还着重考察女性家英译作品中东方主义的呈现，这在 20 世纪 90 年代西方出版社主动译介虹影、卫慧等作家通俗小说的译文及副文本中尤为突出。作为一部翻译专题史与断代史，论文深挖中国现当代女性作家作品的英译史，探析现当代女性作家作品在文学英译史中的边缘地位与成因，突出女性译者在翻译女性作家作品实践中的重要性，致力于为文学研究与翻译研究进一步提供研究资料，并在理论与方法论上推进翻译史研究的发展。

侯健（2013）运用源自《中庸》的方法论"推而行之"，即以熟悉推及陌生，来对《中庸》的英译进行研究。就《中庸》英译而言，"推而行之"意味着推及文化他者，用西方文化中熟悉的宗教和哲学理论来理解、翻译陌生的中国文化概念。通过研究理雅各（James Legge）、辜鸿铭、赖发洛（Leonard A. Lyall）和经乾堃（King Chien-Kun）、安乐哲（Roger T. Ames）和郝大维（David L. Hall）、浦安迪（Andrew H. Plaks）等的译本来展示"推而行之"的运用，阐明中国经典在西方文化中被创造出来的过程。论文主体部分首先介绍了"推而行之"方法论的由来；紧接着分析理雅各和辜鸿铭的译本，理雅各第一个译本表现出基督教化倾向，第二个译本比较宽容，但基督教一神论这个核心思想仍未动摇，而辜鸿铭同样从宗教的角度出发来翻译《中庸》，目的却是捍卫、宣扬中华文明作为道德文明的优越性；接下来探讨赖发洛和经乾堃、休中诚（Ernest Richard Hughes）以及陈荣捷的译文，它们越来越关注文化差异，在挖掘儒家经典独特的哲学价值上不断推进；随后研究安乐哲与郝大维以及浦安迪的译本，他们的译本更加突出文化差异，力图揭示中国文化特殊的假设；论文最后对前述研究加以总结对《中庸》英译的本质加以理论论述，指出了"推而行之"可以推及任何翻译；而翻译作为创造包含两个维度：现象学创造和历史创造。

黎亭卿（2013）首先追溯中世纪至今越南中国古代小说研究、批评概况，梳理中国古代小说在越南接受、批评的过程。力图说明越南研究界是如何接受、评价中国古代小说的；随后阐述中国古代小说在越南流传与翻译情况，并详细考察《三国演义》《水浒传》与《西游记》三部中国古代小说代表作在越南的流传与翻译过程；接下来详细分析《三国演义》《水浒传》与《西游记》传入越南至今对越南文学创作的具体影响；最后详细及具体地分析《三国演义》《水浒传》与《西游记》等三部小说在越南从中代到 19 世纪末以前，20 世纪初到 1945 年及 1945 年至今三阶段的研究与批评情况。

吴冰（2014）综合运用系统论、哲学诠释学、接受美学和受众理论等理论工具，对理雅各、韦利（Arthur David Waley）、刘殿爵、韩禄伯（Robert G. Henricks）和米切尔（Stephen Mitchell）等五位译者在三个不同历史时期的《老子》英译，采取"社会历史语境 + 译者 \ 译作 + 译文读者"的方法进行综合研究，尝试解释社会历史语境与译者及译本之间的关联。研究发现翻译作为社会大系统的一个子系统，与社会大系统有着千丝万缕的联系。社会大系统的特性制约着翻译的性质和功能，当社会大系统发生变化时，翻译就会随着发生变化。《老子》英译经历了近一百五十年，期间人类社会的大系统经历了巨大的变化。所以《老子》英译在不同的社会历史语境下呈现出不同的面貌，出现了"译随境变"的现象。五个译本生动展现了一百多年来《老子》英译和其社会历史语境之间的深刻关联，揭示了翻译活动的社会属性。"译随境变"的现象是社会历史语境作用于译者而产生的，不同阶段的社会历史语境激发着译者，使其具有了某种动机和目的，进而形成某种具有特色的翻译思想和理念，并最终产生各具特色的译本。揭示社会历史语境和译者、译本之间的这种关联，有助于获得一种更宏大、更全面的视角，突破译本内部研究的局限，也有助于认识翻译活动的社会性和历史性。

通力嘎（2014）以旁译与总译为研究对象，首先，从《蒙古秘史》语法形态旁译研究与词语旁译研究两方面进行了统计研究，运用统计与解释的方法对《蒙古秘史》中动词祈使式形态与数范畴的旁译进行研究，举例说明了《蒙古秘史》词语旁译中运用的词义选择翻译、解释性翻译、转变性翻译、加词翻译等翻译方法。其次，论文举例说明了《蒙古秘史》总译中运用的加词翻译、减词翻译、解释性翻译、转变性翻译、变异性翻译、替代性翻译、简略性翻译、概括性翻译等翻译方法。并概括说明了总译中专名的翻译方法及特征。再次，论文对《蒙古秘史》词语的旁译与总译进行了对比研究。《蒙古秘史》同节同句中所用的同一个词的旁译与总译翻译不完全相同，有一部分词的旁译与总译选用近义词、种属关系词与不同的词来进行翻译。

崔艳秋（2014）致力于探索 20 世纪 80 年代以来中国现当代小说在美国的译介与接受，尤其是美国读者市场研究。首先介绍了中国现当代文学在美国的接受环境，从美国记者、社论撰稿人的视域为观察点，根据报道的角度，内容、态度，还原 20 世纪 80 年代以来中国文学在美国的接受环境。接着侧重分析了中国当代文学在美国文学场域传播时所涉及的各种客观关系。从文学生产者和传播者的角度回顾并评价了中国官方机构、学术机构、民间机构、英美出版社及译者译介中国文学的努力，分析了传播中存在的问题及传播效果。该文探讨了在全球化和消费时代的双重语境下，中国文学如何跻身世界文学、如何提升中国文学的国际影响力的问题。结论部分指出，唯有走出文化政治的藩篱，尊重接受国读者的阅读习惯，以开放的心态包容、鼓励文化创造，中国当代文学才能以全新的形象走向世界。

张开媛（2015）针对《金刚经》鸠摩罗什译本在唐代社会的流行及相关问题之研究展开讨论。为了从比较视角考察罗什本的特点，菩提流支本、真谛本、玄奘本、义净本、达摩笈多本等一并纳入讨论。论文首先通过对历代佛经目录著录、佛教经藏、房山石经和敦煌文献的疏理，对罗什译本传世情况进行了分析；紧接着，探讨《金刚经》译著的主体选择性，说明《金刚经》经义通过不同译者之手在唐代的变化；接下来，论文研究对《金刚经》的注疏；随后，论文讨论六祖慧能对《金刚经》教义的继承与发展；再次，论文从唐代《金刚经》灵验记、讲经文与变相看《金刚经》在唐代社会的影响，研究了唐代《金刚经》灵验记、讲经文与变相中表达的民间信仰情况。论文最后指出，通过历代佛教经目、佛藏、房山石经、敦煌文献对《金刚经》记载的大量文献，可知罗什译本《金刚经》通过适应时代思潮，在传播中得到了唐代知识阶层和广大民众的广泛认可。通过对罗什之后诸译本内容的分析和唐人注疏中体现的思想倾向分析，可知《金刚经》的传播得益于其有宗化转向和民间信仰的推动。

潘辉煌（2015）从读者、研究者和作家三个层面来梳理和探讨莫言的作品在越南翻译、介绍、研究以及接受的情况，并对越南对中国当代作家莫言译介的成果和问题予以评述。论文首先综述中国现当代文学在越南和莫言在海外研究和传播，其次探讨莫言在越南译介，传播、接受与研究情况，随后基于莫言的《丰乳肥臀》《檀香刑》《蛙》这三本长篇小说在越南的传播情况，管窥越南读者是如何接受、研究作家莫言的。《丰乳肥臀》的传入使得"莫言热"这一文学现象得以实现，在越南现实生活层面引起广泛共鸣的小说《檀香刑》中的描写能让越南读者、研究者反身自视越南过去的社会面貌，并以此撩起读者对相似文本诸如《透明的红萝卜》《红高粱》《生死疲劳》等的回忆与再释，而对莫言诺贝尔获奖作品《蛙》的研究既包括对莫言文学成就的肯定，也客观了再现越南研究专家、读者的反应，并对之予以深刻的文化阐释。

洪捷（2015）提出"文类匹配"翻译理论模式，用语料库辅助方法，对金庸武侠小说三部全译本进行系统深入的描述性研究。首先，论文阐明本研究"文类"的定义，用实例证明不同文类对翻译的影响。针对武侠小说类型化的特点，提出武侠小说翻译"文类匹配"内涵：即译者在翻译过程中尽可能保留和传递源语文类特征，以源语为中心、文类为出发点和落脚点的翻译理念。其次，论文阐明运用"文类匹配"模式，流程包括三大步骤：识别和描述；比较和评估；再现或重塑。最后，论文以金庸武侠小说翻译为例，归纳出金庸武侠小说"侠义主题""功夫传统""可读性"的三大主导特征，揭示武侠小说与欧洲骑士小说、美国牛仔小说以及历史小说和流浪汉小说的差别，发现武侠小说在西方的"缺类"现象，指出必须遵循"文类匹配"翻译模式，在西方引入武侠小说新文类，防止武侠小说西化的倾向。通过运用"文类匹配"理论框架，对金庸武侠小说三部全译本的描述性翻译研究发现：总体上，"侠义主题"在译本中明显扭曲了；"功夫传统"的动作性在译本中不同程度弱化了；"可读性"的插图因素或多或少失落了。论文原创设计"文类匹配"翻译理念、流程和参数，为后续武侠小说乃至通俗文学翻译研究提供理论基础和新的研究思路。

彭清（2015）进行文化渊源研究的基础上，探寻民族典籍尤其是南方民族史诗的翻译策略与方法，就南方民族口头文学的翻译作出一定的理论阐释和推导。论文首先对《盘王大歌》进行原作（权威汉译文本）考察，运用口头"程式"理论对《盘王大歌》的程式化结构以及说唱艺人的记忆与心理特征进行了阐述。其次，对《盘王大歌》进行文化定位和文体分析。《盘王大歌》所反映的瑶族文化是我国多元文化的融合，以岭南文化为主导，中原文化为底蕴，还吸收了如汉族、壮族等民族的多元文化，民族认同、民族团结、民族和谐发展是历史的主旋律。紧接着，从语言和文化两个层面对《盘王大歌》进行阐释，为译作文本的具体文化现象和文化因素的解释，翻译策略、翻译方法的选择提供了依据。论文最后就南方民族史诗的翻译进行了总的分析。回归原典的翻译定位，英语民谣传统的介入翻译以及翻译过程中译文的通俗经典化调适，原作语言艺术特色的再现，原作文化的遮蔽与显现是其主要特点。论文一方面借鉴我国南方史诗、口头程式、口头诗学理论、民族志诗学等史诗研究的新理论、新视角对《盘王大歌》进行现代解读和阐释；另一方面站在民族典籍翻译研究的角度，推导出"归化异化的动态平衡""文化模因再现——层级递进翻译"等翻译理论思考，为民族典籍尤其是我国南方史诗英译的策略选择提供参考。

李春雨（2015）借助比较文学的译介学和接受学相关理论，对俄苏长达七八十年的老舍译介与接受的历程进行梳理，总结其成绩与历史贡献，揭示其特色，分析中俄两国老舍接受中的差异及其背后的原因。论文首先对俄苏老舍翻译与研究的历程进行梳理，回顾俄苏对整个中国现当代文学的接受历程之后，结合中苏两国关系的历史演变以及俄苏国内社会背景变迁，对俄苏老舍翻译与研究的历程进行纵览和述评。随后介绍主要译者和研究者及其成绩。通过对经典译作的分析，评价译作质量，揭示主要译者的翻译风格。其次，论文从误译、信息流失与变形、文化信息传递与创造性叛逆四个专题入手，基于译介学理论对老舍译作进行分析。再次，论文使用接受学理论对俄罗斯老舍接受情况进行分析，探讨中俄两国接受环境在各个历史时期的异同，俄罗斯文学小人物主题、讽刺文学等传统积淀对老舍在俄接受所产生的影响，老舍整体形象的差异以及老舍杰作在中俄接受中变异。

王玉珠（2015）系统研究茅盾及其创作在俄罗斯的翻译与研究。她首先介绍了俄罗斯茅盾翻译与研究概况以及茅盾在俄接受高潮期的主要研究者，将八十多年的俄罗斯茅盾接受过程大致分为 20 世纪 30 至 40 年代的开端期，20 世纪 50 至 60 年代的高潮期以及 20 世纪 70 年代至今的恒定期，总结了不同时期的研究重点和研究特色。随后选取 1950—1960

年代的三位俄罗斯茅盾研究专家——费德林（Николай Трофимович Федоренко）、利希查（Б.Лисица）和索罗金（Владислав Федорович Сорокин）进行细致探究，分别对《子夜》和《春蚕》《秋收》以及《林家铺子》的俄译本进行了语言和文化两个层面的分析。论文之后论述了茅盾作为俄罗斯文学积极接受者这一重要身份，并按照俄罗斯茅盾接受的三个分期，将茅盾创作在俄罗斯的研究状况进行了系统全面的阐释。最后在基于全文研究的基础上，对俄罗斯研究者们的整体研究特点进行概括。

　　宋丹（2015）基于赴日搜集到的《红楼梦》日译本，分为明治、大正、昭和前期、昭和后期、平成五个时段，对 38 种译本进行了逐一分析与研究，并对由这些译本共同组成的《红楼梦》日译体系的整体特征作了综合考察。论文主体首先考察了 5 种摘译本，重点考察森槐南（もりかいなん）和岛崎藤村（しまざき とうそん）各自的翻译背景，考证了他们使用的底本，探讨了他们的翻译目的、译文文体与翻译风格以及两篇译文的翻译意义。论文接下来考察了国译本，重点论述了两位译者的分工、只全译前八十回的缘故、训读体和口语体并存的双重文体、被中国红学界忽视的幸田露伴（こうだ ろはん）对《红楼梦》的创见以及该译本对后来译本所产生的深远影响。下一部分重点研究永井荷风（ながいかふう）的《秋窗风雨夕》译文，探讨了荷风的父辈与《红楼梦》的渊源、荷风本人与《红楼梦》的接触及其在小说《濹东绮谭》中引用的《秋窗风雨夕》和翻译该诗时用到的底本、译文采用的和歌七五调文体等问题。论文接下来基于《红楼梦》的 17 种译本，重点关注松枝茂夫（まつえだ しげお）、伊藤漱平（いとう そうへい）、饭塚朗（いいづか あきら）三位译者的一百二十回全译本，包括三位译者的翻译历程、人生经历、性格特征，底本选择模式，翻译文体与风格。此后，论文依据佐藤亮一（さとう りょういち）据林语堂英文编译原稿用日文转译《红楼梦》一事，基于在日找到的林语堂英译原稿，详细介绍与分析了这份原稿的篇章结构、采用底本、编译特色等，揭示了佐藤亮一日文转译本在篇章结构和翻译处理等方面与林译本的不同之处，提出了林语堂原稿出版的必要性与重要性。论文主体最后一部分探讨了井波陵一（いなみ りょういち）对原文的高度重视，诗歌翻译回归训读

传统等的翻译策略和其融入译本注释里的、对《红楼梦》独一无二的解读，以及小林恭二（こばやし きょうじ）用四行诗的形式翻译原文律诗和绝句的独创性。论文结论部分从译者的《红楼梦》观、译本结构、底本选择、文体演变、译者身份、出版状况、流传状况以及译本影响的角度对整个《红楼梦》日译体系作了综合考察和归纳总结。

吕洁宇（2015）通过对《真美善》法国文学译介情况的细致梳理和考察，对其翻译活动的影响进行客观的评估。研究借鉴译介学的方法，综合政治、文化、个人文学审美等多种跨文化因素考察其对译介活动的影响。论文首先呈现了《真美善》进行法国文学译介活动的历史背景，从宏观的文学思潮、文化环境入手，佐以曾朴的个人经历，寻找到《真美善》选择法国文学作为译介对象的原因，并确立了曾朴的个人文学趣味对刊物风格的影响。其次对《真美善》的翻译理论进行归纳总结，重点考察曾氏父子的翻译观。随后对《真美善》翻译实践的考察，通过对刊物翻译文章风格、内容的分类和归纳，从译介对象的倾向性、译介手段的多样性以及翻译的多样化三方面来探讨其译介的特点。接下来以期刊作品为例，探讨法国文学尤其是法国唯美主义文学对创作的影响。最后对《真美善》法国文学译介的影响力研究，将其放置到同时代翻译潮流和历时性法国文学翻译历史中去探究《真美善》译介活动的特点及影响，突出其在法国文学译介方面所做的贡献。结论在肯定《真美善》的贡献之余，指出了刊物在翻译中的某些偏狭性和私人化色彩，这些都使刊物的影响力受到了局限。

陈红（2015）从鲁迅译介作品最多的源语——日语出发，对鲁译作进行实证研究，以厘清历史原貌，澄清前期研究中的若干问题。论文首先介绍鲁迅的日语学习历程及他人对鲁迅日文水平的评价，指出对鲁迅日文水平评价褒贬不一的根源在于不少人未通过实际文本考证就简单进行评价。其次，从日语源语出发，澄清鲁译源本相关信息，具体梳理了鲁迅译作的源本，并详细标注出日语直译本和转译本的版权信息。再次，通过源语和目的语的文本对比，结合晚清翻译家翻译策略的研究，考察了早期鲁译特点，同时从翻译单位的视角具体探讨了鲁迅直译与硬译的特点。接下来主要考察日本语境对鲁迅直译观形成的影响。具体探讨鲁迅直译观的语言学基础，以及日本明治翻译思潮和翻译家对鲁迅直

译观形成的影响。最后一章主要考察了鲁迅译文序跋中"借鉴"日本文献的内容及方式，并探讨了鲁迅译介长谷川如是闲（はせがわ にょぜかん）的《圣野猪》与当时的时代背景、人生经历和思想状况之间的关系。

李金梅（2016）从跨文化的角度，借助比较文学的相关理论，分析英语世界中《水浒传》的改写与研究，总结英语世界《水浒传》研究特色与方法，为我国《水浒传》研究提供"他山之石"的借鉴；同时将英语世界《水浒传》研究与国内相关研究进行比较，为中外《水浒传》研究交流奠定基础性工作。论文首先梳理《水浒传》英译情况，并对其改写本进行分析；其次，主要探讨英语世界《水浒传》演化研究，包括小说成书、作者和版本三个部分；再次，以英语世界《水浒传》人物研究为对象，分别从性别视野、道德评判和社会职业三个角度进行分析。随后，以英语世界《水浒传》结构研究为焦点，主要从小说整体结构和重复情节结构两个层面探讨英语世界《水浒传》结构研究成果及其特点。英语世界《水浒传》结构研究带有明显的西方学术特质，无论是赛珍珠的"模仿生活"结构，还是"缀段式"结构都是以西方叙事文学结构为标准的考察结果。在反思以西方批评方法审视《水浒传》合理性和适度性后，英语世界学者挖掘出《水浒传》的多种整体结构和重复情节结构；此外，论文对包括金圣叹《读第五才子书法》的英译和阐释、金圣叹评点的功能与效果以及金圣叹评点与西方小说批评理论三个方面在内的英语世界《水浒传》金圣叹评点进行了研究：英语世界学者以金圣叹的《水浒传》评点为基点，上溯源流，下探影响，揭示了中国小说评点的历史脉络，从一定程度上建构了中国小说批评理论，重建了中国文论话语，实现了中西诗学的对话和交流。论文最后综合考查《水浒传》在英语世界的理论视野及方法、误读、对中国国内的影响和本论文需继续研究的方向。

卢巧丹（2016）从动态的文化行旅过程考察中国现当代小说在英语世界的译介与接受。作者认为作品通过不同文化之间的碰撞与沟通，融合产生新的文化视野，原作犹如转世而获新生，这是一种有别于传统静态文化翻译观的动态视点。论文从鲁迅、木心、莫言三位名家小说的英译入手，考察译者在翻译时采用的文化策略，翻译体现出的文化翻译观，以及相应作品在英语世界的传播与接受情况。鲁迅小说的经典性是其能在中西文化之间"摆渡"的前提，蓝诗龄（Julia Lovell）的译本通过与原作者、前译者以及读者的对话，更好地传递了原文的经典性，也是鲁迅小说摆渡至西方文化中最为成功的案例。木心作品从中国到英语世界的传播以"飞散"的形式呈现，在坚持作品民族性与世界性的基础上，原作通过文化旅行在英语世界获得了新生命。葛浩文对莫言小说的译介原则从最初的以目的语文化为归宿逐渐过渡至以源语文化为归宿，灵活调整翻译策略及译语语言特点，达成了原文与译文的融通调和。论文指出，在中国现代当小说对外译介日趋繁荣的进程中，动态的文化翻译观有助于实现作品译介与文化传播的成功。

梁海军（2016）在渊源学、流传学、媒介学的视域下系统地梳理、归纳了法语世界鲁迅研究活动的历史与现状，指出鲁迅在法语世界的传播与研究的特点、规律和启示，希冀进一步探索鲁迅资源的当下意义，促进全球语境下的鲁迅传播与文化的双向交流。论文主体从不同时期分析了鲁迅在法语世界的传播与研究状况及特点，包括域外对鲁迅作品的译介、对鲁迅文本与文艺理论的研究、对鲁迅的启蒙思想和革命思想的研究以及文化、文学交流活动中的鲁迅形象研究等。通过分析鲁迅在法语世界的传播和研究规律，论文揭示了鲁迅作品在未来法语世界的发展前景、鲁迅的启蒙思想和革命精神对于当下社会的发展、进步的指导意义。

冯小冰（2017）系统梳理了 1978—2013 年间中国当代小说在德语国家的译介情况，对自建的中国当代小说德译出版信息数据库中数据的定量分析，发现中国当代小说在德语地区的译介历经三大周期（1978—1992 年的高潮期，1993—1999 年间的低谷期，2000—2013 年间的新时期），剖析影响中国当代小说德译活动的多重因素以及作品本体与翻译活动之间的关系。总体而言，中国当代小说德译缺乏持续性，读者数量有限，译介渠道以学术和商业出版社为主。基于拉斯韦尔（Harold Dwight Lasswell）的传播模式理论，论文发现意识形态对中国当代小说在德语国家的译介有着广泛而持续的影响，而随着中国当代小说本体从"政治美学"回归到"文学审美"，诗学与文学本体因素对译介活动的影响开始不断增强。随着目的语读者期待的变化，译者的翻译策略也从

"可接受性翻译"逐步转向"充分性翻译",这在德语国家媒体与读者对中国当代文学作品的反馈评价中得到直接印证。

李吉娜(Poonyapha Singprathan,2017)首先按照中国文学在泰国各种翻译本的创作和发表,结合当时的社会背景现实,将中国文学在泰国落地生根的发展过程分为四个阶段,并且简要论述了中国文学对泰国文学的影响。在此背景下,论文考察了从 1867—2015 年在泰国出版《水浒传》泰译本信息,将《水浒传》泰译本和原作对比研究,采用宏观、微观和变译理论三种研究视角。宏观上对《水浒传》原作与泰译本章回的分合进行对比。微观上,看细节上的翻译处理,将泰译本的人名、地名等和《水浒传》原作进行对照,研究译者在《水浒传》细节上所采用的翻译方法。此外,针对《水浒传》在泰国的传播和影响,论文主要探讨《水浒传》传播的传统方式,其中传统方式主要体现在潮州剧以及英歌舞上,现代方式则包含大中学生赛事例如汉语桥、东方玫瑰杯、泰国中学生汉语教学技能大赛,还有泰国高考中所考察的《水浒传》知识。

成文艳(2017)以明清以前小说俄译本及其俄文论著为基础文献,运用学术史、译介学、文化翻译学、传播接受学等的研究方法和理论,在大量文本研读的基础上对俄罗斯中国古典小说的翻译与研究情况做系统梳理和客观述评。论文依据中国古典小说发展的轨迹和体裁演变的阶段性特点以及俄罗斯汉学家的研究特点,依次分析了古代神话、汉魏六朝小说、唐志怪传奇、宋元话本笔记在俄罗斯的译介和研究情况。论文通过把俄罗斯汉学家的研究成果和研究方法与欧美其他国家做横向比较,揭示出俄罗斯在中国古典小说翻译和研究方面的特色与不足。此外,论文附录还以编目的形式展列出俄罗斯对明清以前小说翻译和研究的全部成果,可作为今后相关研究的书目索引。

冯雅(2017)对中国四大名著之一《水浒传》在日本的译介、再创作、学术研究以及影视、动漫、游戏等多模态传播情况进行分析讨论,以管窥中日文学交流的规律与特性。论文从《水浒传》传入日本后,在江户时期出现的"水浒热"的现象及其成因着手,首先对平冈龙城(ひらおか・りゅうじょう)与幸田露伴(こうだ ろはん)训译本的训译方法、特点、异同性进行考察,分析二者在训译技巧上的得失以及对《水

浒传》在日传播媒介价值；随后分别论述在《水浒传》影响下产生的日本文学作品，日本国内对水浒传的研究成果，以及日本国内《水浒传》文化的多元文化传播。论文中真正算得上传统翻译研究的是对《水浒传》训译本的微观探索，而对基于《水浒传》的改编、翻译、研究，以及游戏、动漫、舞台、影视作品等作品传播媒介的分析，则体现了当代翻译研究与翻译史研究更为广阔的外部视野，这也是新时代翻译史研究发展的重要突破口。《水浒传》在日本的译介与传播远远超过了语符文字间的转换，以其为原典进行翻译与再创作的每部作品都印有日本痕迹，其中不乏对原著的偏误与改动，这些被动传播现象同样值得其他翻译史研究者思考。

张翠玲（2017）聚焦中国文学外译研究中较诗歌、小说而言成果较少的戏剧翻译，对中国现当代戏剧英译活动系统地进行描述性研究。基于中国戏剧英译的主要机构与阵地，论文分别考察内地、香港与海外的翻译媒介、选材标准、翻译规范及影响制约翻译活动的因素。论文发现内地以《中国文学》为代表的官方译出机构以意识形态对外宣传为纲，选材标准、翻译方法及戏剧英译对中国形象的构建都深受主流意识形态的影响；香港的译出机构《译丛》中的戏剧英译的选材和目的，则因香港的特殊地位而在不同时期呈现出不同的特征，诗学理论、意识形态与赞助人的作用交互影响其翻译活动；海外对中国戏剧的英译以文学选集为主要形式，受编者教育背景、目的语文化主流诗学理论及时代特征的影响，对中国现当代戏剧中的形象经典的塑造倾向于迎合目标读者或观众的认知期待。

周蕾（2018）用法语写成的博士论文考察1978—2017年中国当代女作家在法国的翻译接受情况。论文以比较文学中的接受研究为理论基点，综合定量与定性研究方法，探讨了自1978年以来中国当代女作家在法国翻译、出版机制的特征与得失，思考相关作品在法兰西语境中的阐释和接受情况。论文以在法国翻译最多、影响最广的两位中国女性作家王安忆、池莉为代表，勾勒出了当代中国女性作家在法国翻译接受的总貌。论文还讨论了中国女性文学翻译对积极构建中国形象的作用，并就影响文学海外接受效果的作家文学创作质量、译者翻译技巧及出版推广策略等因素进行了深入思考。论文的研究视野与路径与基于作品的翻译断代史研究较为相似，但就研究对象、主题的拓展与写作语言而言，仍是国内新时代翻译史研究的突破。

　　朱芬（2018）研究了莫言作品在日本的翻译与接受过程，译介的历史必然性与文化动因，以及日本文化语境下对莫言作品的翻译解读与文学评论。论文将日本三十年间对莫言译介的历程分成三个阶段与三种模式：发端期（20 世纪 80 年代中期至末期）的"爱好者型文学派"，发展期（20 世纪 80 年代末期至 90 年代中期）的"学者型社会派"和繁荣期（20 世纪 90 年代中后期至今）的"市场型文学派"。日本译介莫言文学作品具有"意识形态化"与"乌托邦式"的特征，日本学者对"文学中国"的想象始终是日本现代性建构进程中的"他者镜像"。就翻译文本的微观考察而言，日译莫言作品字面上看似比英译更"忠实"，但背后却存在无意识的"误读"；日译中的积极"重写"元素有助于莫言文学精进的推广创新，但客观上也操纵了莫言文学的世界声誉。论文随后指出大江健三郎（おおえけんざぶろう）、藤井省三（ふじい しょうぞう）的翻译在政治、经济相关内容上体现出异化倾向，体现了日本民族文化建构的立场，而在语言、诗学等内容上采取归化态度，这一翻译特征在很大程度上将译本的潜在读者限制为对中国社会文化感兴趣的学者；吉田富夫（よしだ とみお）以诗学话题规避中日意识形态差异，侧重于向日本大众读者传递异域风情的中国语言文学文化。论文还总体考察了莫言文学在日本的接受情况，尤其是其叙事风格体现出的世界文学同时代性与意识形态双重意味，以及"魔幻现实主义"写作特色渗透出的弱势语言国家在世界文学建构中引发的共鸣。整体而言，该论文从莫言作品的译介接受出发，基于译作的文本考察与个案分析，对中国当代文学走入日本、走向世界存在的问题与对策提供了反思视角。

　　王文强（2019）采用描述翻译学和翻译史学研究的方法，主要探讨来自异域的译者们如何定义《西游记》的"性质"，不同历史时期的译者们翻译《西游记》的动机，他们的身份对于自身对《西游记》的理解和认知，以及经历改写而成的《西游记》英译本中产生变异的原因。研究发现，由于受到历史文化语境、译者文化身份以及他们不同的翻译目的等因素的影响，他们笔下的译文（译本）差异明显，在不同历史时期有着鲜明的时代特色。论文系统全面地考察《西游记》的英译发展历程，根据译者身份、翻译目的、译本（文）形式、译本影响以及这些《西游记》的译者们对这部小说的阐释与解读，将其在英语世界的旅行时期大致分为四个历史阶段，构建了《西游记》的百年英译史。

彭秀银（2019）以茅盾文学奖得主毕飞宇的作品英译为研究对象，试图通过对在当代国际文坛影响较大的中国作家进行个案研究，反思中国当代文学作品的外译、传播与接受问题。论文以葛浩文与林丽君合译毕飞宇的《青衣》《玉米》《推拿》为蓝本，从微观语言、篇章、叙事及副文本层面对原文与译文进行对比分析，发现合译者在内容与形式上忠实于原文，有助于弘扬中国语言文化；在篇章上以归化为主，迎合了英文读者的阅读习惯与逻辑。从对三部小说的中英文本的历时比较的角度来看，时间越靠近当下的小说翻译，直译成分越多，解释性说明越少，这一发展趋势似乎构成对中国文学作品外译必须迎合国外读者期待这种看法的反驳。论文还指出了毕飞宇作品翻译中的欠额翻译与误译问题，提倡国家应加大对翻译人才培养的投入，构建本土译者与国外汉学家合作的翻译模式。尽管该论文是基于文学作品的英译研究，但作者意识到对译者行为的研究、传播研究与接受研究是译介研究的重中之重，这一认识也是架构基于译作与基于译者的翻译史研究之间的桥梁。

基于某（几）部作品或某位作者的作品进行译介、传播、影响与接受研究，在近十年仍是翻译史博士学位论文的最重要组成部分。纵观近十年基于作品的翻译史博士学位论文，最主要的发展趋势体现为研究对象的多元化。2010年有两部论文均以林纾小说翻译为研究对象，延续了上一个十年关注的热门人物与著作。此外，典籍翻译研究如《中庸》《庄子》《老子》及经典文学作品的翻译及译介研究仍是这一时期的热点。另外，对特定文类的关注，如现当代戏剧、小说的译介也在持续出现。较为新兴的研究领域包括少数民族作品译介研究，如《蒙古秘史》《盘王大歌》，非文学类的作品译介研究，如《文心雕龙》、马克思主义经典著作、清末历史译著等，这些之前尚未获得足够重视的翻译活动被逐步挖掘，昭示着翻译史研究疆界不断拓宽。此外，还值得注意的是，近十年基于作品的翻译史研究博士学位论文，除继续关注译入史，还将更多的目光投向了译出史，且不局限于英语世界，对日本、法国、俄罗斯的译出史研究开始增多，向东南亚如泰国、越南等国的文学译出史研究也开始涌现。在理论视角与研究方法上，这些基于作品的翻译史博士学位论文并未取得较为明显的突破，常基于历史分期剖析译介活动的发展特征，或对文本进行微观对比，或就作品的传播与接受在目的语文化中进行调研。几部探讨中国文学经典在泰国、越南等东南亚国家译介史的论文均由在华留学生完成，或由于写作语言受限，普遍缺乏翻译理论意识与方法意识，均以历史梳理和总结为主，但仍对我国对外译出史有着一定特殊贡献。

2. 基于译者的翻译史

肖曼琼（2010）意识到学界对卞之琳作为翻译家的研究较其硕果累累的译介成就很不相称，鉴于此，该论文运用哲学、翻译学、文学等多学科理论知识对卞之琳的翻译家身份进行全面细致的考察。论文总体分为两大部分，分别探讨卞之琳最具代表性译介活动与其翻译思想与实践之互动。从译介活动来看，卞之琳的诗歌翻译与创作呈互补关系，在创作中以智性为主却寄情于译诗；他致力莎士比亚戏剧翻译与研究，用诗体翻译莎剧与其诗人身份及才能密不可分；对纪德的译介与研究深刻影响了卞之琳本人的思想观念与创作技巧。就翻译思想与实践之互动而言，卞之琳提出了文学翻译应追求"信""似""译"，他认为翻译就是"译"而不是"创作"，他的译文也体现出以"信"为主，忠实原作风姿与神韵的特色；他主张用白话格律体翻译诗歌，用"以顿代步"的方式传递诗歌格律以符合中国现代文化语境下读者的期待；卞之琳在翻译中表现出对原作者的极力忠诚，但同时也承认翻译译者主体性与创造性；他设定的目标读者以阅读理解能力较高的知识分子为主，力图原汁原味展现原作特色，与忠实原作的翻译观契合。我国许多著名作家因本人创作成绩斐然而使其翻译活动与成就在一定程度上被忽视或低估，该论文是对知名作家译者身份的研究，是我国翻译史研究发展中不可或缺的一部分。

李小蓓（2013）对萧乾的文学翻译思想展开研究，以期构建其翻译思想体系，结合历史语境溯源其翻译思想，运用多重理论阐发其翻译思想，以萧乾翻译实践活动验证其翻译思想，总结其翻译思想在中国译论史上的地位。论文结合萧乾对翻译理解与表达的论述，从翻译选材观、译研结合观，以及忠实观、可读性思想与陌生化翻译五个维度对其文学翻译思想进行总结梳理与阐发。具体而言，萧乾认为翻译选材应突出"钟爱"和"系统"，即作者与译者要相似，译者翻译作品要专一；文学研究是区分翻译匠与翻译家的区别，萧乾针对翻译作品撰写的研究专著、长篇序跋是其研究型译者身份的体现；萧乾秉持以原作为本的忠实观，对删改和节译持否定态度，认为原作风格是译者忠实之本，理想的译者还应具有相当的文学素养；在译文的可读性上，萧乾认为译文需摆脱欧化、调整句式、加注得当，鼓励修订甚至重译以提升译文质量；另外，萧乾虽不是陌生化翻译的提倡者，但其翻译思想中对陌生化元素的包容与他对可读性的强调达成了平衡融通。萧乾作为一位作家兼研究型译者，其丰富的翻译实践活动与自成体系的翻译思想是我国翻译史上的宝贵财富。该论文不囿于翻译实践活动的探讨，从译家的翻译思想切入，是基于译者翻译史研究的又一特色路径。

柯子刊（2014）在合理吸收利用现有研究成果的基础上，以"中国传统译论"为观照，对翻译家林少华及其文学翻译进行了全面系统的研究。论文首先对中国传统译论进行概括并提炼其核心内容，其次对林少华的身份进行认定，探讨林少华的翻译观及其文学观，再次以中国传统译论之"诚于译事"为观照，从林少华知识构成、翻译对象的选择、译本的锤炼、多方认可这四个方面，指出林少华对待翻译事业的诚心诚意。接下来以中国传统译论之"案本求信，以象达意"为观照，指出林译书名形不同，神相似，意相同的特征，此后又以中国传统译论之"译以致用，文章正轨"为观照，发现林少华用"古汉语"丰富现代汉语、维护汉语的纯洁性，再现村上原作文体特色的目的。论文站在"顺译"的立场上，对林译做量性分析，得出林译乃"形神兼备的顺译"。此外还讨论了林译中的误译问题。指出误译的类型及成因，得出"瑕不掩瑜"的结论。林少华堪称"才子型"与"学者型"兼具的翻译家，继承并实践了中国传统译论。翻译过程中，象形、会意、形声三种思维方式的综合运用，让林译既能跳出原作语言表层结构形式，又不至于偏离原作太远，还能准确传达原作的主旨内涵，同时兼顾原作文体，而且译文的遣词造句尤为符合汉语的表达习惯，符合中国人的审美意识。

王春（2014）以福克纳（William Faulkner）作品翻译名家李文俊

的文学译介活动与翻译思想为研究对象，从比较文学与翻译社会学的理论视角展开考察。论文将共时描写与历时比较方法相结合，以新时代文化语境对当代中国文学翻译活动的操控和影响为横向坐标，以李文俊译介福克纳的不同时期为纵轴，将李文俊译介福克纳的经典建构和演变历程置于"互文性"的参照系中开展影响研究。就译介考察而言，该论文基于详尽的资料整理与描写研究，从个案分析展开对译家李文俊的影响力研究；从翻译社会学出发，论文结合布迪厄的惯习、场域等关键概念，从李文俊翻译活动的社会学理论建构展开，揭示了同时代背景下文学翻译与当代中国文学发展建设之互动关系。该论文对于福克纳研究以及相应时期的美国文学、文化研究具有重要的史料及理论价值，从翻译史的角度来看，也是认识当代中国思想史与文化史的一条重要路径。

刘瑾（2016）以美裔中国籍翻译家沙博理（Sidney Shapiro）为对象，分别从哲学、语言学、社会学三个维度对他的文学翻译展开全面研究。论文基于对沙博理生平与翻译思想的总述，分别以其"红色文学"（《小城春秋》）翻译、"章回"型小说（《水浒传》）翻译与"领袖传记"（《我的父亲邓小平——文革岁月》）翻译为个案，考察沙博理在不同时期针对不同文本类型所采用的翻译方法以策略，以及由此体现出的翻译理念与思想。沙博理对"红色文学"的翻译着重关注文本的语言与历史特点，并进行适度的"创作性"翻译，以再现原文的革命性与民俗性；对章回体小说的翻译体现了沙博理极高的双语文化素养，对可能会透露原文信息的情节采用"零译"或"减译"，对回目翻译以简短语言对应，以突出明确的主题；对"领袖传记"的翻译对译者的启示是需注重作品的"历史性"与"文学性"，和谐使用"归化"与"异化"策略，可适当使用"中国英语"处理文化负载词的翻译。论文最后指出，沙博理文化翻译的成功并非其双重文化身份带来的自然结果，而在于他对"信""达""雅"翻译观念的坚守和对翻译事业的终生追求。

丁大刚（2017）基于巴赫金（Бахтин, Михаил Михайлович）与福柯的话语概念建构了译者话语系统，将理雅各中国典籍翻译置于该系统中考察，揭示理雅各以话语为策略所行翻译的话语实践。论文将理雅各的话语区分为一般话语、翻译话语和翻译即话语，首先从一般话语考察理雅各的翻译人生，其次以时间为线考察理雅各的中文译述、

《中国经典》《中国圣书》和纯文学翻译活动，再次基于理雅各对翻译的论述探讨他在翻译"性善""上帝""道"等概念时施加的意识形态，最后论述理雅各对《论语》的修订与《中庸》的重译，以及在此过程中对孔子认识与评价的更新，对"中庸"与"诚"的再阐释。理雅各的三种话语通过"共谋"促成了中西文化的相互阐释与汇通，对中西文化交流以及中国思想如何走向世界具有重要理论意义。该论文摒弃了传统翻译史研究以文本为重的路径，自建理论体系而贯穿整体研究，体现了当代翻译史研究史论结合的特色。

翻译家研究曾是中国翻译史研究博士论文中最常见的选题，但在近十年的发展日渐式微，在统计的 75 篇论文中仅有 7 篇为基于译者或译者群的翻译史研究。观察这 7 篇论文又可发现，除了涉及著名译家卞之琳、萧乾、林少华、李文俊，还有对非国内传统"名家"如中国籍犹太翻译家沙博理、汉学家理雅各的研究。翻译家研究的减少与多数名家已被反复研究过，且论文写作趋于程式化有关，而对于对中国翻译史做出过贡献的外国译者、汉学家及国内外译者群体的关注，或许史基于译者的译史研究论文关注的方向。

3. 翻译与语言/文化/文学/社会/科学发展史

张德让（2010）试图确立"会通"作为译学范式的学术地位，探讨翻译会通与文化建构的关系，深化中国传统译论研究、近代翻译史研究和翻译批评研究。论文立足于中国思想史、文化史、学术史、翻译史对翻译会通进行专题研究，分别论述了翻译会通论及其历史回音、晚明危机与西学会通、晚清实学与翻译会通、晚清新学与西学会通、翻译会通的特征及意义等。论文结论指出翻译是译者此在的政治文化诠释活动，翻译会通是儒家文化反思和重构的学术方式，传统文化是明清士大夫在翻译中会通西学的重要资源，类比联想是中西会通的认知基础。

耿强（2010）从译介学及文化学派的翻译理论出发，以 20 世纪 80 年代《中国文学》杂志社翻译出版的"熊猫丛书"为研究对象，分析国家机构对外主动译介中国文学时在理论与实践上所面临的问题，力图回应中国文学文化"走出去"的国家倡议，为中国文学外传播提供理论支撑与实践指导。论文主体各章分别探讨作为文化生产的"熊猫丛书"在20世纪 80 年代的历史语境中与各种话语实践之间的复杂关系,"熊猫丛书"译本在英美两国文学场域中的传播与研究影响丛书接受的众多因素,以及"熊猫丛书"在 1989—2009 年间在英美文化场域中的传播情况。论文结论指出,通过翻译将中国文学推向世界,整个译介过程不仅要考虑译本选材、翻译方法、营销策略等内容,更需要时刻注意目标语文化系统内部的政治、经济和文化语境。在对外译介的过程中注意翻译选材和译介渠道的多样化,翻译方法和译介策略的灵活性,以更有效地使中国文学"走出去"。

高黎平(2012)通过梳理来华美国传教士在晚清译坛"三杰"林乐知(Young John Allen)、丁韪良(William Alexander Parsons Martin)和嘉约翰(John Glasgow Kerr)的西学翻译以及其他美国传教士在近百年不同时期的西学翻译,一方面展示来华美国传教士个体与群体在翻译领域的丰硕成果,另一方面阐释他们的西学翻译对晚清政治、经济、军事、教育、文化、医疗、法律及中国近现代科学技术发展的影响,多视角揭示来华美国传教士西学翻译对中国晚清文化社会现代性的作用。论文以当代翻译界所认可和接受的翻译目的论与翻译操控论为主线,从翻译理论层面解读和分析他们西学翻译目的、翻译意图、翻译方法、翻译手段以及翻译所产生的相应影响。

蒋哲杰(2012)从文化的角度研究语言,根据思想文化从继承、发展、传播、冲突到融合的五个阶段,相应选取注经、解经、译经、论经和立经等五种语言活动进行分章研究。论文主体部分内容包括:从文化发展的角度审视新的思想文化如何促进注疏活动的发展和推动语言实践及理论的进步;以解经为主题,研究文化发展对语言解释和语言发展的影响;译经作为宗教传播的重要因素,与解经、注经互补互促;以论经为研究对象,指出论体文是文化对话与对立的语言表征;文化状态的稳定与语言新格局的成型。论文在方法上对中西方进行整体对应的比较,从背景层、实践层和理论层三个方面探索相似的思想文化动因对语言活动及其语言观的共同影响,努力描述文化影响语言的规律。

鲁伟(2013)基于对老舍自译及国内对其两部丢失作品的英译本的回译等特殊现象,从翻译学权力转向之后的理论视角切入,对 1944—

1999 年间老舍作品的英译展开全面系统的研究，包括概念研究和实证研究两大类。在概念研究部分，论文首先对重要的概念进行梳理辨析，指明"翻译中的权力"并非中国翻译学者所理解的意识形态、赞助人等因素对翻译活动的制约与支配，权力运作与翻译再现之间并不总是自上而下，而是一种动态的相互作用关系，这为对老舍作品翻译展开实证研究奠定了理论基础。在实证研究部分，论文采取历史档案研究、案例分析等方法，分析阐释了老舍作品翻译的历史、政治语境，以及译者序言和编辑、评论家和作者译评等副文本信息，发现在西方权力运作下，老舍作品翻译较少受政治与意识形态影响；在中国权力系统中，其作品翻译受意识形态等宏观语境影响则较为明显，权力系统的差异使老舍作品翻译后的文学再现产生不一致性。论文总体上验证了翻译权力运作与翻译再现之间动态相互作用的理论假设。

尹延安（2013）从语言与文化相结合的角度考察 1815—1907 年间来华传教士中文报刊译述活动对汉语演变的历史影响。论文以 19 世纪来华传教士创办的《东西洋考每月统记传》《格致汇编》《六合丛谈》《遐迩贯珍》《中西闻见录》《中西教会报》《小孩月报》和《万国公报》共八大中文报刊为主要研究对象，佐以 *Chinese Repository*（《中国丛报》），*China Review*（《中国评论》）和 *The Chinese Recorder and Missionary Journal*（《教务杂志》）三种英文报刊上传教士有关汉语语言研究和对翻译认识所发表的观点，从译述语言的文本特征、报刊译述语言实践与报刊译述语言影响三个维度分别展开考察。论文发现，传教士译述语言是一种介于文言与白话之间的"第三语码"，是近代汉语书面语流变的重要成分；传教士译述语言对汉语现代发展推动主要依赖文本实践中的文化-语言-文学互动，体现在词汇、语体、文体三个层面；传教士中文报刊中翻译文本的互文性与创作文本中的新词、杂糅欧化语体和报章文体构成强化汉语现代变迁的语言力量；传教士在翻译和创作时进行的汉语语法研究也成为汉语现代变迁的重要理论来源之一。

李颖（2013）从中国与芬兰的文化交流史梳理出发，描绘中国文化向芬兰传播的发展轨迹，确定中芬文化交流在各时期体现的特点后，重点考察了中国文学哲学作品在芬兰的译介情况。论文以阐释学、译介学为理论支点，研究受意象派诗歌理论的影响的芬兰译者对中国诗歌"创造性叛逆"的译介，从这一角度分析芬兰所受欧洲其他国家汉学影响以及芬兰国内自身的汉学发展。作为在地缘、政治、经济与文化上都处于欧洲"非中心"的国家，芬兰对于东方，尤其是中国的接受与其他欧洲国家相比有较大区别，体现出了自身特点。论文从翻译史切入，考察中国与芬兰的文化交流史，在研究理论和方法上较为传统，但对研究对象的深入挖掘对于丰富中国翻译史、文化交流史研究具有重要的史料价值与影响。

杨静（2014）对美国 20 世纪中国儒学典籍英译活动进行全面系统梳理，分析翻译史背后的历史文化语境、赞助人及汉学发展因素，通过译本的横向比照与个案研究，从文件交流的角度对不同范式下的译本对外传播中国文化所起作用进行评估，力图构建以 20 世纪美国历史发展脉络为经，以儒学典籍的英译活动为纬的中国儒学典籍英译史论。论文将美国 20 世纪儒学典籍英译史纵向地分为 4 个时期考察，发现翻译范式、译介主题、译本样态和译者身份均呈现多元化的特征。就翻译的文化动因而言，美国文化中的自我批判意识、功利实用主义，以及美利坚民族追求自由、叛逆和创新的文化精神是美国翻译与研究儒家经典的内在动力。美国英译中国儒学典籍可分为"文本中心"与"文本相关"两大范式：前者以忠实再现原文历史语境、含义和特质为主，有助于维系中西文化交流的差异性特征，真实再现中国文化核心价值观；后者则超越对原文本义和特质的追求，在一定程度上对儒学典籍进行了当下语境的"改造"与"利用"，满足了不同时代、不同层次读者的需求，因此得以快速且大范围地传播开来。论文最后针对描述性研究所发现的矛盾现象进行反思，探讨了中国典籍英译和中国文化传播的最佳模式。

袁西玲（2014）以延安时期的翻译实践活动为考察对象，以翻译政治、翻译生态学、翻译伦理为理论视角，通过描述性、社会性和"翻译考古"的翻译史研究常规方法，总体评估该时期翻译活动的社会历史语境、特征、影响与学术价值，探究这一时期的翻译活动在国际话语权与外交宣传方面起到的社会功能与历史作用。该论文认为延安时期的翻译命题是中国翻译史研究长期缺失的一个环节，而这一时期的翻译活动为中华人民共和国成立后的外编译局、外交外事部门、高等院校外语学科发展奠定了重要基础。延安时期的翻译者作为历史见证者与文化创造者具有重要的历史地位，这一时期的翻译活动具有翻译政治学和社会学影响。该论文最后指出延安时期的翻译活动经验对当下国际化语境下中国外宣翻译与中国形象传播具有重要的理论与现实意义。

赵长江（2014）以19世纪中国文化典籍英译本为主要对象展开研究，兼及19世纪之前和20世纪。论文首先追溯19世纪以前的中国文化典籍的英语转译活动，为19世纪中国文化典籍英译厘清源头；其次探究19世纪传教士、外交官等译者英译中国文化典籍的动机和目的、翻译策略、翻译思想，分析文化典籍英译在"中学西渐"中的作用；随后提出"侨居地翻译"概念，对翻译的主体身份、文化心态、文化传播与定位，以及与殖民的关系等进行研究；最后梳理出20世纪中国文化典籍英译由世俗化走向学术化的趋势。该研究将19世纪中国文化典籍英译置于中西文明史及文化交流史的大背景下考察，揭示翻译乃是两种文明、文化之间的对话交流。综上，该研究对典籍复译、中国文化典籍翻译史及中国翻译史研究发展都具有一定的价值。

赵纪萍（2015）认为清末民初的文学翻译由于不忠实于原著而遭诟病，这样的评价与待遇之于当时的译者及作品并不公平，因此转向对清末民初文学翻译的历史社会语境与文化诉求的关注，着重考察这一时期文学翻译中的"创造性叛逆"现象。论文首先分析清末民初文学翻译高潮的社会成因，归纳出指向"创造性叛逆"的文学翻译的特征。当时的社会语境缺乏鲜明的意识形态导向，也造就了译者出于不同政治目的对原文进行增删改写，呈现出复杂的"创造性叛逆"现象。译入语文学系统中的诗学规范与源语言文学体系中的诗学规范发生矛盾时，译者受译入语文学规范制约影响，产生的误读甚至误译也造成了翻译的"创造性叛逆"。该论文认为清末民初的文学翻译尽管存在与原文的不忠与变异，但其在文学观念、格局与规范上对中国文学现代转型产生了积极的推动作用，因此也更应脱离翻译忠实观的限定，以对这一时期的文学翻译活动做出更为客观公允的评价。清末民初的文学翻译是近年中国翻译史研究的热门话题，正是译作脱离了忠实标准的束缚而滋生出更多翻译与语言、文学、社会发展互动的重要议题，这也为其他时期的中国翻译史研究开拓了视野。

崔春雪（2016）以"文艺复兴"为主要话语，基于搜集考定的清末至"五四"时期及"五四"之后一段时间内的相关文章著作 400 余种，总结出清末以来各种译词的产生与中国话语的形成。论文通过语境化的话语分析，揭示出不同文化路径的选择差异，以及它们与中国社会文化环境、世界文化形势之间的互动关系。欧洲文艺复兴催生了民国时期的大量新话语，深刻影响了中国文化发展与社会变革，尤其以"五四"新文化运动的渊源、兴起与定位为代表。"五四"之后，大量著述与翻译丰富了中国人对文艺复兴的了解与认知，从欧洲文艺复兴视角反思与言说中国问题者增多。总体而言，该论文以欧洲文艺复兴话语在中国的传播与发展为窗口，探析了近代中西文化交融互释的历程，在翻译史研究对象、视角与方法上均颇具创新。

厉平（2016）以 20 世纪上半叶英美英译中国小说为对象，对小说里中国形象解读、重构策略及影响问题展开描述与阐释，以探究该时期英美英译中国小说对中国形象重构的模式。论文以文学翻译中的异国形象理论为研究视角，从宏观层面对中国形象的重构展开考察，同时结合个案研究对重点译者与译作加以研究。论文发现，具有双语能力与双重文化身份的非华裔和华裔汉学家是这一时期英译中国小说的翻译主体，他们对中国形象的复现具有多层次、积极与消极共存、古代和现代兼具的特征。此外，由于社会环境的差异以及译者选材与翻译策略选择的不同，英译小说对中国形象的重构也存在差异。论文总结出 20 世纪上半叶英美英译中国小说重构中国形象的三种模式：内需模式、双语双文化译者模式和改写模式。形象构建与形象研究是中国文学对外译介的重要使命与关键课题，该研究在推进文学翻译形象研究与中国文学对外译介史方面具有积极意义。

耿瑞超（2017）将目光从动态的翻译过程转向静态的翻译文本，以超越语言的视野考察"五四"时期翻译文本与社会之间的关系互动，用方向推导的研究思路，追寻静态的翻译文本中具有鲜明时代烙印的社会特色。论文通过大量的语料分析与语言外部因素研究发现，社会文化因素可对翻译文本产生正向影响作用，翻译文本也能对社会发展产生反向的推动引导作用。在社会动荡与大变革的时期，由翻译文本引发思想变革进而对社会产生推动作用的现象尤为突出。根据晚清至"五四"这一社会环境错综复杂的时期的翻译文本来进行"社会与翻译"研究，不仅可以补充和完善社会视角的翻译文本研究，对于完善社会翻译学（或翻译社会学）学科的构建也具有重要理论意义。在翻译学历经语文学、语言学、文化研究与社会学等多重研究范式的更迭转换后，从文化与社会维度看待翻译活动或翻译文本已经成为翻译史研究的重要成分。

许敏（2018）以布迪厄提出并由其追随者发展的社会学理论为指导，对 20 世纪 40 年代国外出版社出版的 13 种中国现代小说译作进行整体的共时描写和考究，考察译作从物质生产到象征生产的生产全过程，回答场域中的译者群体如何通过采取赋予荣誉的行动参与到英美主导的国际翻译场域竞争象征资本，以及最终是否实现场域力量格局改变的问题。论文结论指出，20 世纪 40 年代中国现代小说英译场域中的生产是场域中多方参与者在相互影响中完成的一次社会化大生产：中国译者群体将现代小说作为象征产品，通过各种能够赋予荣誉的译介选材与策略，参与到国际场域中竞争象征资本；这次竞争塑造了英勇抗日的正面中国形象，为民族和国家赢得了象征资本，巩固提升了新文学在中国文学场的地位；译作接受效果表明译作的备受关注与两国政治关系亲疏远近有十分密切的关联，译介选材考量目标语场域的当下阅读需求极为关键。

尹辉（2019）以"五四"前后"弱小民族文学"的译介传播为研究对象，通过文献资料爬梳分类，选取了《新青年》《小说世界》《小说月报》《东方杂志》《文学》和《译文》六种刊物为研究语料。论文对其中刊载的"弱小民族文学"译作、译者进行总体量化分析，考察鲁迅、茅盾、周作人等八位重要译家对"弱小民族文学"的译介活动及成就，选取重要译作进行具体文本对比分析，归纳"弱小民族文学"译介对中国现代文学发展的影响。论文重点研究六种刊物上刊载的译作，虽未能面面俱到，但对"五四"前后"弱小民族文学"译介情况进行了较为全面梳理与数据分析，具有重要的史料价值。也正是由于"弱小民族文学"的译介活动较为丰富，仅选取代表译家与译作的分析还无法完整反应相关翻译活动的全貌，许多从德语、日语、世界语等语言译成的版本，由于出版年代久远，暂时未能找到原文版本，这也为后续研究的展开提供了方向。

翻译史即跨文化交流史，历史进程中的翻译总是对社会、文化的方方面面产生着或大或小的影响，翻译活动本身也要受到特定历史语境的制约。将翻译与语言、社会、文学、文化、科学的发展并置开展翻译史研究，是近十年翻译史博士学位论文发展的重要走向。对文学翻译史的关注已不再局限于作品、作家的译介研究，文化、社会等议题进入了研究者的视野。意识形态的操控、权力关系的运作，场域、资本与惯习的交互，主流文学译介对我国现代性建构的影响，弱小民族文学译入在中国的思想和文学创作的影响，成为历史梳理与文本分析之外，翻译史研究者们关注的话题。翻译参与了历史的构建，对翻译的研究也能渗透对文学史、文化史的研究，跨学科背景下的翻译与历史发展的交互研究将持续发展，有望为此前研究进路略显僵化的文学翻译史研究开拓方向。

4. 其他专题翻译史

聂馥玲（2010）对晚清传入我国的第一部经典力学著作《重学》展开翻译与传播研究，试图探寻翻译过程中面对文化冲突与不适应而对原著内容进行的选择，对原著中异质文化进行的改写，以及这些选择与改写对国内认识与理解西方力学所产生的影响。论文对《重学》内容与底本进行全面清理，廓清各部分内容难度与传播情况，辨析成书背景、版本以及各版本之间的内容区别、变化，澄清了国内流行的错误说法，分析该书译本对原著内容的增补、取舍，术语翻译的方法与原则，以及具体的翻译问题。在此基础上，论文对同时期一系列力学与数学著作进行了全面研究，阐明晚清力学知识传播概况、传播程度与传播特点。通过对晚清"西学东渐"背景下《重学》翻译与传播的个案研究，可以认识到前西化时期西方科学传播的特征，了解当时的社会文化环境对近代科技知识传播模式的影响。该研究是科学技术史与翻译史的跨学科研究，翻译作为科学知识传播的必要环节，是研究这段历史的重要切入点，但该研究并未限于对翻译活动或翻译作品的分析，而是囊括了作品本身内容的难度、价值分析以及翻译后的传播，知识再生产以及影响问题，这一跨学科的视野与高度可供从事"以翻译为中心"的翻译史研究者借鉴。

康振栋（2011）对西晋杰出佛经译者竺法护翻译佛经的词汇展开研

究，以其译经《正法华经》中的词汇为中心，辅以《正法华经》《普曜经》《生经》等其他文献资料，考释出竺法护译经中出现的难以理解的词语三百余条，上编从文献学与词汇学角度探讨了与竺法护译经词汇现象有关的理论问题。下编重点考释了译经中出现的难以理解的词汇二百余个，它们多存在以词害义、义项漏略、释义有误等现象。该论文的考证辨析对今后相关词典编纂、词汇史研究及关的理论研究具有重要文献价值与历史意义。对佛经翻译及佛经翻译史的研究近年已逐渐式微，该论文回归翔实专业的基础文献工作，是我国翻译史研究应继续加强的环节。

扎西卓玛（2011）对历时千年的藏传佛教佛经翻译展开研究，综合运用文献学、宗教学等学科知识与方法，对佛教传入藏地后各时期的佛经翻译概况及与主要译师译事展开论述。论文基于大量的一手藏文资料，并以专论的形式对五部大论的译传过程、重要典籍的翻译情况进行了介绍。具体而言，论文分别考察了佛教传入前西藏社会历史与宗教信仰状况，藏传佛教前弘期的佛经翻译，藏传佛教后弘期的佛经翻译，藏传佛教显宗五部大论的译传情况，佛经翻译过程中其他医学、文学、天文历算等著作的藏译。藏传佛教的翻译史研究是民族翻译史与宗教翻译史的结合，该论文作者具有直接阅读一手藏文文献的语言优势，研究对于推动我国藏族文化发展与研究意义重大。

卢志宏（2011）认为翻译史研究大多以时代为界，以知名译家、知名译作为主要脉络，对时代文学风气具有指向意义的翻译文学期刊却未得到应有重视。因此该论文以主流翻译文学期刊《世界文学》《外国文艺》和《译林》为对象，通过译介学的视角分析引入外国文学与中国文学系统内部需求的关系，外部因素对译介活动的制约，翻译文学期刊对文学潮流所起的推动作用，以及翻译文学期刊对中国文学系统施加的影响。论文首先对中华人民共和国成立十七年、1966—1976 年期间以及新时期以来的翻译文学期刊译介状况进行概述，随后对国内翻译文学期刊对现代派、魔幻现实主义和通俗文学译介情况进行梳理，对三大流派译介异同进行阐释；接下来通过对劳伦斯（David Herbert Lawrence）、马尔克斯（García Márquez）和科克（Robin Cook）作品译介的案例分析总结三大流派在新时期翻译文学期刊上体现出的译介策略。最后以

"萨特热"、"博尔赫斯热"、通俗文学的兴起、"尤利西斯热"等现象来说明翻译文学期刊对文学风尚的推动作用。论文还就新时期翻译文学期刊如何在历经变化后的中国翻译文学场域中继续发挥作用提出了建议。

邱玏（2011）以 1911 年以前的中医古籍为对象，结合问题史学、描写翻译学、文献学等研究方法，将中医古籍英译分期展开研究。研究将中医古籍英译划分为四个时期：18 世纪中叶至 19 世纪末的起步阶段，1900—1950 年的缓慢发展阶段，1951—1991 年的理论初探阶段，1992 年至今的理论争鸣阶段。该论文分析归纳了各阶段中医古籍英译译者主体、内容选材、翻译方法和翻译目的，初步形成中医古籍英译演变和发展的脉络。该研究发现，社会、经济、政治因素对中医学的兴衰存亡有重大影响，因而导致中医古籍英译的人群、结果、内容、方法在各时期不断演进；译者的知识背景、文化身份对翻译的目的、取向和内容有较大影响；中医古籍英译呈曲线向前发展趋势，机遇良好；中医典籍翻译应平衡异化与归化策略的使用，既要尊重中医文化的特性与完整性，又要注重英语读者的表达习惯与接受程度。该论文对中医典籍英译史的研究整理为当下的中医文献英译提供了鲜活的范本，对于推动中医以及中国文化的对外传播意义深刻。

高云球（2012）对 1932—1945 年间东北沦陷区的翻译文学展开研究，考察在"满洲国"这一特殊历史时段中，翻译文学史如何表达文化系统组织结构的"疆域化"与"再疆域化"过程，以及文化系统内外部的发生踪迹。论文以发表在日本资助报刊《盛京时报》《大同报》上的翻译文学作品为具体研究对象，论证满洲当局文化政策与策略选择在译作中的体现，分析译者在特殊语境下的心理嬗变与殖民者再疆域化诉求之间的关系。研究发现，殖民者以伪满政府资助的报刊为话语表述的社会场域，有目的地选取含有美化侵略战争意图以及殖民气息较浓的翻译作品，试图在短时间内对东北地域文化编码流进行重组。作为回应，原住民知识分子通过在文学副刊上翻译日殖民者所禁止的国家的作家作品，用特有的隐喻方式对文化殖民进行抵抗。日殖民者在经济、文化上完成了再疆域化，但并未在文化系统改造方面取得成功，反而激起了东北沦陷区原住民及中国人民的一致反抗。

汪东萍（2012）对"从支谦到玄奘"这一时期的佛典汉译传统展

开专题研究。论文首先对传统及佛典翻译传统等概念进行辨析阐释。佛典汉译传统意为佛学僧人和与译者在佛典汉译过程中所形成传承久、有特色的因素其中尤以佛典汉译思想、信念和方式最具代表性；随后探讨了"文质之争"这一概念，考究"文""质"概念的出处、演变和厘定，解读佛典汉译的"文质之争"；之后阐述安世高开辟"文以明道"的路径，指出鸠摩罗什翻译"诚实誓"是"文以明道"的表现，释彦琮对译者的"八备"要求是"文以明道"的发展；然后论述佛典翻译的合作翻译方式：从外国人主译的私人合作，到中外人共译的译场合作，再到本国人主译的译场合作；论文最后探讨佛典汉译的文章学翻译传统，指出"文质之争"、"文以明道"、合作翻译分别是文章学翻译传统的表征、内核与成因，三者共同构建了佛典汉译的文章学翻译传统，而严复"信、达、雅"翻译标准可视作文章学翻译传统的历史回音。该论文作为一部佛经翻译专题研究，横跨佛学、译学、文章学和史学等学科，属于交叉学科研究，有助于增进读者与学者对佛典思想的认知，充实我国翻译史研究。

夏晶（2012）以晚清科技西书译介领域中成就斐然的传教士傅兰雅为研究对象，通过对其翻译实践与思想的考察，梳理当时科技术语翻译的思想脉络和历史价值。论文对傅兰雅在"西译中述"事业中留下的伟绩进行归纳：充分运用汉字造字特点对汉译名称进行形声字创制，以旧词表达新义的方式在《格致汇编》中演绎"卫生"概念；在制造局和益智书会为术语统一工作进行名目表汇编等。论文指出，中国士人所理解的"科学"在"西译中述"的有限条件下并非其本来的面貌。傅兰雅所处环境和条件得天独厚，历经大量科技西书翻译实践，从实践中凝练出对自然科学领域术语翻译的理论思索。在完整体现其译论的代表性著作——《江南制造总局翻译西书事略》与《科技术语：当前的差异和寻求统一的方法》中，傅兰雅坚持中文与西文之间的对等通约，提倡采取中国人容易理解的方式翻译术语，呼吁建设厘定科技术语的标准体系。从晚清到民国时期的"后傅兰雅时代"，对科技术语的翻译在理论与实践上都保持了对前一时代的延续和继承，使得科技术语的厘定和统一在中国走上规范化、系统化的道路。

骆忠武（2013）借用多元系统理论和翻译规范理论，对1949—

1976 年间中国外宣书刊翻译活动进行了全面的考察，旨在总结外宣书刊翻译的经验教训，为我国"文化走出去"战略提供理论支撑和策略建议。在此期间，我国外宣书刊翻译中的"赞助人"包括少数掌握国家权力的个人、国家核心机构以及出版机构。论文立足外宣书刊翻译及传播史料，重点考察外宣书刊翻译活动受赞助人、意识形态、诗学及翻译规范的制约，并受编辑与译者、翻译政策与制度、读者期待以及发行渠道等因素的影响。这些因素环环相扣、相互影响，我国"文化走出去"战略应当从中吸取经验和教训，要注重译者的培养、文本的选择、翻译质量的控制，也要注重外宣书刊在国外的实际传播与接受。

刘红（2014）以"翻译目的论"和"多元系统论"为理论分析框架，研究近代中国留学生教育的兴起与发展，翻译的主要内容、策略与方式，对近代教育改革与发展与中国教育早期现代化进程的影响，以及译者在各个时期扮演的角色。论文首先探讨了近代中国留学生教育翻译活动的兴起，其次阐述了 1895—1937 年间中国留学生教育翻译的运行轨迹，紧接着梳理 1895—1937 年 40 余年间中国留学生教育翻译的主要内容，借以探寻在中国教育早期现代化进程中留学生通过翻译向西方教育引进和借鉴的具体内容，接下来论述了留学生的翻译教育对中国近代教育改革的影响，最后论述了留学生的教育翻译对教育中国化的影响。论文结语肯定了留学生教育翻译的历史贡献，并对今日中外教育交流如何更好进行教育翻译提出思考和建议。

付明明（2016）系统爬梳了中医英译的发展过程，归纳总结了中医英译的成功经验及其不同历史时期的特点，查找影响中医英译发展的要素并进行分析，以期为中医英译在文化全球化背景下的发展提供借鉴。论文上篇主要对中医英译作品进行整理，其时间上按照出版的先后顺序，空间上按照中国人的作品和外国人的作品分开来进行归纳。与此同时，对不同时期中外出现不同英译作品的原因，以及不同时期英译作品的特点加以分析为下篇的进一步理论分析提供材料和依据。下篇重点分析中医英译中存在的问题以及对未来中医英译发展的构想。论文对中医英译史的研究旨在整理这段历史的史料，并从史料记载中分析出存在的问题，进而提出更好续写这段历史的方法。

王冬梅（2017）以严复翻译的《法意》为研究对象，基于文本细读与史料分析相结合的方法，从宏观至微观两个层面探索以孟德斯鸠（Montesquieu）著作为代表的西方法学思想在近代中国的传播，以及严复翻译《法意》与社会历史文化的互动关系。论文发现，严复翻译的动因既有清末预备立宪的现实需求，也有其自身思想启蒙的追求；《法意》译文与按语都体现了严复启蒙话语的"译、释、评、论"一贯模式；严复在译名时多采用阐译、格义、会通之法；严复在译介过程中扮演着不在位立法者的角色，在变法、修律、立宪上发表自己的见解，提出立法为民、君民平等、立宪等现代法治思想，对近代法制转型产生了影响。清末民初的翻译活动伴随着近代中国社会的转型，翻译与社会文化之互动关系得以凸显，也吸引了诸多翻译史研究者的注意，翻译与历史互动的翻译史治史路径也因此得以流传。

刘性峰（2018）以中国古代科技典籍英译为研究对象，挑选《黄帝内经·素问》《墨子》《淮南子》《梦溪笔谈》四部作品的多部英译本展开具体考察。其论文以诠释学为理论参照，采用描述研究、比较分析与定性分析法，寻找影响中国古代科技典籍翻译诠释的因素，探究了不同译者在翻译时的诠释异同，并对其不同的诠释策略进行了总结归纳。论文从本体论、认识论与方法论三个层次展开研究：在本体论上，论文发现译者的诠释方式包括自证式诠释、描述性诠释、自解性诠释；就认识论而言，中国古代科技典籍文本的多义性与修辞性赋予译者更大的诠释权，但译者的诠释也受文本语境制约；在方法论上，论文基于研究对象的特性而采用依循思维方法、逻辑方法、观察法等中国古代科技方法对科技典籍英译与阐释展开了针对性的研究。该论文的研究方法、视角以及研究发现有助于翻译学和诠释学的理论建设，为同类型文本的翻译与研究提供了借鉴，也丰富了我国科技翻译史的研究。

王亚光（2019）首先分析了文学理论的话语特点，说明了文学理论翻译常用的方法、梳理了关于文学理论文本翻译标准的讨论，进一步分析了文学理论翻译的特点。其次，具体梳理了文学理论翻译背离现象的类型和原因。再次，面对背离现象，提出西方文论翻译中的应对策略。译者是文学理论翻译的主体，也是解决背离问题的关键。一个合格的西方文论译者应该具备较高水平的语言能力，专家型译者或者研究型译者是理想的文学理论译者。此外，理想的译者还要懂得翻译技巧和翻译技术。

杨靖（2019）指出学界对英国传教士李提摩太（Timothy Richard）的关注多集中在其政治成就与西学研究，而对他在华译介研究中国大乘佛教文本提及甚少，因此论文对李提摩太在东学西渐时期的翻译活动展开系统考察。论文依循李提摩太的宗教思想，重点考察他的翻译选材动机、翻译思想、翻译观的具体体现以及其英译大乘佛教文本活动的历史范式。论文指出，李提摩太认为"耶"与"佛"相通，基督与佛教的结合是通往世界和平之路，因此英译了大量大乘佛教文本。在其翻译过程中，"耶""佛"的接榫出现错位，佛教几乎被基督教取代，而以基督教为本位的译本中失去了异己的声音，大部分佛教元素被基督教元素置换。李提摩太试图融合两种宗教，但其并不纯粹的翻译实践在晚清佛教复兴时期显得有些孤芳自赏，然而若将其翻译实践应放置在他对和平梦想渴望的语境下审视，其译介活动仍为中西宗教文化交流揭开了新篇章。论文研究结果也提醒翻译史研究者，翻译研究应置于历史脉络中，通过分析译者行为与所处时代背景的关系，看似反常的翻译现象能够得到客观的阐释，翻译研究的深度与广度也将得以提升，这是翻译史研究的可行路径。

余畅（2019）考察"人道主义"这一概念在现代中国（1900—1929）的翻译、重构和播散，着重关注翻译在概念跨语际移植过程中所扮演的操纵性角色，以及翻译对于目标语文学和文化的塑造作用。论文采用跨学科研究路径，借用德国概念史学派和剑桥学派的史学研究方法，以及贝克（Mona Baker）的社会-叙事理论视角。通过考察辞典、报纸杂志、通信和回忆录等一手资料，将围绕人道主义概念的含义流变和意义竞争置于现代中国历史文化语境中去考察，同时关注文化主体在概念阐发和重释中所扮演的角色。论文以贝克社会-叙事理论视角观照译者行为，关注译者的"自我定位"与目标语受众、意识形态、诗学规范、政治和文化传统等因素之间的张力。通过回溯现代中国人道主义话语的建构过程，揭示思想史发展的隐秘层面。

科技翻译史、宗教翻译史在近年发展迅速，也体现在近十年翻译史博士论文分布中。20 世纪前十年的宗教翻译史对《圣经》翻译讨论较多，近十年对佛教经典的翻译史考察呈明显上升趋势，且研究对象与研究问题愈发精细化，如竺法护翻译佛经词汇、李提摩太"耶"与"佛"

的宗教理念。在科学技术史发展的影响下，对科技翻译史的研究也开始升温，既有外国语文背景的学者开始关注中国古代科技典籍英译、晚清科技术语翻译，也有科学技术史背景的学者关注翻译问题，如晚清科学译著《重学》的翻译与传播。近十年的博士论文中，还有专门针对翻译期刊的历史研究、翻译教学史、中医翻译史、法律翻译史、人文社科文献翻译史等。值得一提的是，随着德国概念史在国内历史研究的影响范围越来越广，又由于概念史本身往往牵涉重要的翻译实践，已有博士论文以此为契机，从概念史入手研究人道主义概念在现代中国的翻译、重构和播散。

总体来看，与过往相比，近十年国内翻译史研究博士学位论文在选题倾向上发生了一定的转变：基于作品的翻译史研究依然是主流，但研究的作品向主流文学之外的边缘地带即非文学作品蔓延；基于译者的研究逐渐减少；将翻译置于具体历史语境中，考察翻译与文化、社会发展，力图回答重要历史问题的论文开始增多，宗教、科技、医学、法律等专题翻译史研究也日趋成熟。在研究视角与研究方法方面，近十年博士学位论文并未表现出如翻译史专著或期刊论文一样的发展特征，而通常据研究对象与焦点的不同而变化，如从《中庸》中滋生出"推而行之"的原创方法论，因考察重要概念流变而使用的概念史研究方法。另外值得一提的是，在翻译与社会文化发展史以及其他专题翻译史类别下的博士论文中，论文作者背景多元，涉及医学、宗教学、科技史、中国近现代史、中国文学、教育、法学等，这些作者在对译作的微观分析上或有所欠缺，但其本身的专业学科背景及所采纳的本学科理论视野与方法，能为从事翻译史研究最多的外语学科背景学者带去参照与启发。

2.3 近十年中国翻译史研究重要学术团体

蓝红军（2010：44）在其研究中曾提到"迄今为止，我们还没有专门的全国性翻译史研究的学会或团体，也没有翻译史研究的专门刊物，学科还很不成熟。相对于一般知识史与观念史的研究，翻译史研究还显得十分稚嫩，人们对于其作为一门（分支）学科的研究方法论意识还十分淡薄"。此后十年间，我国翻译史研究取得了长足进步，学术论著、期刊论文研究在数量与质量上都有所提升，以翻译史为研究主题立项的国家级、省部级项目越来越多，专门探讨翻译史研究的学术会议陆续召开，专门的全国性翻译研究史学会得以建立，从事翻译史研究的学术共同体及成员也在持续扩张。

中国翻译史高层论坛自 2012 年至 2019 年，已分别在四川大学、华东政法大学、南京农业大学、四川外国语大学与内蒙古师范大学连续举办五届。各届论坛汇集翻译学、文学、文化研究、海外汉学、科技史等学科背景的专家学者，针对翻译史史料挖掘、方法理论、学科前沿、中西文化交流等基本问题，以及典籍外译史、国际话语体系、科技翻译史等专门议题展开研讨。翻译史高层论坛为中国及海外学者搭建了高规格的交流平台，产生了良好的学科认同和社会反响。

近十年在中国英汉语比较研究会的组织下召开了多场以中国翻译史为主题的学术会议论坛。会议规模不断扩大，研讨主题不断深入。在此背景下，众多翻译界同仁均表达了成立中国翻译史研究专业委员会的意愿，便于中国英汉语比较研究会加强对这支朝气蓬勃的翻译史研究队伍的领导工作，从而更好地继承中国翻译传统，促进与国外翻译史专家的对话。

2018 年 11 月，由张旭牵头申请的二级学会"中国英汉语比较研究会翻译史研究专业委员会"获准成立。委员会的研究方向主要有：翻译著作目录整理研究、科技翻译文献整理研究、汉学译著整理研究。该二级学会已经建立了一支超过 80 人的稳定的中国翻译史研究队伍。部分专家在全国性学术机构担任了重要学术兼职，彰显了全国范围内的学术影响力。

2019 年 7 月，翻译史研究专业委员会经过民主程序产生了第一届理事会，共有成员 53 名。会长由张旭担任，副会长为段峰、王建开和王银泉。张旭的主要研究方向为翻译与跨学科研究，他作为翻译史研究专业委员会的牵头人，在翻译史研究上颇有建树，其出版的翻译史专著中《近代湖南翻译史论》（2014）、《中国英诗汉译史论》（2011）在学界引起了较大反响。段峰著有《文化视野下文学翻译主体性研究》（2008）与《文化翻译与少数民族文学对外译介研究：基于翻译研究和民族志的视角》（2016），其在研国家社科项目"作为语际书写和文化建构的二十世纪中国文学自译研究"旨在为中国文学翻译史补充文学自译史的研究空缺。王建开长期致力于翻译史研究与翻译实践工作，专著《五四以来我国英美文学作品译介史（1919—1949）》（2003）是国内文学翻译断代史研究的重要代表作。王银泉作为南京农业大学典籍翻译与海外汉学研究中心创始主任暨首席专家，在农业典籍翻译研究、近现代翻译史研究与翻译实践活动上成果颇丰，在国内外核心期刊和重要报纸发表论文130多篇，翻译审定国内外重要机构组织、大型活动的文书文件。

翻译史研究专业委员会聘请王东风、王宏志和杨晓荣等担任顾问。学会常务理事及理事包括任东升、胡安江、蓝红军、贾洪伟、夏登山等，他们的著述在国内翻译史研究领域均产生了较大影响力。随着学会主办会议与学术活动的不断展开，许多交叉学科的知名学者与年轻学者正不断加入学会，加速着学科建设与学术共同体话语体系的构建。学会主办的集刊《翻译史论丛》第1辑于2020年3月由外语教学与研究出版社出版发行，为翻译史研究者提供了重要的专业学术成果交流平台。

成立于1971年的香港中文大学中国文化研究所翻译研究中心，长期致力于中国翻译活动与翻译研究的发展，新世纪以来已成为国内翻译史研究的学术重镇。该中心为培养青年翻译史研究者，于2004年起，隔年举办"书写中国翻译史：中国译学新芽研讨会"，已举办过八届；于2009年起，隔年与内地高校合作举办"阅读中国翻译史：中国翻译史研究暑期班"，已举办过五届，合作过的高校有广东外语外贸大学、复旦大学、北京外国语大学、湖南科技大学、华中师范大学。中心于2011年创办年刊《翻译史研究》，是近年唯一登载翻译史研究专题论文的刊物，由复旦大学出版，至今已出版7辑。此外，该中心自2015年起每两年举办一次与翻译史有关的国际研讨会，至2019年共举办三届。会议专题包括"中国翻译史进程中的译者""赞助者的角色""文化与政治：翻译在历史进程中的角色"，这些活动对推动翻译史研究与青年学者的培养起到重要作用。

香港中文大学翻译系王宏志作为翻译研究中心主任，已深耕中国翻译史研究多年，不仅出版了《重释"信、达、雅"——20世纪中国翻译研究》（2007）、《翻译与近代中国》（2014）以及《翻译史研究》集刊

（2011，2012，2013，2015a，2015b，2017，2018，2020）等影响广泛的著述，还致力于翻译史研究学术活动的举办与翻译史研究人才的培养。香港地区的翻译研究者具有得天独厚的地缘优势，王宏志为促进中国及海外地区的翻译史研究者之间的交流合作做出了重要贡献。翻译研究中心的主要研究成员还包括台湾地区研究院的黄克武、复旦大学邹振环、日本关西大学沈国威、日本成城大学陈力卫，这些学者多从历史学的视角切入翻译史研究，为以外语学科背景为主的中国翻译史研究力量带来了不同的视野与方法。

2.4　近十年中国翻译史研究重要学术会议

　　2012 年 11 月 2 日至 3 日，由中国翻译协会理论与翻译教学委员会、中国英汉语比较研究会翻译学科委员会主办，四川大学外国语学院及西南科技大学外国语学院承办的"首届中国翻译史高层论坛"在四川成都与绵阳举行。来自中国及美国的近 40 位学者参会，并围绕翻译史研究现状与发展趋势、翻译史书写方法以及翻译通史、断代史、专题史等主题进行了深入交流与探讨。

　　在翻译史研究现状及发展趋势方面，王东风把翻译研究的发展历程划分为"经验积累期""语言探索期""文化扩展期"以及"多元转向期"；王克非提出翻译文化史的三个模式："借体寄生"如文学翻译，"炼石补天"如思想翻译，"栽花插柳"如传教士翻译；张南峰探索了中心文化与边缘文化以及翻译理论之间的权力关系；曹明伦探讨了弗罗斯特及其诗歌在中国的译介；杨全红讨论了钱锺书对翻译史研究与考证的贡献；金涛探讨佛教经典著作《起信论》的翻译与传承、庄柔玉探讨圣经翻译从简单到多元的局面；胡志国探索了赛义德"文本旅行"理论的可能源头；胡翠娥指出鲁迅、梁实秋关于翻译论证的实质；张冬梅对翻译规范研究史展开系统研究；方红揭示了以翻译为载体的思想传播时文化间碰撞、调和至互融、重生的过程；王恩冕探讨翻译史教学的困境与对策。

　　在翻译史书写及重写方面，谢天振从翻译史观与翻译史编写、翻译史的名与实、翻译史分期、中西翻译史整体观等几个方面探讨了翻译史编写中的重大理论问题；王向远提倡翻译史撰写专门化、类型化、多样化；王建开提出中国翻译史研究的新机遇；穆雷、王祥兵指出中国军事翻译史研究的空缺；王晓元从翻译史料学、翻译史阐释和翻译史观三个层面提出翻译史学的建构设想；张旭讨论了区域翻译史研究的特色、性质、内容和沿革；王宏指出对典籍翻译发生、发展及传播影响的研究是翻译史研究的前沿课题；胡安江探讨如何传达文化中的"异质"才能避免文化信息的谬误与失落；汪宝荣指出《中国文学译出史》这部翻译史的书写具有重大的学术意义、现实意义和应用价值。

在翻译通史、断代史与专题史等议题上，王友贵考察了 1949 年以后外译汉三个阶段背后的翻译需要与翻译产品的关系；赖慈芸考察了1949—1999 年中国大陆翻译著作在台湾的接受情况；廖七一考察了抗战时期重要反法西斯战争文学作品的译介引发的解读，探讨文学翻译如何转变成实现政治目标的工具；李德超研究了香港主流报纸杂志的翻译评论，揭示翻译活动在香港文学多元系统中的地位；屈文生考证了"宪法""继承"等法律术语的翻译史与概念史；郭尚兴讨论了汉学主义对中国文化在西方传播历程中的功过；黄立波探讨了中国传统译论的发展规律与社会功能。

2012 年 12 月 20 日至 21 日，由香港中文大学中国文化研究所翻译研究中心举办的"第五届中国译学新芽研讨会"在香港中文大学召开，来自中国、韩国、英国的共 14 位青年学者脱颖而出，受邀宣读论文，并由王宏志、王克非、朱志瑜、罗岗等几位中国翻译史研究领域的专家学者讲评。

与会青年学者宣读的论文普遍以清末民初的翻译史个案研究为主。清华大学的崔琦以吴梼转译日本作家尾崎红叶（おざき こうよう）译作《侠黑奴》为例探讨晚清白话文体的建构；韩国安山大学的高飞考证"寓言"文体在中国的输入；香港中文大学的季凌婕从叙事声音的视角分析《汗漫游》及同时期"新小说"的叙事形态；北京大学的林惠彬立足于丰富的版本史料探讨最早新教传教士小说《时钟表匠言行略论》；北京大学的刘瑾玉通过严复译《原富》考察西方经济思想在晚清的本土化进程；南开大学的刘堃通过比较《玩偶之家》和《浮生六记》中的两个女性形象揭示中西文学互译背后的文化政治意蕴；北京大学的冯勤勤探讨中国女性从"小说场域"边缘走向合法的历史动因及社会文化心理的变化；中国社科院的许君毅通过名词溯源考察了"言情小说"这一文类从偶然到定型的过程；复旦大学的禹玲分析了周瘦鹃翻译观的现代化过程；上海师范大学的张静对比鲁迅和苏曼殊眼中两个不同的雪莱形象进行对比，阐述该诗人在译介过程中的多元面向；台湾政治大学的朱冬芝探讨了 16 世纪日本汉字译语的传抄编纂，揭示东亚汉字圈的历史成因；中国社科院的郑海娟探究了法国耶稣会贺青泰翻译的《古新圣经》在《圣经》汉译史上的承继关系；上海外国语大学的郑晔以 1966 年以前《中国文学》为个案，考察了国家机构在对外译介各环节中的制约现象。针对以上青年学者的论文，专家学者们做出了点评：黄克武指出一元论的线性史观会将历史书写简单化，而真实的历史总是存在复杂的面向；王宏志认为线性化的研究读来流畅，但将传统与现代置于两端而做出高低评判，容易忽视重要的旁枝末节与历史应有的复杂性；罗岗认为翻译史研究不应将史料代替观点，还需要考察新史料真实的历史效果；王克非认为现在的研究缺乏从"假说"到"论说"的完整构思；朱志瑜强调了研究方法的重要性。此外，专家们还指出了不少论文把理论概念当词汇来使用、论文标题笼统宏大、摘要空泛化、论述逻辑不够完整等问题。

"中国译学新芽研讨会"自 2004 年起每隔两年举办一次，已连续举办八届，为致力于深入翻译史研究的青年学者搭建了与业界专家学者及相互之间学习交流的平台。每届会议上的优秀论文还选编入了王宏志主编的《翻译史研究》文集。

2013 年 10 月 19 日至 21 日，中国比较文学学会翻译研究会、中国翻译协会翻译理论与翻译教学委员会、教育部全国 MTI 教育指导委员会与四川外国语大学联合举办了"中国翻译学学科建设高层论坛暨中国比较文学学会翻译研究会第十届年会"，共两百多位学者齐聚重庆，共同交流探讨翻译学学科内涵建设问题。研讨会围绕翻译理论、翻译史、翻译教学、中译外等议题展开讨论，从更具历史责任感的角度探寻新形势下翻译学学科发展的未来之路。

面向翻译史的研究是此次大会的重要内容，多名学者就特定历史时期、地域的翻译史问题，翻译史观以及其他译史问题进行发言。王宏志介绍了香港殖民时期翻译史上三个极具研究价值却未深入探究过的课题；谭载喜从中西译史和译学理论发展的角度对十组译学概念进行了阐释；邹振环指出当前翻译研究在文献学、校勘学、版本学等史学方法运用中存在的问题；杨承淑描写了日据时期台湾《语苑》中的译者群像；朱志瑜回溯了晚清时期翻译选材演变，分析其目的性和功利性背后的社会原因；赵稀方探讨了《新青年》翻译文学所展现"五四"以来现代翻译的确立过程；王恩冕考察了北平沦陷时期的翻译状况；张思婷探讨了"戒严时期"中国流亡青年在台湾的文学翻译活动。蓝红军（2013：92）在对该次论坛的综述中认为，学者们的发言体现了研究中自觉的史料意识，在对第一手史料进行深入挖掘和辨析同时又将其纳入翻译学整体的理论话语系统之中。

2014 年 10 月 16 日至 19 日，由中国翻译协会理论与翻译教学委员会、中国英汉语比较研究会翻译学科委员会主办的"第二届中国翻译史高层论坛"在华东政法大学举办，论坛主题为"中国翻译史研究：政治、法律与社会"。论坛汇聚了来自中国及日本的近 50 位专家学者，分别就翻译史研究动向、研究热点与研究展望进行了交流探讨。

翻译史研究的动向体现出多学科、多视角融合以及史、论、思并重的特点。屈文生考察《小斯当东回忆录》对法律翻译史、法律史研究的重要价值；杨焯论述"权威"概念在西方与中国的发展脉络；胡兆云探究 common law 一词的百年汉译历程；王东风探究中西语言及观念上的差异导致的西方诗歌汉译中产生的诸多问题；王友贵探讨中国俄苏文学翻译作品对"社会主义想象共同体"的建构；苏精对《华事夷言》的翻译问题进行讨论；张旭提出运用知识考古、重诂、新历史主义和互文性四个核心概念来研究作为复杂文化个体的译者；李压西指出口译史研究的缺失与史学研究的问题意识；王宏志探讨香港割让谈判过程中往来文书的笔译问题；赵军峰梳理了中国历史上各个时期的岭南典籍及外译情况；王克非分析《自由论》中日两个译本的区别，指出翻译在本质上具有选择性；潘文国指出翻译史本质上是文化史，唐代之后的佛经翻译尤为代表；王向远指出要用翻译的思想来评判翻译思想史的价值，翻译思想需要大量研究，提炼总结；查明建将翻译文学史研究划分为片段化、以论代史等不同阶段，强调对译者的关注；廖七一指出翻译家的理论表述与翻译实践之间存在明显的反差或错位。

针对翻译史研究热点，谢天振通过对比考察中西翻译活动的发展轨迹以及译学观念的演变过程，提出中西翻译史"同中有异、异中有同"；韩相熙分析中、日、韩三国在接受欧美国际法过程中的特征与差异；张南峰通过研究杨宪益的翻译策略，指出外汉翻译中自我形象高则归化、自我形象低则异化的现象；夏天以中日外交官翻译活动比较为例探讨比较研究的价值；王银泉对明清之际来华传教士的翻译官和翻译策略进行了探索；马士奎介绍了晚清和民国时期旅法学人对中国文学的译介活动。

在对翻译史研究的展望方面，穆雷通过统计分析总结出目前翻译史研究的特点，即以描述对象及挖掘史料居多，缺乏与翻译真正的密切联系及逻辑思辨能力；苏精提议使用尚未出版的史料，如传教士档案、书信、手稿资料等；司佳提到中国就西文资料重新影印出版开展研究的趋势；王建开建议学者在研究中对史料保持怀疑态度，采用眼见为实的原则；游博清对传教士玛高温（Daniel Jerome MacGown）所著《航海金针》进行文本考察，认为西方台风理论与相关航海气象知识的选译和介绍象征着东方大陆文明认识西方海洋文明的契机；潘文国与王东风从各自角度阐明了翻译史研究的整体观、思想性和学科意义；何勤华认为翻译史研究可为中国近代以来各个学科研究提供帮助；王向远提出要用翻译思想来评判翻译史的价值。

2016 年 10 月 21 日至 23 日，由中国社会科学院文学研究所、中国比较文学翻译研究会联合主办，河北师范大学文学院承办的"翻译与现代中国"学术研讨会在石家庄市召开，来自全国各地 50 多所高校和科研院所的学者参加了此次会议。会议论文及发言涉及翻译思想、翻译伦理、翻译的文化身份、翻译文本研究、作家作品译介、报刊翻译、清末民初时期的翻译机构及情况研究、翻译对中国现当代文学的影响等各个层面，内容十分丰富。在主题发言和分会场专题研讨过程中，与会者围绕作家作品译介、翻译家及翻译史研究、翻译报刊及机构研究、翻译对现代中国的影响等问题充分交流，深入探讨了翻译研究对当代中国文化建设的重要意义。

关于翻译文学史的研究话题，学者们围绕翻译文学史的基本概念和本体定位、翻译与中国现当代文学的关系以及现代翻译伦理的确立问题展开探讨。谢天振指出翻译文学史与文学翻译史之间的区别，并尝试对中西翻译史进行阶段性划分；熊辉认为翻译改变了传统比较文学研究范式，而且拓展了中国现当代文学的研究内容，丰富了现当代文学研究视角，确立了中国现当代文学与外国文学关系研究的重心；耿传明分析了清末知识界看待西学的三种不同态度，并认为比较理想的翻译状态是从主体性过渡到主体间性。只有将译者、读者和原作者三个方面作为独立的主体，在此基础上及逆行对话交流，才能达到理想的翻译状态。

关于翻译与中国现代性的建构，宋炳辉以中东欧文学译介为例探讨了文学译介与中国现代文学的建构。他认为东欧文学与西欧文学译介对中国文学的影响不同，两股潮流互补，共同推动中国现代文学发展；张林杰探讨了 20 世纪初期外来诗歌的接受和翻译与中国新诗的发生；胡景敏指出西方现代艺术译介与中国现代文学思潮的生成有着密切关联；何绍斌重点探讨了翻译活动与新文化运动的关系问题。

针对现代报刊与翻译，赵稀方从翻译倾向和翻译成就两方面介绍了《文艺思潮》的翻译情况，并指出中国知识分子自觉继承和发展了中国现代文学史上的现代主义和纯文学传统，避免了因政治变化而导致中国现代文学传统的消失；邵宁宁探讨了《文学杂志》与 20 世纪 40 年代后期外国文学的译介问题；侯杰重点探讨了《东方杂志》的科学翻译研究。

在关于译者与翻译实践问题的交流中，廖七一围绕"严复术语为何被日语译名所取代"提出自己的观点，认为日语译名与汉语的兼容性、中日文化交流的骤然繁荣、日本化的教育体制与知识体系最终导致了西方概念通过日语借词进入中国；张重岗通过分析章太炎与严复之间的学术交锋来探讨翻译近代性问题；郭刚以《西行漫记》为例探讨了上海"孤岛文学"翻译在译作和文体选择、翻译方式和翻译组织方面的转型。

2016 年 11 月 11 日至 13 日，由中国翻译协会翻译理论与教学委员会和中国英汉语比较研究会翻译学科委员会主办的"第三届中国翻译史高层论坛暨第二届中国南京典籍翻译与海外汉学研究高层论坛"在南京农业大学举行，近百位专家学者参会，共同探讨"中国文化如何走出去"。此次论坛以"典籍翻译与海外汉学研究"为主题，话题涉及"西学东渐"与近代中国的启蒙，"中学西传"与中华文明对欧洲的影响，翻译通史、翻译断代史与翻译专题史研究，典籍翻译与构建融通中外的对外话语体系，典籍翻译的理论、策略及方法研究，汉学家 / 传教士与中国典籍翻译，典籍外译史与海内外译家译作研究，中国文化典籍翻译的海外接受与影响等。

　　2018 年 6 月 23 日至 24 日，由中国比较文学海外汉学学会与上海外国语大学英语学院联合主办，北京外国语大学比较文明与人文交流高等研究院协办的"全国高校国际汉学与中国文化外译学术研讨会"在上海外国语大学召开，来自 87 所院校约 160 位专家学者参加了本次研讨会。张西平指出在从事海外汉学研究中，历史学方法是首要的。从国内学术视角加以把握是基本出发点，从基础文献入手总结出中译外理论亟待展开，而比较文化是基本的方法；谢天振运用译介学理论对国内学界围绕"中国文化走出去"的讨论主要存在的几个方面的认识问题逐一进行了分析；任大援探究了在中西文化交流背景下，基督教人文主义如何在中国发生影响，推动中国学术与文化的进步与发展，而中国文化中的传统因素，又如何对传教士的"人文主义"发生影响；阎国栋倡导外语人应充分发挥所长，积极投身汉学研究，定位自身角色，明确研究对象，丰富外国语言文学学科内涵，促进与其他人文社会科学的相互融通；查明建从比较文学的角度，指出中国文化"走出去"中的诸多问题，比较文学的研究方法和研究成果可作为理论构建的思想资源；王宁指出翻译与跨文化阐释存在密切关系，在中国文化和文学走出去的过程中，跨文化阐释式的翻译可以起到重要作用；季进以"麦家现象"为案例考察"当代文学的海外传播"，指出中国文学本身的巨大变化有时已超出了西方读者的理解与想象的范围，但中国文学需坚守自己的独特风格和价值立场；陈琦阐述了在英语专业培养体系里增设以英文为主要授课语言的"中华文化"板块的必要性。

　　2018 年 10 月 10 日，"中国翻译文学史研讨会暨《翻译与现代中国》发布会"在中国社会科学院文学研究所召开。会议由赵稀方所著《翻译与现代中国》一书引开，从多层面讨论了翻译史研究在中国当代学术生产中的创新意义。针对赵稀方一书的研究，与会学者进行了多维度的讨论。杨恒达认为该书"拓展了翻译史的概念"，杨平也认为其冲击了中国翻译固有的格局，李今强调翻译研究的"跨学科"性质，顾钧讨论了翻译的文化研究对于文学史的研究的拓展作用。程光炜从当代文学的角度，肯定了翻译的维度在诸如延安时期及新时期文学研究中所产生的张力。金惠敏从理论的高度，讨论了外来翻译与中国内在经验的关系。宋炳辉认为，在全球化的今天，当代作家的写作视野和传播，已经不仅仅限于国内，同时也已经延展到世界。刘和平谈及中法两国对于文学名著不同选择背后的文化差异。程凯从柳青的创作经验入手，讨论了苏联社会主义现实主义创作方法引入后如何造成对《讲话》"深入生活"原则的重构，从中可见译介资源之于文学体制的内在影响。张重岗则对于晚清《天演论》与《民约论》的翻译，进行了延伸性讨论。董炳月谈到了日本文学翻译，刘大先谈到汉语与少数民族文学之间的内部翻译，这些都是不可或缺的维度。谢天振认为文化意义上的翻译研究其实出现在各个不同领域，翻译文学史已经到了突破和延展的时机。张伯江对于翻译文化研究的思路表示支持，同时又从语言的角度对于翻译研究相关问题进行了富有建设性的回应。

2018 年 11 月 17 日至 18 日，由中国英汉语比较研究会翻译学科委员会和中国英汉语比较研究会翻译史研究专业委员会主办，四川外国语大学翻译学院和当代国际话语体系研究院承办的"第四届中国翻译史高层论坛暨首届国际话语体系创新研究高层论坛"在重庆举行，共有来自全国 60 余所高校及科研院所的 150 余名专家学者参会。廖七一考察弗兰金仙（Frankenstein）在中国的译介，指出其译介与独立史、衰亡史的集中译介一道，强化了国民对中华民族的认同，推动了民族国家的想象与话语建构；王建开考察民国时期外国文学的转译，提出英译本转译的现象并认为转译是欧洲各国文学走向东方、在中国实现经典化的中介，也是国别文学走向世界文学的普遍途径；段峰通过研究 20 世纪三四十年代英译中国短篇小说集的方法和过程，考查了这些翻译和出版的事件中的翻译选材、翻译策略、译作影响与接受等问题；王寅阐述了翻译史研究对翻译学的重要性，依据"翻译即交际"的基本原理重新解读了翻译简史，并以《红楼梦》中成语翻译为语料阐释了后现代视域下的认知翻译观；刘泽权依据利奇（Geoffrey Leech）和肖特（Mick Short）的文体考察清单，并整合语料库翻译研究的常用考察变量，从词汇、句法、话语 / 思想投射三大方面九个变量上量化考察王际真与麦克休《红楼梦》英语节译本的语言特征，并对比分析了其风格异同；张旭提出撰写一部现代湖南翻译史论的初步构想，阐述了这项研究的理论背景和主要内容，同时提出区域翻译史研究的新方法和新途径；蓝红军回顾了中国古代翻译研究的困难，指出民国时期中国翻译研究的特征及其相关话题；朱振武阐述了汉学家的译介如何影响中国形象在异域的变迁，指出了汉学家英译存在的问题，提出了解决问题的四种路径；潘红聚焦曾广铨译英国作家哈葛德小说《长生术》中的节略和增补，揭示了译本在言说与沉默之间的思想内涵，阐述了译本话语的社会实践意义；张广奎以当莎士比亚十四行诗为例，指出译者、阐释者、朗诵者、表演者等翻译阐释演绎该作品时，受众是被操控的这一事实；黄勤以离散译者王际真英译本和沙博理英译本为研究对象，探索两位离散译者不同的文化身份对译文内容选择及译文表达上的影响；贾洪伟从属性、内容、任务或目标角度对何为翻译史进行了界定，梳理了我国翻译史的现状，对翻译史研究中存在的学术问题、意识与规范问题和管理问题展开了论述；王东风从中国汉唐以来的历史入手，指出翻译事业兴衰的曲线与中国国运兴衰的曲线大体一致，又从当代翻译学的角度讨论了翻译与国家开放程度的关系；曹明伦指出对外文化传播活动往往会借助于翻译，但不能把这些传播活动等同于翻译，并以丰富的例证就中国文化如何外译给出独到的见解；欧阳东峰梳理了目前历史学研究方法的主要概念和基本体系，以及适用于历史学的各类方法，从方法论的角度评价了历史学研究方法在翻译学研究上的优势和局限并提出建议；王银泉介绍了传教士对中国人文经典著作进行译介的代表作品，挖掘了翻译史研究的现代意义及其丰富内涵；马士奎从在英国、美国、印度、中国出版的主要藏戏英译本入手，梳理了近百年来传统藏戏在英语世界译介的历史，考察了翻译主体背景及其翻译动因和翻译理念，总结出藏戏西传过程中的种种问题；魏家海考察了宇文所安唐诗形式对称的翻译策略，分析了宇文所安唐诗形式对称翻译的因循和重组方式，发现形式对称是用来解释唐诗美学价值的理据；严晓江以霍克思（David Hawkes）所译《九辩》，透视《楚辞》全译本的基本风貌；刘瑾玉以新发现的《原富》1869 版和 1880 版两个英文底本、严复的底本手批、译本《原富》和修订稿为研究依据，对编者罗哲斯注释和严译本《原富》中的按语进行文本细读与比较，发现了严复在按语中构建的"经济思想"的三大来源；王一多以时空旅行与间距概念引入，阐释了格义、反向格义和改写三种概念转换方法，就话语体系构建提出了建议。

2019 年 5 月 4 日，由上海外国语大学《外国语》编辑部主办，华东政法大学科研处与外国语学院承办的"历史进程中的翻译——纪念'五四运动'100 周年暨第三届《外国语》翻译研究高层论坛"在华东政法大学召开。束定芳在致辞中指出，研究"五四运动"与翻译的关系以及翻译如何改变了中国社会和文化的走向，实际上是在更高的层面上研究翻译的本质和价值，研究语言、文化交流与人类进步的关系。许钧聚焦"五四运动"前后翻译活动和语言的关系，指出语言革新是文化革新与思想革新的基础，而翻译对白话文运动的成长和语言革新起到了多方面的作用；王克非通过梳理"五四"前后的重要翻译活动，围绕思想、文学、语言三个方面阐述了翻译在"五四"时期和新文化运动中的重要作用；廖七一指出现代翻译规范能够得以确立，一个重要途径便是译作的经典化，而《新青年》对此做出了不懈努力；蓝红军考察了"五四"时期中国翻译思想从传统向现代的转型，"五四"之后学者们开始从民族国家角度考察翻译的社会功用，翻译被赋予了语言与文学创新功能、思想革命功能和社会建构功能；王东风将福柯的谱系学应用于诗歌翻译史研究，以全新视角考察"五四"以来中国西诗汉译的历史；王建开指出应推进文学翻译对中国社会进步的推动作用；何辉斌对 20 世纪出版的文学作品进行全面统计，总结出外国文学翻译出版的齐普夫曲线；宋莉华考察了近代传教士翻译活动在语言、体例、叙事技巧等方面的变革；屈文生介绍了北洋政府组织的近代中国首次法律外译活动，指出其具有反帝反封建的意义，与"五四"精神相契合；谢天振就重写翻译史的问题进行深入探讨，指出翻译史的书写必须关注翻译的跨语言转换，跨文化、跨民族、国家的转换以及跨学科的特点。

2019 年 9 月 21 日至 22 日，由中国英汉语比较研究会翻译史研究专业委员会主办、内蒙古师范大学科学技术史研究院承办的"第五届全国翻译史研究高层论坛"在内蒙古师范大学举行，来自国内外 70 多所高校及科研机构的百余位专家学者出席了论坛。此次论坛以跨学科视野为主题，相关研究视野开阔，涵盖了医学、天文学、物理学、宗教学、符号学等学科。此次翻译论坛议题丰富，主要包括翻译史理论、文学翻译史、汉译外籍史、科技翻译史、译者研究等。

穆雷结合 MTI 翻译史课程多年的教学实践与反思，对课程教学内容调整提出建议，涵盖翻译与人类社会各个层面、各种活动的互动；方开瑞探讨了翻译史的研究模式，认为翻译史作为一种专门史，应涵盖翻译的语言、实践和创造三个层面；刘瑾玉对哈佛大学费正清中国研究中心开设的"中国晚清史研究方法"课程所使用教材《清季史料入门》的历史脉络和文本特征进行了梳理，探讨西方汉学界如何通过翻译来分析和使用清史资料；任东升就国家翻译实践史书写中的关键术语加以解析，认为中国翻译研究话语体系既需要创建概括力、解释力、预见力强的术语体系，也需要考虑其中国特色内涵的对外精准传达；杨承淑通过一手数据，呈现了台湾日据时期（1895—1945）教材编撰过程中对台湾民众话语的采集与编译情况；段峰以 20 世纪中国文学自译活动为研究对象，以微观史的理论和方法为指导，提出了 20 世纪中国文学自译史书写的可能性和原则，具有文学自译史书写的方法论指导意义；王建开考察了"五四"前后中国通过英语转译欧洲国家以及部分亚洲小国文学的热潮，探讨其世界文学的意义；黄勤以译者行为批评理论为依托，从译者身份的角度对比分析沙博理和王际真英译《家》的译者行为，阐明不同的译者身份对其翻译行为的影响；王银泉考证了 1644 年抵达中国的波兰传教士卜弥格（Michel Boym）如何通过中医翻译传播中国文化，成为中医文化西传的拓荒者；金学勤以《论语》英译为个案，管窥西译中国文化典籍的几个重要阶段及其历史背景，展示了西方社会理解或误解中国的过程；张旭考察了民国时期湖南科技翻译的整体面貌，指出"经世致用"对民国时期的科技翻译无论在数量还是质量上都起到了积极的改观作用；陈力卫考察了汉语中大量存在的"–力""–性"结构名词形成的渊源；张景华通过梳理"西学中源说"的缘起和发展历程，分析其对近代西学术语翻译的影响；马士奎在梳理潘光旦的翻译实践成就的基础上，对其翻译思想进行了系统考察；黄克武以佛教为例，探讨严复、梁启超、太虚大师等人如何将佛教因果观与天演理论相调和，以此考察严复翻译的《天演论》对清末民初中国佛学思想的冲击；沈国威则关注赫胥黎的作品，特别是《天演论》在日本的翻译和传播情况。此次论坛正式宣布了中国英汉语比较研究会翻译史研究专业委员会的成立，以及翻译史研究专门刊物《翻译史论丛》将于 2020 年公开发行，翻译史研究自此有了全国性的学会以及专门的刊物。

2019 年 10 月 25 日至 28 日，由中国比较文学学会翻译研究会、中国翻译协会翻译理论与翻译教学委员会、全国翻译专业学位研究生教育指导委员会和《东方翻译》编辑部共同主办，湖南大学外国语学院承办的"翻译学科：回顾与展望"高层论坛在湖南大学举行。与会专家与代表们围绕翻译学科发展这一主题展开了全面深入的探讨，确定了回顾型研究和前瞻型研究在翻译学科发展过程中的重要地位，并对翻译史研究的回顾与展望也进行了探讨。穆雷认为翻译理论建设首先要重新认识中国译论和西方译论，翻译理论创新必须从国家需求和社会需求出发。谢天振从"人""物""事""地""思"五个方面提出了翻译史研究的切入口和方向，他认为在重写翻译史的过程中，应该要研究那些由于种种原因被翻译史遗忘的翻译家们，应该在新时代背景下重新认识和阐释历史上的翻译作品，从翻译的角度去重新认识历史事件，关注特殊历史时期特殊地域的翻译活动，重新思考和阐释历史上的翻译思想和理论。赵稀方则从翻译思想史和翻译文学史的角度提出了翻译史研究的新方向，他认为在翻译史研究过程中应该研究翻译对等到翻译偏离的演变过程，着重研究翻译偏离的条件，认为翻译研究是研究中西思想之间冲突、交汇和协商过程的切入口。柴明颎指出"回顾"意味着一方面要站在新的历史高度上，重新阐释和界定历史上已经研究过的翻译问题和现象；另一方面还要去界定和阐释历史上没有被发现的翻译问题和翻译现象。

2020 年 7 月 22 日，由《外语教学与研究》编辑部和北京外国语大学历史学院、全球史研究院共同主办的"翻译史上的中外文化交流"云端座谈会以线上形式举行，10 余位专家学者在座谈会上发言，200 多名各地高校师生线上旁听会议。王晓路阐述了翻译对思想文化的激发、塑造和推动作用；查明建回顾了我国 20 世纪 80 年代的翻译状况，指出翻译带来了新知与话语资源；顾钧以鲁迅等现代作家为例，阐明了翻译对中国现代文学发生的巨大作用；沈国威梳理了 19 世纪末 20 世纪初国内对日本书籍的翻译情况，认为其对知识体系、语言和文体的发展均有助益；李雪涛透过"中德学会"这一机构的运作探讨了德国哲学在汉语世界的重构；车琳以法译《水浒传》和《红楼梦》为例，认为"翻译首先是调和"，要在原语与译入语间寻找平衡和妥协；王军通过《神曲》和《十日谈》的翻译情况介绍了意大利文学在中国的译介和影响；宁琦总结了百年来俄苏文学在中国的译介，探讨其对中国文学、国人精神思想及中俄文化交流的影响；丁超根据"十七年"间东欧文学的译介提出翻译工作要坚持中国文化的主体立场，将翻译构建在研究之上；薛庆国以《古兰经》等阿拉伯语经典作品为例，阐述了非语言因素对文化经典翻译的影响。

第 3 章
近十年中国翻译史学理论研究成果

　　中国翻译史研究所呈现出来的多维研究视角既是研究不断深入和拓宽的表现，是翻译史学理论不断创新和突破的结果，也是广大学者努力构建翻译史学理论框架的表现。那么，"翻译史学理论"研究的范畴和内容具体有哪些呢？黄焰结（2014：94-95）曾分析，"翻译史学理论，是对翻译史书写、翻译史理论和翻译史学自身问题的理论探索"，而具体的研究则可从两个方面着手："（1）探讨翻译史研究过程的理论，即如何研究翻译史和为什么要这样研究翻译史的理论探讨……涉及翻译史料学、译史的书写模式研究（如何发掘、整理和编撰翻译史）、译史的元语言研究（对书写翻译史的语言话语的批评研究）、译史阐释理论探讨（批评以往的翻译史论、探讨用什么样的理论话语或框架来解释翻译史实），以及对译家与译作的评价理论、译史批评理论、译史的定义、类型与特征、译史的目的与范围、译史的分期理论、译史发展的客观规律和辩证过程等问题的探索；（2）翻译史研究本身的理论探索，涉及翻译史学的学科性质与研究对象、翻译史学史、翻译史学的价值与功能、翻译史学的层次结构等方面的研究。"黄焰结对翻译史学理论所触及的方方面面进行了详尽的阐析，展示了翻译史学理论研究的范畴和内容，不失为其他学者深入研究的理论依据。因而本章沿用黄焰结提出的"翻译史学理论"这一理论话语，以他构建的翻译史学理论研究内容框架为述评参考[1]，并适当扩充对翻译史研究理论成果进行分析的视角，总结和述评近十年来学界对翻译史学理论进行的探索和提出的创见，指出研究

1　黄焰结认为"译史的定义、类型与特征、译史的目的与范围、译史发展的客观规律和辩证过程等问题的探索"属于探讨翻译史研究过程的理论；本文认为此类研究更倾向于研究翻译史本身。所以本文将与之相关的研究成果归纳到了"翻译史研究本身的理论探索"这一小节。

不足和薄弱之处，以启来者。本章将从翻译史学理论的元语言研究、翻译史料学研究的发展、翻译史书写模式研究的发展和翻译史阐释理论的跨学科发展四个小节进行分别论述。

3.1　翻译史学理论的元语言研究

翻译史研究理论话语是翻译史研究作为一个独立的译学研究分支所具有的话语身份标签，是翻译史研究系统化、成熟化和深化的象征及体现，也是其概念依据或语言支撑。在一定程度上，理论创新多体现在新的理论话语的表达，而新的理论话语的表达则源自对实践活动更深层次或全新视角的认知。翻译史研究理论话语既可提炼自对"翻译史研究过程"的理论探讨中，也可提炼自对"翻译史研究本身"的理论探讨中。（黄焰结，2014：95）本章从"理论话语表达"的角度进行述评，是由翻译史研究的重要学科地位所决定的。例如，曹明伦（2013：167）在构建的翻译理论定位图中指出，翻译理论与"翻译史和翻译批评一道构成翻译学的三个有机部分"。罗列、穆雷（2010：14）指出，"作为二级学科的翻译学下设三级学科大体有：普通翻译学、应用翻译学、对比翻译学、文学翻译学、专业翻译学、口译研究、翻译技术研究、翻译管理、译介学、翻译史研究等"。可见，翻译史研究的"三级学科"地位是明确的。所以，翻译史研究需要更加丰富的理论话语以进行话语体系的建构和话语身份的巩固。黄焰结指出，翻译史学理论研究包括"译史的元语言研究（对书写翻译史的语言话语的批评研究）"。实际上，也有不少学者提出过颇有见地的相关理论话语，但就话语的评判研究还不多见。本章梳理出的与"翻译史研究"密切相关的理论话语本身就是为了探讨翻译史研究的类型、特征、范畴等问题，是翻译史学理论发展的重要体现之一。其中"探讨翻译史研究过程的理论话语"有国家翻译实践史、女性翻译史、翻译口述史、自译史、区域翻译史、翻译手稿等一系列表示研究内容或方向的特有表达；"探讨翻译史研究本身的理论话语"的有翻译史论、翻译史引论、元翻译史论、翻译史实践、翻译史学实践（翻译史论）、翻译史学理论、翻译史学、翻译史学史等。由于"探讨翻译史研究过程的理论话语"表达的概念内涵和外延都比较清晰，多不存在歧义和混淆，因此本节重点讨论抽象概括程度较高，且与翻译史研究本身紧密相关的理论表达，也即翻译史学理论研究的理论话语（按理论话语提出的时间先后顺序进行阐述）。

3.1.1　翻译史论、翻译史引论、元翻译史论

易经（2009）论述了"翻译史引论、翻译史论、元翻译史论"三个概念。他指出"翻译史论以翻译实践和翻译理论的发展历程为主要研究对象，另外还探讨翻译史论自身的发展问题"（2009：203）。易经是按照研究内容对翻译史论进行的分类，并未将"史"和"论"按照研究层次分疏而论。从本质上而言，易经所论述的"翻译史论"与"翻译史研究"同义。而易经（2009：216）以"翻译史论"作为该研究分支的命名，并建立了研究框架图（图3-1），意图赋予"翻译史论"更学术、更权威的学科地位和意义。那么，理解"史论"的概念就成为一个重要的前提。

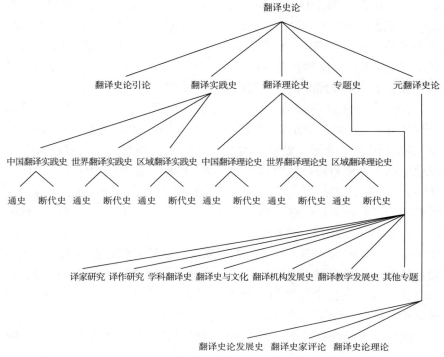

图 3-1　**翻译史论的结构图**（易经，2009）

"史论"一词有两种解释。第一种解释为,"史""论"二字并置却异义。"史"多指史料的考据。我国传统的治史理论特别注重扎实的文献功夫,傅斯年(2003:253)提出的"史学即是史料学"的观点对后辈治史学者影响深远,考据派的历史研究法对理论不甚重视。而"论"则强调在考据史料的基础上,要对史料进行分析和阐释。何兆武(1996:39)曾总结:"历史学本身就包含有两个层次,第一个层次(历史学Ⅰ)是对史实或史料的知识或认定,第二个层次(历史学Ⅱ)是对第一个层次(历史学Ⅰ)的理解或诠释。"重史轻论,则难以从历史中总结出对现世有所借鉴意义的经验或教训总结;重论而轻史,则容易使研究陷入空谈、误谈,反而造成错误或者不公允的历史判断。"史""论"结合,尤其注重以"论"带"史",是历史研究所应秉承的重要原则。

第二种解释(贾洪伟,2018:109)为,"史""论"二字并置表示一个概念,它"并非是史学研究中史论结合的范式,而是包括历史评论和史学评论两个范畴的文本类型"。周文玖(2006:38-39)分析,历史评论"一般指史家对于自己或他人记述的历史发表评论",其对象"通常是史事或者说历史的内容";而史学评论也叫史学批评,"指人们对史家、史书或某一种史学现象、史学思想的评论,与对史实或一般历史人物所做的评论有别"。显然,易经所说的"史论"肯定不是史学专业所特指的一种文本类型。因此,对"翻译史论"取第一种解释比较合理。

翻译史研究这一称谓,学界已经惯用,但它只强调了研究对象为"史"的这一个事实,而体现不出研究对象的分类和研究层次。"翻译史论"则既包含了翻译"史料"的挖掘、爬梳和整理之义,也包含了从理论层面上对史料进行分析和阐述之义。因此,在翻译史研究理论话语体系中,"翻译史论"似乎比"翻译史研究"更具含义的具体化指示意义。译界使用"翻译史论"这一术语的学者不乏其人(王克非,1997;林大津,2013;张旭,2014;刘泽权,2016),但略微遗憾的是,具体阐释"翻译史论"义理的人不多。从某一侧面来说,学界对翻译史研究理论话语表达和提炼的意识并不强烈。易经本人也并未就"翻译史论"的概念进行分析,并且在文中频繁与"翻译史研究"进行互用,如此一来,"翻译史论"这一理论话语的概念功能就大大削弱了。

此外,易经在翻译史论框架图中勾勒出了五个具体的研究内容:翻译史论引论、翻译实践史、翻译理论史、专题史和元翻译史论。其中，"翻译史论引论是翻译史论的概括描述性分支，它从整体上对翻译史论进行一般描述，如翻译史论的任务和功能、研究对象及其简介、研究方法和途径等。不开展具体研究"；而"元翻译史论……研究翻译史论自身，即讨论涉及翻译史论本身的发展和研究状况的课题，包括翻译史论发展史（对翻译史开展研究而形成的理论的发展历程）、翻译史家评论（对研究翻译史的专家及其成果进行全面评价）及翻译史论理论[1]（涉及史学研究的一般理论和翻译史论研究的特定理论，如史学研究的哲学思想基础、方法论等都属这一类）"。（易经，2009：215）该框架图实际上是将翻译的历史研究划分为了三个层次：不涉及具体研究的翻译史论引论、具体研究、对具体研究的再研究。该研究框架图的构建是在翻译历史研究的历史中，从整体观出发，将翻译历史研究作为一个独立研究分支进行的第一次研究理路探索。其他的学者在各自的翻译学研究图谱中，都给翻译历史研究划出过一定位置，但由于研究的主题和重心并不在翻译历史，所以都并未就翻译史研究的内容进行具体深入探讨。

　　在易经建立的翻译史论框架图中，本章所着重论述的"翻译史学理论"属于其论述的"元翻译史论"的范畴。虽然没有给出"翻译史理论"的具体概念，但易经（2009：215）列举了部分研究内容："涉及史学研究的一般理论和翻译史论研究的特定理论，如史学研究的哲学思想基础、方法论等都属这一类。"然而笔者认为，该框架仍存在一些白璧微瑕之处。首先，框架所论述的翻译史论引论、翻译史家评论，甚至是翻译实践史、翻译理论史和翻译专题史中都含有或者体现出了的理论追求和创新，脱离史料而架空的翻译史学理论，其现实指导意义是值得怀疑的。因此框架对翻译史学理论的理解和其学科定位是从狭义的、概念局限的视角考虑的，而本章选取的研究切入点则是指更广阔、体现于翻译史研究实践过程中的理论思维之光。其次，该框架对"翻译实践史"以地理概念为导向进行"中国""世界"和"区域"的三分，然后再分别以时间为导向进行二次划分，陷入了仅按"时空"主线进行翻译史研究范围划定的局限之中。事实上，任何主题的翻译历史研究都必然涉及多种分类要素的混合。此外，框架将"专题史"与"翻译实践史"等

---

[1]　易经在其博士论文中使用的是"翻译史论理论"一词，但是在框架图中，使用的却是"翻译史理论"，用语存在误差，可能是由于疏忽所致。

对立起来，割裂了二者的重叠之处，例如对翻译家和特定学科的翻译史研究，都必须探讨大量的翻译实践活动。鉴于此，贾洪伟（2019：118）也提出，当下的翻译史研究出现了"人物志与专题史交错混杂"等问题。所以，要建构一个整齐划一的翻译史论图谱最终大都会流于简化或者不完美，也常容易受人诟病。但是，框架提出的诸多理论话语在丰富翻译历史研究的话语体系和提升翻译历史研究在翻译学研究体系中的位置和重要性等方面都做出了重要贡献。

3.1.2 翻译史实践、翻译史学实践（翻译史论）、翻译史学理论

和易经按照内容来划分翻译历史研究的对象不同，黄焰结从翻译历史研究的层次出发进行界定。他认为，"一般意义上的翻译史包括两层含义：（1）人类过去的翻译经历；（2）对人类过去翻译经历的描述与研究。前者是历史上有关翻译的事件和现象，是描述和研究的对象与前提，可以称为'翻译的历史'；后者就是一般意义上的翻译史研究，既包括撰写历史的活动，也包括对译史这门学问发展的研究，可以称之为'翻译史学'。换言之，'翻译的历史'是抽象的客观历史存在，而翻译史研究则是对人类翻译历史的认知与探索，最终会产生具体的学说、著述，乃至构建翻译史学科或者知识体系"（黄焰结，2014：93）。按照黄焰结的论述，他认为翻译史研究的本质特征就是"论"。同样，他构建了翻译史研究层次图，如图 3-2 所示。[1]

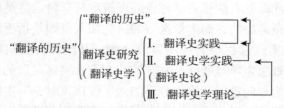

图 3-2　翻译史研究的层次（黄焰结，2014）

1　黄焰结在文中用括号备注"翻译史学实践"等于"翻译史论"，但是在层次图中，却写成了"翻译史学"，造成了两个"翻译史学"同时出现在不同的层次，可能是笔误所致。

但是，和易经所阐述的"翻译史论"理论话语的表达不同，黄焰结（2014：93）提出了"翻译史实践""翻译史学实践（翻译史论）"和"翻译史学理论"三个理论话语。其中，"翻译史实践是译史研究的基础层次，主要关涉翻译现象的过程描述，翻译史料的发掘、辨伪、梳理与记载等基础性工作……研究内容覆盖一般翻译史、文学翻译史、翻译理论（思想）史、宗教（佛经、《圣经》等）翻译史、民族翻译史、典籍翻译史、科学翻译史、口译史、翻译出版史、翻译家口述史、翻译学（或翻译研究）史等，描述的对象包括翻译活动（精英文化的和大众文化的）、翻译事件、翻译人物（群体的与个人的）、翻译作品、翻译机构、翻译流派等。简言之，翻译史实践是人们对翻译史实的最基本认识，尽量如实展现翻译史'是如何'，长于对翻译史料的爬梳整理，但疏于对事件的解释和历史联系的分析"；翻译史实践所产生的"具体"翻译史研究类型包括"叙述性的翻译史话""注重史料发掘和翻译现象历史过程描述的翻译实践史""发掘与整理历史上有关翻译思想和批评话语的翻译理论史""翻译史料发掘与整理的汇编""记录和描述有关翻译活动的文献工具书"。黄焰结"翻译史实践"理论话语及概念的提出，几乎可以将所有具体的翻译历史研究活动都概括到这一范畴之下，具有重要的概念整合功能。实质上，翻译史实践符合何兆武（1996：39）所论述的历史学本身的"第一个层次"，即"对史实或史料的知识或认定"。

黄焰结（2014：94）继续阐述，"翻译史在不断地被重新记录和描述。但在这一过程中，只有那些具有典范性的描述才会被引用，并能够继续参与到新的描述中去，而一般的描述性作品则逐渐被遗忘"。所以，如果翻译历史研究始终停滞在翻译史实践的层次，无法真正实现史料历史意义的呈现，也无法实现翻译史料的历史流传和记忆。因此，他提倡要进行"揭示翻译活动与翻译思想发展变化的成因及其与社会变迁的关系"的阐释性工作，也就是翻译史学实践，"是翻译史实践基础上的提升，基于史料，运用一定的理论来解释翻译现象，或以论述史，或以史带论，史论相结合，揭示翻译产生、传播和接受的过程及其影响，以透视翻译与社会文化的历史关联"（黄焰结，2014：94）。黄焰结所阐述的翻译史学实践符合何兆武（1996：39）所提出的历史学的"第二个层次"即"对第一个层次的理解或诠释"。黄焰结认为翻译史学实践，又可以称之为"翻译史论",侧重的是"论"而非"史",这与易经将"翻译史论"这一术语设置为三级学科命名的意义是完全不一样的。

黄焰结(2014:94—95)所定义的翻译史研究的第三个层次是翻译史学理论,"是对翻译史书写、翻译史理论和翻译史学自身问题的理论探索,以翻译史实践和史学实践两个实践层面为研究对象,对它们进行反思并进一步指导,可以说是完善翻译史研究的'元研究'"。具体的研究内容包括"(1)探讨翻译史研究过程的理论,即如何研究翻译史和为什么要这样研究翻译史的理论探讨……涉及翻译史料学、译史的书写模式研究(如何发掘、整理和编撰翻译史)、译史的元语言研究(对书写翻译史的语言话语的批评研究)、译史阐释理论探讨(批评以往的翻译史论、探讨用什么样的理论话语或框架来解释翻译史实),以及对译家与译作的评价理论、译史批评理论、译史的定义、类型与特征、译史的目的与范围、译史的分期理论、译史发展的客观规律和辩证过程等问题的探索;(2)翻译史研究本身的理论探索,涉及翻译史学的学科性质与研究对象、翻译史学史、翻译史学的价值与功能、翻译史学的层次结构等方面的研究"。总而言之,"翻译史学理论回答'如何认识翻译史'的问题,是翻译史认识论和方法论方面的思考,它既是翻译史研究的最高形态,又是考察翻译史的总体指导思想和最根本的方法论"。

从整体来看,黄焰结对翻译史研究的层次划分所做的阐释和分析可谓细致入微,而且层次划分法也显示出了相较于内容划分法的优越性。当然,以研究层次划分并非将不同的研究类型完全割裂开来,三个层次之间并不存在明确的分界线,且在很多的研究项目中,三个层次的翻译历史研究往往是结合在一起的。例如,邹振环(2017)梳理了1902年以来中国学者对翻译历史研究的著述,并且分析了这些研究成果的特点、优缺点及其在学科史中的地位、价值和意义。易经构建的翻译史论框架图相对显示出了研究的规定性,黄焰结的层次分析法并不是规定性的研究结论,而是通过描写研究方法指出了翻译史研究潜在的研究空间,也让广大学者在对中国翻译历史研究的再梳理后意识到目前研究体系中所存在的空白和薄弱之处。其次,黄焰结(2014:94-95)认为,翻译史学理论"可以说是完善翻译史研究的'元研究'",此处的"元研究"与易经所阐述的"元翻译史"研究,虽然在表述上存在一定的相似性，但是在概念的内涵和外延上差异较大。易经将"翻译史理论"划归在了"元翻译史"范畴之下，也就说"元翻译史"研究中有一部分并不涉及理论问题的探讨，例如对翻译历史研究成果纯粹的梳理和总结，同样属于资料的收集，并不具有理论思索的性质。因此，若将"翻译史学理论"等于同翻译史的"元研究"，还值得商榷；但是说"翻译史学理论"具有"元研究的性质"，是完全说得过去的。然而，黄焰结提出的"翻译史实践"和"翻译史学实践"两个术语，略显聱牙，不易通用，须结合其定义反复理解，方能领会。

3.1.3 中国翻译史学、中国翻译史学史

邹振环（2017）提出了另外一组概念：中国翻译史学和中国翻译史学史。邹振环（2017：2）认为，将中国"翻译活动的演变作为一种独立的研究对象来进行考察"即是中国翻译史的研究，而"中国的翻译史学应该包括两大方面：一是对翻译史学科的原理、方法做出理论的概括，可以称之为中国翻译史学理论或者中国翻译史学原理；二是对中国翻译史研究的进程加以历史的梳理，即本文所要讨论的翻译史学史。中国翻译史学史和翻译史学原理，构成了中国翻译史学的基本范围，它们都是建立在对翻译史研究进行综合考察的基础上"。简而言之，翻译史学包括翻译史研究理论和翻译史学史。但是不难发现，邹振环所阐释的"翻译史学"概念并不包括翻译实践史、翻译理论史等具体史的研究内容，而是纯粹从历史学科专业视角出发，将"翻译史学"视为研究翻译这一门学科的历史发展规律的专门史。因此，赋予了"翻译史学"学科史研究的地位、价值和意义。

而中国翻译史学史"是指对中国翻译的这门学科史研究的进程，加以资料的梳理和历史的反思"，"是指对翻译史学科自身客观历史进程的反省，即研究者主体对这一历史客观研究进程的理解和把握，这便是以撰著形式出现的中国翻译史学史"。"换言之，它实际上是对中国翻译史研究的再研究"，"它要对中国翻译史学科的起源与发展、历史与现状、分期与分派、动因与动向等问题，进行考察、梳理、排比和阐说，即中

国翻译史的学术研究史和学科发展史"。"中国翻译史学史是对翻译史研究本身的认识与探索，旨在促进译史研究的发展，对于构建中国翻译史的学科身份，有其不可替代的作用"。（邹振环，2017：6-8）但是，邹振环并没有像易经一样，试图构建一个体系完备的翻译史研究层级图或者框架图，而是对已有的翻译史书写的体例或主题等进行了梳理，从而总结出了文学翻译史和翻译文学史、科学翻译史、译学理论与翻译思想史、翻译出版传播史、翻译教学史、断代翻译史、民族翻译史与区域翻译史、翻译文化史与比较翻译史、翻译家自述、口述和访谈等诸多翻译史研究课题，以及其他的翻译史史料整理和研究活动，例如翻译史专题资料的汇编、论文集出版、翻译词典的编纂等。尽量将一百多年来翻译史研究的成果进行科学的梳理和分类，而留下更多开放的空间给将可能出现的其他研究视角或者理路。

　　邹振环（2017）认为"中国翻译史学"可以称为"中国翻译史学理论"，这与黄焰结所提出的概念差异较大。在黄焰结的翻译史研究层级图中，"翻译史学"同义于"翻译史研究"，是具有三级学科统摄意义的学科称谓词；相比之下，邹振环所提出的"中国翻译史学"更为窄化。其次，邹振环（2017：2）称，"'中国翻译史学史'的概念近似于易经所阐述的'元翻译史论'"，但实际上前者只是后者的一部分，如"翻译史论发展史"和"翻译史家评论"，具有窄化后者含义的倾向。

3.1.4　翻译史学、翻译史论

　　贾洪伟（2018：109）论述了"翻译史学""翻译史著"和"翻译史论"三个概念。他对"翻译史学"的定义如下："翻译史学就是研究和阐述翻译作为人类社会发展过程中的历史事件及其发展规律的科学，内容可针对译者、翻译管理者、翻译赞助人等的话语汇编，可以是翻译作为历史事件的发展脉络重构，可以是翻译作为社会行为的动机和影响研究，也可以是翻译标准、翻译理念、历史作用等的纵深挖掘。"贾洪伟对"翻译史学"的定义也侧重对史实的分析与论述，也就是说重"论"。他的定义与黄焰结提出的"翻译史学实践"、邹振环提出的"翻译史学理论/原理"相似,却并不等同于邹振环定义的"翻译史学"。在贾洪伟(2018:109)的概念体系中,"翻译史论就是有关翻译史和翻译史学的评论,前者指翻译史家对记述翻译的史实发表评论,或鉴别史实真伪,或指明遗漏,或指出其他有关史实的不足;后者指翻译史专家和学者针对翻译史家、翻译史著或某一翻译史学现象、翻译史学思想等做出专业性的评论"。他是将"史论"作为一种文本类型而进行的论述,并非对"史"和"论"分别视之。其对"翻译史论"的定义与易经所论述的"元翻译史研究"之下的"翻译史家评论"或邹振环提出的"翻译史学史"颇具相近的功能。但与易经提出的"翻译史论"和黄焰结所提出的"翻译史学实践"(翻译史论)则较为不同。

3.1.5 翻译史学理论话语的比较

上文对不同学者提出的翻译史学理论话语及其概念进行了分析和阐述,从中可以发现,不同学者对翻译史研究的范畴存在不同理解,对同一理论话语的定义也存在较大分歧。翻译史学理论话语没有实现统一,容易引起概念的混淆和误解。鉴于此,本节将对各个理论话语的概念内涵进行比较,以期引起广大学者的注意。

首先,作为二级学科翻译学下的一个重要研究分支,"翻译史研究""译史研究""翻译史论""翻译史学"都曾被不同学者用来冠其名,其中"翻译史研究"和"译史研究"在学界使用的范围和频率最广。其次,在翻译史研究[1]的不同层次中,侧重于史料挖掘、辨伪、梳理等研究工作的理论话语有"翻译实践史、翻译理论史、专题史"(易经,2009)、"翻译史实践"(黄焰结,2014)等;侧重于史料阐释的理论话语有"翻译史学实践(翻译史论)"(黄焰结,2014)、"翻译史学"(贾洪伟,2018);侧重于从理论的高度出发研究指导翻译史研究的一般规律、揭示翻译史研究本质特征等的理论话语有"翻译史论引论、翻译史论理论"(易经,2009)、"翻译史学理论"(黄焰结,2014)、"翻译史学理

---

1   为实现文中理论话语表达的一致,本文此处采用使用频率最高的"翻译史研究"
     一词。

论/原理"（邹振环，2017）。最后，关于对翻译史研究的再研究，则关涉到"元翻译史论"和"翻译史学史"两个旨意比较相近的理论话语。

换一个角度比较，我们可以看看同一个翻译史研究理论话语到底具有多少种不同的表达含义。首先，"翻译史论"既用来表达"翻译史研究"这个三级分支学科的名称（易经，2009），又用以表达对翻译史实的阐释（黄焰结，2014），还用来表示一种翻译史和翻译史学的评论，是一种历史文本类型（贾洪伟，2018）。其次，"翻译史学"既可以用来表达"翻译史研究"这一三级分支学科的名称（黄焰结，2014），又可以表达对翻译史实的阐释（贾洪伟，2018），还可以表达翻译研究这一科学的学科专门史。

总而言之，通过对翻译史学理论的元语言研究可知，若要推动翻译史学理论的创新与发展，理论话语的表达和统一是一件重要的基础性工作。本文沿用黄焰结对翻译史学理论的定义作为本章的依据，即：

> 翻译史学理论是对翻译史书写、翻译史理论和翻译史学自身问题的理论探索，以翻译史实践和史学实践两个实践层面为研究对象，对它们进行反思并进一步指导，可以说是完善翻译史研究的"元研究"。具体的研究内容包括（1）探讨翻译史研究过程的理论，即如何研究翻译史和为什么要这样研究翻译史的理论探讨……涉及翻译史料学、译史的书写模式研究（如何发掘、整理和编撰翻译史）、译史的元语言研究（对书写翻译史的语言话语的批评研究）、译史阐释理论探讨（批评以往的翻译史论、探讨用什么样的理论话语或框架来解释翻译史实），以及对译家与译作的评价理论、译史批评理论、译史的定义、类型与特征、译史的目的与范围、译史的分期理论、译史发展的客观规律和辩证过程等问题的探索；（2）翻译史研究本身的理论探索，涉及翻译史学的学科性质与研究对象、翻译史学史、翻译史学的价值与功能、翻译史学的层次结构等方面的研究。（黄焰结，2014：94-95）

虽然在相关学者的概念体系中，侧重翻译史实阐释意义的"翻译史学实践（翻译史论）""翻译史论""翻译史学"并没有被直接归入到翻译史学理论的范畴之下，但是不应该忽视，在解释与阐述的过程中，往往伴随着对理论的思索和合理运用，这也是翻译史学理论的一部分。因此，本章后三节，便是从"翻译史料学""译史的书写模式研究（如何发掘、整理和编纂翻译史）"以及"译史的阐释理论探讨（批评以往的翻译史论、探讨用什么样的理论话语或框架来解释翻译史实）"三个重要方面着手，述评近十年来中国翻译史学理论研究的新突破。

3.2　翻译史料学研究的发展

李良玉（2001：42）提出"史料学就是关于分析和运用史料的知识方法和某些领域具体史料的研究。所谓分析史料是指确认史料的真实性和有效性……广义上说，人们历史上遗留下来的一切文字资料、实物和遗迹都有史料的意义，但它们不可能都是有价值的史料……从根本上说，史学研究的水平取决于占有史料和分析运用史料的水平，因此，史料学是历史学的核心内容"。由此可知，翻译史料占有和分析的水平也直接决定了翻译史研究的水平，因此开展翻译史料的研究是非常重要的课题。2007 年，王建开发表了《翻译史研究的史料拓展：意义与方法》一文，是较早具有翻译史料学研究意识的学者之一。

郑锦怀、岳峰（2011）也探讨了这一主题。他们将翻译史料分为"直接翻译史料"和"间接翻译史料"两种，直接翻译史料包括"原始的报刊译文""原始的译本单行本""（译）文集里的译文""译作未刊本""译者及其同时代人物的日记、书信等"；间接翻译史料包括"经过转录的译文或译本""书目索引""前人著述""译者追记"等。该研究认为，对翻译史料的搜集、鉴辨、整理与运用都非常重要：在拓宽翻译史料的获取渠道方面，要"关注外文翻译史料"和"关注数字化资源"；在鉴别间接翻译史料的时候，要有"批判的意识与怀疑的态度"，要"多方证实或证伪"；在搜集、鉴辨完翻译史料之后，要"编撰一份比较完整的与特定课题相关的翻译史料目录与索引"；在提高翻译史料的利用水平方面，研究者"需要提高自身的问题意识"，提升史料意识与观念。两位学者对"翻译史料"的专题研究有助于提高学者们翻译史料学的意识，以更加谨慎、细致的态度对待翻译史料。近十年来，除了以上两位学者列举的直接翻译史料和间接翻译史料研究之外，自述和翻译手稿等史料也进入了研究者的视野。

3.2.1　口述史料

贾洪伟（2018：112）指出，"就翻译而言，口述史是翻译史家针对历史文献阐述不充分或未明言的历史问题，采用口述或访谈形式，从昔日翻译工作管理者、译者、责任编辑等相关人士处，获取事实性材料弥补当前史书不足的一种史学类型"。近十年来，访谈作为口述史料获取重要渠道得以频繁开展。方仪力（2011：82）指出，"口述历史强调社会学的研究方法，具有重要的史学价值和最真实的主观性等特点"。2019 年 10 月 25 日至 27 日，西安理工大学召开了"第十一届全国典籍翻译学术讨论会"，会议主题为"'一带一路'背景下的中国文化典籍翻译与传播"。在研讨会上，霍跃红和刘泽权分别就"汪榕培翻译思想体系研究"和"张佩瑶中国翻译话语体系建设"进行发言时指出，汪、张两位学者在世时，他们的翻译思想没有得到很好的保留和研究，这是一件非常遗憾的事情，同时强调了口述史料收集的重要性。同样，刘朋朋、耿纪永（2019：91）在研究方梦之译学思想体系的时候也呼吁，"无论是（理论）翻译史的书写，还是中国译学话语体系的建设，应关注现当代译学学者的译学思想价值。在注重研究关照现实问题的同时，还应关注人"。如何重视现当代译学学者的译学思想呢？其中的方法之一，就是适当地进行口述史料的收集，保留和传承他们的思想。

3.2.2　译者、译学学者、翻译编辑或出版者等自述性史料

邹振环（2017：216）指出，"翻译家自述、他人口述和访谈资料的收集，无疑是中国翻译研究资料的重要准备。而自述、他人口述和访谈资料的收集，在台湾和香港有自己的传统"。除口述史料之外，译者总

结自己的翻译心得和理念、译学学者归纳自己的学术理论、翻译编辑或出版者介绍相关的翻译出版过程和历史等，也都是重要的翻译史料。改革开放以来，随着信息渠道和设施的发展，学者们有价值的学术思想和创见大多都以学术著述的形式保留了下来，似乎已经没有其他可以挖掘的学术财富了。其实不然，思想是活物、是时时处于新生当中的，有些学者的思想跨越了多个学科领域，富有启发性，但并没有被表述出来，这些就很值得挖掘和保留。

3.2.3　翻译展示馆

翻译史研究除了纸质出版的形式以外，还可以通过其他媒介展示，其中场馆的建设是翻译史研究具象化、实体化的重要途径。目前，以具体的区域翻译史为展示对象，建设起来的专业场馆有"闽派翻译展示馆"。

2017 年，为落实福建省委宣传部提出的"闽派翻译"研究计划，"闽派翻译展示馆"由福建工程学院人文学院建成。该展示馆以福建翻译史为时间轴，以翻译家和翻译事件为个案，采用实物、展板、模型等手段，全面展现"闽派翻译"过去和现在的成就。通过展馆设计和展品陈列，突出专业性、知识性、趣味性和艺术性，发掘福建地方文化遗产，弘扬优秀传统文化。该场馆的建设获得了福建省委宣传部的大力支持。

"闽派翻译展示馆"场馆根据不同展区功能布置了相关展品。主要包括图书（原著、译著、研究著作等）、人物头像（辜鸿铭、林纾、严复、林语堂等）、图片、复制品（碑刻、图书仿制）、中英文前言、福建翻译史卷轴（近三米）、展示机器图文设计（包括文字、图片、配音）等。"闽派翻译展示馆"的对外开放，发挥了展示馆的社会服务功能，传播包括福建工程学院创校先贤林纾在内的大批闽籍翻译家的优秀文化资源。

3.3 翻译史书写视角研究的发展

通过上一节对翻译史学理论话语表达的分析，不难看出，中国翻译史研究理论话语体系本身建构并不健全。调查发现，以上几位学者著述中理论话语的被引率普遍较低，间接体现了理论话语力度较弱、普及程度较低的事实；而且理论话语表达几乎没有激发学界对之进行的再思考与论争，一定程度上反映了学界对翻译史研究理论话语研究的忽视。相较于翻译史研究日益成为译界研究热点、高质量研究成果不断推出的事实，理论思索或者理论创新则更多地体现在研究视角的更新上，也就是说运用新方法、考察新对象的翻译史研究著述的增加。从翻译史料挖掘的角度来说，史料就像一座矿山，总有挖掘殆尽的时候；但从翻译史实阐释的角度来说，对翻译史料的分析和阐释却可以说是一项没有止境的事业。在文化交流频繁、社会变化日新月异的今天，人类独有的思维特性会促使人们不断对历史事件进行着当代的注解。学者可以发现或者洞见不同的、有意义的视角，对翻译史料进行重新拼接和整合，并在此基础上进行全新的分析和解释，即对"如何研究翻译史和为什么要这样研究翻译史"，就"译史的书写模式研究（如何发掘、整理和编撰翻译史）"进行理论探讨（黄焰结，2014：95）。然而，这种理论视角的创新往往呈现出"点"的特征，虽然部分学者将之延伸成了"线"，但普遍存在"及面性"较差的问题。基于此，本节将梳理学界提出的翻译史研究新视角，同时也将指出某些传统研究视域下翻译史研究的新进展与新突破。

3.3.1 科学翻译史研究对象的拓宽

有学者指出，"科学翻译[1]和宗教翻译、文学翻译一起，构成了我国翻译实践活动的三大体系"（佘协斌等，2001：2）。其中，宗教翻译研

---

[1] 李亚舒和黄忠廉（2004）在《科学翻译学》一书中，将"科学翻译"定义为"以传达科学信息为主的翻译活动"，将"科学信息"等同于"实用信息"。对此笔者并不认同，认为"科学翻译"的概念被泛化了。通常而言，广义的"科学"，是指社会科学和自然科学；狭义的"科学"，则专指自然科学。但是由于"科学翻译史"已经是学界研究广为熟知和悦纳的一个研究领域，本文在此无意纠缠于概念的厘清，只指出疑惑，暂且将重点放在翻译史研究理论的建构和应用上。

究是一种"特殊的文类翻译研究"（高玉霞、任东升，2017a：134），宗教翻译研究"成果在一定程度上填补了'文学翻译–非文学翻译'研究的中间地带"（高玉霞、任东升，2017b：60）。王宏印（2003：157）曾指出，"翻译界历来存在着一种奇怪的现象，那就是文学翻译家看不上非文学的翻译家，认为真正的翻译必然是艺术性的，非文学翻译莫属，其他翻译不过是机械的操作而已。而非文学翻译家又认为文学翻译家没有一定的专业知识，对于翻译理论难以说清楚，以为文学翻译是凭经验而不凭理论云云"。这种奇怪的现象也同样体现在了翻译史研究领域，虽然科学翻译史、宗教翻译史和文学翻译史是中国翻译史研究的三个主体内容，但文学翻译史/翻译文学史研究始终是主流。近十年来，陆续有学者（方梦之、傅敬民，2018；屈文生，2018；王宏志，2014）撰文呼吁，应该关注非文学翻译以及非文学翻译史的研究。科学翻译史学理论的发展体现在以下两个方面：研究理路的探索和研究视角的拓宽。

　　第一，科学翻译史研究的理路得到了探索和总结。其实，诸多翻译史学理论并无科学翻译史、文学翻译史或宗教翻译史之分，抽象层面的翻译史学理论探索，对大多数类型的翻译史研究都具有方法论上的指导意义。但是傅敬民（2019：38）也指出，虽然"文学翻译与非文学翻译之间存在诸多共性，整体性翻译研究不能简单地区分为文学翻译研究和非文学翻译研究，但文学翻译与非文学翻译之间的差异又是客观存在的"，分别体现在语言差异、翻译目的的差异、翻译策略和方法的差异、翻译主体的差异等，所以相应的翻译史研究的方法、重心倾斜、价值判断标准都会存在一定不同，有必要分而治之。因此，方梦之、傅敬民（2018：71-72）对科学翻译史研究的理论进行了探索和总结，指出"我国近现代科学翻译史研究的基本方法是以对学科创立和发展有重大贡献的译者为中心，以历史语境为依托，以学科本土化进程为背景，以文本为参照，以个案呈现为手段"。这显示出与文学翻译史研究完全不同的理路，为从事非文学翻译史研究的学者提供了很好的方法论启示。因此，中国的翻译史研究"必须挖掘与我国社会进步、经济发展、科学昌盛密切相关的翻译史料和翻译家，呈现翻译史上被忽略、被掩蔽的重要史实，实现由文学翻译史向文化翻译史研究的转向"（方梦之、傅敬民，2018：74）。其次，近十年来，科学翻译史的研究对象得到了极大的拓展。屈文生（2018：830）认为，"科学翻译史（社会科学和自然科学翻译史）研究应置于与文学翻译史研究同等重要的位置，文学翻译史、法律翻译史、外交翻译史、马克思主义文献翻译史、自然科学翻译史和汉籍外译史等几大面向是翻译史研究的出路"。近年来，上述方面的研究著作（戴拥军，2014；高阳、陈亮，2015；罗天、李毅，2014；邱少明，2014；屈文生，2013）也不断推出。

　　第二，中国古代科技典籍外译史研究视角得以拓宽。"典籍就是历史上流传下来的用文字写成的重要的书籍和文献"（赵长江，2017：6），而时间往往以1911年清朝的灭亡为节点。古典的典籍一般有文学典籍、宗教典籍和科技典籍之分。学界对文学典籍翻译历史的研究起步较早，力度也很大。但经考证，"在中国哲学、文学等典籍外译传播如火如荼的同时，上万部科技典籍中英译出版的仅86部"（林广云等，2020：150）。早在20世纪80年代，科技史学家潘吉星就考察了《农政全书》《齐民要术》《天工开物》等在海外的传播，但就中国科技典籍外译的总体而言，其研究对象仍较为局限。近十多年来，多种古代重要科技典籍得到翻译或重译，如2009年，姜欣、姜怡重译唐代陆羽所著的《茶经》，并且首译了清朝陆廷灿所著的《续茶经》；2011年，王义静等重译了《天工开物》；2011年，王宏首译的《梦溪笔谈》在英国帕斯国际出版社正式出版等。随着中国科技典籍翻译成果的相继问世，学界开始对科技典籍翻译及其翻译史投以极大关注和研究热情。付明明（2016）在其博士论文中全面梳理了近300年来中医的外译历史，其中中国医学典籍的英译是非常重要的一部分；孔令翠、刘芹利（2019）首次较为全面系统地梳理了我国主要农学典籍自18世纪以来在亚洲和欧美国家的译介情况以及重要影响；刘性峰（2018）则梳理了《黄帝内经·素问》《墨子》《淮南子》《梦溪笔谈》四部科技典籍以全译、摘译和编译的形式向外译介的历史。虽然近年来中国古代科技典籍翻译史研究的对象有所拓展，但由于外译科技典籍的数量总体有限，所以对其翻译史的研究也必然受到局限。科技典籍翻译史研究的出路在于需努力深化其分析和阐释，以推动当下和今后更多有价值的科技典籍的对外译介。

　　第三，近现代西方自然科学汉译史研究视角得以拓宽。明末清初以来，西方自然科学翻译史研究相较于中国古代科技典籍的外译史研究具有更加丰富的研究素材，对于揭示中西文化交流的历史轨迹具有更高的历史价值和意义。早期该方面的研究专家有黎难秋、李亚舒等学者，他们侧重于整理宏观的历史描述。近十年以来的研究则明显出现了微观化、精细化的研究倾向。方梦之、傅敬民（2018：71-74）指出，"我国近现代科学翻译史研究的基本方法是以对学科创立和发展有重大贡献的译者为中心，以历史语境为依托，以学科本土化进程为背景，以文本为参照，以个案呈现为手段"，这四个原则在近现代西方自然科学汉译史研究上得到了充分的体现。在研究内容上，较为重点地关注了译入中国的各个自然学科的第一部著作、各个自然学科名称译入的过程、各个自然学科术语的统一过程。例如，聂馥玲（2010）的博士论文研究了首部系统译入中国的西方经典力学著作《重学》在晚清的翻译与传播，其2011 年的文章则聚焦晚清力学术语的传承与演变；刘永利（2017：62）指出了翻译家杜亚泉的主要贡献在于"最早统一化学元素译名，编译了植物学、动物学等多个学科的第一部科学辞典，编译了大量中小学科学教材，将社会主义思想和叔本华哲学译介到中国"，"其翻译工作对中国近现代历史文化进程产生了深刻的影响"。在军事科学技术翻译方面，王祥兵、穆雷（2013）梳理了军事翻译研究的历史现状，首次从理论的高度，就研究内容、研究方法等方面构思了中国军事翻译史书写的方式。该研究指出军事翻译史的研究内容除了"军事理论翻译""军工技术翻译""军事情报翻译""军事涉外翻译"（转引自吴树凡，1991：13-14）之外，还应该包括"军事文学翻译""军事译员研究""军事翻译口述史研究""军事翻译教育研究"。罗天、李毅（2014）的专著对战时军事翻译史进行了较为系统的梳理。邓亮、王雪迎（2017）对清末江南制造局科技译著中重要译著的原作者、译者、成书情况、外文底本及主要内容和影响作迄今较为全面的介绍，其中包括《制火药法》三卷、《爆药记要》六卷等。总而言之，科学翻译史研究的对象几乎拓展到了各个学科领域，相关研究成果也不断问世，限于篇幅，就不再继续一一列举。

第四，中国现代西方社会科学汉译史研究视角得以拓宽。中国现代西方社会科学翻译滥觞于 1894 年甲午中日战争之后，以严复翻译的《天演论》为代表的一系列政治、经济学术译作使有识之士纷纷认识到学习西方的器物文化并不能拯救中国，唯有开启民智、深刻反省自我，学习西方的制度文化、社会文化、思想文化、学术文化等才能从根本上革除旧弊，实现新生。自此，梁启超、蔡元培、伍光建、王国维、章太炎等一大批融通中西的学者共同引领了现代社会科学翻译的大潮，此后社会科学翻译史研究也成了后来者了解西方社会科学文化译介入中国的重要信息渠道。例如，林尔蔚（1984）回顾了外国学术著作翻译出版概况；陈应年、徐式谷（1992）对严复以来的哲学社会科学翻译历史进行了梳理；李亚舒、黎难秋（2000）主编的专著系统地论述了中国科学翻译的历史。整体来说，20 世纪末和 21 世纪初的科学翻译史研究侧重宏观的梳理和宏大的叙述，较少涉及具体的译本、译家或具体学科。近十年来，这种研究模式发生了重大转变。首先，翻译家王承绪、冯承钧、马君武、李旭旦、刘国钧、贾植芳、杨敬年、费孝通、潘光旦、王国维等的科学翻译活动受到了研究者的关注。其次，学科史或学科发展史研究对翻译活动的作用越来越受到关注，大多数的科学翻译研究实际上是由专业学科领域中的学科史研究者担纲的（潘喜颜，2011；肖超，2016；阎书昌，2015）。其中，阎书昌（2015）的专著在很大程度上可以说是一部研究近现代以来西方心理学著作汉译历程的专著，而肖超（2016）的专著则是一本典型的翻译出版史专著。此外，文芳（2011）梳理了中国传播学出版的历史与现状，金经言（2017）梳理了 1993—2015 年间音乐理论类译著的翻译历史。

3.3.2 文学翻译史／翻译文学史研究视角的突破

谢天振（2013：207）曾对文学翻译史和翻译学文学史进行过区分："学术界对翻译文学史的认识也同样是模糊不清的，通常把它混同于文学翻译史，以为对文学翻译事件的描述即是翻译文学史的全部内容，而看不到翻译文学史的文学史性质。其实严格意义上的翻译文学史其性质与通常意义上的文学史无异，它同样应该包括所有的文学史都具有的三个基本要素，即：作家、作品和事件。"鉴于两个概念之间的差异，文学翻译史和翻译文学史的书写方式也可能存在差异。本节将从文学翻译史理论探索和翻译文学史理论探索两个方面着手分别论述。

　　在文学翻译史理论研究探索方面，谢天振、查明建（2004：12）指出，"文学翻译史以翻译事件为核心，关注的是翻译事件和文学翻译的历史性的发展线索"。虽然对文学翻译家、文学译本进行的研究数量众多，但夏天（2012b：81）认为，"国内外对翻译史研究方法的探讨颇显不足，专门探讨文学翻译史研究方法的论述就更为鲜见"，并进而从"史料梳理、语境建构、理论价值三个方面探讨文学翻译史研究的难点和方法"。在如何对文学翻译史料进行挖掘和梳理的方面，认为"明确文学翻译史研究的视角"非常重要，"具体来说，研究者基于对史料大致了解，需要洞见研究对象的独特性"。史学研究的水平取决于史料利用的水平，而史料利用的水平，又取决于研究视角的确定。此外，在构建翻译活动的语境上，夏天（2012b：81-85）提出"副文本与文本选择的语境构建""文本细读与翻译策略的语境构建"和"读者考察与译本接受的语境构建"，并从"文本选择、翻译方法与策略、译语文本的影响"这三个方面探讨了文学翻译活动的"语境构建"。该研究最后论述了翻译史研究的描写方法与阐释理论之间的关系，认为"理论主要为翻译史研究提供新的研究视角、话题，以及语境设立的范围。但如果将理论作为分析框架，则可能成为束缚研究者视野的障碍，导致历史研究的循环论证。因为翻译史研究的结论是通过史料阅读和分析来得出预设，并非由既定理论来决定，其目的也不是论证既定理论"。夏天（2012b）所指出的理论工具是翻译史研究常常借鉴的改写理论、翻译操控论、后殖民理论等，是偏向于翻译学科本体的译史研究，当然也没有忽视将文学翻译放在文学这个多系统中进行讨论这一问题。

　　在翻译文学史理论探索方面，主要包括研究视角、撰写体例和方法等。谢天振、王向远等学者都探讨过翻译文学史书写的模式问题，近十年来译界学者就此也仍在进一步的思索中。王向远（2013）呼吁要有专业化、专门化的翻译文学史。他认为翻译文学史的研究视角要拓宽，要有"以'国别'为范围的翻译文学史"，"以'语种'为范围的翻译文学史"和"断代的国别翻译文学史，或断代的语种翻译史"。此外，"除了国别、语种的翻译文学史之外，还可以立足于不同的'学科'立场，来撰写带有学科色彩的翻译文学史"。具体包括"立足于中外文化交流史的翻译文学史""立足于语言学立场的翻译文学史"和"立足于比较文学的翻译文学史"。目前学界只有王向远（2001b）等少数几部国别翻译文学史研究著作，要实现多彩的翻译文学史研究，还需假以时日。此外，陈壮（2014：102—104）认为目前的翻译文学史的书写体例并未跳出传统编撰手法的藩篱，在本质上仍是以原作或原作者为中心。因而，他从以下几个方面提出了"以译作为中心"对翻译文学史进行重构的方法：第一，要"转译线索对象"，"翻译文学史的线索对象应是译作，其他叙述对象只是围绕译作这一主旋律展开的伴奏，即译作才是整首曲子的主调。以作者或译者为线索对象易使我们在判断译作价值时产生视差，而当下呈现译作在译入语语境中与读者的互动这一对象的方式让读者产生一种错觉，即这非作的影响，而是原作的力量。以译作本身为线索对象就可避免上述问题"；第二，要"遴选译作"，"以译作为主调，围绕它展开对其他叙述对象的叙述，重点关注其诗学价值和社会影响，对其进行相关的记述，并侧重于论述"；第三，要"转变叙事方式"，"以译作为叙事中心，首先摆出遴选后的译作，它只会有一个译者，再追溯其产生的前提，即原作。这就可避免某一原作后罗列许多不同版本译作的叙事，翻译文学史不是存储所有版本的仓库，需滤掉那些次产品，否则，读者剩下的印象就只可能是某作家及其作品，而非译作和译者"；第四，他回答了这种重构的翻译文学史可能产生的问题和缺陷，因为这种模式可能导致同一原作的多个译作被忽视，他认为"文学史的基本方法不是累计，更确切地说是淘汰"，这样一来，才可能"摆脱比较文学的范式，最终建立起翻译文学关照下的研究范式"。王向远（2015：71）也做出了类似强调，他认为"今后的中国翻译文学史写作，不能只是着眼于翻译文学的外围，而应该由翻译的外围走向翻译的核心、由翻译活动的周边走向作为翻译中心的译本"。刘云（2011：110）在研究中提醒广大学者，"中国当代翻译文学史的书写受国际翻译学界'文化转向'的影响"，积极的一面是，学界"对翻译文学的独特价值有了全新认识，他们从译者、译作、读者等几方面勾勒出翻译文学史的框架"。但是，"我们要避免走入只重视文化、忽视语言的新的翻译文学研究误区"，并以赵稀方《翻译与新时期话语实践》（2003）一书为例，指出了翻译文学与话语实践之间的关系将成为新时期的翻译文学史书写的新貌。

3.3.3　宗教翻译史研究的发展

宗教翻译史研究一直都是中国翻译史研究的重要内容之一，研究起步也相对较早。中国学界开展的宗教翻译史研究主要有三个方面的内容：国外宗教文献汉译史研究、中国民族间的宗教文献互译史研究、中国宗教文献外译史研究。任东升（2016a：18-19）曾指出，"宗教翻译研究涉及诠释学、宗教学、历史学、文化学、传播学、社会学等众多相关学科，研究方法不限于一两种"。几种常见的，也比较简单的研究方法如描述性研究方法、归纳法和演绎法的综合运用等。总之，就宗教翻译史学理论开展的纯理性质的研究极少，只能从近十年来宗教翻译史研究所获得的进展中捕捉史学理论思想的光亮，其主要体现于书写视角的转换、阐释视角和研究方法的创新。

首先，国外宗教文献汉译史研究近十年来取得了重要成果。国外宗教文献汉译主要包括《圣经》翻译研究（傅敬民，2009；雷雨田、万兆元，2016；王硕丰，2017；徐若梦，2014；赵晓阳，2016，2019）、印度佛经翻译研究（陈帅，2015；葛维钧，2019；华满元，2018；蒋哲杰，2016；李炜，2011；彭建华，2015；尚永琪，2012；王丽娜，2016；颜洽茂，2019；张志芳、张彬，2012）、伊斯兰教的《古兰经》翻译研究（王子华，2018）等。近十年来，《圣经》翻译研究成果急剧增加。研究的重要理论突破在于，运用跨学科的理论概念阐释《圣经》活动的英译。例如，傅敬民（2009：79）提出"以文化资本作为主要的理论概念和分析工具，而不是其他的如社会资本或者符号资本概念"，其主要原因在于将"《圣经》汉译看作是一个文化现象"，是一种"文化资本的积累和传承的行为与实践"。赵晓阳（2016）则以《圣经》中译本为依托，探讨其与晚清以来中国语言的革命与发展问题，脱离了早先的纯粹史料梳理性研究，是探讨《圣经》翻译影响和意义的一个重要视角。王硕丰（2017）则从汉语《圣经》最早的三个版本：阳玛诺（Emmanuel Diaz Junior）1636 年的《圣经直解》、白日昇（Jean Basset）与徐若翰 1708 年的汉语《圣经》、贺清泰（Louis Antoine de Poirot）的《古新圣经》[1]入手，以对勘的方法将三部译本与拉丁文《圣经》内容进行字句对照，从翻译、新词等角度，探求每部手稿的翻译策略、词语创新等问题，力求还原早期汉语《圣经》史的发展脉络，并论及其对中国文化产生的影响，是在研究方法上的重要突破。由此可见，《圣经》翻译史的研究得到了较为重要的深化和拓展。相比之下，《古兰经》等其他域外宗教文献的翻译研究突破较小，其中，王子华（2018）的著作是关于我国重要的阿拉伯文翻译家马坚的传记。马坚翻译过《古兰经》，对他的研究是对宗教翻译家研究的一个重要史料补充。

其次，中国民族间的宗教文献互译史研究取得了重要进展。中国 56 个兄弟民族之间的文化文学互译历史相当丰富。夏登山（2017：189–190）通过历史考据指出，"辽代至清代的少数民族翻译应该是继佛经翻译之后古代翻译史上的第二次翻译大潮"。而"第二次翻译大潮"中的一个重要内容就是宗教文献的翻译，包括少数民族之间的互译，如蒙满互译等；民汉互译，如蒙汉互译、满汉互译等。王宏印 2016 年主编的"中华民族典籍翻译研究丛书"（共五卷）是民族翻译史研究的一个重要突破；邢力（2016）的著作中辟专节讨论了藏族《甘珠尔》和《丹珠尔》等佛经典籍的蒙译；阿拉坦巴根（2012）也简述了明代时期《甘珠尔》佛经的翻译。总而言之，近十年来，中华各民族之间的宗教文献互译已经受到了学者的关注，但仍待深入研究。

再次，中国宗教文献外译史研究近十年来也得到了拓展。受到译界翻译史研究重外译汉而轻汉译外的影响，中国文学文化外译史研究的成果一直相对较少。中华文化"走出去"战略的提出，鼓励了学者努力挖掘中国文化"走出去"的历史轨迹。近十年来，中国宗教文献，如《妙法莲华经》《六组坛经》《佛国记》等的外译历史也逐渐进入研究者的视野。例如，蒋维金、李新德（2014）探讨了汉学家苏慧廉（William Edward Soothill）对《妙法莲华经》英译与诠释；陈惠、蒋坚松（2009）以《六祖坛经》中的偈、颂英译为例，对著名翻译家刘重德的译诗主张

---

1 该译本未能出版，原译本直至 1949 年仍存于北堂图书馆，但在 20 世纪 20 年代被烧毁。冯瓒璋先生在 1947 年整理的《北平北堂图书馆暂编中文善本书目》中记载当时北堂《古新圣经》的藏本情况："871 号，《古新圣经》，贺清泰译，清初抄本，存三十七册（古 1–27，新 28–37），二函，图像十五叶，正文共千四百八十七叶。'"

进行了实践验证；马纳克（2016）的博士论文分别从词汇、语句、偈颂等几个方面对《坛经》多个译本的文本进行比读阐释；胡志国（2017）则探讨了黄茂林英译《坛经》的历史语境与传播；岳峰等（2018）梳理了中国宗教典籍在西方的翻译和传播，如由汉译英的《佛所行赞经》《观无量寿经》《佛国记》等，是较为少见的关于中国宗教文献外译历史的研究成果之一。中国宗教文献外译的研究有待进一步从内容和方法等层面加以深化。

3.3.4　翻译家研究理论的发展

翻译活动的主体是翻译家，因而翻译家研究是中国翻译史研究的重要内容。翻译家研究有个体研究和群体研究两种方式。翻译家个案研究是相关的翻译类型、翻译流派、某一时期或年代等整体史研究的资料准备，例如诸多的翻译理论史、翻译思想史、翻译区域史、翻译断代史、翻译文学史等专著都是以单个译者研究作为全书内容的组成单元。译者是文化体系、思想体系、社会体系、知识体系、传播体系等诸多结构关系中的核心元素，译者的翻译行为也都可以在上述研究框架中得到分析和阐释。不同译者有着不同的人生经历、思维倾向和美学态度，从而使译者群体研究变得复杂且难以统摄于某一特定的翻译家研究理论之下，翻译家研究的理论探索也就显得缓慢。因此，翻译家研究往往被人诟病写成人物传记、译家生平或译作的罗列，且翻译家研究对象也多局限于著名文学翻译家。但是，近十年来，翻译家研究的理论探索有所进步，夏天（2012），张汨、文军（2014a），桑仲刚（2015），朱振武等（2017），刘朋朋、耿纪永（2019），单宇等（2019）等学者将翻译家研究视为一个特定的研究领域进行整体的理论思索，就翻译家研究的方法、模式和研究对象的拓展进行了探讨。

朱振武（2017），方梦之、庄智象（2016），方梦之、傅敬民（2018）以及刘朋朋、耿纪永（2019）研究的理论探索性体现在对拓宽翻译家研究对象的思考。首先，朱振武等著《汉学家的中国文学英译历程》（2017）一书，将中国翻译家研究取材的范围拓宽到了海外汉学家全体，虽然早先的译家研究也不乏对国外汉学家的关注，但系统研究中国文学英译的国外汉学家，并以专著的形式问世，这还是首次，是对翻译家研究对象选取在跨国拓展问题上进行理论思考的结果。该书以史话体的形式，对英国的翟理斯（Herbet Allen Giles）、霍克斯（David Hawkes）、闵福德、韩斌（Nicky Harman）、白亚仁（Allan Hepburn Barr）、狄星（Esther Tlydesley）、蓝诗玲（Julia Lovell）和米敏欧（Olivia Milburn），美国的莱尔（William A. Lyell）、芮效卫（David Tod Roy）、罗慕士（Moss Roberts）、葛浩文、杜迈可（Michael S. Duke）、赤松（Bill Porter）、金介甫（Jeffrey C. Kinkley）、徐穆实（Bruce Humes）、金凯筠（Karen S. Kingsbury）、琼斯（Andrew F. Johes）、罗鹏（Carlos Rojas）、白睿文（Michael Berry），以及澳大利亚的杜博妮（Bonnie S. McDougall）共 21 位英汉学家的生平、翻译中国文学作品的总体情况，以及翻译策略和中外翻译活动的互动等做了充分的研究，以启示当下的中国文学"走出去"事业："中国文化走出去绝不是卑躬屈膝地仰人鼻息，绝不是唯西人外人之马首是瞻。我们首先要推出那些有文化自觉和创作自觉的优秀的民族文学作品"；而且"从翻译到创作再到批评都应多几分文化上的自信和自觉，都应该有起码的文化担当和家国情怀。这也是本著作研究、关注这些英语汉学家的初衷"（朱振武等，2017：9）。韩子满（2018）评价该书打破了中国翻译家群体研究只关注外译中译者的思维定式，确立了翻译家群体研究的外译视角。汉学家在研究中国文化的同时，往往伴随着大量的翻译活动，关注中华文学文化外译中的汉学家译者群体，能让中国译者和研究者听到更多来自"他者"的声音。虽然朱振武等研究的翻译家群体是国外的汉学家，但是研究的翻译文本为中国文学文化，理所应当归结在中国翻译史的范畴里。可是，从研究的方法来看，朱振武所主编的《汉学家的中国文学英译历程》一书主要采用的是生平简介、翻译活动的辑录整理、译作评析等研究形式，属于史家治史的第一层次，"对史实或史料的知识或认定"，对史实或史料的"解释"和"理解"不够，尤其是从社会、跨文化等视角进行的阐释还有不足（何兆武，1996：39-40）。其次，方梦之、庄智象《翻译史研究：不囿于文学翻译——〈中国翻译家研究〉前言》（2016）和方梦之、傅敬民《振兴科学翻译史的研究——应用翻译研究有待拓展的领域》（2018）两文呼吁翻译史研究，尤其是翻译家应该把眼光极大地拓展到非文学翻译领域，对翻译家研究对象选取在学科范围问题上进行了理论化思考。他们指出，"在我国近现代科技发展史上，各学科的奠基人、开拓者和设计者不少是翻译大家，他们是新兴学科的引进者和倡导者。记述他们的生平、著译、翻译活动、翻译思想和翻译影响，探寻其理路脉络，以代表性个案凸显翻译事业对我国文化繁荣、社会进步所起的举足轻重的作用，彰显翻译事业在我国历史进程中的作用"（方梦之、傅敬民，2018：72）。刘朋朋、耿纪永（2019）的研究则是对翻译家研究对象选取在时代锚定问题上进行理论思考的结果。两位学者（刘朋朋、耿纪永，2019：91）认为，"方梦之作为应用翻译学的开拓者之一，其丰富的译学思想价值自不必多言，值得学界重视、青年学者学习，更值得在中国译史上予以书写"，但中国翻译史研究"对于译论史特别是现当代译论史的系统研究却相对欠缺"，"因此，无论是（理论）翻译史的书写，还是中国译学话语体系的建设，应关注现当代译学学者的译学思想价值"。打破"中国传统的'盖棺论定'观念，似乎只能在研究对象去世之后才可定论，才可树碑立传"，以免研究"只能依据传主遗留下来的各种资料，限制了研究的范围和视野"（穆雷、诗怡，2003：13）。但是，目前译界此类研究较少，仅有新闻传播学翻译家何道宽、科学翻译史研究专家李亚舒等现代译学学者进入了研究视域。可见，近十年来，译界学者在翻译家研究对象拓宽的问题上进行了深入的学理性思考，从而使翻译家研究对象选取的目光从国内投向了国际，从传统的文学翻译家独大的格局限制投向了更为广阔非文学翻译领域，从静止的历史投向了动态发展的现当代译家。翻译家研究对象的拓展将为中国翻译事业面貌的呈现做出重要贡献，也将成为未来翻译家研究的重要学术增长点。

夏天（2012a），张汩、文军（2014a），桑仲刚（2015），单宇等（2019）等学者则就翻译家研究方法或路径上进行了理论探索。夏天（2012a：71—74）总结了当下翻译家研究的缺陷和短板："铺陈资料而短于分析"，"个体活动与社会背景的关系模糊"，"资料与理论的融合欠缺"；同时建议翻译家研究要"选择新的研究对象或新的视角"，注重"内外兼顾与译本研究……内部是指关于翻译家本身的资料，外部资料是指翻译家所处的时代背景资料"，同时在"理论的选取和应用"要得当。由于翻译家众多，所处的时代和曾身临的环境差异巨大，翻译的文本对象体裁和内容各异，翻译家的翻译理念和思想以及动机因人而异，况且时代赋予翻译家的职责也因时而动，诸多因素的掺杂混合，让适于所有的译家研究且可突破研究瓶颈的万全建议难以出现。因此，夏天提醒学者要尽力避免落入单一的窠臼。张汨、文军（2014a）试图建构翻译家研究的模式，他们指出翻译的功能、翻译的过程和翻译的产品是相辅相成、不可分割的部分。翻译家研究要以"翻译功能为导向"，"翻译过程为中心"，"翻译产品为基础"，而具体的研究方法则包括"描写翻译学方法""文献阅读法""翻译笔记、手稿法""文本对比法""版本目录学方法""语料库法"等。夏天以及张汨和文军的翻译家研究取向不同，夏天倾向于内部史和外部史相结合的方法，侧重于借助一定的理论视角来阐释翻译历史，而张汨和文军则更倾向于内部史研究，而不注重将翻译活动与历史、社会、文化背景结合起来以考察其互动关系。桑仲刚（2015：73）提出了翻译家研究的活动理论途径，他认为"归纳、整合不同历史语境中著名翻译实践者的理论思想，是构建普通翻译理论的一条历时途径；通过描写不同文化场域翻译家的翻译活动，可以重构翻译规范，进而可概括、提炼跨越不同翻译情景、适用于特定文类、领域的普适性翻译法则"。该研究"通过述评 Pym 和 Chesterman 的翻译过程因果模式，在活动理论的基础上，提出了一个解析翻译家的翻译活动及其翻译决策过程的解释性框架"。此外，桑仲刚（2015：78）认为，"活动的'工具性''发展性'等原则表明，翻译活动的共时分析需要和历时分析相结合，也就是说，既要探究翻译家自身发展不同阶段的翻译行为和行动特点，也要探究其规律性的翻译策略选择特点，以便重构翻译家的职业发展轨迹"。相比之下，桑仲刚提出的基于活动理论的翻译家研究路径具有普遍的方法论价值和意义，简而言之，是以翻译家的"翻译活动"作为研究的立足和出发点，而摒弃了传统的"译作"中心论或"译者"中心论。可见，近十年来，译界学者也就翻译家研究方法进行了孜孜不倦的理论探索，虽然以上研究成果的可行性、适用范围、效度等问题还有待进一步在研究实践中进行检验，但其方法论意义是不容否认的。单宇等（2019）梳理了国内外翻译家研究的方法，指出"翻译家研究以跨学科方法为基本特征，哲学、心理学、人类学、社会学与历史学等学科与翻译学理论的融合具有鲜明的切入点，多理论融合的优点在于可以更全面、更深层次地研究翻译家"，其中"译者主体""译者心理""译者社会身份解构""译者人类""译者史料"都是重要的跨学科研究课题，而问卷法、实验法、统计法、访谈法、语料库法、可视化法等实证研究方法"以客观事实为出发点，实现量化与质化分析、理论与实践的结合，避免数据堆积或理论空谈"（单宇等，2019：23）。单宇等几位学者是在充分综述国内外翻译家研究方法的基础上而对中国翻译家研究进行的方法论理论思索，尤其强调翻译家的外部史研究取向，并明确指出译家研究的跨学科理论视角，以及现代化、大数据时代的研究工具，对于今后翻译家研究具有重要的理论指导意义。

3.3.5　翻译史书写会通视角的提出

中国翻译史书写的范式经历了 20 世纪 80 年代至 21 世纪初的宏大叙述模式到 21 世纪以后的微观叙述模式的转向，但是"宏"和"微"之间的极端化造成了研究的不平衡现象；中国学者翻译史书写的内容既包括西方翻译史或其他国家地区的翻译史，也包括中国翻译史，但是中外翻译史书写完全是割裂开来的，是两套完全不同的体系，从而使中国译界学习或借鉴西方翻译理论时，视角切换所造成的知识断裂和不连续。针对这两种现象，中国译界翻译史研究学者也努力进行了理论探索，寻求科学的会通之道。

蓝红军（2016）、包雨苗（2019）等学者对翻译史书写宏观和微观视角的会通进行了理论探索。蓝红军（2016）回顾了我国三十年多年来翻译史研究的成果，并在此基础上指出我国"整体史和碎片化两种翻译史书写取向，它们各有侧重，功能各异，虽然并未出现不可通约性的范式更迭，但两者背道而驰，愈行愈远"，"会通是整体史与碎片化之间的另一条道路，包括宏观与微观、史实与理论、史学和翻译学之间的会通，它并不否定整体史与碎片化，而为这两者提供联通和补充"。在会通宏观和微观史书写之上，"取中观层次弥合两者之间的鸿沟，形成中间地带融合两者的界限，既保留微观研究的见微知著，又兼顾宏观研究的求全近善，既能突破局部而进行远阔的比较与抽象，又能在细枝末节中把握趋势与流变"。在会通史实和理论上，他认为，"前者更注重史料的翻译学理论关怀，后者更注重对以翻译为主题的历史事实还原。但现实是，偏重理论可能会被斥为疏离了翻译史研究的本体历史，专注于史的发掘也可能被批评为无译学理论贡献……'史论结合'需确保有历史研究的贡献与价值，同时还应有明确的翻译学理论指向"。而最后，"会通翻译学与史学是翻译史书写方式创新的内在要求，它要求翻译史研究者加强史学理论修养，在努力将史实与翻译学理论结合的同时，还需努力将翻译史与史学理论结合起来，将翻译史研究的发展置于整个史学发展的背景中加以观照"。（蓝红军，2016：5-9）蓝红军指出，实现了宏观与微观、史实与理论成功会通的案例之一就是区域史的书写，尤其以张旭所著《近代湖南翻译史论》为典范。翻译史研究的会通之道，与其说是一种翻译史研究方法，不如说是一种研究的理念或者原则。蓝文一方面启发翻译史研究者要具有会通的思维，在研究过程中要具有从微观到中观到宏观阶段性研究意识和步骤；另一方面也启示研究者们去挖掘会通的领域和体裁，既做到史料的充分挖掘，又可以在不同层次上实现翻译理论、史学研究的不同贡献。但是具体的操作层面上，翻译史书写的会通之道还需要进一步探索，需要在具体的翻译史研究中合理科学地运用会通之道，其中包雨苗（2019）的研究就是会通之道在研究实践中的运用，她着重"对翻译史个案研究中的微观与宏观关系问题进行方法论层面的探讨，并着重论述借用微观史学方法论原则的可能性和意义"。她指出，"虽然微观史学家通常关注边缘化的小人物或琐碎小事，但其所谓的'微观'并不由其研究对象的微小所决定，而是在于其论述方式和方法论"，"微观史学在方法论上推崇的是微观与宏观的结合和互动"，因此"个案研究不一定是史学碎片化的表现。微观史学的方法论和实践提供了一种结合微观视角和宏观视角的路径"。（包雨苗，2019：93-96）另外一个采用个案法进行史学研究的典型例子就是王宏志的《翻译与近代中国》（2014）一书。

　　谢天振则对翻译史书写中西视角的会通进行了理论探索。鉴于"中西翻译史的编写、包括课程的开设，一直都是各行其道，互不搭界的"

（谢天振，2010：4），谢天振从整体观出发思考了中西翻译史进行综合性编写的设想。他分析，中西翻译史是不乏相同相通之处的，"首先，中西大规模翻译活动（指笔译）的发起及其展开都与宗教文献的翻译具有必不可分的关系：西方是《圣经》的翻译，在中国则是佛经的翻译"；"其次，无论是在中国还是在西方，翻译在传播知识方面都发挥了巨大作用"；"再次，翻译对各国民族语言的确立和发展所起的作用，在西方和中国也都不乏明显的共同点"；"最后，无论中西，翻译在传递外来的社会文化价值观方面也同样扮演了至关重要的角色"（谢天振，2010：5）。所以，谢天振称他在设计编写《中西翻译简史》的时候，就设置了"翻译与宗教""翻译与知识传播""翻译与民族语""翻译与文化价值的传递"和"翻译与当代各国的文化交流"五个主题，作为整合中西翻译发展史的抓手。把表面上看似互不相干的中西翻译史作为一个整体予以分析，对探讨和揭示中西翻译观念演变的内在规律，对寻求中西翻译活动的内在属性相似性或关联性，都是新尝试。谢天振《中西翻译简史》（2009）一书的所探讨和践行的中西翻译史会通视角，基于整体观和比较研究的观念，将中西翻译史并置探讨，这一崭新的翻译史研究视角，值得研究者在中西翻译史对比研究中进行进一步的检验。

3.3.6 国家翻译实践史研究视角的提出

"国家翻译实践"是任东升、高玉霞（2015）提出并论证的一个翻译研究理论话语，是"基于中国翻译史，尤其是中华人民共和国成立以来的国家翻译史考察而提出的"（高玉霞、范大祺，2019：91）。从历史发展的角度来看，"国家翻译实践是翻译史的主流或主干，是国家政治史和文化史的有机组成部分，内含于执政党、政权和国家的发展进程，折射出国家体制、外交政策、文艺政策、文化传统和经济制度改革等领域的流变。可以说，国家翻译实践是国家形象意识、文化主权意识、语言政策意识的交叉体现"（高玉霞、任东升，2018：136）。任东升所主持的两个国家社科基金项目——"国家翻译实践中的'外来译家'研究"和"国家翻译实践史书写研究"都是定位于翻译史研究的视域下。

任东升（2019）构建了国家翻译实践的概念体系，指出"国家翻译实践是指国家作为翻译主体的实践活动或国家把翻译上升为国家行为的实践活动"。他提出了国家翻译研究"一体四翼八羽"的研究框架：

"'一体'指的是在国家中国文化'走出去'相关政策指导下，围绕国家翻译实践史书写展开研究；'四翼'指研究的八项研究内容两两相对，构成四组研究对，研究将分别以翻译学、传播学、社会学、哲学理论为基础展开个体与整体、微观与宏观相结合的多维研究；'八羽'指的是具体的研究对象及领域。具体来说包括八个方面：

（1）中华人民共和国成立 70 多年的国家翻译实践，涵盖其政策、文化、物资、智力基础以及介入因素等的理论研究；

（2）策动-翻译-出版一体化、翻译实践介入因素、制度化与市场化互补效应等国家翻译实践制度与机制研究；

（3）国家翻译实践史书写的原则、书写主体等基本问题和国家翻译实践史研究方法；

（4）国家翻译实践国别史与政治（外交）史的关系研究；

（5）国家政治文化动态术语库的产生、翻译与传播；

（6）中外国家翻译实践比较研究；

（7）中国当代国家翻译实践国际影响研究与启示；

（8）国家翻译实践译者群口述研究等。"（高玉霞、任东升，2018：137-138）

实际上，早在 2015 年任东升提出"国家翻译实践"之前，国内外已有学者提出类似的概念，例如耿强、梁真惠（2012）探讨了"国家机构翻译规范"，是基于"国家机构在中国文学对外译介的过程中扮演着重要角色"这一现实而言，但并未明确定义"国家机构翻译"的概念；郑晔（2012：140）在其博士论文中提出了"国家赞助人"的概念，认为"国家机构之所以能够成为赞助人，是因为它们能够为刊物提供经济资助、配备专业工作人员、保证其顺利出版，也能够为专业工作人员提供经济和地位保障"，但是同样未做出具体的概念阐释。相比之下，任东升（2016b）提出的"国家翻译实践"和"国家翻译实践史书写"是在理论探讨的驱动下，进行的系统概念体系和研究体系建构，是关于翻译史书写的视角创见。他强调，"初步建立了术语体系，明确了研究对象、研究方法、研究视角，最终目的是为国家翻译实践史的研究及其书写做理论准备，对纠正翻译认识的某些偏差，深化已有理论认识，对目前及未来的重大翻译项目实施提供战略性、规划性指导"（任东升，2016b：4）。目前已有学者陆续在这一概念之下开展了微观层面的国家翻译实践的个案研究（傅敬民，2019），但是由于"国家翻译实践史书写"概念提出的时间较短，在该概念指导下的具体翻译史研究还有待丰富。此外，该概念体系把"国家作为翻译主体"，无形中泛化了翻译主体的概念[1]，而强调国家翻译实践是国家政治史和文化史的有机组成部分，将有可能扩大意识形态因素对翻译活动的影响和操控，弱化译者的主体性，从而遮蔽翻译史发展自在的一面。

3.3.7　女性翻译史研究视角的拓宽

中国女性翻译史研究并不是近十年来"横空出世"的一个研究视角，早在 1985 年，郑永慧就在《中国翻译》上发表了《著名的女翻译家——杨绛》一文，可以说是拉开了女性翻译史研究的序幕。其后，陆续有学者纷纷撰文研究金圣华（穆雷，1999）、张爱玲（李蓉，2003）、冰心（李梅，2006）等女性翻译家个体，或者研究某一特定区域（张筠艇，2004）或历史时期（位方芳，2007）内的女性译者群体。但是，女性翻译史研究一直开展得不温不火，研究多以微观层面的译本分析、翻译风格分析等为主，研究视角有一定的局限性。近十年来，女性翻译史研究得到了突破性进展，其重要的标志就是高质量专著的出版（李同良，2018）、国家社科基金项目的申请以及系统开展女性译者研究学者群体的出现，女性翻译史研究走上系统化、理论化发展的道路，先前研究重史料铺陈、轻历史阐释的研究方式得到了改观。

罗列自 2007 年发表《翻译与性别：论林纾的女性观》和《在传统与现代之间：论林译〈迦茵小传〉中女性形象的重构》开始，便一直关

1　许钧（2003：6-11）曾总结，对于谁是翻译主体，学界"大致有四种答案：一是认为译者是翻译主体，二是认为原作者与译者是翻译主体，三是认为译者与读者是翻译主体，四是认为原作者、译者与读者均为翻译主体。"而陈大亮（2004：3-7）则认为，"译者是唯一的翻译主体"。

注性别主义视角之下的翻译研究，探讨翻译作为新旧时代观念冲突、女性与男性性别力量角逐的对话场所作用。虽然她最初的研究并不是基于女性的翻译史研究，但是随着研究的拓宽与深入，她开始在性别主义理论视域下探讨女翻译家沈性仁翻译活动中的性别意识（罗列、穆雷 2011）、开始挖掘与整理中国第一个的本土女性译者群体的相关史料（罗列，2011），并在女性主义视角下对中加两国第一批女性翻译家群体进行了比较（李砚颖、罗列，2015）。2011 年罗列主持了国家社科基金后期资助项目"性别视角下的译者规范研究"（11FYY018），2014年罗列所著中国第一部女性翻译史研究性质的专著《性别视角下的译者规范——20 世纪初叶中国首个本土女性译者群体研究》出版。从整体上看，罗列基于女性主义研究理论而进行的女性翻译研究，可以说是对"译史阐释理论探讨"的深化，即"探讨用什么样的理论话语或框架来解释翻译史实"（黄焰结，2014）。

刘泽权 2016 年发表的《两岸三地百年女性文学翻译史论构建的意义与方法》一文是其 2015 年国家社科基金重点项目"基于语料库的两岸三地百年女性文学翻译史论"（15AYY004）的研究成果之一。如果说罗列的女性翻译史研究侧重的是对译史阐释理论的思考，那么刘泽权则是从女性翻译史如何书写的角度进行的方法论创新。他概述了目前女性翻译史研究所存在的问题，指出构建我国女性文学翻译史论的目的在于"一、廓清中国百年女性文学翻译的历史脉络，建立大陆和台港女翻译家及其译事、译作的目录；二、考察中国不同时期代表性的女翻译家及其主要译作，分析其翻译动机、思想、策略以及所产生的结果和影响；三、对比、归纳中国不同时期女性翻译的传统和异同，阐释女性翻译在特定的社会文化中的作用及现实意义"（刘泽权，2016：29）。他还提出了女性文学翻译史论的方法，例如"文献法""口述史或者访谈法""文本细读与历史比较法的结合""语料库与定量研究的方法"等。刘泽权将女性译者研究的取材范围扩展到了港澳台及内地（大陆），挖掘了被掩蔽的中国女性译者。

3.3.8　民族与区域翻译史研究视角的发展

　　国内民族翻译史在一定程度上和区域翻译史有所重合。中国是由 56 个民族构成的大家庭，各个兄弟民族都有其各具特色的民族语言、服饰、饮食等文化传统。在 55 个少数民族中，"除回族、满族已不使用自己民族的文字而直接使用汉字外，有 29 个民族有与自己的语言相一致的文字，由于有的民族使用一种以上的文字"，"所以 29 个民族共使用 54 种文字"（赵生辉，2014：269）。可以说，一部民族翻译史也是一部区域翻译史。就中国文学翻译史而言，以汉语作为文字载体的中外互译历史一直都是研究的主体，这与熟悉中国少数民族语言及其创作运用的知识阶层面积较窄不无关系，也与少数民族所处地理位置较为偏远，外部信息传播进来的速度极慢有关。各少数民族文化成果辉煌灿烂，其中很多少数民族都拥有口传文学这一记录民族发展及其英雄人物精神事迹的文学形式。近十年来，民族文学翻译的历史受到了越来越多的学者的关注，而民族翻译史学理论研究的突破体现在以下几个方面：对民族文学翻译方式和类型的讨论、对民族翻译历史分量的反思、对民族翻译史研究对象的拓展。

　　首先，对民族文学翻译方式和类型的讨论奠定了民族翻译史具体研究对象的理论基础。段峰（2012）认为，"我国少数民族文学对外译介通常以民-汉-外的翻译方式进行，是一种二度翻译，存在着语译者和外语译者在视域上的二度融合"（段峰，2012：32），并且"少数民族文学的叙事载体从'母语书写'到'汉语书写'，再到'外语翻译'，正进入一个跨语言、跨国别、跨文化的发展空间"（段峰，2012：37）。王治国（2014：148）认为，"在中国多民族文学史观的视野下，中国翻译史书写将发生重大变化，其中三组关系亟待关注：少数民族文学与汉族文学翻译；口传文学翻译与书面文学翻译；海外华语文学翻译与本土中华文学翻译。少数民族文学、口传文学和海外华语文学翻译的纳入，可使翻译史在容量上成重量级、在形式上呈多声部"。在王治国看来，少数民族文学翻译史、口传文学翻译史和海外华语文学翻译史将会成为中国翻译史研究的重要研究增长点。他还剖析了民族文学翻译的类型，指出"民族文学翻译在总类上可分为：民族文学的民译、汉译与外译。民译就是民族文学之间的相互翻译以及民语今译；汉译则是指把民族文学翻译为汉语；外译则是指民族文学翻译成外语"（王治国，2012：269）。

其次，夏登山（2017）就中国民族翻译在中国翻译史上的历史分量进行了重新认识，系统地考察了从《史记》至《清史稿》二十五部正史中的翻译类记载。他指出，"翻译史学界大都认为，中国古代的翻译大潮主要有三次：东汉至唐宋的佛经翻译、明末清初的传教士翻译和晚晴的西学翻译"，而他通过对正史史料的梳理发现，"无论是就翻译活动持续的时间、参与者的数量、译作的数量和传播，还是据其在翻译史料中的地位和影响来看，明末清初的传教士翻译都无法和少数民族统治时期汉语和少数民族语言之间的翻译活动相提并论"，因此，可以说，"辽代至清代的少数民族翻译应该是继佛经翻译之后古代翻译史上的第二次翻译大潮"（夏登山，2017：180-190）。

最后，近十年来有关民族文学翻译史的研究著述也成果频出，例如，阚海英著《蒙古族中国现代翻译文学史研究》（2014）、王治国著《藏族典籍翻译研究——雪域文学与高原文化的域内外传播》（2016）、刘雪芹著《西南诸民族典籍翻译研究——她们从远古的歌谣中走来》（2016）、李宁著《维吾尔族（西域）典籍翻译研究——丝路遗珍的言际旅行》（2016）、邢力著《蒙古族典籍翻译研究——〈蒙古秘史〉复原到〈红楼梦〉新译》（2016）以及常芳著《多维视域下东北少数民族典籍翻译研究》（2018）等。民族翻译断代史研究则有国杰著《吐蕃赞布时期翻译史及其相关问题的探讨》（2014），夏冠洲等编的《新疆当代文学史（文学翻译卷、文学评论卷）》（2014）等。

不同于民族翻译史研究，区域翻译史主要是指以省、自治区、直辖市等地方行政区域为史料取料地理范围而进行的翻译史研究（通常是汉族地区），如林本椿编的《福建翻译家研究》（2004）、吴笛等著《浙江翻译文学史》（2008）和吴迪著《浙籍翻译家艺术研究》（2009）。近十年来，不同地区的学者依据地方文化特色纷纷开始区域翻译史研究，大量研究专著得以出版，如温中兰等编著的《浙江翻译家研究》（2010）、张旭著《湘籍近现代文化名人（翻译家卷）》（2011a）和《近代湖南翻译史论》（2014）、张秀仿著《河北省翻译史专题研究》（2012）、李同良著《嘉兴翻译家研究》（2013）和《译苑芳菲——浙江女性翻译家研究》

（2018）。此外，还有林大津编《福建翻译史论》（2013），分古近代、现代和当代三卷，郑锦怀著《泉籍翻译家与中西交流——生平述介与著译考录》（2016），陈清贵著《四川翻译史研究》（2016），宋韵声编著《辽宁翻译文学史》（2016）等。其中，张旭的《近代湖南翻译史论》（下文称《史论》）在区域翻译史研究成果中具有重要的突破性意义。肖志兵（2016：205）在评介此书时指出，张旭《史论》的一个创新之处在于，他总结出了"近代湖南翻译史上，从事翻译的各位译者或赞助人，其共同的价值追求可以统摄为一脉相承的湖湘文化精神……其他区域翻译史最大的问题即在此种地域文化内核的提炼"。

　　以上研究著作成果丰富了我国翻译史，反映了译者群像、文化地域特性，以及翻译与地域文化、政治或经济之间渊源。这些民族和区域翻译史研究，通过一幅幅翻译家或翻译活动地理图谱让我们得以了解中国不同兄弟民族间、不同地区内或民汉之间的翻译密集程度；此外，一些地区将翻译史纳入地方史或区域史的范畴，也是对翻译史研究的肯定和重视。

3.3.9　口译史研究视角的拓展

　　口译史在中国的研究一直较少，主要是因为在科学技术还比较落后的时代，口译活动很难记载和保存。李亚舒和黎难秋在《中国科学翻译史》（2000）第五篇"新中国的科学翻译"之下的第九章《口译的发展》中，简要叙述了中国口译历史及其中华人民共和国成立以来的发展特点；2002 年黎难秋又专门撰写出版了《中国口译史》，此后一直鲜有相关研究著作问世。而相较之下，西方口译史研究成果则显得更为丰富。李澜（2018：79）梳理了西方口译史研究的成果，"1956 年，德国学者赫尔曼（Alfred Hermann）等人出版学术报告集《口译史论文集》（*Contributions to the History of Interpreting*），关注了西方古代与中世纪的口译活动及其历史意义研究。20 世纪 80 年代口译史研究进入了蓬勃发展期，盖伊芭（Francesca Gaiba）著《同声传译的起源：纽伦堡审判》（*The Origins of Simultaneous Interpretation: The Nuremberg Trial*），拜戈里-哈隆

（Jesús Baigorri-Jalón）著《从巴黎到纽伦堡：会议口译的诞生》（*De Paris à Nuremberg: Naissance de L'interprétation de Conférence*）和《联合国译员史》（*Interpreters at the United Nations: A History*）等都是比较有代表性的会议口译史研究专著"。此外，覃江华（2018：103）述评了著名翻译社会学者沃尔夫（Michaela Wolf）主编的《纳粹集中营口译》（*Interpreting in the Nazi Concentration Camp*），认为该书作为首部专门探讨集中营口译活动的著作，"开拓了社会学途径口译史研究的新主题、新对象、新视角和新方法，既有其理论价值，也有其资料性和方法论价值，值得国内学界关注"。

2012 年，香港岭南大学龙慧珠（Rachel Lung）用英文撰写出版 *The Ancient Interpreters in Imperial China*（《中国古代译语人》）一书，可以说是近十年来中国口译史发展的一部重要作品。"该书着重探讨了译员在记载外交事件的史料编写过程中发挥的重要作用"（李澜，2018：79）。这部书的着眼点不是口译员译了什么、怎么口译、口译的效果与影响等翻译研究的本体问题，而是译员对于史料汇编的作用，是一个独特视角的开发，就像马会娟（2014：138）所指出的，"通过深入发掘史料，考察历史上口译员的身份、作用、形象、翻译方法、职业素养等，是大有可为的"。总而言之，中外口译史研究的一个重要特点就是，研究都是基于历史文献中口译活动的记载，是一种间接的研究方式，而极少根据口译活动的文本材料或影像材料，这当然与前文所讲的早期口译文本材料的难以保存和流传不无关系，因此口译史研究也难以像其他类型的翻译史研究，能够了解到口译语言转换的真实过程和特征。

3.4　翻译史阐释理论：跨学科视角的发展

当下，翻译研究体系不断完善、学者学术水平不断提高，纯粹的史料汇编或者史料铺陈已经不能满足学界对翻译史研究的要求，急切需要对翻译史料进行多角度的阐释以实现史料价值的当代转化。中国翻译史研究学者对译史阐释理论的探讨主要体现在理论的跨学科借鉴上，这也是翻译史学理论的发展与创新的重要体现。这种研究模式往往被冠之以

"……视域下的……翻译史研究",研究的重点在于理论、史料和阐释三要素的结合。从本质上而言,翻译史研究跨越了翻译学和史学两个学科,所以若对翻译历史进行阐释,史学理论的借鉴肯定是不可缺席的。屈文生(2018:830)指出,"翻译史研究宜借鉴社会史、概念史、全球史、文化史等外部研究方法;翻译内部研究者需密切关注外部研究的动态"。穆雷、欧阳东峰(2015:117-121)则分析了翻译史研究对史学研究中"历史分析方法""阶级分析方法""逻辑分析方法""历史比较分析方法""历史系统分析方法""历史计量分析方法""历史心理分析方法",以及"历史学实证方法"的借鉴和运用。与此同时,社会学、传播学、人类学、心理学等领域诸多理论或概念也对阐释翻译历史具有重要借鉴作用。邹振环(2010:25-26)指出,"翻译史研究的复杂性决定了其研究需要多种学科和理论方法的支持","而翻译史研究的比较性决定了翻译史研究自然要借助比较文学、比较文化学、文化传媒学、文化变异等多种学科的研究理论与方法"。当然,并不是说不借鉴跨学科理论的翻译史研究,就不具备对翻译活动或翻译事件的阐释性。翻译活动的产生和发展也同样具有其内在的逻辑性,翻译作为一种社会性活动,在梳理翻译活动历史的同时就附带了对其文化性和社会性的自觉考察和解读。本节重点论述近十年来中国翻译史学理论在跨学科借鉴方面的发展,如内部史和外部史、全球史、思想史和知识史、文化史、科学技术史、社会学等理论视角。

3.4.1　内部史与外部史阐释视角的借鉴

科学史中的"内史论"(internalism)与"外史论"(externalism)已经是科学史界和科学哲学界十分熟悉的概念。一般而言,科学史的"内史"(internal history)指的是科学本身的内部发展历史。"内史论"强调研究只应关注科学自身的独立发展,注重科学发展中的逻辑展开、概念框架、方法程序、理论的阐释、实验的完成,以及理论与实验的关系等,关心科学事实在历史中的前后联系,而不考虑社会因素对科学发展的影响,默认科学发展有其自身的内在逻辑。科学史中的"外史"

（external history）则指社会等因素对科学发展影响的历史。"外史论"强调科学史研究应更加关注社会、文化、政治、经济、宗教、军事等环境对科学发展的影响。

翻译"内部史"或"外部史"在很大程度上而言，体现为两种翻译史研究的取向。进入 21 世纪后，翻译史研究出现了两个重要的转向：一是宏大叙事向微观叙事的转向；二是内部史向外部史的转向，两者都与翻译研究的"文化转向"关系密切。卢华国、张雅（2009：113）指出，"译史研究的传统方式长于史料的爬梳与整理，而疏于对事件之间联系的分析，因而导致记述与分析的失衡"，"新史学理论的历史中时段对于处理好记述与分析之间的矛盾带来了重要的方法……据此可以将翻译史分为内部历史和外部历史，前者以理论为研究对象，以范式为中时段"，"后者以译者（或者其他相关主体）为研究对象，以文化为历史中时段"，"在此基础上建立起的内外并重、双维平衡的翻译史解释模式"。而邹振环（2010：21）则以更加简洁的方式阐释了应用于翻译史研究的"内部史"和"外部史"方法，他认为前者是"研究学科的内部因素……学科发展的影响"，而后者"重点注意寻找影响或决定翻译演变的社会环境和背景"。邹振环（2010：21）对这个理论方法进行了仔细分析："翻译史上很多问题的解决无法完全依靠内部研究等狭隘的方法和文献，需要综合地运用历史文献学、文学社会学、比较文学、科学社会学、知识社会学等等方法。"此外，邹振环（2010：21-26）还曾指出，"中国翻译史提供的第一个教训，就是需要对研究对象有复杂性理解。翻译的外部史研究，提供的是一种翻译与社会与文化之间复杂的交叉关系的分析"，"而翻译史研究的比较性决定了翻译史研究自然要借助比较文学、比较文化学、文化传媒学、文化变异等多种学科的研究理论与方法"。

其实，翻译的内部史研究与翻译的外部史研究概念的提出和分析，是对中国翻译史研究总体特征的一种总结。翻译内部史研究是中国 20 世纪大部分及至当下部分翻译史研究的主要特征，而翻译外部史则是 21 世纪以来翻译史研究的主要取向，是伴随着西方人文社会科学领域中出现的"文化热"潮流，以及翻译的跨学科研究不断推进而出现的。内部史和外部史相结合才是弥合两种研究取向之间距离的科学方法。

3.4.2　全球史阐释视角的借鉴

翻译活动天然地具有跨文化的性质，翻译活动是在全球文化交流语境中开展的。因此，对翻译活动历史的研究，也应将其置于全球文化语境之中，放眼于文化大体系的互文联系，而非仅仅立足于译入语或译出语两种文化的小范围碰撞与融合。如此，将会描绘出更广阔、更丰富的翻译风景。屈文生（2018）和袁丽梅（2019）分别就翻译史研究的全球史视角进行了论述。

屈文生（2018）指出，可供翻译史研究学者借鉴的历史研究方法非常多，其中尤其重要的一种是"全球史研究进路"，"全球史既是新兴的史学分支学科，也是史学的研究方法。全球史研究的主要对象是跨国、跨地域、跨语际的话语实践，形形色色的书写行为、翻译行为和学术行为。全球史不同于世界史，后者往往将本国的历史排除在视野之外……全球史研究离不开广泛的国别和区域研究，没有国别史和区域史做基础，全球史观是不可能形成的"（屈文生，2018：834）。屈文生探讨了翻译史研究可资借鉴的诸多视角或方法，具有独到的先见性，但文中主要着眼于翻译史研究整体的研究路径思索，是一种理论思辨性的研究，而并未将"全球史"的具体阐释方法应用到具体的翻译史案例研究中去展开深入论述。袁丽梅（2019：164-170）辟专文对这一视角下的翻译史研究进行了初步探讨。她认为，"翻译史是全球史的应有之义"，"全球史视野促进翻译史个案研究的资料扩充"。同时，袁丽梅（2019）也提醒到，并非所有的翻译现象都可以纳入全球语境进行强行联系，运用这一历史研究方法的前提是要考察"研究对象是否成为一种全球性现象或能否作为另一全球性现象的组成部分，在案例考察上则比较适用于存在多种文化因素交织、关联的个案"。"全球史观也是推动译史书写由'内部史'向'外部史'过渡、内外并重的重要手段"。"具体而言，全球史观将在翻译史个案研究的资料搜集与指导具体译史书写两方面发挥积极的作用"，"视角的更新与拓展在史实案例类的研究中将直接决定论者对一手资料的关注范围和深广度，而材料的扩充与修正又有可能对研究结论产生颠覆性的影响"。全球史视野下的中国翻译史研究，可以考察出更多中国文化与世界文化相互关联的痕迹和相互产生的影响，研究结果将对当下中国文化在世界的传播具有一定的借鉴意义。

3.4.3 思想史 / 知识史阐述视角的借鉴

思想史和知识史本来是两个不同的史学概念，但是思想、学术和知识这三个概念的内涵却存在微妙而又千丝万缕的关系，分别论述恐怕会割裂概念之间的关联性。学界已有学者借鉴思想史、知识史的阐释视角开展翻译史研究，但是还未有明确借鉴学术史视角开展的翻译史研究，学术翻译史研究目前多停留在对以"学术著述"为翻译对象的翻译实践活动的梳理之中，将翻译与学术文化关联起来的研究仅有少数成果（辜正坤，1998；刘亚猛，2004；杨庆芳、刘兰肖，2006）。有关思想、学术和知识之间的关联与差异，葛兆光（2001：21）曾言，"我并不相信离开知识性学术，思想可以独立存在，也不相信没有思想，而学术可以确立知识的秩序"。葛兆光（2001：23-27）概述了知识的起源，指出知识"一方面通过秘密传授和实际运用，逐渐汇聚在种种实用性的知识与技术中；另一方面则被公众化和理性化，作为公开教育的材料，逐渐形成种种经典及思想"，而"不同时代的知识、知识的不同传播方式、不同阶层的知识兴趣、都会引出不同的思想，作为思想的支持背景，不同知识中生成的是异常丰富的思想世界"。总而言之，"知识的储备是思想接受的前提，知识的变动是思想变动的先兆。"思想是在基础知识积累的前提下产生，思想是知识积累下产生的质变。关于知识史和思想史的差异，葛兆光（2001：25）进行了深入浅出的解释："知识的历史经常是缓慢前行的……一般知识的历史比起不断出现天才的思想史来，那种突然超前和相对滞后的波动和异常要少得多"。从知识和思想的关系来看，映射到翻译史研究领域的，则是史料挖掘和史料阐释之间的关系。大量翻译史料的挖掘、辨伪和整理工作，为翻译史学理论的提炼和创新提供了知识积累的前提。在大量翻译史知识的前提下，才有可能从知识中总结出翻译实践发展的规律，才有可能提炼出翻译思想或翻译理论发展的整理特征及规律。从知识史及思想史出发开展的翻译史研究成果有：邹振环从知识史的角度出发撰写的《晚明汉文西学经典：编译、诠释、流传与影响》（2011）和《20 世纪中国翻译史学史》（2017），以及邵有学从思想史的角度出发撰写的《中国翻译思想史新论》（2018）。

　　潘晟（2015：102）称"邹振环是少数明确以知识史为研究路径并取得丰硕成果的学者"。邹振环（2011：26）对知识史这一阐释视角也进行了透彻分析，指出"研究知识生成、传播与影响，以及知识的对话和互动的历史可以称为知识史"，"知识史从人类活动中所获得的信息、经验和常识，知识体系则是知识点和知识线经过分析综合，形成的一种系统化结构。思想是既有的知识体系及其叙述方式，与现实生活相碰撞形成的结晶。知识是思想的支撑，思想则是知识的引导。作为思想支撑的知识体系一旦发生变化，思想体系也有存在别的结构的可能"。文中并未采用文化史这一阐释视角，是因为"文化"的概念过于宽泛，无所不包，而使研究不那么精确，"知识史虽然研究的范围较之文化史要小，但是知识生成、传播与影响，知识者的思想文化本身是一面多角度的棱镜，它折射了社会文化的诸多问题和特点"。邹振环对知识的认识，以及知识和思想之间关系的论述，和葛兆光是大致相同的。从知识史的视角出发阐释翻译历史，是将翻译看成是社会知识体系建立、流变甚至被解构过程中的一股重要变革力量。这种全新的阐释视角能促使译界研究者冲破具体、固定的翻译文本所承载的有限领域中的静态知识，而将眼光投向特定领域的知识系统和结构，具有重要的启示意义。因此，葛文峰（2017：128）称邹振环的《晚明汉文西学经典：编译、诠释、流传与影响》一书"既属于知识史，又属于翻译史，对于中国翻译史的书写具有重要启示意义"。邹振环著《20 世纪中国翻译史学史》同样也是一部基于知识史阐释视角的翻译史学史研究大作。

　　2018 年，邵有学撰写出版了《中国翻译思想史新论》一书。郑建宁（2019：55-57）在述评该书的时候称，"邵有学认为，'翻译思想'不等于'翻译理论'，不能用翻译理论史的书写方法撰写翻译思想史"，因为"翻译思想存在于更广阔的层面，内涵也更为宽广，包括深层理念、集体精神、价值观和思维方式等，是个人'日浸其中而不自知'的思考背景。因此，邵有学主张翻译思想史既要研究个体对翻译行为、现象和理论的思考，又要研究个体思考的时代特征、群体背景和社会意义"。邵有学（2018：76）归纳出了两种书写中国翻译思想史的方法：

"一是'以人物为中心',二是'以事件为中心'……前者适合翻译理论史的撰写,后者才是科学的翻译思想史的撰写方法……'以事件为中心'的撰写方法,可谓抓住了中国翻译思想史建构的关键所在。"邵有学从思想史的本质特征出发来考察中国翻译思想史书写的方法,也能给其他学者提供一定的启示。

3.4.4　文化史阐释视角的借鉴

　　文化和文明都是人类现象,"'文化'的本质内涵是'自然的人化',人通过有目的的劳作,将天造地设的自然加工为文化。而'文明'则是文化发展到较高的阶段"(冯天瑜等,2005:12-13),由此可见文化和文明概念的差异。文化和文明的联系和差异颇有点像上文所论述过的知识和思想之间的关系。文化所包括的内容极其广泛,所有人类文化现象"都可以统合在以'文化'为词根的中国词组群中,十分自然地流衍于人们的口头和笔端"。翻译作为一种重要的跨文化交流手段,自然就会涉及文化的方方面面。翻译一旦发生,进入到流通或交流之中,往往都会产生或大或小、或明显或隐晦、或立竿见影或循序渐进的文化影响。因此,剥离文化而仅从翻译本体出发考察其内部发展的历史,就无法正确而客观地反映出其全貌。王克非(1994:57)较早就指出了要书写翻译文化史,"翻译文化史研究翻译对于文化(主要是译入语文化)的意义、作用和影响,以及文化对于翻译的制约性。翻译实质上是文化的沟通,是对外域文化的摄取,因此翻译史的研究应同思想文化史结合,才能更深刻地理解和解释翻译与文化上的种种现象"。这也是对20世纪80年代以来西方翻译研究"文化转向"以及文化研究对翻译现象的关注而进行的一种回应。

　　王宏志在《翻译与近代中国》(2014:8)一书中明确指出,"我所主张的翻译史研究方法和描述性论述模式,是接近于文化史方面的"。该书收录了作者近年来有关中国近代翻译史的几个重要个案研究,共七篇文章,分为"政治篇""语文篇"和"人物篇"三个部分,触及了通事、外交语言、使团国书翻译问题等鲜为关注的课题,以展示翻译在近代史发展上所发挥的重要作用。例如，在《大红毛国的来信：马戛尔尼使团国书中译的几个问题》一文中，英王乔治三世写给乾隆的国书有两份中文译本，一份矮化英国形象，一份较为忠实，而乾隆读到了前者，才有了他对英国使臣的傲慢态度，也可以说间接埋下了以后英国等列强强硬轰开中国国门的矛盾由头。因此，"翻译之于文化史的价值在这里便显现出来，没有英国外交部档案所藏国书中译文的发现，以及对译者、翻译过程的详细梳理考证，我们便不能对马戛尔尼使团访华这个中西文化史上的重要事件有真正透彻而全面的理解。"所以，在王宏志的专著中，"文化史更是被作为翻译史研究的路向被提出来"，"在翻译史与文化史相融合的视野中，一些之前很少为人所关注的翻译主题便具有了文化史上的价值和意义"（刘立壹、刘振前，2017：110–111）。

3.4.5　科学技术史阐释视角的借鉴

科学技术史是以科学和技术发展为主要对象的历史学，一直以来都被视为是自然科学、技术科学和社会科学互涉的一门综合性学科。科学技术史既要研究科学技术内在的逻辑联系和发展规律，又要探讨科学技术与整个社会中各种因素的相互联系和相互制约的辩证关系。以时代来划分，可大致分为古代科技史和近现代科技史。以中国科学技术相关翻译活动为研究对象的中国科学翻译史，天然就与科技史研究有着不可分割的内在联结。以农学、医学、数学、天文学为支撑的中国古代科技成就非凡，同时中国的科学翻译活动可以追溯至汉晋时期，伴随汉代佛经翻译，一些天文、医学、算学等知识相继传入中国。明清时期，受海禁及闭关锁国等对外政策的影响，古代中国科技开始衰落，西方科学技术传入我国。以翻译为载体的"西学东渐"和"东学西渐"，尤其是科学技术知识，也是中国科学翻译研究的主要专注点之一，以近现代科技史研究理论为依据，回溯中国科学翻译的历史，对于理解科学翻译对科技历史变革与社会现代化进程的影响具有极其重要的意义。

我国以往的科学翻译史书写多以梳理译者、译作或翻译机构为主，也略有提及科学翻译的社会文化贡献，但鲜少有学者对科学翻译史的书写体例、视角、理解与阐释等问题进行学理性思考。而方梦之、傅敬民（2018：67）强调科学翻译史的撰写"必须跟我国近现代社会经济发展史和科学发展史结合起来"，其研究视角和研究方法还亟待创新。学界一直倡导的"跨学科（性）""多学科（性）""交叉学科（性）""学科互涉（性）"以及"超学科（性）"概念背后具体的研究理念和方法都包含了突破学科疆域，实现知识整合的成分。对于科学翻译史研究而言，其综合性和复杂性也决定了该领域实现跨学科融合研究的高难度。但科技史研究者们也做了大量原本隶属中国科学翻译史研究范畴的梳理工作。从早期《中国近现代科学技术史》（1997）中"科学书籍的译刊"这样的科学译述编目整理，到《中国近代科技传播史》（2011）中有关科技翻译作品传播的社会影响研究，再到近年来以高等院校、研究院所、专业期刊等各类科学技术史团体为阵地的大量学术成果，都体现了科技史研究者对翻译问题的关注。科学技术史研究广博的全时历史研究材料、动态的知识循环研究视角以及融合多元的学科研究理念都能为中国的科学翻译史研究提供借鉴。

3.4.6 社会学研究理论的借鉴

社会学研究领域的某些重要理论或概念也经常被借鉴过来，用以阐释翻译历史现象，尤其是法国社会学家布迪厄所提出的"资本"（capital）、"场域"（field）和"惯习"（habitus）等概念。布迪厄的社会学研究理论指出了"对人文与艺术进行研究的三个必要步骤：（1）必须把特定的实践场域与更大的权力场域结合起来；（2）应该辨识个体与群体在争夺艺术的合法化时所占据的对抗性位置之间的客观关系结构（structures of objective relations）；（3）分析行为者的阶级惯习（class habitus）以及他们在斗争场域中追随的社会轨迹"（邵璐，2012：477）。社会学的这种研究路径，完全可以成为阐释翻译活动的重要理论视角。因此对中国近代翻译史的研究可以按照以下思路进行："（1）要考察中国近代翻译场域，就要首先考察那个时期更大的场域——文学场域，对译者而言，翻译场域位于权力场域中，但在权力场域内占据被统治地位。而文学场域则相对更接近权力场域的统治级。（2）应该辨别译者在争夺象征资本时所占据的对抗性位置的客观关系结构。译者所特有的经济资本与文化资本是什么？（3）译者所持有的惯习是什么，惯习与资本所组成的场域使译者在翻译场域中占据怎样的地位，形成怎样的象征资本，这些象征资本又让他们拥有怎样的资本？"（邵璐，2012：476-486）

现在，社会翻译学/翻译社会学研究[1]在中国译学界已经成为一个比较热门的研究课题。将社会学研究方法或核心概念运用到翻译研究中，将对翻译历史进行阐释的目光由文本转向了文本背后的文化背景，再转向文本背后的社会关系网络。文化对翻译所产生的影响，以及翻译活动对文化格局的改造、文化内容的充实或大换血，是通过文化历史长久积淀所产生的潜移默化的影响而呈现的，是一种历时的研究视角。而社会学阐释视角则多定位于特定翻译行为产生时期的特定社会形态、社会结构、社会关系网络，以考察多种社会因素对翻译行为的促进或制约，更体现为一种共时的研究视角。

其他对翻译史研究具有重要借鉴意义的跨学科理论或概念还有很多，例如社会叙述理论（彭萍，2019），阐释学理论（夏天，2019）、心理学理论（谭素琴，2017）等，而且未来经过译界学者的不懈努力，还将发展出更多的阐释视角，从而更全面地解读翻译历史的当代意义。总而言之，中国翻译史研究的跨学科阐释理论运用是翻译史学理论发展的重要突破口，是学者基于史料、结合问题意识而进行创新性研究的重要途径。

1　"翻译社会学"和"社会翻译学"两个术语经常混用，王洪涛（2017：29）认为，"所谓'社会翻译学'意在从社会学的角度来探索翻译现象，属于翻译学的范畴，而'翻译社会学'则侧重从翻译学的角度来探索社会现象，属于社会学的范畴。很显然，站在翻译学的本位立场上，'社会翻译学'似乎更适合作为翻译学一门分支学科的称谓"。

第 4 章
近十年中国翻译史研究方法发展与展望

巴斯奈特曾指出，20 世纪 70 年代翻译研究的关键词为"历史"（Bassnett，1996：23）。不可否认，自翻译研究中的"文化转向"以来，当今的翻译史研究已经成为国内外翻译研究领域的热点之一。翻译史研究覆盖面广泛，描写对象和书写方式呈现多元化特征，诸如翻译机构、翻译家、翻译思想、翻译出版、翻译作品、翻译事件等均可被纳入翻译史研究范畴当中。虽然翻译研究是一门相对年轻的学科，但人类的翻译活动历史悠久。以中国为例，有记载的翻译活动已有两千多年的历史，历史上频繁的翻译活动、数量众多的译家等都为我国的翻译史研究提供了基础。从某种意义上讲，一部翻译史，即是一部人类文化、思想交流史。

董秋斯在 1951 年曾经提出建立翻译学的思想，他呼吁中国的翻译学界要写成两部大书：一部是中国翻译史，一部是中国翻译学，并指出，这两部书的出现将意味着中国的翻译工作由感性认识的阶段上升到理性认识的阶段（董秋斯，1951：543）。时隔半个多世纪，2006 年马祖毅等人编纂的《中国翻译通史》（五卷本）的出版，表明我国的翻译史研究已经取得突破性进展，该书对翻译研究学科发展和理论建设影响深远。中国的翻译学界在翻译史研究领域从早期一般的资料收集、归纳整理，到翻译通史的编纂，再到当今断代史、专题史、区域史作品的层出不穷，翻译史研究呈现出了研究对象逐渐深入、细化，研究视角和方法逐渐多元化的特征。然而，虽然近些年中国的翻译史研究成绩斐然，但反思这一阶段的翻译史研究内容、视角和方法，会发现仍然存在研究视角单一、研究方法不甚明了、缺乏史学意识和理论指导等诸多问题。正如许钧、穆雷（2019a：85）所言，目前翻译史成果"大多集中于对具体翻译历史的梳理和总结，缺少从史学角度、运用史学研究的方法去深入研究翻译史的力作，更缺乏书写翻译史的系统理论研究"。贾洪伟（2019）认为，国内多数翻译史家没有接受史学的科班训练，缺乏史学写作范式和研究方法，因而一些历史著作难免出现史论法不能有效结合等问题。蓝红军（2010：47）也曾提到，我国从事翻译史研究的学者"普遍缺乏从史学方法的角度进行分析、判断和选择的意识，从而影响选题的实施与研究的价值"。翻译史研究的价值不言而喻，但若被问及翻译史研究的方法，大多研究者仍语焉不详，其结果便是现有翻译史研究中对研究方法的欠缺和忽视。国外研究者同样指出翻译史研究中早期成果偏重于对历史事件和事实的描述，对方法论的探讨不足（Bastin & Bandia，2006）。由此可见，对研究方法的关注不足是国内外翻译史研究中普遍存在的问题。

研究方法主要指"如何开展研究"，研究方法论则指"从何种角度切入研究问题"（Griffin & Gabriele，2005：1-5）。皮姆（Anthony Pym）的《翻译史研究方法》（*Method in Translation History*，2007）是关于翻译史研究方法的一部经典之作，在国内相继有 5 篇书评发表。此外，也有学者专门撰文评介巴斯坦（Georges L. Bastin）和班迪亚（Paul F. Bandia）的《勾画翻译史的未来——当下话语与方法论》（*Charting the Future of Translation History: Current Discourses and Methodology*，2006），结合中国语境，反思翻译史研究的方法和话语问题。国内学者对国外翻译史研究方法类书籍的密切关注，体现了国内翻译史研究学者研究方法意识的提升。

近年来，我国一些学者不仅积极评介国外翻译史研究方法类著作，而且已经自觉展开了对翻译史研究方法和方法论的反思与构建。许钧、朱玉彬（2007）是国内较早论述中国翻译史研究方法的研究之一。在评介马祖毅的五卷本《中国翻译通史》时，以史学研究方法论为参照，提倡中国翻译史应该引入社会学、心理学、人类学和计量史学等学科的研究方法，根据不同的研究问题，选择一种或者多种研究方法进行翻译史研究。邹振环虽出身史学研究领域，但其在中国翻译史方面的研究成果一直备受瞩目，是将史学方法充分运用于翻译史研究的典范。邹振环（2010）借鉴最早由英国科学哲学家库恩（Thomas S. Kuhn）提出的将"科学史"划分为"内部史"与"外部史"的模式，倡导将这两种方法运用于翻译史的研究当中，并指出翻译史上很多无法依靠内部研究方法和文献解决的问题需要综合运用历史文献学、文学社会学、知识社会学等方法。穆雷、欧阳东峰（2015）通过梳理历史学研究方法的重要概念、体系和分类方法，阐述了史学研究方法对翻译史研究的阐释作用，并评价其优势和局限。蓝红军（2010）指出，目前我国学者对翻译史研究作为一门分支学科的研究方法论意识相对单薄，因此主张学者增强史识观意识、翻译理论意识、研究问题意识和史学方法意识。夏天以文学翻译史为着眼点，"从史料梳理线索的确立、翻译活动的语境建构以及史料分析的理论层面三个方面来探讨文学翻译史的研究方法"（夏天，2016b：80）。穆雷、邹兵（2014）从文献计量学角度分析了1992—2013 年中国近 700 篇翻译学博士论文，数据分析显示博士论文中翻译史研究主题所占比例位列全部主题的第二名，而文献法、历史描述法、文本细读法是使用最多的方法，语料库方法、田野调查法、系谱学等方法是新近比较受欢迎的翻译史研究方法。屈文生（2018）以改革开放 40 年来中国翻译史研究的发展为考察对象，主张翻译史研究同样存在内部研究法和外部研究法，应该借鉴全球史、概念史、社会史、文化史等研究理念。方仪力（2011）借鉴兴起于 20 世纪美国的"口述历史"研究方法，提倡将口述历史引入翻译史研究当中，为翻译史的研究对象和研究目标提供新的方法，以更好地理解翻译与社会之间的关联。包雨苗（2019）以翻译史研究中常见的个案研究法为论述对象，对其进行方法论上的反思，并着力探讨翻译史个案研究中微观个体分析和宏观历史结论之间的关系。袁丽梅（2019）以近年来史学界勃兴的全球史为例，指出翻译史研究应该多借鉴史学理论和方法，并从译史个案研究的资料扩充和对译史书写的启示两个方面详细论述了全球史对翻译史研究的借鉴意义。刘彦仕（2015）则梳理了 20 世纪后半叶兴起于西方的微观历史与新历史主义文学理论之间的内部关联，指出传统的中国翻译史研究描述多而分析论证少，主张翻译史研究借鉴微观历史的理论和方法，寻找新的研究对象，选择有价值的史料，进行与历史的对话。

通过对国内翻译史研究方法反思类学术成果的回顾与总结，可以发现我国对翻译史研究方法论和研究方法的关注始于 21 世纪，皮姆的

《翻译史研究方法》一书对国内翻译史研究方法的讨论具有一定的借鉴意义，影响颇深。综合来看，目前学界普遍认识到了以往翻译史研究方法的局限性，主张翻译史应该突破以史料堆砌、线性叙述为特征的叙事模式，而翻译史研究者应该增强史学意识、方法论和理论意识，借鉴史学、社会学、人类学等其他学科的研究方法，从单纯描述史料走向分析和阐释史料。此外，部分学者创造性地提出了建构翻译史研究方法论的模式，诸如"内史"和"外史"等划分方式均对未来的翻译史研究和翻译史书写具有启迪作用。然而，虽然近些年国内学者在翻译史研究方法方面已经取得了一定成果，但现有研究仍然存在着对翻译史书写视角和研究方法混淆不清、研究方法语焉不详、分类模糊等诸多问题。一门真正意义上的学科除了应该有自身明确的研究对象、系统的学科理论之外，还需要有自己的研究方法（金立鑫，2007）。研究方法的应用、拓展和完善也是学科逐渐走向成熟的标志之一。因此，研究方法之于翻译史研究的重要性不言自明。

4.1　中国翻译史研究方法回顾

从学科门类来看，翻译史属于史学研究的专门史。因此，翻译史与史学研究中天然的联系，意味着史学研究中研究范式的转变、理论和研究方法的提出对翻译史研究具有一定借鉴意义。从 20 世纪下半叶开始，在西方后结构主义思潮的大背景下，西方历史学研究在研究方法、研究对象上也发生了深刻的变化，"新历史学"（new historiography）应运而生，挑战了传统的"兰克历史学"（Rankean historiography）。在《历史写作的新视野》（*New Perspectives on Historical Writing*）中，伯克（Peter Burke）（2001：3-6）从七个方面详细阐述了新历史学和旧历史学（兰克历史学）之间的差异：（1）旧历史学研究范式主要关注政治历史和国家历史，主张"历史是过去的政治，政治是现在的历史"。相反，新历史学将研究对象扩大为每一项实际存在的人类活动，主张任何事物都有其历史，现实是被社会或文化建构起来的。（2）旧历史学将历史的写作视为事件的罗列叙事，而新历史学更加关注事件结构的分析。（3）旧历史学采取的是自上而下的研究，关注精英群体；而新历史采取的是自下而上的历史，关注普通人的观点和经历。（4）传统历史学研究常常以档案、官方保存记录为资料来源，忽视了其他史料的价值；新历史学的研究范围广泛，因而资料获取来源广泛，形式多样，不局限于官方保存资料。（5）传统史学研究方式关注的历史问题单一，对主流问题的历史解释力度不够，无法全面再现历史语境，呈现给读者的是单一视角的历史；新历史则从多个角度切入研究问题，寻找不同的解读。（6）传统历史学认为历史是客观的，历史学家的任务即是为读者呈现"事实"；新历史学则主张历史是被书写的，任何历史都受到研究者观点、目的和背景的影响。（7）传统历史学的研究人员局限于专业史学研究者，而新历史学主张跨学科的研究视野，研究人员可来自不同学术背景。新历史学的产生，使得以往处于史学研究边缘地位或被忽视的微观史（microhistory）、口述史（oral history）等领域逐步走进研究者的视野，其研究方法和理论关照方面都区别于传统的历史学研究。史学研究领域的范式转变在翻译史研究中也得到了一定回应。部分翻译史研究学者开始将微观史、口述史的理论和方法逐渐引入翻译史研究当中。

4.1.1　微观史

微观史学兴起于 20 世纪 70 年代的意大利，至 90 年代达到鼎盛。意大利微观史学研究者认为，微观史学的兴起与当时意大利的政治现实和社会背景关系紧密。20 世纪 60 年代后期，意大利左翼进步势力面对保守主义复辟、恐怖主义袭击时候所表现的软弱，以及进步势力对工会运动的镇压，都暴露出它们薄弱的政治分析能力，以及对社会结构和经济体制理解的简单化倾向。这种简单化的阐释倾向投射到历史编纂中显得尤为突出。因此，包括金斯伯格（Carlo Ginzburg）在内的意大利史学家开始质疑单一的、线性的和概略性的历史阐释模式，进而产生了微观史学。随后，微观史学在全球范围内得到响应，不同国家的微观史学研究的关注对象和表现形式各异。微观史学关注的不再是单一的、"大写"的历史（the History），而是无数"小写"的历史（histories），这也就意味着向本质主义的传统告别，向宏大叙事的告别。

与传统宏大叙事不同，微观史学关注被主流话语排除在外的、处于边缘位置的个体案例以及以往被忽略的档案、记录等细节，使人们认识到历史的叙事本质以及历史学家的主体地位（Adamo & Sergia，2006）。也就是说，历史是被书写的，每一部历史著作都必然受到意识形态、诗学、编撰者的主观意图、知识背景等因素影响。微观史学缩小研究范围，聚焦于微小的、处于边缘地位的人物和事件，旨在从中寻找不同和规律。"微观史本质上是一种历史编纂实践，其理论参照是多样的和充满选择的……其基本方法为观察规模的小型化和对文献资料的微观分析和细致研究"（Levi，2001：97-99）。此外，虽然微观史学将研究对象聚焦于被忽视或被遗忘的小人物、小事件，但其终点绝非单纯地呈现一个又一个的历史碎片。相反，通过对这些个案的细致入微的观察和研究，微观史学旨在洞察个案与宏大社会历史语境之间的内在联系和相互影响，借助微观视角来探寻宏大历史背后的可能答案。其对小事件、小人物的关注，使得微观史学与传统宏观社会历史相比，更容易引起广泛的关注。

微观史学作为史学的新兴重要理论和研究方法之一，也受到了一些国内外翻译研究学者的关注。阿达莫（Sergia Adamo）是较早将微观史学引入翻译史研究中的学者，其曾就微观史学对翻译史研究的借鉴意义、两者之间的内在关联进行过详细的论述（Adamo，2006）。与微观史学一脉相承，微观翻译史缩小观察范围和时间跨度，细致入微地分析和阐释处于非主流、边缘或被遗忘的小人物、小事件。微观翻译史关注的不仅仅是散落于过去的历史碎片，更是这些碎片背后与宏大历史之间的内在关联，历史碎片与现在之间的对话与接续。例如，由王宏志主编、自2011年起每年出版一辑的《翻译史研究》论文集便是将微观史的方法引入翻译史研究的典范。文集中收录的单篇论文从微观角度切入，在深入挖掘史料的基础上阐释翻译活动的发生、发展、接受和影响，折射出一个历史阶段的翻译规范和诗学传统。对这些小事件、小人物的挖掘，为研究者提供了更多历史的视角去看待翻译过程、审查制度、翻译动机等，促使研究者揭示被主流话语遮蔽的空间。

将微观史的理论和研究方法引入翻译史研究中，不仅为以往处于翻译史研究边缘地位的研究对象提供了一席之地，而且为翻译史研究带来了不同的研究视角和方法。总体而言，微观史对当今翻译史的影响和启发主要可以从以下两个层面展开论述。

首先，微观史视角拓宽了翻译史的研究对象，与主流翻译史互为补充。受传统史学的影响，在翻译史研究发展之初，以时间线索为主线，以"宏大"为目标、"自上而下"的"通史"和"全史"式撰写方式占据主流地位，例如马祖毅的《中国翻译史（上卷）》（1999）和陈福康的《中国译学理论史稿》（1992）。然而，传统史学的关注点聚焦于主流人物、精英群体和重要事件，资料来源常常依赖于官方档案和历史记录，并以线性叙事的方式再现历史。宏观的翻译史书写固然重要，但却一定程度上导致了对非主流研究对象的忽视。例如，谢天振（1999：74）曾指出，"自二十世纪初起，中国的翻译研究就已经带上了鲜明的文学研究性质"。在国内的翻译史研究当中，一直存在着对文学翻译关注较多，而对非文学翻译关注不足的现象。此外，对文学翻译名家、重要文学翻译文本的研究又是学术热点，出现了一定的研究对象扎堆现象。翻译活动历史悠久，最早的翻译活动便是发生于人与人之间的交流需要。如果将翻译史的书写局限于文学翻译史，必然会抹杀诸如科学翻译、法律翻译、外交翻译等非文学翻译活动的价值，无法真正呈现一部人类的翻译史图谱。在当今全球化的大背景下，翻译具有天然的跨文化、跨语际、跨国界特征，对翻译的考察也不再局限于对"语言文本"的考察，其研究对象的涵盖范围也愈加广泛。因此，微观史的引入为微观翻译史提供了理论和方法上的支持，以往处于边缘地位的翻译活动——例如伪译史、自译史、翻译出版史、口译史等均成为翻译史的潜在书写和研究对象。微观翻译史以一种人类学视野，广泛搜集资料，致力于重建小团体中个体的生活经历，将关注点置于当时的社会经历和社会条件。对非主流翻译史的关注使得微观翻译史与宏观翻译史形成一股合力，共同致力于翻译史的书写和研究，为翻译研究提供历史的维度。

其次，微观史的研究视角引发翻译史研究学者对文献和档案资料的再思考。过去已成历史，当今人们对历史的追溯和重构只能依赖于过去留下的痕迹。伯克（Burke，2001）在区分新历史和旧历史的时候，提出旧历史研究常常基于官方保存的"文档"和记录，而新历史研究则将非官方的、口传、视觉、数据等各种形式的资料全部纳入考察当中。作为新历史的一种重要研究方法，微观史对史料的收集和选择不再局限于官方保留的档案，而是延伸至一切历史的蛛丝马迹。官方保留的档案资料通常是经过过滤和筛选的，基于这些档案构建的历史是符合主流话语体系的政治史，表达的是官方的观点。要想将研究对象拓宽到位于边缘地位的小人物、小事件，就需要同时去搜寻其他文献记录。因为在微观史看来，对一切线索的追溯有利于人们发现不同的答案，构建一个区别于宏大叙事的、非主流的历史。即是说，基于历史的片段，微观翻译史能够让以往处于翻译史研究边缘地位的主体重新发声，从历史的背景走向前景。此外，没有完全客观的历史，历史的编纂总是带有编纂者的痕迹，受到其研究动机、学术背景、思想观点等因素影响。历史是被书写的，历史书写绝不是一种中立的叙事。文献资料浩如烟海，每一份资料都是潜在的研究对象，研究者对资料的选择绝非随机和中立的，而是与其研究目的等因素息息相关。当文本转换成文献，成为历史学家撰写历史的依据的时候，文献便再次充当了阐释的媒介，作为历史文本的文献资料，能动地参与历史的构建。即便是以文字保存下来的文献，后世基本无法考证其准确性和真实性。因此，微观翻译史的介入使得人们有理由质疑史料的可靠性，并充分认识到了史料筛选对研究的重要性。

至今，微观史的研究方法已经成为翻译史研究的一种重要方法，取得了一定成果。然而，值得注意的是，翻译史研究中的微观视角并非微观翻译史首创，而是一直广泛存在于翻译史研究当中，诸如翻译家研究、翻译活动的案例研究。此外，由于其微观视角，研究者也应该警惕其潜在的碎片化倾向，将微观翻译史的书写置于大的历史背景当中，与主流翻译史形成互动，共同深化人们对翻译的认识和理解。

4.1.2　个案研究法

个案研究法是一种社会科学的质性研究方法，现今已经被广泛应用于社会学、文学、教育学、心理学、人类学等诸多学科。在翻译学界，个案研究法也一直受到翻译研究学者的青睐。无论是硕博论文、期刊论文还是学术专著，以个案研究法为主要研究方法的翻译研究学术成果丰硕。曾有学者提出，个案研究法在翻译研究中的应用几近于理所应当的地步（Susam-Sarajeva，2009）。与之形成对比的是，鲜有翻译研究学者对个案研究法进行方法论层面上的反思和评价。其中，包雨苗（2019）是国内较早从方法论的层面反思个案研究法之于翻译史研究的学者。她曾提及，除苏珊-萨拉耶娃（Susam-Sarajeva）、萨尔达尼亚（Gabriela Saldanha）和欧布莱恩（Sharon O'Brien）曾从翻译研究角度对个案研究法进行初步探索外，翻译研究学科内尚无针对个案研究法的专门性讨论。基于这样的背景，我们将从什么是个案研究法、个案研究法在翻译史研究中的应用、个案研究法对翻译史研究的启发、个案研究法应用于翻译史研究中存在的潜在缺陷等方面详细论述，以期厘清个案研究法对翻译史研究的重要学术价值。

个案研究法指"对一个人、一个事件、一个社会集团，或一个社区所进行的深入全面的研究。它的特点是焦点特别集中，对现象的了解特别深入、详细"（风笑天，2009：239）。研究者通过对某一个案例的深描，以获得对该案例的充分而全面的理解，关注个案所蕴含的独特性、完整性和内在逻辑。一般来说，"个案包括探索性个案、证伪性个案和外推性个案三大类，不同的个案可以满足不同的研究需求。探索性个案的价值在于，通过对个案的深入研究从而获得新的知识；证伪性个案的价值在于，通过个案研究，修正、推翻原有的理论或者限定原有理论的适用性范围；外推性个案研究的价值则在于，通过对某个个案资料进行分析，然后采用归纳逻辑总结出一般结论或理论"（卫倩平，2018：37）。不同研究目标直接对应着不同的个案类型，其研究价值在于深化、拓展、挑战或修正人们对某一个或某一类议题现有的认识。

反观翻译史研究，虽然较少有学者有意识地指出其研究采用了个案研究法，但个案研究法却早已成为中国翻译史研究的重要研究方法之一。例如，郭昱（2014）以英国人邓罗（C. H. Brewitt-Taylor）对中国古典小说《三国演义》的英译为个案，深入考察和研究邓罗的翻译历程、早期翻译片段出版途径、全译本在英语世界的接受与影响等内容，并得出结论称《三国演义》的整个译介活动受到社会历史文化语境的制约，而邓罗在中国古典文学走向西方世界扮演了重要角色。侯杰

（2017）以中国近现代报刊史上著名的《东方杂志》（1904—1911）为个案研究对象，细致梳理了该杂志对英文科技文本的翻译情况、翻译特点、从当时中国的政治和文化层面追溯科学翻译的动因和影响，并总结称《东方杂志》的科学翻译话语践行了该杂志"启导国民"的文化宗旨，在当时中国的文化和政治环境中起到了重要作用。江慧敏和王宏印（2017）以汉学家高罗佩（Robert Hans van Gulik）为个案，着眼于高罗佩由汉语英译并用异语创作的狄公案系列小说及其无本回译，指出这种独特的创作与翻译策略促进了中西文化的交流，并借此个案研究反思了当前中国文化走出去的途径和方式。以上三项研究，虽然其研究者并没有明确指出运用了个案研究法，但其都可以称之为将个案研究法应用于翻译史研究的代表作品。此类案例不胜枚举，限于篇幅，不作赘述。

王宏志（2014：6）曾以晚清翻译史为例，指出"现阶段急切要做的是大量的研究。没有足够坚实的个案研究的成果作基础，翻译史是写不出来的"。由此可见，个案研究之于中国翻译史而言可谓"砖头"与"房屋"之关系，只有基于大量"微观"而细节的个案研究，翻译研究者才能较好地书写相对"宏观"的翻译史。事实上，中国翻译史发展之初，其论述偏向于"大而通"的叙述模式，这种模式虽然能够为读者建构出一幅自佛经翻译以来中国翻译史发展的宏观画卷，但却存在研究不够深入、视角相对单一、研究多集中于主流翻译史研究对象，覆盖面有限等潜在弊端。以翻译家研究为例，伴随着翻译史研究的不断发展，翻译家个案研究也逐渐成为热门研究对象。然而，大多数翻译家研究仍然局限于少数文学翻译名家，对不那么有影响力的文学文本译者或法律、科技等非文学文本译者的关注不够，研究对象出现了一定的扎堆、重复现象。中国翻译史通史式的论述无法面面俱到。因此，借助于个案研究法，不同独立的翻译现象个案能够得到最大程度的彰显。个案研究与宏观翻译史研究并非是孤立、割裂的关系，而是一种互相补充和互相映射的关系。

一般而言，典型性和独特性是选择个案研究对象的常见标准。个案研究法不仅能有效地补充宏观翻译史，其独特性标准也有利于学者揭示翻译研究现象的不同侧面，凸显边缘研究对象的重要价值，以完善、修正甚至是挑战人们对现有翻译理论和实践的认识。例如，王春景

（2018）曾以印度的梵语名剧《沙恭达罗》为个案研究对象，钩沉了该剧在中国的译介历程。该研究的价值在于，补充了以往《沙恭达罗》研究者所忽视的介绍文章和文珏的译本等信息，完善了《沙恭达罗》在中国的汉译史研究。由此可见，个案研究是一种基于个案的研究，其研究对象的独特性和情境的特定性能够为翻译史研究带来新的材料和切入点。

　　虽然个案研究法已经成为人文社会科学中的一项重要研究方法，但其仍存在一定的局限性。目前，个案研究法受到质疑最多的是个案选择的"代表性"和研究的"可推广性（或普适度）"问题。在社会科学研究当中，研究对象的代表性、研究结果的信度和效度通常是评价一项研究成果质量的标准。首先，针对个案研究法，部分学者质疑，个案研究的对象相对单一且特殊，其研究是否具有代表性？又有多大程度上的代表性？虽然这类质疑存在其合理性，但某种程度上混淆了基于数学逻辑基础上的量化研究中的代表性与作为一种质性研究的个案研究法的代表性。个案研究的目标是对某一案例的深度分析进而形成对某一类现象的认知，而不是进行统计学意义上的分析与概括。也就是说，个案研究中研究对象的选择不同于量化研究中的抽样原则，并非必须选择能够代表总体的样本进行分析。正如王宁（2002：123）所指出，"个案不是统计样本，所以它并不一定需要具有代表性"。例如证伪性个案，其价值恰恰在于其特殊性和非典型性，以修正或挑战现有的观点或理论。其次，针对个案研究法的"可推广性"问题，部分学者认为一些个案本为发生于特殊情况的特殊对象，其研究成果难以推广到其他，无法提供普遍的指导意义，所以部分个案研究的价值也就相对降低。然而，一种研究方法的价值大小应如何评判？是否研究成果的推广范围越大，结论的普适性越高，其研究价值就大，反之则小？对于人文社会科学研究来讲，答案显然是否定的。如前所述，个案研究的最大特点是对个案的深入剖析和阐释，其结果或是能提供新的认识，或是推翻、修正现有认识，或是基于个案，进一步归纳总结出一般结论。希冀个案研究能够具有普适性显然与个案研究法的目标和价值背道而驰。事实上，虽然个案研究并不以普适性为目标，但并不意味着其研究模式和成果难以应用或推广于其他研究。个案研究并非孤立存在的个体，同样能够为类似的研究提供可资借鉴的研究模式、启发相似的研究、引发人们对相关议题的重新思考等。例如，翻译家个案研究是现今翻译史研究中的热门话题，此类话题的研究模式就具有较大的可复制性。一般而言，目前比较普遍的个案研究模式为翻译家生平介绍、译作评析、翻译思想和观点梳理总结以及翻译成就评价等方面。

没有一种研究方法可以穷尽某一类研究对象，只有适当结合不同研究方法，才能更好地分析和阐释研究对象。借用史学学者戴维斯（Natalie Zemon Davis）的观点，"历史学家必须在这些高度聚焦的研究和更加广泛的研究之间保持不断的对话，并将对话所可能具有的意蕴充分发挥出来"（转引自俞金尧，2011：4）。因此，翻译史研究学者应该注重不同研究方法之间的合作，共同解决特定翻译史研究问题。

4.1.3 文本分析法

语言转换是翻译的本质属性之一。虽然翻译史研究以史为根本目标，但一直以来，文本细读、原文和译文本的对比分析仍然是学者的重要研究手段之一。邹振环（2010：19）曾提及，"狭义的翻译史研究主要采用的方法，是译本与原本的比对，译家的翻译风格和翻译方法、翻译理论"。早期的翻译史研究方法大多依赖文本分析，其原因之一便在于人们对于"何为翻译"问题的狭隘认知。自翻译研究中的"文化转向"以来，人们逐渐认识到翻译不仅是一种语言活动，更是一种跨文化交流活动。因此，随着翻译认识的深化，学者在翻译史研究中的文献资料和研究方法的选择上也会随之发生变化。需要注意的是，虽然近些年来语料库、口述史等不同研究方法逐渐被引入翻译史研究中，但文本分析法始终是翻译史的主流研究方法之一。

不同学者对文本分析这一研究方法的称谓各有不同，如"文本对比法""文本对比分析法"和"文本分析法"等。事实上，这些方法皆是通过对文本的细读、分析或对比进而阐释。为了便于论述，此处选用"文本分析法"这一相对宽泛的概念。童清艳（2013：126）认为"文本分析法，就是通过对相关文本的细读、分析，从文本的表层深入到文本的深层，从而发现那些不能为普通读者所把握的深层意义与额外信息"。将文本置于翻译史研究当中，学者可以通过分析译文本的语域、词频、语言结构、与原文本的差异等，进而分析和总结译者的语言风格、价值观、翻译主张、翻译策略等重要信息。例如，屈文生（2014）以《南京条约》为研究对象，细致对比其中英文本，就"给予"还是"割让"，"领事"还是"管事"等法律词语的翻译进行分析和阐释，并得出结论称《南京条约》中一些西方法律词语的概念没有被翻译出来，体现了翻译现象中的权力问题。方红、王克非（2014）曾以文本分析为主要研究方法，从译词选择、意义重构等角度对《共产党宣言》中日首个全译本进行对比研究，揭示出《共产党宣言》在中日两国的译介历程、模式及日译本对中译本的影响。余石屹（2016）以美国文化学者兼出版家卡鲁斯（Paul Carus）与日本禅宗师傅铃木大拙（Suzuki Teitaro Daisetz）合译的《道德经》为研究对象，细致考察了《道德经》的翻译和出版历程，对比中英文文本，并得出结论称卡鲁斯主要采用了归化的翻译策略，其译文削减了原文本的异质性，借助翻译强化了基督教神秘主义的文化价值。基于上述三个案例，可以看出文本分析方法之于翻译史研究的重要价值——借助于文本分析法，通常难以洞察的文本和翻译行为背后的深层内涵或译者隐而未宣的内容得以揭示，有助于研究者更好的理解和阐释翻译活动。

　　虽然文本分析法一直受到翻译史研究者的青睐，但这种方法也受到了一些学者的诟病。其原因是，在翻译史的考察中，翻译活动不仅涉及翻译文本，而且是发生于历史中的翻译事件，与社会、历史和文化等外在因素关系紧密。而文本分析法是基于对文本的分析，在某种程度上忽略了历史社会文化语境的因素，导致其研究结果可能是脱离语境的、孤立静止的分析和阐释。因此，翻译史研究学者不仅要从语言和文本分析出发，描述翻译特征，还需要结合社会历史语境来更全面地描绘翻译活动，探究翻译动机和翻译行为的历史含义。正如邹振环（2010）所提倡的，翻译史的内部研究和外部研究相互结合，才是翻译史研究未来的发展方向。

4.1.4　文献研究法

文献是人文社会科学研究的基础，文献掌握程度常常决定了研究的深度和广度。文献研究法是一种重要的人文社会科学研究方法，自翻译史研究兴起以来，也广泛应用于中国的翻译史研究。穆雷、邹兵（2014）在考察 1992—2013 年间在中国发表的 700 篇翻译学研究博士论文时，指出文献法是使用最多的方法之一。虽然文献研究法应用广泛，但较少有翻译史学者曾对其进行方法论上的反思。下文将会从文献研究法的基本含义、特点和分类、翻译史研究中的应用、其优势和劣势等方面进行论述。

文献研究作为一个复合名词，其中"文献"的含义至关重要，对文献的定义决定了文献研究的内容和范围。何为文献？一般而言，"文献是指包含有我们要加以研究的对象的信息的各种载体"（林聚任、刘玉安，2004：128），其载体形式可以为书面或电子媒介。依据文献的来源和具体形式，可以有不同的分类方式，其中一种便是将其分为原始文献（或第一手文献）和二次文献（或第二手文献）。文献覆盖面广泛，于翻译史研究中，译者或翻译活动参与者的个人日记、自传、来往通信、回忆录、官方档案、报刊、网络文献等均属于文献范畴。在文献基础上，"利用文献资料间接考察历史事件和社会现象的研究方式就称为文献研究，……包括历史文献的考据、社会历史发展过程的比较、统计资料文献的整理与分析、理论文献的阐释以及对文字资料中的信息内容进行数量化分析等等"（林聚任、刘玉安，2004：128）。与口述史、抽样调查等方法不同，文献研究法无须与研究对象直接接触，这也形成了文献研究法与其他研究方法之间最大的区别。

虽然较少有翻译史研究明确提出使用了文献研究法，但几乎可以说每一项翻译史研究都应用了文献研究法。例如，邹振环的《20 世纪上海翻译出版与文化变迁》（2000b），王秉钦的《20 世纪中国翻译思想史》（2004，2018），王建开的《五四以来我国英美文学作品译介史》（2003），方华文的《20 世纪中国翻译史》（2005），谢天振、查明建的《中国现代翻译文学史（1898—1949）》（2004），李伟的《中国近代翻译史》（2005），赵稀方的《翻译现代性：晚清到五四的翻译研究》（2012），张旭的《近代湖南翻译史论》（2014）等均是文献研究法应用于翻译史研究的著作典范。

　　文献研究法最大的优点即在于其研究对象不受时间和空间的限制，使得研究者得以研究那些无法当面接触、其他研究方法又难以进行研究的对象。例如，叶霭云（2014）曾以大清留美幼童为研究对象，通过文献梳理和史料钩沉，集中考察了留美幼童当时从事的翻译活动，及他们作为译者的身份与困境。由于年代久远，留美幼童皆已作古，对其翻译活动的考察只能依赖于以文字或图像记录下来的文献资料。类似地，许诗焱、许多（2018）从俄克拉荷马大学中国文学翻译档案馆所收藏的葛浩文和林丽君（Sylvia Li-chun Lin）两人在翻译毕飞宇的长篇小说《推拿》过程中与毕飞宇之间的往来邮件着手，分析译者就原文向作者提出的 131 个问题，进而追溯译者和作者在翻译过程中的互动——意义追索、意图交流和矛盾求证。文章不仅为人们了解译者翻译过程提供了实证材料，而且也为翻译史研究学者提供了启示——即对第一手翻译档案材料的挖掘至关重要。正是得益于文献，才能够让当今的研究者得以揭示历史上的翻译现象，以更好地认识历史，启发未来。

　　文献研究法虽然有着区别于其他研究方法的优势，但也有着部分资料难以获取、文献资料信息有限、资料选择受制于研究者的主观性等弊端。正如历史是被书写的，不同翻译史研究者的研究兴趣、动机、目的等主观因素或资料获取难度等客观因素，必然会影响研究者对材料的筛选和使用。相同的研究主题，不同的研究者，其研究结果可能迥然不同。此外，虽然随着科技的发展，不同区域之间的信息交流、资源共享已经达到了前所未有的程度，但诸如个人日记、信件、机构内部保密性文件、疏于保存的历史文档等资料仍然存在一定的获取难度。因此，研究者的前期资料收集和准备工作显得尤为重要。

4.1.5　历史学方法

　　翻译史是以翻译史料为研究对象的专门研究史，兼跨翻译学与历史学的学科史，因此翻译史与历史学在学科性质上必然存在着一定的共通之处。其次，翻译学具有跨学科性，"其研究必然可以谨慎并恰当地引进其他相关学科的概念、理论、方法和工具，拓展研究方法，满足本学科对象的社会形态多样性的需求"（穆雷、欧阳东峰，2015：115）。相对于翻译研究，历史学研究起步较早，发展相对成熟，其中的某些研究方法可以为翻译研究提供借鉴。因此，翻译史研究具有向历史学借鉴研究方法的可能性和必要性，可根据中国翻译史研究的学科特点有选择地借鉴和阐发相关历史学研究方法，如实证方法、叙述方法、分析方法等。

历史学研究中常见的实证方法有辨伪法、校勘法、辑佚法、训诂法。辨伪法，顾名思义，是指对史料真假进行考证；校勘法即校对勘误，今俗称校对；辑佚法即钩沉索隐，从研究主题相关的大量文献中，选出与研究主题相关的只言片语或文章，并将其缀集成篇或成册，如李今（2017）主编的《汉译文学序跋集》（四卷本）；训诂法，简言之就是用现代的语言解释古代的文字。这四种历史学实证方法是进行文献工作必备的操作方法，但遗憾的是，这些方法专业性很强，翻译史研究者较少熟练掌握，这也是当前翻译史的研究结果极易受到史学界诟病和质疑的主要原因之一。因此，未来的翻译史研究者亟须在史学实证方法上狠下功夫。

历史学中常用的叙述方法主要有纪事本末法、纪传法、编年法、国别法等，分别以事件、人物、年代和国家为线索编排历史事件。翻译史研究按照上述思路和主题进行分类，最常见的有人物史、断代史、专题史、通史和地域史等。穆雷、欧阳东峰（2015）统计了 1949—2014 年我国 181 部翻译史专著里，其中有 58 部人物志（多为译家研究）、54部专题史（其中文学文化类的翻译史专著达 39 部，约占专题史总量的72%）、39 部通史、18 部断代史、12 部地域史。不难看出，各叙述方法在我国翻译史研究中的运用较不均衡，其中运用人物志叙述方法的专著最多，专题史与通史次之，而运用断代史与地域史叙述方法的专著较少。鉴于此，我们希望未来的研究者可以将这些叙述方法平衡而综合地运用到中国翻译史研究中去。

历史学中常见的分析方法有历史分析法、阶级分析法、逻辑分析法、历史系统分析法、历史比较分析法等。其中历史分析法是在搜集、整理、考证、分析、提炼史料等一系列过程中，对史料进行有效和有意义的分析（Danto，2008）。阶级分析方法是根据阶级斗争、阶级关系、社会阶层、社会结构来观察事物或揭示研究对象的特点（Howell & Prevenier，2001）。这种方法在特定历史时期、特定历史环境中考察阶级性以及社会问题时作用较大，但随着时代的发展，此种方法的局限性日益凸显，在未来的翻译史研究中应该慎用。逻辑分析方法指运用形式逻辑中的归纳、演绎、分析、综合、抽象、概括等来认识和研究历史的方法（赵吉惠，1987）。这种方法是翻译史阐释和元翻译史论研究的重要方法，应在今后的翻译史研究中予以积极提倡。

　　历史系统分析法运用了现代系统论原理，将社会和历史视为一个有机的整体结构，历史的发展就是一个整体系统的演变（马卫东，2009）。在翻译史研究中，翻译活动由若干要素构成，不同翻译活动之间要素构成方式各异，导致其结构和层次也各不相同，研究者宜从整体出发，把翻译史视为一个内部有层次有结构、外部与环境发生交换关系的活动（穆雷、欧阳东峰，2015）。全球史的研究路径与历史系统分析方法基本类似，以跨国家、跨地区、跨民族、跨文化的历史现象和话语实践为研究对象，从整体的广阔视野和互动视角来考察历史。从这个意义上讲，中国翻译史研究要放到全球翻译史的大背景中去研究，反过来全球翻译史研究同样也离不开广泛的区域和国别翻译史研究。

　　比较是人类认识世界的重要手段之一。历史比较在整个历史科学的形成和发展中曾经扮演了重要角色，然而将历史比较分析法视为一种独立的科学研究方法是直到 20 世纪才发生的转变（项观奇，1986）。借助该方法，研究者能够增加对研究对象认识的深度和广度，从差异之中寻找共性，阐释特定现象的规律性或本质特征。一般来说，研究者应用历史比较研究方法的时候，应该首先明确其选择不同对比研究对象的目的是什么，对象之间是否具有对比价值，并依据特定的判断标准、观点对研究对象进行对比分析，寻找其中的异同点。按照研究的时间维度，历史比较研究方法可以分类为历时比较和共时比较；按照比较的范围或角度，则可以分为微观比较和宏观比较。其中，"历史比较研究指对发生在不同时期的同类现象的比较；共时比较研究指处在统一社会发展层面的所有要素的比较；宏观比较研究指从系统认识和整体概括的角度看待历史；微观比较研究指对个别历史现象的具体、特定研究"（穆雷、欧阳东峰，2015：118）。不同的研究目的，决定了不同研究方法的选择。

对翻译史研究而言，研究者对历史比较分析法的应用一般聚焦于不同译本的对比分析、同一类翻译现象的历时对比分析等。例如，王颖冲、王克非（2014）以近百年现当代中文小说的英译为考察对象，对比了上海、北京和香港三地发生的中文小说译出与英语世界里的主动译入现象，探讨译出和译入两种传播方式在现当代中文小说英译中的分布、特点和趋势，并指出两者译介的数量大体一致，但英语世界的译入呈现上升趋势。文章以中国现当代小说的译入和译出两个方向为比较对象，不仅能够深化人们对历史上特定时期中国文学外译现象的认识，而且能够从共时和历时的角度为当今的研究者提供对中国现当代小说英译历程的历史画卷。除了翻译方向对比分析外，较多学者将历史比较研究方法应用于历史中同一作品的不同译本的对比分析中。例如，崔文东（2010）以晚清时期《鲁滨孙漂流续记》的三部中译本（1898年沈祖芬译本、1902年12月至1903年10月《大陆报》连载秦力山译本、1906年林纾与曾宗巩合译本）为比较对象，聚焦不同译本所采取的翻译策略，发现三部译本的译者虽然政治立场、诗学观念等不尽相同，翻译策略也存在差异，但其试图通过批判晚清国人的国民性进而达到抵御外敌、救亡图存的基本思想倾向却大致相同。再比如，蒋侠、陈万会（2014）以杨绛翻译的鲁迅小说《祝福》的1980年版本与1972年版本为研究对比对象，主要从人物个性化语言、环境描写等语言表达层面进行对比，发现1980年版更加接近原作的风格和神韵，推断其应该是在1972年版译本基础上的修订，并进一步探究了两个译本呈现差异的背后动因和时代背景因素。文章从历时的角度探究同一译者对同一原作的不同译本，从历史文化等因素着手考察译本的发展和变迁，对这一特殊现象的对比研究在一定程度上能够拓宽人们对特定翻译现象的认识和理解。

历史比较分析法作为一种思辨分析的方法，其重要价值无须赘言。然而，采用该方法的研究者仍需注意，应该依据研究目的和预期达到的研究效果选择比较对象，即比较对象之间应具有对比研究价值。此外，在研究过程中，研究者应首先充分认识和了解对比对象，时刻保持思辨思维，依据特定判断标准确定比较的范围，确定对比的内容和类型。比较分析法看似简单，但真正运用该方法，选择恰当的比较对象来充分、鲜明地阐明研究者立场也绝非易事。

总之，上述史学分析方法在翻译史研究中均有不同程度的运用，除阶级分析法因情境变迁而需慎重运用外，其他方法都是翻译史阐释不可或缺的重要方法，在未来的研究中必然将得到持续而高效地运用。

4.2　近十年中国翻译史研究方法的新发展

在科学技术飞速发展和全球化的大背景下，信息技术和互联网技术为人类及其社会活动带来了深刻变革，其影响渗透到人类社会的方方面面。技术的发展常常会带来新的认识工具和研究手段。进入 21 世纪以来，科技发展不仅为翻译实践带来了载体、技术和媒介上的变革和转化，也促使人们对翻译研究、传统的翻译及译者地位的重新审视。科技对翻译研究的影响之大，以至于有学者称其为翻译研究继"语言学转向""文化转向""全球化转向"等转向之后的"技术转向"（Cronin，2010；Doherty，2016；吴雨鸽，2017；张成智、王华树，2016）。

就翻译史研究而言，科技的不断发展和全球资源的整合主要从两个方面影响着翻译史研究方法和实践。第一个方面主要表现为历史文献保存、分类和部分文献资源的共享。以往的史学研究往往依赖于书面文献资料来获取信息，然而，由于部分资料年代久远或数量稀少导致获取难度较大，且往往需要研究者花费大量的时间和金钱去不同档案馆搜集资料。现今，信息技术的发展实现了一些珍稀历史档案资料的电子化，各国也在建立历史文献资料的网络数据库。例如，2005 年英国曼彻斯特大学创建了"文学档案与手稿小组"（Group for Literary Archives and Manuscripts，简称 GLAM）。借助网络数据库，研究者可以在线查询不同档案馆有哪些资料，能够及时便捷地获取到手稿、信件等珍贵的一手资料。第二个方面主要表现为语料库等技术为翻译史研究学者提供了新的研究方法，并在近十年间逐步为翻译史研究学者所应用。目前，国内一些学者已经在该方面取得了一定成绩，例如胡开宝领衔的上海外国语大学语料库研究院。

除了多媒体技术的发展对翻译研究产生了深刻影响外，与其他学科之间的借鉴和交流也为翻译研究带来了新的视角、理论框架，尤其是研究方法。翻译研究的多学科性、跨学科性特征日益凸显，对其他学科的借鉴成为翻译研究不断发展、完善的促进因素。就翻译史研究而言，其研究方法一方面借鉴了社会学、历史学等人文社会科学研究方法；另一方面也借鉴了计量学、心理学等自然科学的研究方法。在近十年的翻译史研究发展中，口述史、文献计量学、社会学、人类学等方法逐渐走入翻译史研究学者视野，为探究和阐释翻译现象提供了新的方法和切入点。

4.2.1　语料库方法

语料库方法主要是指"利用计算机技术（如 ABBYY Aligner、WordSmith、AntConc 等软件）对大量原始文本资料进行分析与处理，其种类包括单语语料库、双语语料库与类比语料库"（单宇等，2019：22）。在大数据时代下，科技的发展对翻译研究方法、翻译实践、翻译批评等都产生了重要影响。得益于翻译研究中描述性翻译研究的发展，语料库法被引入翻译研究，并且已经取得了令人瞩目的成就，甚至催生了"语料库翻译学"的译学范式（Baker，1996；胡开宝，2011；胡开宝等，2018；王克非，2012）的兴起。一般而言，学界普遍认同将语料库的研究方法引入翻译研究的学者，当属曼彻斯特大学学者贝克（Mona Baker）。1996 年，贝克在其文章 "Corpus-based Translation Studies：The Challenges that Lie Ahead" 中，将语料库翻译学作为全新的研究领域正式提出。王克非（2012：4）将语料库翻译学定义为，"以语言理论和翻译理论为研究上的指导，以概率和统计为手段，以大规模双语真实语料为对象，采用语内对比与语际对比相结合的方法，对翻译现象进行历时或共时的描写和揭示，探索翻译本质的一种翻译学研究方法"。作为一种研究方法，语料库方法以一种实证研究的方式，基于一定规模的文本数量，进行量化分析和数据统计。与传统的、定性的翻译研究方法相比，语料库研究方法侧重数据分析和理论分析相结合，其研究更具科学性和系统性。正如约翰逊（Stig Johansson）所说，"通过语料库，我们可以观察先前没有意识到或仅仅隐约觉察到的语言模式"（转引自王克非，2012：3）。语料库方法成为翻译研究学者考察翻译教学、译者风格、翻译规范和翻译普遍特征等议题的重要工具之一。

在近十年中，以翻译家、翻译规范等为主题的翻译史研究也逐渐开始应用语料库方法。例如，戴光荣（2018）借助 AntConc 和 WordSmith 语料库检索软件，创建了林纾翻译语料库，并通过分析林纾序跋中的高频关键词和高频虚词等，指出林译小说中融入了译者的心理关注与社会担当，彰显了林纾作为文人的爱国情怀。区别于传统研究者对序跋的文本细读方法，戴光荣利用语料库的手段分析"女权"等高频关键词，不仅有效削减了研究者的主观因素对研究结果的影响，而且解决了研究文本众多带来的难以统计的问题。这样一来，研究的客观性和方法的科学性使其研究成果的说服力大大提高。此外，语料库方法也常应用于翻译家研究中。一般来说，研究者需要首先建立译者的平行或类比语料库，然后考察文本中的词频、句子长度、词语数量等诸多变量，进行译本的分析、原文本和译文本之间的对比分析，总结出译者风格、翻译文体、翻译策略等。以尹文杰、韩江洪（2018）对喻璠琴的研究为例，作者通过自建 1951—1966 年的《中国文学》喻译小说中英文平行语料库，并以布朗语料库和 BNC 小说语料库为对照，从词汇层面、句法层面分析考察喻璠琴的翻译风格，得出结论称喻璠琴偏好简短日常的语言，以及整句省译而非整句增译的方式处理原文语句。也有部分学者将语料库的研究方法具体应用于作品的译介研究中，胡开宝的《基于语料库的莎士比亚戏剧汉译研究》（2015）便是代表作品之一。胡开宝认为，国内莎剧研究学者对莎剧的汉译语言特征、译者风格、文化信息传递等主题的关注不够。因此，胡开宝（2015）借助于上海交通大学翻译与跨文化研究中心自主研发的莎士比亚戏剧英汉平行语料库，采用定量与定性结合的方法，从莎剧汉译本中的翻译共性趋势及其内在动因、语言特征、人际意义的再现与重构、汉译策略与技巧等方面展开研究。该项研究不仅从定量的角度较为客观科学地探查了莎剧汉译特征，而且结合定性方法深入分析其背后深刻动因，在一定程度上深化了人们对莎剧翻译过程规律的认识。

随着语料库研究方法在翻译研究中的日益推广，其弊端和缺陷也愈加凸显，成为学者不可忽略的一个因素。众所周知，翻译并非只是一种语言现象，更是一种文化现象。然而，语料库方法主要是基于语言学视角对研究对象进行语言分析和文本分析，一定程度上忽视了翻译活动发生的社会历史语境、意识形态、文化间差异、时代变迁等外在社会文化因素。除去翻译语言的本质外，研究者还需要结合跨文化视角，将翻译现象置于深厚的历史文化语境当中，这样才能更好地理解和诠释翻译现象。此外，语料库研究方法依赖于机器，然而对于翻译文本中语言表达的深层内涵、情感色彩、特殊表达方式等，机器在多大程度上能够区分出来也是学者需要思考的问题之一。语料库方法主要是一种描述性研究，要想全面、深入地考察研究对象，研究者还需要发挥主观能动性，以"描述"加"阐释"并重的方式展开论述。

4.2.2 文献计量学方法

翻译史研究的本质是跨学科的。自 21 世纪以来，科学技术迅猛发展，不同学科之间交流增多，文献计量学的方法也逐渐为部分翻译史研究学者所采纳。1969 年，英国文献学家普里查德（Alan Pritchard）首次提出 Bibliometrics 这一术语，国内学者普遍称之为"文献计量学"（也有人译成"文献统计学"）。普里查德将文献计量学定义为"应用数学和统计学的方法，通过计算和分析书面交流的各个方面，来更清楚地表达书面交流的过程和学科发展的特点及进程"（邱均平，1988：13）。对于文献计量学的地位，王崇德（1990：5）曾指出，"现在较为一致的意见是，文献计量学并非一个独立的学科，仅仅是数学方法与统计学方法的综合"。在信息爆炸的时代，文献计量学作为一种定量分析研究方法，是区分、鉴别、统计、分析信息的重要工具。传统的翻译史研究主要为定性分析，文献计量学的引入有助于调和传统研究中以事件描述和史料罗列为特征的书写方式，以一种定量分析的方式，借助于图表、统计数据和变量分析等数学方式揭示历史上复杂的翻译现象。

文献计量学在翻译史研究中的应用大致发生于近十年，主要集中于对中国翻译史学史的研究和反思。例如，黄焰结等（2016）采用文献计量分析的方法，考察了 1979—2013 年间在中国出版的 540 部翻译史著作的出版地、出版时间、研究主题、译入史与译出史分布等情况，进而总结出这三十多年间中国翻译史研究取得了巨大进展，呈现出多元化与多元性特征，但同时也存在着选题扎堆、研究方法陈旧等若干问题。类似研究还有袁丽梅、李帆（2018）以"翻译史"为主题词对中国知网2000 年 1 月至 2018 年 6 月的期刊论文进行文献统计分析，发现翻译史案例研究类论文有研究对象日趋集中、译史书写、翻译史理论构建方面的研究数量不足等问题，但也发现运用新方法、考察新对象的翻译史类文章数量开始呈现上升趋势。此外，也有学者将文献计量分析运用于译者影响力分析。例如，霍跃红（2011）借用引文分析法及 H 指数考察 CNKI 数据库中 2010 年 7 月 6 日前许渊冲、屠岸和刘重德三人的作品发表情况和被引信息，并得出结论称译者影响力与译者所处的时代关系密切、兼顾翻译理论和翻译实践研究的译者比之单纯从事翻译实践的译者具有更大的影响力。作者基于大量数据考察了翻译家的影响力，对同类问题的研究提供了参考借鉴，其积极意义值得肯定。不仅如此，目前也有少数研究者在某一翻译史研究主题的述评中运用文献计量学方法。例如，李娜（2016）以 1980 年 1 月至 2016 年 5 月间中国知网关于《易经》的翻译研究论文为考察对象，统计分析了论文研究主题、研究方法等，发现对《易经》翻译的研究水平与同时期其他翻译研究相比稍显滞后，研究方法有待改进，并主张历时性和国别性研究视角、语料库方法的引入是未来有待着力发展的领域。每一门学科都有自己的学科发展史，将文献计量学引入翻译史研究中，为考察、分析和反思翻译史的发展提供了重要工具和研究新思路。

　　虽然现今文献计量学方法应用于翻译史研究中的成果数量有限，但其量化分析特性能够在一定程度上补充和完善以往以定性为特征的翻译史研究，并为支撑学者分析和论证提供科学方法和数据。值得注意的是，现有此类研究中，研究者几乎全部出身于翻译研究学科，其对计量学的专业知识和科学运用存在不足，研究程序、方法等还有待完善。从本质上讲，文献计量学是一种研究辅助工具，学者在进行翻译史研究时需紧密结合定量分析与定性阐释，将翻译史作为最终落脚点。

4.2.3 翻译史料学研究新方法

李良玉（2001：42-48）指出，"史料学就是关于分析和运用史料的知识方法和某些领域具体史料的研究。所谓分析史料是指确认史料的真实性和有效性"，"广义上说，人类历史上遗留下来的一切文字资料、实物和遗迹都有史料的意义，但它们不可能都是有价值的史料……从根本上说，史学研究的水平取决于占有史料和分析运用史料的水平，因此，史料学是历史学的核心内容"。依此类推，翻译史是史学研究的内容之一，对翻译史料占有和分析的水平也就直接决定了翻译史研究的水平。因此，翻译史研究学者应不断寻找和挖掘新的史料，还应在占有翔实史料的基础上采用适当的研究方法对史料进行分析和阐释。从某种意义上来说，翻译史研究的创新不仅依赖于新史料的挖掘，也同样依赖于以新的方法阐释旧的史料。

2001年，李良玉发表了《史料学的内容与研究史料的方法》一文，是较早具有翻译史料学意识的学者之一。2011年，郑锦怀和岳峰两位学者也发文探讨了这一主题。他们在研究将翻译史料分为直接翻译史料和间接翻译史料。直接翻译史料包括"原始的报刊译文""原始的译本单行本""（译）文集里的译文""译作未刊本""译者及其同时代人物的日记、书信等"；间接翻译史料包括"经过转录的译文或译本""书目索引""译者追记"等。对翻译史料的搜集、鉴辨、整理与运用都非常重要。在拓宽翻译史料的获取渠道方面，他们指出要"关注外文翻译史料"和"注数字化资源"；在鉴别间接翻译史料的时候要有"批判的意识与怀疑的态度"，要"多方证实或证伪"；"在搜集、鉴辨完翻译史料之后，我们要做的工作就是编撰一份比较完整的与特定课题相关的翻译史料目录与索引"；最为重要的部分就是提高翻译史料的利用水平，研究者"需要提高自身的问题意识"，观念与视角非常重要，"有时候我们并非没有翻译史料可用，而是我们的史料意识不够高，未能挖掘出旧有翻译史料尚未被注意到的价值"。两位学者对"翻译史料"的专题研究有助于翻译史研究者在对待史料上更加谨慎和细致，也有利于提高学者们翻译史料学的意识。除了两位学者列举的直接翻译史料和间接翻译史料之外，近十年来，还出现了其他类型翻译类型的史料，例如自述性史料和翻译手稿。

　　除了口述之外，译者总结自己的翻译心得和理念、译学学者归纳自己的学术理论、翻译编辑或出版者介绍相关的翻译出版过程和历史等，也都是重要的翻译史料。改革开放以来，信息渠道和技术设施的发展与进步使得学者们有价值的学术思想和创见都得以发表和保留。例如，孙周兴曾在 1999 年就发表了《我们如何敲打词语》一文，以回顾式、经验总结式的行文，以生活化的语言概述了他对某些哲学话语翻译的看法，并指出了学术翻译的"硬译"原则。如果没有他的经验总结，译界翻译问题研究，可能就要少了一个来自"他者"的声音。在文学翻译研究领域，谢天振的《从〈译介学〉到〈译介学概论〉—对我的译介学研究之路的回顾》（2019）一文，许钧的《我的翻译与研究之路》（2018）和《与法国文学结缘》（2019）两篇文章都曾追溯了他们治学的心理历程；而在非文学翻译领域，有阿拉伯语翻译家朱威烈的《我与译事》（2012）、耿昇的《我与法国汉学》（2014）。这些译者的回忆性文字为翻译史研究提供了新的一手资料，也为研究者提供了新的视角。在未来的翻译史研究中，自述性史料将成为一种越来越重要的史料来源，需要学界研究真正意识到自身经验的价值和意义。

　　近年来有学者发现了另外一种翻译史料的重要价值——翻译手稿。张汨（2018）从史料学的理论高度出发对其进行了持续研究，并指出，"翻译手稿是翻译活动的衍生物。由于翻译研究长期基于刊印文本，研究界对翻译手稿及相关研究关注不足"（2018：37）。张汨就翻译手稿的定义、分类以及研究价值等问题进行了归纳和总结。其中，翻译手稿是"翻译家在从事翻译实践过程中所留下来的翻译草稿，它可以是由翻译家亲手书写的纸质稿，也可以是留存在电脑中的电子稿"（张汨、文军，2016：120）。它包括手写稿、打印稿和电子稿三种。"翻译手稿为翻译史与翻译家研究、翻译过程与翻译模式研究以及翻译教学与译者能力研究提供了丰富的材料，进而推动了相关研究的发展"（张汨，2018：37）。

　　翻译史料类型的多元化和多样化发展，一方面为翻译史研究学者探究历史上的翻译现象提供了坚实的基础；另一方面也促使翻译史研究学者借助新的手段、途径和方法来搜集、考证、汇编和分析史料。从挖掘和开拓史料的方法来讲，翻译史研究学者应该秉持跨学科的视野和现代化技术路径。虽然国内的翻译史实践历史悠久，但国内比较系统的翻译史研究资料集和翻译史资料数据库却仍然屈指可数。正如邹振环（2017：386）指出，"目前除了罗新璋编的《翻译论集》（商务印书馆）和黎难秋编的《中国科学翻译史料》（中国科技大学出版社）两种资料集外，尚无系统的翻译史资料集"。鉴于翻译史的丰富内涵，翻译史研究学者必然要借助于其他学科整理的资料汇编、数据库、目录等。翻译家研究中借用的文学研究学者整理的研究资料集，有杭州大学中文系资料室编的《鲁迅研究资料索引 1975—1983》（1984）、牛仰山和孙鸿霓编的《严复研究资料》（1990）等。此外，在数字化时代下，翻译史研究者同样可以借助于网络、录音等技术手段挖掘和保存史料。以上文提及的翻译手稿为例，翻译史研究者可以借助于语料库手段，从定量角度分析手稿的词频、主题词、对比手稿和最终定稿等。

4.2.4 口述史研究方法

与微观史相似，口述史是后现代主义史学的理论和方法之一，其兴起同样是对传统史学方法的挑战。虽然例如《荷马史诗》等早期历史是以口述的形式保存下来的，但口述史学作为历史学的方法则是始于 20 世纪的美国，最早可以追溯到 1948 年内文斯（Allan Nevins）在哥伦比亚大学建立的口述历史研究中心。值得注意的是，虽然口述史已经取得了丰硕的研究成果，且逐渐被应用于社会学、人类学、新闻学等学科当中，但学界对口述史的定义却一直颇具争议。朱义明（2019：15）介绍了三种不同的观点：档案学者布鲁克斯（Philip C. Brooks）主张"口述历史是搜集历史证据的方法之一"；内文斯认为"口述史是用现代科技产物录音机、录像机来实现口述语言、声音、形象的保留，是有声音、可倾听、可观赏的历史"；里奇（Dotlald A. Ritctfie）则主张口述史是"以录音访谈的方式汇集口传记忆以及具有历史记忆的个人观点"。由此可见，不同学者从不同角度对口述史的定义，彰显了口述史内涵的丰富性和多元性。虽然不同定义均有其合理性，但将口述史引入翻译史研究，主要是关注口述者对与翻译相关的活动、事件、人物、机构等的回忆和追溯，并对这些口述资料进行分类、整理和分析。早期口述史的发展得益于社会学研究方法——对收集到的资料进行分类、整理、汇编。现今，研究者对受访者进行访谈（单人或多人访谈）已经成为进行口述史研究的常见方式之一，而访谈问题和大纲的设计和规范操作常常决定了口述史的真实度和呈现历史的角度。一般而言，研究者应该先选定研究主题，确定访谈人群，提前设计好访谈问题和访谈计划，执行访谈的时候时刻注意访谈技巧并录音保存访谈内容，随后整理、转写访谈内容，经受访者确认和授权后才可以公开访谈内容。

作为史学研究新领域，自 20 世纪 70 年代开始，现代口述史被介绍到国内。21 世纪以来，口述史也逐渐在翻译研究领域崭露头角，引发了一些学者的讨论和反思。虽然现在鲜有以翻译口述史命名的翻译史研究成果，但事实上，如翻译家访谈、翻译编辑谈翻译出版等都以口述的形式保存了关于翻译的发起、过程、出版、时代背景等内容的第一手资料。《译林》杂志的"翻译漫谈"专栏、《中国翻译》的"学术访谈"栏目、《东方翻译》的"人物访谈"栏目等都是口述史的典型代表。莫光华（2007）以《杨武能译文集》的出版为契机，就杨武能的翻译观点、美学和理念、德语文学翻译的动机、翻译风格、对待名著重译现象和文学翻译批评的看法等问题对其进行深入采访，为读者真实地还原了一位译者与翻译之间的故事。再比如，胡宥豪（2018）以《翻译季刊》主编陈德鸿为访谈对象，从翻译学术期刊出版的角度为读者呈现了作为香港翻译学会核心刊物的《翻译季刊》的创建与发展，以及作为主编的陈德鸿对投稿评审、期刊整体风格、翻译研究关注点的迁移等方面的看法。作为事件的亲历者，他们的论述能够引领人们无限接近当时的场景，探究与翻译相关活动背后的故事，为研究者提供了全新的史料和不同的视角。口述史作为翻译研究领域内一种新的研究方法，一反传统史学的精英主义倾向，转而关注普通民众的声音、以作为亲历者的人为研究核心。这些特征为翻译史研究的展开注入了新的活力，也为研究者揭示复杂的翻译现象提供了有力支撑。

近些年来，我国的翻译史研究已经取得了丰硕的研究成果——翻译史研究对象不断拓宽、研究方法不断完善、研究的深度和广度不断发展。然而，在翻译史研究中存在的一些问题也随之日益凸显，其中之一便是史料问题。作为"重写中国翻译史"的倡导者，孔慧怡曾经指出我国"现有的翻译史倾向于引用的多半是第二、三手资料，同时也颇爱引用名人评语，很少再加考证或思考"（2005：10）。毋庸置疑，史料是史学研究的基础，一手史料更是研究取得突破的关键点之一，翻译史研究能够不断发展的前提之一也是学者们不断挖掘新的史料，并加以论证和分析。鉴于史料之于翻译史研究的重要性，将口述史的研究方法引入翻译史研究，其蕴含的史学价值也将为翻译史研究带来新的突破。借由受访者之口，研究者可以揭示翻译活动中诸多不为人知的细节——例如译者选材动机、在翻译过程中的抉择、译者的翻译感受、文化立场、译作的版本问题等。在以往的翻译史研究中，这些内容常因被排斥于官方档案和记录当中而被研究者所忽视，或是根本无从查证。通过受访者的回忆和对历史的理解，这些内容得以浮现，为翻译史研究者提供了新的一手史料，也为翻译史研究开启了新的维度。

需要指出的是，将口述史这一研究方法引入翻译史研究中，"不仅仅是要获取新的史料，更为重要的是，这种方法能够将翻译史纳入社会历史的演进，并将尽可能地呈现而不是再现出社会历史现象的全貌，描述和解释复杂的翻译现象"（方仪力，2011：87）。翻译并非在真空中进行，作为一种语言的和社会的活动，翻译活动的开展与社会历史的发展紧密相连。翻译作为一种社会文化现象，诸如特定时期的翻译规范和风气、普通群众对翻译的认知与评价等议题都将翻译的阐释置于历史与社会的演变之中，揭示了翻译与社会文化之间的内在关联。

作为西方翻译史研究的重要学者，皮姆曾经指出，翻译史的研究重点在于"译者"，只有通过译者及赞助人、读者等群体，我们才能理解特定时间和环境下发生的翻译活动（2007：xxiii）。译者、读者、作者的主体性问题一直是翻译学界的关注点之一，正是一个个鲜活的个体将翻译与社会紧密关联在一起。法国翻译研究学者巴拉尔（Michel Ballard）主张，翻译史的研究"不仅仅是译事的简单罗列与介绍，而应充分展示翻译的主体因素在翻译中的作用与他们对翻译活动的理论思考"（参见穆雷，2000：48）。口述史的引入，凸显了作为社会中的人在翻译活动中的主体地位。得益于口述史，以往被主流翻译史所忽略的边缘译者或翻译活动参与者、见证者进入了翻译史的关注范围，译者的声音得以保存，口述翻译史成为记录和重构翻译活动历史的重要工具之一。

一直以来，学术界对于口述史研究的争议主要在于，"口述史研究作为个人的回忆与访谈，他们的口述、研究者对受访者的访谈，以及以此为基础而做出的分析与诠释，是否具有学术研究所要求的客观性与普遍性？"（李向平、魏扬波，2010：70）。事实上，对于口述史的真实性和主观性的争议，恰恰彰显了重视客观性的传统史学和口述史之间的差异所在。对此，英国历史学家汤普森（Paul Thompson）曾做出回应："因为最初的交际形式是口头交流，因此口述记录是最准确的记录"（转引自方仪力，2011：88）。作为事件的亲身经历者和目击者，受访者基于个人的回忆对事件进行回顾，个体对事件的理解和对事件的兴趣关注度都会极大地影响其记忆的准确度。通俗来讲，人们对印象深刻之事的回忆，可信度相对较高。此外，周晓虹（2019：12）也指出，"口述资料的主观性并非天生就是缺陷，有时它甚至具有某种独特的历史价值"。与传统历史研究依据的官方档案和资料不同，亲历者依赖于个人的主观理解和记忆追溯历史，其构建的历史成为无数小写历史的一种，补充了宏大历史叙事，也为研究者提供了新的史料。在后结构主义思潮当中，任何一个史学研究都受到学者的研究动机、学科背景、知识结构和阐释视角等诸多因素的影响。因此，并不存在严格意义上完全客观的历史，所有的历史都带有书写者的印记，其书写的历史也只是基于特定研究视角和特定史料下的历史。某种意义上来讲，颇具争议的口述史的主观性问题恰恰彰显了口述史对传统史学方法的挑战和补充。诚然，为削减口述史潜在的主观性和片面性问题，口述史研究理应基于充分的历史文献资料，在此基础上做出合理的分析和判断。

4.2.5　社会学方法

社会学通过民意测验、抽样统计等方法来分析庞杂的信息，从大量史实背后找寻出规律、倾向或发展趋势。民意测验方式对于研究历史上某一译作的读者接受程度和传播情况非常有效，并可进一步剖析出译作质量高低和翻译策略的运用与其当时受欢迎程度之间的某种关联。抽样统计分析方式在翻译史中可用来研究某一特定时期内翻译作品的出版情况，并进一步探究某一类翻译作品的增长情况及其背后的社会动因；还可以用来研究某位翻译家从事翻译活动的主要时期，这一时期与个人、社会因素之间的关联等。

其次，社会学的研究方法更加关注人，而非文本，这对于翻译史研究的启发就是要注重译者等翻译主体的研究。皮姆（2007：ix）为翻译史研究制定了四条原则：（1）翻译史研究需要解释译作为什么会在特定的社会时代和地点出现，即翻译史应解释翻译的社会起因问题；（2）翻译史研究的主要对象不是译本，也不是与译本相关的各种背景因素，也不是译本的语言特征，而只能是作为人的译者；（3）翻译史的重点在于译者，故翻译史的写作需围绕译者生活极其经历过的社会环境展开；（4）翻译史研究应表达、讨论或解决影响我们当前的实际问题，在此过程中，研究者个人的主观介入不可、也不应避免，反而需大力发扬。不难看出，皮姆的这四条翻译史研究原则是基于社会学视野所提出的，这些原则凸显了社会环境及译者主动性在翻译过程中的作用，这与强调社会影响个人而个人又对社会具有能动作用的社会学重要理念类似。译者不仅是原语和目的语之间文化的摆渡者，且其本身就处于两大社会文化的交叉地带，因此，研究译者与社会文化的交互作用就显得非常重要。皮姆（2007：xxiii）也认为，"翻译史知识的核心对象应该是译者，因为只有人才具备适应于社会因果关系的责任……翻译史应该围绕译者工作和生活地的社会环境建立"。德莱尔（Jean Delisle）和伍兹沃斯（Judith Woodsworth）合编的 *Translators through History*（《历史上的译者》）（1995）以及龙慧珠撰写的 *Interpreters in Early Imperial China*（《中国古代译语人》）（2011）都是按照社会学中翻译主体与社会关系互动的思路进行编写的代表性翻译史研究著作。

此外，法国社会学家布迪厄的"场域理论"也为翻译史的社会学研究路径提供了一定借鉴。布迪厄的场域理论可概括为社会语言观以及"场域""资本""惯习"三个核心概念。首先，布迪厄的语言观可以归纳为三点：（1）语言是一种社会实践；（2）语言是一种社会权力；（3）语言是一种社交策略。布迪厄社会学中的场域是指一个网络空间、一个权力空间、一个关系空间。这个场域空间是社会行为者实际活动的场所，是行为者力量对比和竞争的空间，是行为者不可或缺的依托。布迪厄对资本概念的创造性在于他认为除了经济资本（economic capital）以外，还存在着非物质化的资本形式，如文化资本（cultural capital）、社会资本（social capital）和象征资本（symbolic capital）。不同的资本是社会行为者进行竞争的工具。惯习是一种具有性情想象的秉性系统，具有持久性、历史性、建构性和无意识性特征，是行为者过去实践活动的结构性产物，对社会行为者的行动起着指挥作用。受"场域"概念体系启发，翻译史研究学者需要将目光首先转向广阔的外部社会背景中去，分析译者社会行为的权力关系与社会关系；文化资本、社会资本则是分析翻译主体与社会交互性关系的工具，可以帮助我们解释翻译活动或现象的社会动因；而惯习则可帮助我们研究翻译主体的性情秉性如何受到社会的塑造以及翻译主体的主观能动性对社会的构建作用。因此，布迪厄的社会学场域理论在整体上始终贯穿着社会影响个人，个人又对社会具有能动作用这一重要逻辑。

　　近些年来，国内学者也开始有意识将社会学的概念、理论和研究方法逐渐应用于翻译史研究中。整体来说，国内翻译研究领域应用布迪厄的社会学理论的研究成果数量相对较多于其他社会学理论。例如，辛红娟、费周瑛（2018）站在社会学的理论高度，从场域、资本和惯习三个方面重新阐释了《几何原本》的翻译现象，揭示了翻译的社会动因、译者的选择、翻译的社会历史背景等内容。胡卫伟（2019）同样以布迪厄的"场域"理论为研究视角，考察了我国明末清初时期来华传教士的翻译活动，揭示了该翻译现象背后暗含的权力关系和时代意义。除了将布迪厄的场域理论应用于翻译研究中以外，也有学者将拉图尔（Bruno Latour）的行动者网络理论（Actor Network Theory，简称ANT）引入翻译研究之中。例如，张莹（2019）借用行动者网络理论中"行动体""问题化过程""利益锁定"和"必经点"等概念，阐释了《王宝川》这一翻译现象的成功要素，并从理论高度解释了中国文化向外推广的意义和原则。综上所述，社会学方法可为翻译史研究注入新的活力，或将成为未来翻译史研究新的切入点。

4.2.6 人类学方法

人类学，顾名思义，就是关于人类的科学。它主要研究人类进化史以及人类区别于其他动物的文化和社会特征。人类学主要可分为自然人类学或体质人类学、社会人类学、文化人类学或者民族学、语言人类学以及心理人类学。可为翻译史研究提供方法借鉴的主要是文化人类学，尤其是民族志（ethnography）的撰写思路与方法。民族志是文化人类学家和社会人类学家以文字形式形成的研究成果，是对他族（主要为少数民族）文化的一种写作方式。民族志学者主要通过民族志的经验，记录和观察等田野工作方法，对他族文化进行描述和阐释。民族志工作者书写他族文化与翻译史研究者书写翻译史具有很大的相似性——二者都是对文化文本进行描述与阐释，只不过前者是民族志工作者对通过自己的经验、记录和观察形成的文化文本进行阐释，而后者是对已经存在的历史文化文本进行阐释。民族志工作者要么作为收集者尽可能保留他族的文化形态，要么作为阐释者对他族文化进行深度阐释以接近真正的意义。这种"田野观察-描述-阐释"的研究模式可为翻译史，尤其是民族翻译史研究提供方法上的革新。当我们书写某一少数民族的翻译史时，可以按照此模式，首先前往少数民族聚集区进行田野观察、博物馆考察和口述记录等工作，然后对搜集的史料进行整理、描述与阐释。因此，文化人类学中有关民族的某些理论和思路，对于研究我国民族翻译史具有较大的借鉴意义。

目前，国内部分学者已经有意识地将民族志的研究方法应用于翻译研究中，比较常见的研究主题包括典籍翻译和少数民族口传文学翻译等。例如，段峰（2016）以翻译研究与民族志的"文化翻译"为理论框架，从历史视野考察了我国少数民族文学的对外译介，并阐释少数民族民间文学对外译介的文化翻译理论与方法论。王宏印、王治国（2011）不仅考察了《格萨尔》汉译与外译的传播情况，而且借鉴民族志诗学的方法，阐释了《格萨尔》翻译的可能类型和翻译方式。

此外，美国文化人类学中的文化相对主义理论（cultural relativism），即文化变化与文化适应，也可以给我们研究中国翻译史提供一些启示。所有民族的文化在其历史发展进程中都无一例外地会吸收他族文化，从这一观点切入，可以探讨翻译与文化交流之间的关系。对文化调适过程的历史回顾，既可反映翻译在这个过程中的功用，也能显示出文化交流中波澜壮阔的历史画面。

4.3　中国翻译史研究方法未来走向

基于大量资料搜集和文献阅读，本章回顾和总结了 21 世纪以来中国翻译史研究中常用的五种翻译史研究方法——微观史研究、个案研究法、文献研究法、比较研究法和文本分析法；归纳了近十年来中国翻译史研究中的新发展——语料库方法、文献计量学方法、史料学新方法、口述史方法、人类学方法和社会学方法。由上述翻译史研究方法可以看出，翻译史研究具有天然的跨学科基本特征，其对史学、计量学、社会学、人类学等学科的借鉴丰富了翻译史研究学者的研究手段。此外，在全球化的进程中，由科学技术的发展与进步所催生的语料库等研究方法也为翻译史研究学者所应用。

随着翻译研究与其他学科之间互动的日益频繁，未来的翻译史研究也将继续借鉴和引入其他学科的研究方法，阐释历史上的翻译现象。例如，心理学的研究方法。心理分析赋予历史学家的是"使人类表面的行动由内在的情绪因素来证明。利用心理分析研究历史目前有两种方法：一是心理分析的传记研究，将个人动机转投向公共事务；二是心理分析的人类学研究，透过神话、集体符号、某一时代的特殊意识形态，研究社会制度和生活方式之间的关系，以及范型人格或民族性格的心理需要"（张玉法，2005：192-193）。具体到中国翻译史研究，学者可以研究翻译家从事翻译活动的个人心理动机以及所处时代的社会整体心理动机，从而更合理地阐释某些社会翻译现象或译者的翻译行为。此外，未来心理学分析方法还可用于口述翻译史研究中。"口述历史工作是从人的心灵记忆中勘探发掘历史的信息，这要求我们懂得心理学的知识及心理探寻的有关知识和方法。诸如：（1）记忆不是全息照相，而是心灵建构。（2）回忆是过去记忆的重构。（3）陈述则是对回忆的再重构。口述历史的采访，将面临受访人的至少三次主观（有意无意的）选择。（4）

口述历史只能提供陈述人对专业和社会历史的感知和见证。（5）陈述人对个人的专业、社会和心灵经历的回顾和总结。（6）受访人的陈述具有各自不同特点并受到其不同立场、身份、个性、心理品质的影响……所有这一切，全都与人的心灵有关。须做'知心'人，才知如何提问、如何工作、如何通过口述考古重建历史"。（陈墨，2019：47）在一定的意义上说，口述翻译史研究是一项需要采访者（口译史研究者）与受访者（翻译家、译者）密切合作的心理工程。心理学分析法可以通过剖析受访者的心理品质、立场、身份、个性来充分认识其陈述的多重主观性选择，拨开受访者主观重构的迷雾，找寻并还原历史的真相。

　　搜集和考证史料固然是翻译史研究的基石，而研究方法的选择也是兼具深度和广度的翻译史研究的保障之一。不同学科研究方法的引入有利于从多个视角揭示历史上的翻译现象，但翻译史研究者同时也需注意其适用性问题，任何研究方法都具有两面性。此外，翻译现象是复杂且多变的，跨学科的研究方法有助于更好、更完整地分析和阐释其深刻内涵。治史无定法，未来的翻译史研究学者需要在充分把握研究问题和目的的前提下，融会贯通地综合运用各种研究方法，全面阐释翻译现象。翻译史学者应该增强史学意识，结合不同研究方法，以历史背景为依托，以文本为参照，更好地探究、分析和阐释翻译现象，洞察历史上翻译现象背后的深刻含义。

第 5 章
近十年中国翻译史研究：反思与展望

5.1　近十年中国翻译史研究总结

　　翻译史的研究对象较为复杂，涉及各类学科。正如许钧、穆雷（2009b：17）所言："翻译活动不是孤立的，它与人类社会的政治、经济、科技、文化等均有密不可分的联系，……因此，翻译研究不能把目光局限于翻译自身，而要立足于翻译，放眼于相关学科的发展。翻译学具有跨学科的性质……"翻译虽然是语言的转换，但转换的内容却涵盖人类生活的各个方面，分属各个不同的学科。翻译史研究必然要结合翻译的内容来研究，因此自然会牵涉到内容所属学科的知识。从学科属性上来看，翻译史研究是对翻译历史活动的叙述与研究，因而属于横跨翻译学和历史学的跨学科领域。不同学科的翻译史就是该学科的中外交流史和文化影响史。过去十年，一些其他学科的学者或将各自学科的发展史与引进西学的翻译史互相交织，或借鉴翻译研究的成果来探讨本学科的问题，将关注点不约而同地投射到翻译、译著或译述行为对各自学科的影响研究上。这就是不少中外学者都曾讨论过的"翻译转向"问题。这一现象决定了翻译史的多学科性和研究视角的多样化，而跨学科研究往往能丰富研究方法，开拓新的研究角度（申丹，2007）。跨学科翻译史研究范式中的研究者以问题意识为驱动，在研究过程中选择各学科与翻译相关联的最佳交互点，使得各学科发展史与翻译史之间得以建立一种双向互动的动态共变关系。

　　在近十年跨学科翻译史研究中，以关注晚清"西学东渐"历史时期为最多，其中尤其值得关注的是政治、法学类论著的翻译史、西学译著的印刷出版与传播史和科学技术翻译史。中国近现代史上遭遇了前所未有的民族危机，本族文化受到了西方外来文化的巨大冲击和影响。为了寻求民族发展，有志之士和部分西方来华传教士翻译、出版了大量的西学书籍文献，促进了西方知识在中国的旅行。上述跨学科领域翻译史的研究者多为政治学、法学史、传播学或历史学等专业背景出身，他们多将研究对象置于跨语际、跨文化的近现代中西学术交流背景中，体现了21世纪以来人文学科甚至科学学科"翻译转向"及翻译史学科史的跨学科研究趋势。

早在1951年，董秋斯就在《论翻译理论的建设》一文中正式提出了要"编著'中国翻译史'，用正确的历史观点，总结东汉以来一千几百年的翻译经验"的建议（参见罗新璋、陈应年，2009：607），可以说，这是翻译学科地位奠定前，学科意识的重要体现。70年过去了，虽然翻译史料不断得到挖掘和整理，翻译史实践不断推进，翻译史学实践（翻译史论）也取得了突破性进展，产生了丰富的研究成果，但是翻译史学理论研究却相当落后。袁丽梅和李帆综述了2000—2018年翻译史研究的期刊发文概况，指出"有关译史书写与翻译史理论构建的文章数量不足……总体来看，此类论文也仅有54篇，在全部期刊载文量中占比9.4%，对这一阶段翻译史研究的贡献远远不够"（袁丽梅、李帆，2018：47）。而许钧、穆雷（2009a：85）在对1978—2007年的中国翻译学研究的综述中就曾指出这一问题，翻译史研究"论文大多集中于对具体翻译历史的梳理和总结，缺少从史学的角度、运用史学研究的方法去深入研究翻译史的力作，更缺乏书写翻译史的系统理论研究"。由此可见，翻译史学理论研究的相对贫乏的局面，在近20年来并无多大改观。

就目前而言，翻译史学理论研究的不足之处，体现在以下几个方面：（1）对翻译史料的研究较少，研究者的史料学意识薄弱。翻译史料的挖掘、辨伪、整理、分析、阐释似乎是一个自然而然的学术研究过程，史料的寻求也无非是通过图书馆、网络、档案馆、访谈等一切可利用的方式去获得，并没有什么专门的学问而言；而一手资料的获取也似"占山为王"一般，获得了一手资料即代表了研究阵地的确认和主权的宣告。这种对待史料的态度，并不利于史料价值的最大程度发挥。因此，研究者翻译史料学意识的薄弱，导致了翻译史料利用水平的低下。
（2）翻译史研究学者跨学科理论知识储备不足，跨学科研究的意识不
强。由于缺乏史学、文化学、社会学、政治学、经济学、传播学等相关
学科的理论知识，且对翻译史料学研究的意识不足，研究者面对繁芜的
史料，往往会按照传统的方式，对史料进行历时的梳理，按主题、译
者、影响等不同的标准进行重新组合，让史料本身说话以还原翻译事件
或翻译活动，而难以从其他知识领域出发、在其理论或概念的启示下，
对翻译活动进行多维度的阐释。因此，翻译史学理论研究的薄弱也体现
在了理论或视角阐释的局限上。（3）翻译史研究学者问题意识不强。翻
译史研究中"就事论事""就人论人"的情况居多，而不是"就问题而
论问题"。部分学者认为翻译史料的挖掘就是创新、就是价值、就是贡
献。这种观念并无大错，挖掘出了史无前有的翻译史料，这种填补空白
性的贡献，自然是有意义的，但是更大的意义来源于从史料中析出问
题，以史料为依托，对问题进行阐释性的研究。研究者问题意识的薄
弱源于其史料学意识的不足和跨学科知识的欠缺，反之，问题意识的薄
弱也会导致研究者对史料深入研究和跨学科知识学习的敏感度不够。因
此，翻译史研究学者问题意识的薄弱，自然也限制他们对翻译史学理论
的探索和追问。（4）翻译史研究工作体系化、延续性较弱、深度不够。
任何达到理论化程度的学术研究，必然要有对问题的持续关注和体系化
的研究，在这个过程中，研究者的认识都会不断深化，理论性的思考也
会更加成熟和科学。例如，在翻译史学理论研究方面取得令人瞩目的成
就的学者，如黄焰结、蓝红军、张汨、邹振环、屈文生等，都是长期深
耕于翻译史领域，并持续发表过高质量的翻译史学理论研究论著。而大
部分的学者因为缺乏体系化、延续性和有深度的研究，所以未能达到翻
译史学理论提炼和总结的层次。

　　葛兆光（2001：33）曾就知识与思想之间的价值关系做过如下的
论述："有时候人会对那些具体的经验的知识嗤之以鼻，觉得这些形而
下的东西对于思想史都是隔靴搔痒，在相当长的时间中，这种傲慢与偏
见成了一些束书不观、游谈无根的懒惰借口，也成了思想史陈陈相因的
原因。"葛兆光在此是明确捍卫那些具体知识的价值性的，他并不贬低
和漠视任何具体翻译史研究知识，相反，他认为正是由于这些对史料的

挖掘和整理工作，才使得现在的中国翻译史研究精彩纷呈，翻译史学研究才不会成为无源之水，无本之木。但是，翻译史学理论作为"翻译史研究的最高形态"和"考察翻译史的总体指导思想和最根本的方法论"（黄焰结，2014：95），其重要性是不言而喻的，这一点需要翻译史研究学者高度重视。今后，翻译史学理论研究需要研究者从以下几个方面进行努力，以实现对翻译史更充分、更多元的价值追问：（1）研究者要注意翻译史研究问题意识的培养。（2）研究者需要尽量地掌握与翻译史研究学科联系紧密的其他学科领域中的理论知识。（3）研究者可以组成研究团队，以集思广益，群策群力。（4）研究者要尽量进行延续性的翻译史研究，在领域内持续深耕以精进思想，形成理论成果。

5.2 中国翻译史研究面临的挑战

中国翻译史的实践者以翻译界或外语界的学者为主力军，而这一群体的学者大多翻译或外语专业知识过硬，但史学及其他跨学科知识匮乏。翻译史实践本质上是一种史学研究，史学意识与素养的欠缺导致研究者在翻译史实践中困难重重，挑战不断。概括来说，我国翻译史实践中所面临的挑战与障碍主要有三：其一为对翻译史研究的重视程度、规范程度不足；其二是对翻译史发展方向的迷思；其三为研究者史学意识与素养匮乏，治史方法和范式掌握不充分。

5.2.1 对翻译史实践的重视程度、规范程度不足

从史料汇编的角度讲，中国的翻译史研究自 1940 年至今已有近 80 年的历史（贾洪伟，2019），取得了丰硕的成果。然而不难发现，翻译史实践在整个翻译研究中的受重视程度仍需进一步加强。以"翻译研究"为主题在中国知网上（据 2020 年 1 月 30 日统计）可检索到 144 063 篇文章，而以"翻译史"为主题的只有 2864 篇文章，不足翻译研究文章总数的 2%。以"翻译研究"为书名主题词在读秀网上（据 2020 年 1 月 30 日统计）可检索到 1571 种著作，而以"翻译史"为关

键词仅能检索到 66 种著作，约占翻译研究所有专著总数的 4% 左右。以上数据表明，我国翻译学界对翻译史研究的重视程度明显不够。此外，不少学者对翻译史研究还存在片面认识，认为翻译史实践不过是翻译史料的堆砌加描述而已，没有什么技术含量。这种片面认识和轻视阻碍了翻译史研究的发展，对翻译学科的发展也极为不利，需要尽快纠正，毕竟翻译史研究是翻译学科建设的重要组成方面。其次，翻译学界对翻译史的认识不够全面，常常把翻译实践史等同于翻译史，殊不知翻译史还应该至少包括翻译理论史和元翻译史论两个方面。这种认识在某种程度上导致当前翻译史实践中重描述而轻阐释，而纯粹的元翻译史论性质的论著少之又少。最后，翻译史学术规范意识淡薄。对此，贾洪伟（2019：124）曾做出总结："（1）术语不统一，缺乏专门的翻译学和翻译史术语的规范机构，极为不利于翻译史的建设和发展；（2）翻译史研究活动散乱，许多翻译学者没有经过系统的史学训练，因而缺乏史学研究范式的相关知识，导致他们的翻译史实践缺乏史学规范；（3）翻译史作品的出版和发表缺少专业的审查机构，无法保证作品的专业度和质量；（4）翻译史的专业研究队伍建设不足，缺少专业研究机构和专业信息发布平台。"上述问题都是亟待解决的观念性问题。根源上的观念意识问题不转变，翻译史实践的理论建设将步履维艰。

5.2.2　翻译史发展方向的迷思：离心式还是向心式？

翻译学界针对"当前翻译史跨学科研究是否跨度过大"有着不同声音：部分学者认为翻译史研究是翻译学的一个研究领域，解决的问题应该是翻译学问题，而非历史学问题，过度的跨学科实践极容易将翻译史消融到其他学科中；另一部分学者则认为孤立的学科不存在，任何一个学科的发展都离不开其他学科的滋养。翻译史想要取得发展，通过跨学科的方法来吸取其他学科的经验和方法无可厚非，并不会消融翻译史研究的独立性。这种对翻译史跨学科实践两极分化的态度其实是受到了文化转向以后翻译学跨学科研究的负面影响。文化转向之后，翻译学的研究领域得到了极大拓展，变译、伪译、自译、译写、改写、改编等统统都纳入到了翻译学的研究范畴，还出现了翻译社会学与社会翻译学、生态翻译学与翻译生态学、经济翻译学与翻译经济学等跨学科生成术语的混乱，并进一步引发了学界对"翻译"概念进行重新界定的大讨论。

首先，从本质上讲，所有这些问题的根源在于如何看待翻译研究的跨学科研究范式与本学科建设的关系问题。将翻译研究学科建设的本位性看得过重，就会对跨学科研究实践产生质疑，认为其将消融翻译学本体地位；而过度强调翻译研究的跨学科性质，则会在一定程度上忽视翻译研究学科地位的独立性，导致跨学科实践的跨度过大，失掉翻译学科的本体地位。因此，辩证地审视翻译学跨学科性与学科本位性的关系就显得至关重要。研究者不能故步自封在翻译研究的领域内部，在自己的小圈子里自说自话，而难以对其他学科产生学术影响力。进行翻译研究的跨学科实践，谨慎而恰当地借鉴其他学科好的研究思路和方法是非常有必要的。

其次，不要因跨学科造成的翻译研究范围的扩大而盲目担忧，也没有必要重新界定"翻译"的概念，范畴理论可以帮助我们理性地认识这个问题。现代认知心理学家在实验研究基础上提出的原型理论认为，范畴是围绕原型（即范畴的中心成员）构成的，要判断某个物体是否属于某个范畴，依据是看它和原型之间是否有足够的家族相似性；同一范畴的各成员之间的地位并不相同，典型成员具有特殊的地位，被视为该范畴的正式成员，非典型成员则根据其与典型成员的相似程度而被赋予不同程度的非正式成员地位（Ungerer & Schmid，2008）。依据原型理论对于范畴的解释，我们不难发现翻译是一个具有原型的概念范畴。最先为人们认知以及认同度最高的翻译原型无疑是狭义的翻译，是翻译范畴的中心成员，它有两个基本所指：一是指不同语言之间的转换；二是指转化准确度比较高。而变译、伪译、自译（双语写作）、改写、改编等则是翻译范畴的非中心成员。将翻译的非典型成员纳入到研究范围，既能保持翻译范畴的独立性和稳定性，也能使其具有足够的包容性和可扩展性。只有允许翻译非典型成员的存在，翻译这个术语才能适应于复杂多样的翻译实践活动。

最后，我们要清醒地认识到跨学科实践的目的是为翻译研究提供更为多元的视角与方法，最终解决的是翻译问题，而非其他学科的问题。比如，社会翻译学应以社会学视野解决翻译问题，而非最后去解决社会学问题，那是翻译社会学的研究内容。一个学科的跨学科性最终应回归到本学科上来，简单地说，翻译研究无论跨多远都要回归到翻译这门学科上来。翻译学好不容易从"寄人篱下"发展到"自立门户"，因此更要谨防跨到别的学科里而无法自拔。翻译史研究是拉动翻译研究的三驾马车之一，它首先要服务于翻译学，而非历史学等其他学科。同理，要在保证翻译史研究独立性和翻译研究学科性的前提下进行跨学科实践，避免形成翻译史跨学科实践态度两极分化日益严重的态势。消除了两极分化的态度，也就最终消除了翻译史研究未来发展方向的迷思。未来的翻译史实践模式不可能是"一刀切"的，不应该完全是离心式的，但也不应该完全是向心式的。玛丽安·勒代雷、刘和平（2010：17）曾指出，"我们面前出现了一条中间道路，在这条路上，两种流派都抱有开放意识，这条路可以帮助大家充分利用彼此的成果，因为这样做有益于翻译学科的建设和发展"。因此，我们需要理性地统一认识，坚决不走极端，提高翻译史离心式发展与向心式发展的平衡能力，齐心协力推动翻译史研究科学地向前发展。

5.2.3　史学素养与意识匮乏

我国翻译史研究者多为非史学专业出身，未受过正式的史学训练，整体上史学素养欠缺，主要表现为：史料挖掘能力不足，治史方法和范式掌握不充分。而翻译史研究的突破有赖于新材料的诞生或是用新方法对现有材料作分析（孔慧怡，2005），因此史料挖掘不足和治史方法不充分已成为翻译史实践过程中操作层面的主要挑战。

翻译史研究要继续深入，史学素养中的许多方面有待拓展，其中史料挖掘对研究者而言，是极其重要的能力，也是目前最明显的薄弱之处。翻译史学研究以史料为出发点，史料挖掘能力不足必然会造成翻译史料匮乏，进而对翻译史研究造成极大的困难。史料之于史学的重要性，梁启超曾在《中国历史研究法》中有言"史料为史之组织细胞，史料不具或不确，则无复史之可言"（梁启超，1998：40）。然而，目前翻译史研究中史料却相当匮乏，孔慧怡（2005：10）曾指出，"现有的翻译史倾向于引用的多半是第二、三手资料，同时也颇爱引用名人评语，很少再加考证或思考"。傅斯年（2003：5-10）在讨论史学研究时说，"凡一种学问能扩张他所研究的材料便进步，不能的便退步。……一分材料出一分货。十分材料出十分货，没有材料便不出货。……我们只是上穷碧落下黄泉，动手动脚找东西！"，而新史料的挖掘在现今尤为缺乏。而一旦材料拓展了，突破便随之而来。其结果，一来可以作为后人深入研究的基础（范守义，2004）；二来可以引出新结论或矫正已有的不确或不实结论（王建开，2007）。一般认为，翻译史料是指可以用以研究、考证和讨论翻译历史根据的材料，大致可分为直接翻译史料（或称为原始翻译史料）和间接翻译史料（或称转手翻译史料）两类。直接史料或原始史料强调的是历史材料的原始性或原初性。直接翻译史料能够反映译文或译本最初的真实情况，其可信度与准确性最高。郑锦怀、岳峰（2011）对直接翻译史料和间接翻译史料作出归类，其中，直接翻译史料至少包括五种：（1）原始的报刊译文；（2）原始的译本单行本；（3）文集里的译文；（4）译作未刊本（手稿、誊抄稿或打印稿等）；（5）译者及其同时代人物的日记、书信等。间接翻译史料既包括经过前人整理、更改、增删或转录的第二手乃至第 N 手翻译史料，也包括并不与翻译活动直接相关，但能够为研究者提供若干线索的文献材料。间接翻译史料至少包括四种：（1）经过转录的译文或译本；（2）书目索引；（3）前人著述；（4）译者追记。此外，贾洪伟（2018：108）认为史料还有软硬之分，"一般翻译史研究所用的史料为硬史料，即多以物理形式呈现的翻译材料，如石碑、竹简、绢布、纸张上的译文和译事记录，碑刻、壁画、塑像等依据原文而产生的图像、文字等，书报、文件、日志、回忆录、县志、调查记录、书评、译者弁言之类的译文衍生文本"。理想的翻译史著作应当都是根据直接翻译史料或者硬翻译史料撰写而成，从而确保相关史实尽可能地准确无误。间接史料也可以为翻译史研究提供必要的佐证，但在使用过程中要仔细甄别，尽量不用孤立的间接史料来证实某一翻译史问题。

一般而言，史学意识可分为史学家素养和史学方法论（范式）意识。"史学家的素养具体指才、学、识，俗称三长：才者在于文笔精妙，学者在于史料精熟，识者在于选材精当，此三者又当以避主观求客观、去私念留公允的史观，以及不唯上、不唯书、只唯实的史德为基础"（贾洪伟，2019：124）。史学方法论意识主要包括史识观意识、研究问题意识、翻译理论意识和史学方法意识。其中，"史识包括历史认识和史学认识，历史认识就是主体对客观历史的认识，而史学认识则既包含历史认识，又包含对历史学自身的反思，即对历史认识的认识"（蓝红军，2010：45）。而"从学术上讲，翻译史学就是史学，故治史学要讲究史学的范式，即穷尽史料，梳理分析，穷根溯源，以历史大事件划分发展阶段，再借助现当代学科知识和视角分析、判断、解释史实，为当前和今后的学科发展提供借鉴"（贾洪伟，2019：122）。遗憾的是，当前翻译史研究史学方法论意识淡薄，无论是研究范式还是实践方法仍比较单一，无法进行深入的研究，从而导致翻译史研究覆盖面不全的现状。

如果把翻译史实践比作烹小鲜，那么史料就是烹小鲜所需要的食材，而治史范式和方法就是烹饪的流程与方法。作为翻译史研究者主力的翻译界学者进行史学研究，如同很少下厨的人，在一没有食材、二不懂方法的情况下，烹饪出一盘色香味俱佳的菜品，这肯定难上加难。想要烹出美味佳肴，食材（翻译史料）是关键，煎炸烹烩等方法（翻译史研究方法）是必备的技能，而且还必须要多多益善，因为不同的食材需要不同的烹饪方法。对于翻译史研究而言，只有挖掘出丰富的翻译史料，掌握了各种各样的翻译史研究方法，才能烹饪出"味道鲜美"的翻译史"佳肴"。

5.3　应对学科实践挑战的举措

黄焰结（2014）认为，翻译历史研究覆盖了翻译史实践、翻译史学实践（翻译史论）和翻译史学理论三个研究层次，这也是翻译史研究学科实践的具体表现层次。鉴于上一节指出的翻译史研究学科实践所面临的诸多挑战，本节将提出应对措施。

5.3.1 厘清相关的术语概念

在翻译史研究中，有诸多的理论话语具有概念上的迷惑性，在研究的内容或对象上具有重合性，如果对概念造成了误解、误识或误用，那么相应的翻译史研究成果也就失去了根本的存在价值。例如"文学翻译史"和"翻译文学史"、"翻译理论史"和"翻译思想史"、"科学翻译史"和"科技翻译史"、"翻译实践史"和"翻译史实践"、"翻译出版史"和"翻译传播史"等。在此，本文对前两组概念进行简要的阐述：（1）"文学翻译史"和"翻译文学史"。谢天振（2013：207）曾指出，"其实严格意义上的翻译文学史其性质与通常意义上的文学史无异，它同样应该包括所有的文学史都具有的三个基本要素，即：作家、作品和事件"。而"文学翻译史以翻译事件为核心，关注的是翻译事件和文学翻译的历史性的发展线索"（谢天振、查明建，2004：12）。由此可见，前者的重心是"翻译"，文学只是翻译的一个对象而已；而后者的重心是"文学"，译自其他语言的、翻译过来的文学作品是构成译入语文学体系的一个部分。对这两个概念的正确区分，决定了文学翻译史和翻译文学史的书写方式。（2）"翻译理论史"和"翻译思想史"。学界通常认为"理论"和"思想"的内涵和外延是一致的，因此导致翻译思想史和翻译理论史的书写方式是一样的，都以翻译家、翻译理论作为译史书写的基本单元。但是邵有学在《中国翻译思想史新论》（2018）一书中，对这两个概念进行了区分。他认为翻译思想存在于更广阔的层面，内涵也更为宽广，包括深层理念、集体精神、价值观和思维方式等，是个人"日浸其中而不自知"的思考背景。因此，邵有学主张翻译思想史既要研究个体对翻译行为、现象和理论的思考，又要研究个体思考的时代特征、群体背景和社会意义（郑建宁，2019）。所以，他认为中国翻译思想史的书写不应该以"人"为中心，而应该以"事件"为中心进行书写。所以这两个概念的区分对今后翻译思想史和翻译理论史书写体例的确定将会有较大的启发和影响。由于厘清各组概念并非本章节的核心和重点，所以便不再赘述。研究者应该要有明确的概念意识，正如金岳霖（2006：24）所言，"明确概念，是正确思维的首要条件。没有明确的概念，就不会有恰当的判断，就不会有合乎逻辑的推理与论证"。面对翻译史研究中出现的概念模糊的现状，研究者应该要有所警惕和克服。

5.3.2　史论结合，提高"论"的能力

"史论结合"是应对翻译史研究有"史"而无"论"问题的一剂良药。有很多学者已经撰文指出过这一问题并提出了相应的对策。例如，夏天（2012a）曾批评翻译家研究铺陈资料而短于分析，个体活动与社会背景的关系模糊，资料与理论的融合欠缺，建议研究要"选择新的研究对象或新的视角"，要注重"内外兼顾与译本研究……内部是指关于翻译家本身的资料，外部资料是指翻译家所处的时代背景资料"，同时"理论的选取和应用"要得当。虽然夏天是在探讨翻译家翻译时指出的问题和提供的建议，但是这些问题的存在具有普遍性，这些建议也具有一定的普适性。然而，这些建议还未触及以下三个根本问题的解决，即跨学科理论知识的储备和跨学科研究意识的培养、问题意识的建设、翻译史料的深挖。（1）跨学科理论知识的储备：前文已经论述过，跨学科理论知识的储备是深化翻译史学理论的前提，而翻译史学理论探索的具体表现之一就是用跨学科的理论知识确立研究的视角及翻译史料的组织形式，以及翻译史料的阐释方式。如果一个研究人员想要研究歌曲翻译史而有不储备关于声韵学、配译、演唱等相关领域的专业知识，那他很难就歌曲翻译的难度、歌曲翻译的影响、歌曲翻译的意义等问题进行深入的探讨，形成一个广大的视域。（2）问题意识的建设：有史料，而没有问题意识，那只能将翻译史料编成年谱供人记忆，而不是编成史书供人借鉴。郑锦怀、岳峰（2011：450）指出，提高翻译史料的利用水平，研究者"需要提高自身的问题意识"，观念与视角的观念和视角非常重要，"有时候我们并非没有翻译史料可用，而是我们的史料意识不够高，未能挖掘出旧有翻译史料尚未被注意到的价值"。问题意识和研究者的学识深浅、思维方式和史料数量都有关系，而关键的是前两者。翻译史研究要避免成为在"旧纸堆里挖东西"，根本上要求学者广博地积累知识，深入地挖掘史料，踏实地治学。（3）翻译史料的深挖："翻译史研

究的关键在于翻译史料发掘得是否充分，以及研究者是否具有较高的学术眼光，是否能从浩繁的文献资料中挖掘出具有价值的翻译史料，并合理利用。我们需要更加重视翻译史料问题，加强对各类翻译史料的搜集、梳理、鉴辨与利用，才能推动翻译史研究进一步发展"（郑锦怀、岳峰，2011：451）。此外，学者要对翻译史料的透彻认识和理解。总而言之，在当下的翻译史研究学科分支中，必须确保史论结合，尤其注重提高"论"的能力。

5.3.3　培养探索翻译史学理论的意识

　　黄焰结将翻译历史划分为翻译史实践、翻译史学实践（翻译史论）和翻译史学理论三个层次，而不是说翻译史研究要划分为这三个内容。实际上，这三个方面相互依存，不能分割。虽然局限于铺陈翻译史料的研究类型也存在，例如翻译专题资料的汇编、翻译年谱的编写、译作目录的编写等，但是大部分的翻译史研究著述是"史论结合"的形式，差别在于是论多还是论少，是新论还是旧论。翻译史学理论探索和翻译史学理论创新是两个概念，有些研究虽然并不能称谓理论创新，但是不能否认其理论探索性。前文已经论述过，翻译史学理论研究的范畴包括："（1）探讨翻译史研究过程的理论，即如何研究翻译史和为什么要这样研究翻译史的理论探讨……涉及翻译史料学、译史的书写模式研究（如何发掘、整理和编撰翻译史）、译史的元语言研究（对书写翻译史的语言话语的批评研究）、译史阐释理论探讨（批评以往的翻译史论、探讨用什么样的理论话语或框架来解释翻译史实），以及对译家与译作的评价理论、译史批评理论、译史的定义、类型与特征、译史的目的与范围、译史的分期理论、译史发展的客观规律和辩证过程等问题的探索；（2）翻译史研究本身的理论探索，涉及翻译史学的学科性质与研究对象、翻译史学史、翻译史学的价值与功能、翻译史学的层次结构等方面的研究"（黄焰结，2014：94-95）。通过对该内容框架的了解，不难看出，翻译史学理论可以深入的面非常多，也可以将其称之为"问题框架"，有了这些框架意识，在翻译史研究的过程，译史理论探索就成为一种自觉，翻译史研究的层次和高度也会相应得到提升。但是关于"论多论少、新论旧论"的问题，对于翻译史学理论的探索也相当重要。

第一，关于"论多论少"的问题。夏天（2012b）认为，理论主要为翻译史研究提供新的研究视角、话题，以及语境设立的范围。但如果将理论作为分析框架，则可能成为束缚研究者视野的障碍，导致历史研究的循环论证。因为翻译史研究的结论是通过史料阅读和分析来得出预设，并非由既定理论来决定，其目的也不是论证既定理论。夏天实际上是指出了当下翻译史研究的一个普遍现状，即翻译史料成为某些理论框架的注脚，是验证既定理论的案例，在这样的研究中，相当的篇幅其实都在分析、解说、例证理论框架，造成了历史陈述和理论内容旗鼓相当，甚至是理论当先的情况。王宏志（2014：9-10）指出，翻译史研究"如何利用资料来论述观点，才是关键所在。我们无须再纠缠于什么'以论带史'或'以史带论'的争议，因为'史'和'论'是同样重要，相辅相成的"。王宏志的观点其实强调了史料的重要，史料是用来表达和论述观点的，而不是用来印证理论框架的。因此，翻译史研究需要研究者培养史学理论意识，需要"多论"，此处的"多论"是指充分的论述学术观点，而不是指借鉴的理论框架。

第二，关于"新论旧论"的问题。夏天（2012b：85）认为上述采用理论框架在阐释翻译历史而进行的理论性探索，"研究价值限于为既成理论提供佐证，难得新意"。也就是说，这种翻译史学理论的探索并不具备理论的创新性。因此，黄焰结所构建的翻译史学理论研究内容框架，是从宽泛意义上来理解的"理论"，而并非严格意义上的理论创新。对于任何学科领域研究活动而言，理论创新都是一个难以企及的高度，尤其是像史学研究这种本身就是基于既有的、他人流传的下来的史料进行研究的学科。因此，谈到翻译史学理论研究，学者们往往都会望而却步，觉得难有"新论"而言，像邹振环在《20世纪中国翻译史学史》（2017）一书中提出的全新的翻译史书写模式——翻译史学史，也是受益于史学研究理论的启发。培养学者翻译史学理论研究的意识，要突破这种"理论畏惧感"，翻译史学理论创新不在于构建一套玄空的理论体系，而在于用恰当的视角来阐释历史。因此，此处的"旧论"，并不是贬斥翻译史研究因循守旧、拾人牙慧，而是指学者要合理地选择翻译理论或者借鉴其他学科的理论来阐释翻译史，从而使翻译的历史意义得到更好的当代诠释。

5.3.4　培养译史研究的整体观

在中国翻译史研究中，也存在"隔行如隔山"的现象，也就是说有很多学者在自己关注的翻译史研究的"一亩三分地"中耕作，研究视域较窄且较少涉及其他类型的翻译史研究，从而导致翻译史研究结论的适用性和可解释性范围受到了一定的局限。蓝红军（2016：5）指出了整体史和碎片化这两种翻译史的书写取向。实际上，随着翻译史研究的碎片化，研究者对翻译史的认识也出现了碎片化倾向。就像学界有不少学者呼吁培养翻译通才，而非翻译专才一样，翻译史研究虽因其研究内容之广泛而难以实现通才的培养，但是研究者需具有一定的历史整体观。培养翻译史的整体观包括两个方面：一是中西翻译史的整体观；二是中国各类型翻译史的整体观。具有这两个方面的整体观，研究者才有可能发现更多的研究视角和翻译史书写方法。

第一，就中西翻译史的整体观而言，谢天振是较少具有中西翻译史整体观的学者之一。他指出，"中西翻译史的编写、包括课程的开设，一直都是各行其道，互不搭界的"，但是中西翻译史是不乏相同、相通之处的。"首先，中西大规模翻译活动（指笔译）的发起及其展开都与宗教文献的翻译具有密不可分的关系：西方是《圣经》的翻译，在中国则是佛经的翻译"；"其次，无论是在中国还是在西方，翻译在传播知识方面都发挥了巨大作用"；"再次，翻译对各国民族语言的确立和发展所起的作用，在西方和中国也都不乏明显的共同点"；"最后，无论中西，翻译在传递外来的社会文化价值观方面也同样扮演了至关重要的角色"（谢天振，2010：4-8）。所以，谢天振基于中西翻译史的对比研究撰写了《中西翻译简史》，是对中西翻译史书写的一种崭新尝试。这种翻译史对比研究使研究者在头脑中保持着两条翻译史脉络，并且彼此之间不断进行着交织、碰撞和融合，能极大拓宽研究者的视域和思路，将中国翻译史置于全球视野中。目前似乎还未见其他基于中西翻译史整体观的研究著述，谢天振这种书写翻译史的整体观模式值得学人进一步探索。

　　第二，就中国各类型翻译史的整体观而言，中国翻译史研究的主体和类型是非常丰富的。仅从翻译实践活动的大类来说，有学者指出，"科学翻译和宗教翻译、文学翻译一起，构成了我国翻译实践活动的三大体系"（佘协斌等，2001：2）。其中文学翻译史的范畴内包括诗歌翻译史、小说翻译史、散文翻译史、文学典籍翻译史、少数民族文学翻译史等。由于文学类的相似性，其翻译史研究在方法和视角上具有的共性是比较多的；宗教翻译史则包括圣经翻译史、佛经翻译史，以及其他宗教经书的翻译历史，其研究的方式方法和文学翻译存在或多或少的不同之处；而科学翻译史范畴下则涵盖有科技翻译史、学术翻译史等（周领顺，2008）。其中，科学翻译史的书写模式与文学翻译史、宗教翻译史有较大不同，多以我国近现代科学翻译史研究的基本方法是以对学科创立和发展有重大贡献的译者为中心，以历史语境为依托，以学科本土化进程为背景，以文本为参照，以个案呈现为手段（方梦之、傅敬民，2018）。鉴于学界对科学翻译研究和科学翻译史研究重视不足的现状，诸多学者呼吁要重视非文学翻译史的研究，但目前这方面的研究步伐依旧缓慢。在中国翻译史上，科学翻译所具有的重大历史意义或许远胜于文学翻译，然而文学翻译史却一直雄踞翻译史研究的核心位置，科学翻译史却较少有人涉足，这一失衡的研究现状值得学界深思。其次，在任何历史时期，宗教翻译、科学翻译、文学翻译乃至民族翻译等都是同时开展的，它们之间必然存在着一定的关联性。因此，对中国翻译史研究应持有一种整体观，以一种比较的视角关注各种类型的翻译活动，对于了解中国翻译实践史的整体全貌、深化翻译史学理论的研究意识都将会非常有帮助。

结　　语

　　总的来说，近十年来中国的翻译史论著逐渐呈现出研究视角多样化、史论阐释丰富化、学科交叉精深化的特点，并取得了一系列可圈可点的成果。其中，民族翻译史、区域翻译史、汉籍外译史及跨学科翻译史研究方面成果较为显著。我国是一个疆域广阔的多民族、多语言国家，悠久的周边国家交通史和各民族文化交流接触史为区域翻译史和民族翻译史提供了丰富的历史资料。在区域性翻译史研究方面，新疆维吾尔自治区、内蒙古自治区、西藏自治区、澳门特别行政区、四川省、河北省、湖南省、浙江省、福建省等均已有一部或多部区域翻译史方面的著作问世；在各民族翻译史研究方面，以维吾尔族、蒙古族、藏族、哈萨克族等少数民族语言文化为中心的专题翻译史研究也已有论著问世；在汉籍外译史研究方面，与 20 世纪末偏重宏观、概览式的翻译史相关专著不同的是，近十年来针对某一部古代汉文典籍的聚焦型翻译史研究呈现较为蓬勃的态势。聚焦单部典籍的翻译史研究有助于磨砺更为贴切的翻译史问题意识，拓展相关历史关联论证的深度，避免简单的史实罗列和铺排。由于现有的汉籍外译史学术成果主要集中于文学经典方面，因此实学方面的中西典籍互译史研究还有待拓展。跨学科翻译史的开展可以深入挖掘近、现代中国高等教育体系中诸多学科的建制史。众所周知，大多数现代学科体系的划分及其知识体系主要借鉴西方教育体制，近现代中国诸多学科建制史肇始于翻译引进自西方的学术著作、教材和教育思想。在学科建制过程中，对西方知识体系的翻译与引入既是借鉴西方先进卓越的文化资源，也是作为舶来品的西学与中国从古至今诸多文化思想的融通和结合。考察西学翻译与中国本土学科建制中的翻译史，也是近年来科学史领域较为活跃的研究课题。2019 年 9 月 21 日至 22 日，由中国英汉语比较研究会翻译史研究专业委员主办、内蒙古师范大学承办的"第五届全国翻译史研究高层论坛——跨学科视野"学术研讨会正是在翻译史与科学史等学科渴望互通互信、交叉融合之学术愿景下召开的。

目前，中国翻译史的著述群体主要来自翻译学与历史学两大学科领域。长期以来，我国翻译学学者倾向于将翻译史视为翻译学的一个重要组成部分，认为翻译史的主要任务就是收集和叙述翻译实践、翻译思想或翻译理论的历史，为翻译学学科地位的合法性和制度化提供历史之维的支撑和认可。在我国现行教育学科体制中，翻译学本科阶段的学科设置多与诸多外语学科，如英语语言文学等并置；研究生阶段的翻译学多为外国语言学及应用语言学的分支方向；在国家社会科学基金申报指南中，翻译学的课题申报一般隶属于语言学这一大门类。这说明目前我国对于翻译学的学科定位尚未脱离传统的语言学科范式。国内各大高校的翻译学学科都设置在外国语学院，因此翻译学学科目前的学科定位与外国语言文学是最为贴近的。翻译学领域的治史目的和学术背景决定了译学学者较善于从微观的"内部史"视角出发来编著文学翻译史或译家研究等论著。翻译学学科培养出来的学者普遍具有较高的语言水平，但缺乏历史学、社会学和哲学等大文科方面的知识积累，这样往往使得他们笔下的翻译史研究长于对译者生平、翻译事件或翻译文本的记述，而缺乏对译者和译著所处历史时代和社会背景等"外部史"的现实观照。史学出身的学者囿于外语语种与水平的限制，多难以展开源文与译文文本层面的对比分析，但其长项在于将翻译或翻译史研究作为历史研究的一种方法论而非研究对象本身，通过历史上的译者、译著或翻译事件来探索翻译对知识、思想、科学等跨国别传播的影响。他们更能把握历史的肌理，将翻译史带入更具深度的历史场域，展现翻译史与思想史、文化史、知识史、科学史、社会史、政治史等相关史学范畴的纵深关联，使得翻译史研究更上层楼，成为一个汇聚人文学科、社会学科甚至科学学科人才的知识全球化研究的公共领域。

因此，在全球化视野中，理想的翻译史应该具备"翻译学 + 历史学"的学术内涵，这也就要求翻译史学者应兼具译学与史学的学术素质。如果这样的理想一时尚难以达成，那么翻译史的撰写应该可以由翻译学者和历史学者共同协作担当，或建立长效机制加强两个学科之间的交流与合作，从跨学科范式真正走向交叉学科或超学科的翻译史研究范式。

参考文献

阿拉坦巴根. 2012. 蒙古族古代翻译史概述. 民族翻译,（01）: 10-21.

阿梅龙. 2019. 真实与建构: 中国近代史及科技史新探. 孙青等, 译. 北京: 社会科学文献出版社.

阿英. 1937. 晚清小说史. 北京: 商务印书馆.

阿英. 1954. 晚清戏曲小说目. 上海: 上海文艺联合出版社.

阿英. 1961a. 晚清文学丛钞: 域外文学译文卷. 北京: 中华书局.

阿英. 1961b. 晚清文学丛钞: 俄罗斯文学译文卷. 北京: 中华书局.

阿英. 1981a. 翻译史话. 阿英主编. 小说四谈. 上海: 上海古籍出版社, 229-246.

阿英. 1981b. 初期的翻译杂志. 阿英主编. 小说四谈. 上海: 上海古籍出版社, 220-228.

阿英. 2003. 阿英全集（第5卷）. 合肥: 安徽教育出版社.

白晶. 2018. 跨文化视野下中西经典文学翻译研究. 长春: 吉林大学出版社.

白立平. 2016. 翻译家梁实秋. 北京: 商务印书馆.

包雨苗. 2019. 试论翻译史个案研究法中微观与宏观的关系. 外语教学,（03）: 93-97.

北京鲁迅博物馆. 2014. 鲁迅翻译研究论文集. 北京: 春风文艺出版社.

北京师范大学政治经济学系. 1976.《资本论》研究论丛（第1辑 1949—1959）. 出版者不详.

北京师范大学政治经济学系. 1980.《资本论》研究丛刊（第4辑 1966—1979）. 出版者不详.

北京图书馆书目编辑组. 1987. 民国时期总书目（外国文学 1911—1949）. 北京: 书目文献出版社.

北京图书馆书目编辑组. 1982. 中国现代作家著译书目. 北京: 书目文献出版社.

北京图书馆书目编辑组. 1986. 中国现代作家著译书目（续编）. 北京: 书目文献出版社.

北京外国语大学中国海外汉学研究中心, 中国近现代新闻出版博物馆编. 2012. 西学东渐与东亚近代知识的形成和交流. 上海: 上海人民出版社.

蔡俊. 2012. 米兰·昆德拉在中国的传播与变异. 南昌: 江西人民出版社.

蔡元培. 1987. 商务印书馆九十年: 我和商务印书馆 1897—1987. 北京: 商务印书馆.

曹鹤龙. 1995. 列宁著作在中国（1919—1992年文献调研报告）. 北京: 书目文献出版社.

曹明伦. 2013. 翻译之道: 理论与实践. 上海: 上海外语教育出版社.

曹仕邦. 1990. 中国佛教译经史论集. 台北: 东初出版社.

曹卫东. 2002. 中国文学在德国. 广州: 花城出版社.

曹增友. 1999. 传教士与中国科学. 北京: 宗教文化出版社.

常芳. 2018. 多维视域下东北少数民族典籍翻译研究. 北京: 民族出版社.

陈福康. 1992. 中国译学理论史稿. 上海: 上海外语教育出版社.

陈福康. 2011. 中国译学史. 上海：上海人民出版社.

陈国恩. 2009. 俄苏文学在中国的传播与接受. 北京：中国社会科学出版社.

陈红. 2015. 日语源语视域下的鲁迅翻译研究. 上海：华东师范大学博士学位论文.

陈惠. 2012. 阿瑟·韦利翻译研究. 长沙：湖南教育出版社.

陈惠，蒋坚松. 2009. 庞德与韦利汉诗英译之比较. 外语与外语教学，（02）：45–48.

陈惠荣. 1986. 中文圣经翻译小史. 香港：香港中文圣经新译会.

陈剑光，毛一国. 2019. 新编中国文献西译书目（1900—2017）. 杭州：浙江大学出版社.

陈建华. 2007. 中国俄苏文学研究史论. 重庆：重庆出版社.

陈久仁. 1994a. 中国学术译著总目提要 1978—1987（自然科学卷）. 长春：吉林教育出版社.

陈久仁. 1994b. 中国学术译著总目提要 1978—1987（社会科学卷）. 长春：吉林教育出版社.

陈俐，陈晓春. 2010. 诗人、翻译家曹葆华（史料·评论卷）. 上海：上海书店出版社.

陈力卫. 2019. 东往东来：近代中日之间的语词概念. 北京：社会科学文献出版社.

陈墨. 2019. 口述史学与心灵考古——论文与演讲集. 北京：人民出版社.

陈南先. 2011. 师承与探索：俄苏文学与中国十七年文学. 武汉：华中师范大学出版社.

陈鹏翔. 1975. 翻译史·翻译论. 台北：台湾弘道文化事业有限公司.

陈清贵. 2016. 四川翻译史研究. 成都：四川大学出版社.

陈世明. 1999. 新疆现代翻译史. 乌鲁木齐：新疆大学出版社.

陈石平，成英. 1988. 军事翻译家刘伯承. 上海：书海出版社.

陈帅. 2015. 中土佛音——汉传佛教经典的翻译与传播. 郑州：中州古籍出版社.

陈曦. 2019. 莫言作品在法国的译介研究. 济南：山东大学出版社.

陈向红. 2019. 中国文学在英语世界的译介、传播与接受研究. 上海：上海交通大学出版社.

陈晓莉. 2019. 外国儿童文学发展历程及其在中国的译介和传播. 重庆：重庆大学出版社.

陈秀. 2007. 浙江省译家研究. 杭州：浙江大学出版社.

陈应年，徐式谷. 1992. 哲学社会科学翻译的回顾与现状. 中国翻译，（02）：4–8.

陈玉刚. 1989. 中国翻译文学史稿. 北京：中国对外翻译出版公司.

陈越洋. 2016. 阿拉伯文化在中国. 银川：宁夏人民出版社.

陈壮. 2014. 翻译文学史的解剖与重构. 哈尔滨学院学报，（11）：100–105.

陈子展. 1929. 中国近代文学之变迁. 上海：中华书局.

程梦婧. 2013. 法国《人权宣言》在晚清. 现代法学，（06）：41–50.

程梦婧. 2016a. 革命还是立宪：《人权宣言》给晚清士人提供的启示. 政法论坛，（01）：125–134.

程梦婧. 2016b. 晚清两个《人权宣言》汉译本的考察. 法学论坛，（01）：151–160.

程梦婧. 2016c.《大宪章》在晚清中国的传播. 清华法学，（02）：115–130.

程梦婧. 2017.《人权宣言》在晚清中国的旅行. 桂林：广西师范大学出版社.

程祥徽. 2010. 澳门人文社会科学研究文选（语言翻译卷）. 北京：社会科学文献出版社.

程小娟. 2013. God 的汉译史——争论、接受与启示. 北京：社会科学文献出版社.

成都市图书馆. 1979. 郭沫若著译及研究资料（第 1 册）. 成都：成都市图书馆.

成都市图书馆. 1980. 郭沫若著译及研究资料（第 2 册）. 成都：成都市图书馆.

成文艳. 2017. 中国古典小说在俄罗斯的翻译与研究（明清以前）. 天津：南开大学博士学位论文.

褚东伟. 2012. 翻译家林语堂. 上海：上海外语教育出版社.

楚图南. 1992. 楚图南著译选集. 北京：北京师范大学出版社.

崔波. 2009. 在政治与知识之间：以晚清翻译出版为中心. 西安：陕西人民出版社.

崔春雪. 2016. 欧洲文艺复兴在中国的传播与接受（从清末到五四）. 北京：清华大学博士论文.

崔溶澈. 肖太平译. 2018. 《红楼梦》在韩国的传播与翻译. 北京：中华书局.

崔文东. 2010. 翻译国民性：以晚清《鲁滨孙漂流续记》中译本为例. 中国翻译，（05）：19-24.

崔艳秋. 2014. 八十年代以来中国现当代小说在美国的译介与传播. 长春：吉林大学博士学位论文.

代发君. 2011. 贺麟西方古典哲学译介研究. 郑州：河南人民出版社.

戴光荣. 2018. 民族危机下爱国情怀的抒写：林纾翻译语料库的序跋词表分析. 福州大学学报（哲学社会科学版），（06）：86-90.

戴俊霞. 2014. 诸子散文在英语世界的译介与传播. 合肥：安徽大学出版社.

戴拥军. 2014. 中国法律翻译发展史. 上海：上海译文出版社.

道安. 1978a. 中国大藏经翻译刻印史. 台北：中华大典编印会.

道安. 1978b. 中国大藏经雕刻史话. 台北：中华大典编印会.

邓联健. 2015. 委曲求传：早期来华新教传教士汉英翻译史论（1807—1850）. 北京：清华大学出版社.

邓亮，韩琦. 2012. 新学传播的序曲：艾约瑟、王韬翻译《格致新学提纲》的内容、意义及其影响. 自然科学史研究，（02）：136-151.

邓亮，王雪迎. 2017. 江南制造局科技译著集成（军事科技卷·第 2 分册）. 合肥：中国科学技术大学出版社.

丁超. 2008. 中罗文学关系史探. 北京：人民文学出版社.

丁大刚. 2017. 理雅各中国典籍翻译研究. 上海：上海师范大学博士学位论文.

丁晓敏. 2018. 川端康成在中国的接受与传播. 北京：社会科学文献出版社.

丁言模. 1998. 曹靖华：百年翻译家传略. 上海：上海外语教育出版社.

董光壁. 1997. 中国近现代科学技术史. 长沙：湖南教育出版社.

董洪川. 2004. "荒原"之风：T. S. 艾略特在中国. 北京：北京大学出版社.

董丽敏等. 2017. 商务印书馆与中国文化的"现代"转型（1902—1932）. 北京：商务印书馆.

董桥. 2013. 翻译与"继承外国文学遗产"商兑. 董桥编. 董桥经典作品（小品卷）. 北京：海豚出版社，104-136.

董秋斯. 1951. 论翻译理论的建设. 翻译通报，（04）：3-6.

董双建. 2018. 那些翻译家. 北京：中国文史出版社.

杜承南，文军. 1994. 中国当代翻译百论. 重庆：重庆大学出版社.

杜慧敏. 2007. 晚清主要小说期刊译作研究（1901—1911）. 上海：上海书店出版社.

段峰. 2012. 民族志翻译与少数民族文学对外译介——以羌族文学为例. 西华大学学报（哲学社会科学版），（02）：32-37.

段峰. 2016. 文化翻译与少数民族文学对外译介研究——基于翻译研究与民族志的视角. 北京：外语教学与研究出版社.

段峰，马文颖. 2016. 纳博科夫与文学自译. 俄罗斯文艺，（03）：76-82.

段怀清. 2007. 传教士与晚清口岸文人. 广州：广东人民出版社.

段怀清，周俐玲. 2006.《中国评论》与晚清中英文学交流. 广州：广东人民出版社.

顿官刚. 2006. 湖湘译林与外国翻译研究. 长沙：岳麓书社.

范守义. 2004. 翻译研究：另类视野. 北京：外语教学与研究出版社.

范祥涛. 2006. 科学翻译影响下的文化变迁：20世纪初科学翻译的描写研究. 上海：上海译文出版社.

范行准. 2012. 明季西洋传入之医学. 上海：上海人民出版社.

樊兆鸣. 2011. 江南制造局翻译馆图志. 上海：上海科学技术文献出版社.

方豪. 1953. 中西交通史. 台北：华冈出版有限公司.

方红，王克非. 2014.《共产党宣言》中日首个全译本比较研究. 中国翻译，（06）：34-38.

方梦之，傅敬民. 2018. 振兴科学翻译史的研究——应用翻译研究有待拓展的领域. 外国语，（03）：67-75.

方梦之，庄智象. 2016. 翻译史研究：不囿于文学翻译——《中国翻译家研究》前言. 上海翻译，（03）：1-18，93.

方梦之，庄智象. 2017. 中国翻译家研究. 上海：上海外语教育出版社.

方仪力. 2011. 口述历史：一种新的翻译史研究方法. 译苑新谭，（01）：82-91.

风笑天. 2009. 社会学研究方法（第三版）. 北京：中国人民大学出版社.

冯承钧. 1931. 历代求法翻经录. 北京：商务印书馆.

冯强. 2019. 中国当代诗歌海外传播研究. 南昌：江西教育出版社.

冯全功，卢巧丹. 2018. 中国文学译介与传播研究（卷三）. 杭州：浙江大学出版社.

冯天瑜，杨华，任放. 2005. 中国文化史. 北京：高等教育出版社.

冯小冰. 2017. 中国当代小说在德语国家的译介研究（1978—2013）. 北京：北京外国语大学博士学位论文.

冯雅. 2017.《水浒传》在日本的传播研究. 长春：东北师范大学博士学位论文.

冯志杰. 2011. 中国近代翻译史（晚清卷）. 北京：九州出版社.

冯智强. 2011. 中国智慧的跨文化传播：林语堂英文著译研究. 青岛：中国海洋大学出版社.

付建舟. 2013. 清末民初小说版本经眼录二集. 杭州：浙江工商大学出版社.

付建舟，朱秀梅. 2010. 清末民初小说版本经眼录. 上海：上海远东出版社.

付晶晶. 2010. 格林童话在中国. 成都：四川文艺出版社.

付克. 1986. 中国外语教育史. 上海：上海外语教育出版社.

付明明. 2016. 中医英译史梳理与存在问题研究. 哈尔滨：黑龙江中医药大学博士学位论文.

付文慧. 2015. 中国女作家作品英译（1979—2010）研究. 北京：对外经济贸易大学出版社.

佛雏. 2006. 王国维哲学译稿研究. 北京：社会科学文献出版社.

傅敬民. 2009. 圣经汉译的文化资本解读. 上海：复旦大学出版社.

傅敬民. 2016. 翻译研究：学科意识及学科体系化. 上海大学学报（社会科学版），（05）：95-206.

傅敬民. 2019. 我国应用翻译研究：成就与问题. 语言教育，（04）：36-41.

傅斯年. 2003. 历史语言研究所工作之旨趣. 傅斯年编. 傅斯年全集（第三卷）. 长沙：湖南教育出版社，5-10.

高华丽. 2013. 中西翻译话语研究. 杭州：浙江大学出版社.

高惠群，乌传衮. 2009. 翻译家严复传论. 上海：上海外语教育出版社.

高军，王桧林，杨树标. 1986. 五四运动前马克思主义在中国的介绍与传播. 长沙：湖南人民出版社.

高黎平. 2006. 美国传教士与晚清翻译. 天津：百花文艺出版社.

高黎平. 2012. 传教士翻译与晚清文化社会现代性. 上海：上海外国语大学博士学位论文.

高黎平. 2014. 传教士翻译与晚清文化社会现代性. 重庆：重庆大学出版社.

高时良. 1994. 中国教会学校史. 长沙：湖南教育出版社.

高崧. 1992. 商务印书馆九十五年：我和商务印书馆：1897—1992. 北京：商务印书馆.

高伟. 2009. 翻译家徐志摩研究. 南京：东南大学出版社.

高阳，陈亮. 2015. 中国西方哲学翻译史. 成都：四川大学出版社.

高玉海. 2014. 中国古典小说在俄罗斯的翻译和研究. 长春：吉林大学出版社.

高玉霞，范大祺. 2019. 国家翻译实践的理论探索——国家翻译实践与对外话语体系建构高层论坛综述. 上海翻译，（05）：91-93.

高玉霞，任东升. 2017a. 特殊的文类翻译研究：宗教翻译研究. 王祖友编. 外语名家访谈录（第2集）. 北京：国防工业出版社，134-143.

高玉霞，任东升. 2017b. 国内15年圣经翻译研究：考察与展望. 语言教育，（03）：60-66，74.

高玉霞，任东升. 2018. "国家翻译实践"的实与名——任东升教授访谈录. 翻译界，

（02）：131-140，154-155.

高云球. 2012. 1932—1945：东北沦陷区翻译文学研究——以《盛京时报》《大同报》文学副刊为中心. 北京：中国社会科学院研究生院博士学位论文.

戈宝权. 1981. 阿Q正传在国外. 北京：人民文学出版社.

戈宝权. 1984. 中国翻译的历史. 文史知识，（05）：15-21.

戈宝权. 1992. 中外文学因缘——戈宝权比较文学论文集. 北京：北京出版社.

戈宝权. 2003. 高尔基作品中译本编目. 张静庐辑注. 中国近现代出版史料·丁编. 上海：上海书店出版社，463-493.

葛维钧. 2019. 印度古代文化及其经典传译. 北京：中国大百科全书出版社.

葛文峰. 2017. 从晚明到晚清：知识史视域中的西学翻译史——邹振环《晚明汉文西学经典：编译、诠释、流传与影响》述评. 安康学院学报，（02）：125-128.

葛兆光. 2001. 中国思想史导论——思想史的写法. 上海：复旦大学出版社.

耿强. 2010. 文学译介与中国文学"走向世界"——"熊猫丛书"英译中国文学研究. 上海：上海外国语大学博士学位论文.

耿强. 2015. 晚清至现代中国文学对外译介研究——一段隐形的翻译史. 北京：世界图书出版公司.

耿强. 2019. 中国文学：新时期的译介与传播——"熊猫丛书"英译中国文学研究. 天津：南开大学出版社.

耿强，梁真惠. 2012. 国家机构翻译规范研究：译介学视角. 外国语文，（04）：103-108.

耿瑞超. 2017. 社会与翻译：超越语言的晚清至五四时期翻译文本研究. 南京：南京大学博士学位论文.

辜正坤. 1998. 外来术语翻译与中国学术问题. 北京大学学报（哲学社会科学版），（04）：17-22.

顾长声. 1985. 从马礼逊到司徒雷登：来华新教传教士评传. 上海：上海人民出版社.

顾钧. 2009. 鲁迅翻译研究. 福州：福建教育出版社.

顾伟列. 2011. 20世纪中国古代文学国外传播与研究. 上海：华东师范大学出版社.

顾正祥. 2016. 歌德汉译与研究总目（续编）. 北京：中央编译出版社.

郭景红. 2017. 当代俄罗斯（自1991年至2010年间）中国文学研究. 长春：吉林出版集团.

郭沫若创作生活二十五周年纪念筹备会. 1941. 郭沫若先生二十五年著译编目. 南京：中苏文化.

郭庆堂. 2002. 20世纪西方哲学在中国. 徐州：中国矿业大学出版社.

郭晓春. 2018.《楚辞》在英语世界的译介与研究. 北京：中国社会科学出版社.

郭延礼. 1998. 中国近代翻译文学概论. 武汉：湖北教育出版社.

郭延礼. 1999. 中西文化碰撞与近代文学. 济南：山东教育出版社.

郭廷以. 2012. 近代科学与民主思想的输入——晚清译书与西学. 郭廷以编. 近代中国的变局. 北京：九州出版社，39-58.

郭昱. 2014. 邓罗对《三国演义》的译介. 中国翻译，（01）：49-52.

郭著章. 1999. 翻译名家研究. 武汉：湖北教育出版社.

国家出版事业管理局版本图书馆. 1980. 1949—1979翻译出版外国古典文学著作目录. 北京：中华书局.

国杰. 2014. 吐蕃赞布时期翻译史及其相关问题的探讨. 兰州：甘肃民族出版社.

关西大学文化交涉学教育研究中心出版博物馆. 2011. 印刷出版与知识环流：十六世纪以后的东亚. 上海：上海人民出版社.

哈森. 2016. 通往巴别塔的路上——中国少数民族翻译家访谈. 呼和浩特：内蒙古人民出版社.

海恩波. 1962. 圣经与中华. 陈翼经，译. 香港：宣道书局.

海恩波. 2000. 道在神州——圣经在中国的释译与流传. 蔡锦图，译. 香港：国际圣经协会.

寒光. 1935. 林琴南. 上海：中华书局.

贺麟. 1925. 严复的翻译. 东方杂志，（21）：75-87.

何明星. 2016. 中国文化翻译出版与国际传播调研报告（1949—2014）. 北京：新华出版社.

何绍斌. 2008. 越界与想象——晚清新教教士译介史论. 上海：上海三联书店.

何杏枫. 2018. 重探张爱玲：改编·翻译·研究. 香港：中华书局.

何兆武. 1996. 对历史学的若干反思. 史学理论研究，（02）：36-43，159.

韩承桦. 2013. 审重咨学：严复翻译《群学肄言》之研究. 台北：五南图书出版公司.

韩迪厚. 1969. 近代翻译史话. 香港：辰冲图书公司.

韩洪举. 2005. 林译小说研究——兼论林纾自撰小说与传奇. 北京：中国社会科学出版社.

韩一宇. 2008. 清末民初汉译法国文学研究（1897—1916）. 北京：中国社会科学出版社.

韩子满. 2018. 跨学科翻译研究：优劣与得失. 外语教学，（06）：74-79.

杭州大学中文系资料室. 1984. 鲁迅研究资料索引. 北京：人民文学出版社.

郝岚. 2005. 林译小说论稿. 天津：天津社会科学院出版社.

郝莉. 2013. 中国现当代女性作家作品英译史研究：性别视角. 济南：山东大学博士学位论文.

郝莉. 2017. 中国现当代女作家作品英译史研究. 北京：首都经济贸易大学出版社.

洪捷. 2015. 以文类为导向的金庸武侠小说翻译研究. 济南：山东大学博士学位论文.

洪涛. 2013. 从窈窕到苗条：汉学巨擘与诗经楚辞的变译. 南京：凤凰出版社.

侯健. 2013. 推而行之：《中庸》英译研究. 郑州：河南大学博士学位论文.

侯杰. 2017.《东方杂志》（1904—1911）科学翻译话语在文化和政治重构中的作用. 中国翻译，（01）：25-31.

胡从经. 1982. 晚清儿童文学钩沉. 上海：少年儿童出版社.

胡翠娥. 2007. 文学翻译与文化参与晚清小说翻译的文化研究. 上海：上海外语教育出版社.

胡开宝. 2011. 语料库翻译学概论. 上海：上海交通大学出版社.

胡开宝. 2015. 基于语料库的莎士比亚戏剧汉译研究. 上海：上海交通大学出版社.

胡开宝，朱一凡，李晓倩. 2018. 语料库翻译学. 上海：上海交通大学出版社.

胡培兆，林圃. 1985.《资本论》在中国的传播. 济南：山东人民出版社.

胡适. 1928. 白话文学史（上卷）. 北京：新月书店.

胡卫伟. 2019. 明末清初传教士科学翻译之社会学考察——布迪厄"场域"理论视角. 上海翻译，（01）：44–50.

胡为雄. 2015. 马克思主义哲学在中国传播与发展的百年历史. 南昌：百花洲文艺出版社.

胡宥豪. 2018. 我与《翻译季刊》——陈德鸿教授口述访谈录. 东方翻译，（05）：47–53.

胡志国. 2017. 黄茂林《坛经》英译的历史语境与传播. 山西大同大学学报（社会科学版），（05）：80–85.

胡志挥. 1993. 中国文学作品英译本索引手册. 南京：译林出版社.

华满元. 2018. 中国古代佛典"译道"的知识谱系及现代阐释. 武汉：武汉大学出版社.

黄嘉德. 1940. 翻译论集. 上海：西风社.

黄见德. 1998. 20 世纪西方哲学东渐问题. 长沙：湖南教育出版社.

黄见德. 2007. 西方哲学的传入与研究. 福州：福建人民出版社.

黄立. 2009. 英语世界唐宋词研究. 成都：四川大学出版社.

黄鸣奋. 1997. 英语世界中国古典文学之传播. 上海：学林出版社.

黄文虎. 2019. 英语世界中的《金瓶梅》. 北京：中国社会科学出版社.

黄焰结. 2014. 翻译史研究的层次与特征. 理论月刊，（07）：92–96.

黄焰结，胡国正，邱晨. 2016. 中国新时期（1979—2013）翻译史著作的计量分析. 浙江外国语学院学报，（06）：38–44.

霍跃红. 2011. 对译者影响力的文献计量分析——以第四次翻译高潮中的三位文学译者为例. 外语与外语教学，（06）：70–74.

季压西，陈伟民. 2007a. 中国近代通事. 北京：学苑出版社.

季压西，陈伟民. 2007b. 来华外国人与近代不平等条约. 北京：学苑出版社.

季压西，陈伟民. 2007c. 从"同文三馆"起步. 北京：学苑出版社.

纪志刚. 2000. 杰出的翻译家和实践家——华蘅芳. 北京：科学出版社.

纪志刚. 2017. 从拉丁语到古汉语——汉译《几何原本》卷一"界说"的翻译分析. 自然辩证法通讯，（02）：3–11.

贾保罗编. 1965. 圣经汉译论文集. 香港：基督教辅侨出版社.

贾洪伟. 2018. 翻译史的分类与研究范式. 外国语文，（02）：108–113.

贾洪伟. 2019. 国内翻译史研究的几个问题. 外国语文，（01）：118–127.

贾卉. 2015. 杜甫诗歌在英语国家的译介与传播. 上海：华东理工大学出版社.

贾一村. 2019. 改革开放以来俄罗斯文学在华译介传播研究. 长沙：中南大学出版社.

贾植芳，苏兴良，周春东，任一鸣. 2010. 中国现代文学总书目·翻译文学卷. 北京：

知识产权出版社.

江帆. 2014. 他乡的石头记:《红楼梦》百年英译史. 天津:南开大学出版社.

江慧敏,王宏印. 2017. 狄公案系列小说的汉英翻译、异语创作与无本回译——汉学家高罗佩个案研究. 中国翻译,(02):35-42.

江岚. 2013. 唐诗西传史论——以唐诗在英美的传播为中心. 北京:学苑出版社.

江晓梅. 2016.《中庸》英译研究:基于理雅各、辜鸿铭、休中诚、陈荣捷、安乐哲和郝大维译本的分析. 武汉:武汉大学出版社.

姜倩. 2010. 幻想与现实:二十世纪科幻小说在中国的译介. 上海:复旦大学出版社.

姜智芹. 2011. 中国新时期文学在国外的传播与研究. 济南:齐鲁书社.

蒋芳. 2009. 巴尔扎克在中国. 北京:中国社会科学出版社.

蒋维金,李新德. 2014. 论苏慧廉对《妙法莲华经》的英译与诠释. 浙江万里学院学报,(05):77-83.

蒋侠,陈万会. 2014. 合力作用下的译者选择——杨译鲁迅小说《祝福》的两个版本对比研究. 北京第二外国语学院学报,(02):28-34.

蒋向艳. 2016. 唐诗在法国的译介和研究. 北京:学苑出版社.

蒋翼振. 1927. 翻译学通论. 上海:出版者不详.

蒋哲杰. 2012. 魏晋六朝与晚期罗马的文化语言活动. 上海:华东师范大学博士学位论文.

蒋哲杰. 2016. 魏晋六朝与晚期罗马语言活动与宗教翻译. 北京:中国社会科学出版社.

金经言. 2017. 音乐理论类译著概览 (1993—2015). 星海音乐学院学报,(01):11-36.

金立鑫. 2007. 语言研究方法导论. 上海:上海外语教育出版社.

金梅. 1993. 傅雷传. 长沙:湖南文艺出版社.

金圣华,黄国彬. 1996. 因难见巧:名家翻译经验谈. 台湾:书林出版社.

金岳霖. 2006. 形式逻辑. 北京:人民出版社.

侃本. 2008. 汉藏佛经翻译比较研究. 北京:中国藏学出版社.

阚海英. 2014. 蒙古族中国现代翻译文学史研究. 呼和浩特:内蒙古人民出版社.

康东元. 2009. 日本近现代文学翻译研究. 上海:上海交通大学出版社.

康振栋. 2011. 竺法护翻译佛经词汇研究——以《正法华经》词汇为中心. 杭州:浙江大学博士学位论文.

柯林娟,杜雅萍. 2010. 坚守良知的翻译家:草婴传. 南京:江苏人民出版社.

柯子刊. 2014. 中国传统翻译理论观照下的林少华文学翻译研究. 上海:华东师范大学博士学位论文.

孔慧怡. 1999. 翻译·文学·文化. 北京:北京大学出版社.

孔慧怡. 2005. 重写翻译史. 香港:香港中文大学出版社.

孔慧怡,杨承淑. 2000. 亚洲翻译传统与现代动向. 北京:北京大学出版社.

孔立. 1962. 林纾和林译小说. 北京:中华书局.

孔令翠,刘芹利. 2019. 中国农学典籍译介梳理与简析. 当代外语研究,(04):106-114.

宽旭. 2016a. 达摩笈多著述辑要. 北京:中华书局.

宽旭. 2016b. 不空著述辑要. 北京：中华书局.

宽旭. 2017. 义净著述辑要. 北京：中华书局.

宽旭. 2018. 善无畏一行著述辑要. 北京：中华书局.

邝可怡. 2014. 战火下的诗情：抗日战争时期戴望舒在港的文学翻译. 香港：商务印书馆.

赖骏楠. 2015. 国际法与晚清中国：文本、事件与政治. 上海：上海人民出版社.

蓝红军. 2010. 翻译史研究方法论四题. 天津外国语学院学报，（03）：44-48.

蓝红军. 2013. 2013 中国翻译学学科建设高层论坛综述. 东方翻译，（06）：91-92.

蓝红军. 2016. 整体史与碎片化之间：论翻译史书写的会通视角. 中国翻译，（01）：
　　　5-11，124.

雷雨田，万兆元. 2016. 宗教经典汉译研究 第 2 辑. 北京：社会科学文献出版社.

黎昌抱. 2009. 王佐良翻译风格研究. 北京：光明日报出版社.

黎难秋. 1993. 中国科学文献翻译史稿. 合肥：中国科学技术大学出版社.

黎难秋. 2002. 中国口译史. 青岛：青岛出版社.

黎难秋. 2006. 中国科学翻译史. 合肥：中国科学技术大学出版社.

黎难秋. 2016. 同文三馆——晚清翻译家外交家的摇篮. 武汉：武汉大学出版社.

黎亭卿. 2013. 中国古代小说在越南——以《三国演义》《水浒传》《西游记》为中心.
　　　上海：华东师范大学博士学位论文.

黎舟. 1999. 新文学大师的选择. 福州：福建教育出版社.

李安光. 2017. 英语世界的元杂剧研究. 北京：中国社会科学出版社.

李长森. 2016. 近代澳门翻译史稿. 北京：社会科学文献出版社.

李崇月. 2017. 毛泽东诗词对外译介研究. 北京：中国书籍出版社.

李传松，许宝发. 2018. 中国近现代外语教育史. 上海：上海外语教育出版社.

李春雨. 2015. 老舍作品在俄罗斯. 北京：北京外国语大学博士学位论文.

李春雨. 2018. 老舍作品在俄罗斯. 厦门：厦门大学出版社.

李海军. 2014. 从跨文化操纵到文化和合——《聊斋志异》英译研究. 上海：上海交通
　　　大学出版社.

李红，刘国利. 2017. 老庄中原传统哲学思想的世界性影响及贡献研究. 长春：吉林
　　　人民出版社.

李吉娜（Poonyapha Singprathan）. 2017.《水浒传》在泰国的翻译与传播. 济南：山东
　　　大学博士学位论文.

李季. 1946. 我国的翻译事业. 中华论坛，（03）：27-32.

李今. 2005. 三四十年代苏俄汉译文学论. 北京：人民文学出版社.

李今. 2017. 汉译文学序跋集. 上海：上海人民出版社.

李金梅. 2016.《水浒传》在英语世界的改写与研究. 北京：北京外国语大学博士学位
　　　论文.

李晶. 2008. 当代中国翻译考察（1966—1976）："后现代"文化研究视域下的历史反思.
　　　天津：南开大学出版社.

李澜. 2018. 岁月钩沉：照片中的口译史——《建构口译员：一个可视的视角》述评. 东方翻译，（03）：76–81.

李磊荣. 2010. 文化可译性视角下的《红楼梦》翻译. 上海：上海译文出版社.

李良佑，张日昇，刘梨. 1988. 中国英语教学史. 上海：上海外语教育出版社.

李良玉. 2001. 史料学的内容与研究史料的方法. 安徽大学学报，（01）：42–48.

李林波. 2007. 中国新时期翻译研究考察：1981—2003. 西安：西北工业大学出版社.

李梅. 2006. 性别和翻译——冰心的翻译研究. 湘潭：湘潭大学硕士学位论文.

李明滨. 1990. 中国文学在俄苏. 广州：花城出版社.

李明滨. 2011. 中国文学俄罗斯传播史. 北京：学苑出版社.

李娜. 2016.《易经》翻译研究评述——基于中国知网的计量分析. 长江大学学报（社科版），（12）：62–65.

李宁. 2010.《福乐智慧》英译研究. 北京：民族出版社.

李宁. 2016. 维吾尔族（西域）典籍翻译研究——丝路遗珍的言际旅行. 大连：大连海事大学出版社.

李蓉. 2003. 译家张爱玲及其小说的翻译. 广州：广东外语外贸大学硕士学位论文.

李声凤. 2015. 中国戏曲在法国的翻译与接受（1789—1870）. 北京：北京大学出版社.

李奭学. 2010. 中国晚明与欧洲文学——明末耶稣会古典型证道故事考诠（修订版）. 北京：生活·读书·新知三联书店.

李奭学. 2012. 译述：明末耶稣会翻译文学论. 香港：香港中文大学出版社.

李淑敏. 2010. 翻译的历史观——《独立宣言》中译本的历时共时比较实证研究. 上海：上海外国语大学博士学位论文.

李同良. 2013. 嘉兴翻译家研究. 北京：九州出版社.

李同良. 2018. 译苑芳菲——浙江女性翻译家研究. 杭州：浙江大学出版社.

李炜. 2011. 早期汉译佛经的来源与翻译方法初探. 北京：中华书局.

李伟荣. 2018. 英语世界的《易经》研究. 北京：中国社会科学出版社.

李卫华. 2012. 中国新时期翻译文学期刊研究：1978—2008. 北京：中国社会科学出版社.

李向平，魏扬波. 2010. 口述史研究方法. 上海：上海人民出版社.

李小蓓. 2013. 萧乾文学翻译思想研究. 上海：华东师范大学博士学位论文.

李新德. 2015. 明清时期西方传教士中国儒道释典籍之翻译与诠释. 北京：商务印书馆.

李亚舒，黎难秋. 2000. 中国科学翻译史. 长沙：湖南教育出版社.

李艳丽. 2014. 晚清日语小说译介研究（1898—1911）. 上海：上海社会科学院出版社.

李砚颖，罗列. 2015. 女性主义视角下中、加两国第一个女性翻译群体比较. 外语教育与翻译发展创新研究，（04）：385–389.

李一鸣. 1943. 中国新文学史讲话. 上海：世界书局.

李颖. 2013. 芬兰的中国文化翻译研究. 北京：北京外国语大学博士学位论文.

李玉良. 2007.《诗经》英译研究. 济南：齐鲁书社.

李越. 2013. 老舍作品英译研究. 北京：知识产权出版社.

李照国. 2017. 中医翻译研究. 苏州：苏州大学出版社.

李兆华. 2005. 中国近代数学教育史稿. 济南：山东教育出版社.

李志刚. 1985. 基督教早期在华传教史. 台北：台湾商务印书馆.

李志刚. 1989. 基督教与近代中国文化论文集. 台北：财团法人基督教宇宙光传播中心出版社.

李志刚. 1993. 基督教与近代中国文化论文集（二）. 台北：财团法人基督教宇宙光传播中心出版社.

李志刚. 1997. 基督教与近代中国文化论文集（三）. 台北：财团法人基督教宇宙光传播中心出版社.

李志军. 2004. 西学东渐与明清实学. 成都：巴蜀书社.

厉平. 2016. 20 世纪上半叶英美英译中国小说中的中国形象研究. 北京：北京外国语大学博士学位论文.

连燕堂. 2014. 二十世纪中国翻译文学史（近代卷）. 天津：百花文艺出版社.

梁高燕. 2013. 《诗经》英译研究. 北京：知识产权出版社.

梁海军. 2016. 鲁迅在法语世界的传播与研究（1926—2016）. 长沙：湖南师范大学博士学位论文.

梁海军. 2017. 法语世界的鲁迅传播与研究（1926—2016）. 北京：人民出版社.

梁洪亮. 2015. 科技史与方法论. 北京：北京邮电大学出版社.

梁任公. 1921. 中国古代之翻译事业（翻译文学与佛典）. 改造，（03）：45-69.

梁任公. 1923. 佛典之翻译：梁任公近著（中卷）. 上海：上海书店出版社.

梁启超. 1998. 中国历史研究法. 上海：上海古籍出版社.

梁元生. 1978. 林乐知在华事业与《万国公报》. 香港：香港中文大学出版社.

梁真惠. 2015. 《玛纳斯》翻译传播研究. 北京：民族出版社.

廖七一. 2001. 当代英国翻译理论. 武汉：湖北教育出版社.

廖七一. 2006. 胡适诗歌翻译研究. 北京：清华大学出版社.

廖七一. 2015. 抗战时期重庆翻译研究. 天津：南开大学出版社.

林本椿. 2004. 福建翻译家研究. 福州：福建教育出版社.

林大津. 2013. 福建翻译史论. 厦门：厦门大学出版社.

林尔蔚. 1984. 外国学术著作翻译出版概况. 出版工作，（10）：23-28.

林广云，王赟，邵小森. 2020. 中国科技典籍译本海外传播情况调研及传播路径构建. 湖北社会科学，（02）：150-161.

林煌天. 1991. 中国翻译词典. 武汉：湖北教育出版社.

林煌天，贺崇寅. 1991. 中国科技翻译家辞典. 上海：上海翻译出版公司.

林聚任，刘玉安. 2008. 社会科学研究方法（第 2 版）. 济南：山东人民出版社.

林敏洁. 2018. 鲁迅与 20 世纪中外文化交流. 南昌：百花洲文艺出版社.

林榕. 1943. 晚清的翻译. 风雨谈，（01）：121-132.

林文艺. 2012. 1951—2001 年英文版《中国文学》研究. 重庆：重庆大学出版社.

林学忠. 2009. 从万国公法到公法外交：晚清国际法的传入诠释与应用. 上海：上海古籍出版社.

林治平. 1970. 丁韪良的生平与志事. 林治平编. 基督教与中国近代化论集. 台北：台湾商务印书馆，87–190.

刘复生. 2018. "80 年代文学"研究读本. 上海：上海书店出版社.

刘红. 2014. 近代中国留学生教育翻译研究（1895—1937）. 上海：华中师范大学博士学位论文.

刘洪涛，黄承元. 2012. 新世纪国外中国文学译介与研究文情报告（北美卷）（2001—2003）. 北京：中国社会科学出版社.

刘宏照. 2010. 林纾小说翻译研究. 上海：华东师范大学博士学位论文.

刘宏照. 2011. 林纾小说翻译研究. 上海：上海译文出版社.

刘火雄. 2019. 历历来时路：诺贝尔文学奖获奖作品在华出版传播研究. 南京：南京大学出版社.

刘佳. 2016.《飘》在中国的形象变迁及经典化历程. 上海：上海外语教育出版社.

刘瑾. 2016. 翻译家沙博理研究. 上海：华中师范大学博士学位论文.

刘瑾. 2018. 翻译家沙博理研究. 武汉：武汉大学出版社.

刘靖之. 1981. 翻译论集. 香港：生活・读书・新知三联书店.

刘军平. 2009. 西方翻译理论通史. 武汉：武汉大学出版社.

刘克敌，李西宏. 2010. 那些翻译大师们. 北京：金城出版社.

刘坤. 2019. 中国当代小说在美国的译介与研究. 北京：中国社会科学出版社.

刘立壹，刘振前. 2017. 译史研究的史学之维——《翻译与近代中国》评介. 山东外语教学，（03）：107–112.

刘略昌. 2018. 梭罗与中国：东学西传后的西学中渐. 北京：九州出版社.

刘朋朋，耿纪永. 2019. 方梦之译学思想再探——兼评《应用翻译研究：原理、策略与技巧（修订版）. 上海翻译，（06）：87–92.

刘全福. 2007. 翻译家周作人论. 上海：上海外语教育出版社.

刘祥文. 2014. 肖洛霍夫在中国. 北京：中国社会科学出版社.

刘性峰. 2018. 诠释学视域下的中国古代科技典籍英译研究. 苏州：苏州大学博士学位论文.

刘雪芹. 2016. 西南诸民族典籍翻译研究——她们从远古的歌谣走来. 大连：大连海事大学出版社.

刘亚猛. 2004. 风物常宜放眼量：西方学术文化与中西学术翻译. 中国翻译，（06）：46–50.

刘妍. 2012. 文化与语言的跨界之旅：《庄子》英译研究. 上海：上海交通大学博士学位论文.

刘彦仕. 2015. 新历史主义视角下的微观翻译史描述研究. 西南民族大学学报（人文社

科版），（12）：224-228.

刘永利. 2017. 作为翻译家的杜亚泉. 上海翻译（01）：62-67.

刘毅. 2002. 他山的石头——中国近现代法学译著研究. 北京：中国法制出版社.

刘云. 2011. "文化转向"后的中国翻译文学史书写. 南京师范大学文学院学报，
（04）：105-110.

刘泽权. 2016. 两岸三地百年女性文学翻译史论构建的意义与方法. 中国翻译，（03）：
26-34，128.

柳迪善. 2015. 新中国译制片史：1949—1966. 北京：中国电影出版社.

柳诒徵. 1932. 中国文化史. 南京：钟山书局.

卢华国，张雅. 2009. 内部历史和外部历史：翻译研究的一个历时视角. 湖北大学
学报（哲学社会科学版），（04）：113-117.

卢茂君. 2013. 新世纪国外中国文学译介与研究文情报告（日本卷）（2001—2003）.
北京：中国社会科学出版社.

卢明玉. 2010. 译与异：林乐知译述与西学传播. 北京：首都经济贸易大学出版社.

卢明玉. 2018. 西人西学翻译与晚清救国良策的探索. 北京：北京交通大学出版社.

卢巧丹. 2016. 跨越文化边界：论中国现当代小说在英语世界的译介与接受. 杭州：
浙江大学博士学位论文.

卢志宏. 2011. 新时期以来翻译文学期刊译介研究——基于对《世界文学》《外国
文艺》和《译林》的分析. 上海：上海外国语大学博士学位论文.

鲁伟. 2013. 老舍作品翻译的文学再现与权力运作. 济南：山东大学博士学位论文.

陆国飞. 2018. 清末民初翻译小说目录（1840—1919）. 上海：上海交通大学出版社.

陆羽，陆廷灿. 2009. 茶经、续茶经. 姜欣，姜怡，译. 长沙：湖南人民出版社.

吕洁宇. 2015.《真美善》的法国文学译介研究. 重庆：西南大学博士学位论文.

吕敏宏. 2019. 中国当代小说海外传播研究. 南昌：江西教育出版社.

吕佩爱. 2015. 马修·阿诺德的文化理论及其当代价值研究. 上海：同济大学出版社.

吕叔湘. 1948. 英华集：中诗英译比录. 南京：正中书局.

吕正惠. 1996a. 西方文学翻译在台湾. 封德屏编. 台湾文学出版——五十年来台湾文
学研讨会论文集（三）. 台北：行政主管部门文化建设委员会，237-249.

吕正惠. 1996b. 大陆的外国文学翻译. 台北：行政主管部门文化建设委员会.

罗根泽. 1943. 魏晋六朝文学批评史. 上海：商务印书馆.

罗列. 2007a. 翻译与性别：论林纾的女性观. 社会科学家，（02）：196-199.

罗列. 2007b. 在传统与现代之间：论林译《迦茵小传》中女性形象的重构. 外国语言
文学，（02）：123-129，144.

罗列. 2011. 从近代女学析中国第一个本土女性译者群体的生成. 外语与外语教学，
（01）：52-55，86.

罗列，穆雷. 2010. 翻译学的学科身份：现状与建设. 上海翻译，（04）：11-15.

罗列，穆雷. 2011. 女翻译家沈性仁与《遗扇记》中的性别意识——"五四"时期

《温德米尔夫人的扇子》汉译比较研究. 山东外语教学,（05）：68-75.

罗杰鹦. 2012. 世界文学与浙江文学翻译：世界文学视野中的浙江文学. 杭州：浙江大学出版社.

罗天，李毅. 2014. 抗战时期的军事翻译史. 北京：外文出版社.

罗新璋. 1984. 翻译论集. 北京：商务印书馆.

罗新璋，陈应年. 2009. 翻译论集（修订本）. 北京：商务印书馆.

罗选民. 2017. 翻译与中国现代性. 北京：清华大学出版社.

罗选民. 2018. 在可译与不可译之间：第三届全国宗教经典翻译研讨会论文集. 北京：中译出版社.

骆忠武. 2013. 中国外宣书刊翻译及传播史料研究（1949—1976）. 上海：上海外国语大学博士学位论文.

马旦尼亚提·热依扎. 2010. 二十世纪中国哈萨克翻译家. 乌鲁木齐：新疆人民出版社.

马会娟. 2014. 加拿大学者视角下的当代西方翻译研究. 解放军外国语学院学报,（05）：131-159.

马会娟. 2019. 彼岸的声音——汉学家论中国文学翻译. 天津：南开大学出版社.

马军. 2018. 史译重镇：上海社会科学院历史研究所的翻译事业（1956—2017 年）. 上海：上海社会科学院出版社.

马立安·高利克. 2017. 从歌德、尼采到里尔克. 刘燕编. 福州：福建教育出版社.

玛丽安·勒代雷，刘和平. 2010. 论翻译学研究方法. 中国翻译,（02）：11-18.

马纳克. 2017. 阐释学视角下的《坛经》英译研究. 长沙：湖南师范大学博士学位论文.

马士奎. 2007. 中国当代文学翻译研究 1966—1976. 北京：中央民族大学出版社.

马卫东. 2009. 历史学理论与方法. 北京：北京师范大学出版社.

马祖毅. 1984. 中国翻译简史 "五四" 运动以前部分. 北京：中国对外翻译出版公司.

马祖毅. 1999. 中国翻译史（上卷）. 武汉：湖北教育出版社.

马祖毅，任荣珍. 1997. 汉籍外译史. 武汉：湖北教育出版社.

蒙兴灿. 2009. 五四前后英诗汉译的社会文化研究. 北京：科学出版社.

孟伟根. 2017. 中国戏剧外译史. 杭州：浙江大学出版社.

孟瑶. 1986. 中国小说史. 台北：传记文学出版社.

孟·伊德木扎布. 1988. 蒙古文学史话（13 世纪—15 世纪）. 台北：台湾文物供应社.

孟昭毅. 2014. 中国东方文学翻译史. 北京：昆仑出版社.

孟昭毅，李载道. 2005. 中国翻译文学史. 北京：北京大学出版社.

闵宽东. 2016. 中国古代小说在韩国研究之综考. 武汉：武汉大学出版社.

《民族语文翻译研究论文集》编辑组. 1987. 民族语文翻译研究论文集（1）. 北京：民族出版社.

《民族语文翻译研究论文集》编辑组. 1990. 民族语文翻译研究论文集（2）. 北京：民族出版社.

莫光华. 2007. 文学翻译家中的思想者——德语文学翻译家杨武能教授访谈. 中国翻译,

（03）：49-52.

莫丽芸. 2018. 英美汉学中的白居易研究. 郑州：大象出版社.

穆凤良，许建平. 2011. 译德载物——清华人文学者对中国翻译的贡献. 上海：上海
　　科学技术文献出版社.

穆雷. 1997. 通天塔的建设者——当代中国中青年翻译家研究. 北京：开明出版社.

穆雷. 1999. 中国翻译教学研究. 上海：上海外语教育出版社.

穆雷. 2000. 重视译史研究推动译学发展——中国翻译史研究述评. 中国翻译，（01）：
　　44-48.

穆雷，欧阳东峰. 2015. 史学研究方法对翻译史研究的阐释作用. 外国语文，（03）：
　　121-128.

穆雷，诗怡. 2003. 翻译主体的"发现"与研究——兼评中国翻译家研究. 中国翻译，
　　（01）：12-18.

穆雷，邹兵. 2014. 中国翻译学研究现状的文献计量分析（1992—2013）——对两岸
　　四地近 700 篇博士论文的考察. 中国翻译，（02）：14-20.

倪正芳. 2008. 拜伦与中国. 西宁：青海人民出版社.

聂馥玲. 2010. 晚清科学译著《重学》的翻译与传播. 呼和浩特：内蒙古师范大学
　　博士学位论文.

聂馥玲. 2013. 晚清经典力学的传入：以《重学》为中心的比较研究. 济南：山东教育
　　出版社.

宁明. 2019. 莫言作品的海外传播研究. 南昌：江西教育出版社.

牛仰山，孙鸿霓. 严复研究资料. 福州：海峡文艺出版社.

潘辉煌. 2015. 莫言作品在越南的传播与接受研究. 上海：华东师范大学博士学位论文.

潘晟. 2015. 知识史：一个简短的回顾与展望. 史志学刊，（02）：100-103.

潘喜颜. 2011. 清末历史译著研究（1901—1911）——以亚洲史传译著为中心. 上海：
　　复旦大学博士学位论文.

裴源. 1983. 佛经翻译史实研究：中国翻译史纲上篇. 台北：大乘文化出版社.

裴源. 1984. 明末清初东来耶稣会士翻译著述之研究. 台北：建一书局.

彭斐章. 1998. 中外图书交流史. 长沙：湖南教育出版社.

彭桂芝，何世杰. 2016. 中外翻译史解读. 武汉：武汉大学出版社.

彭建华. 2015. 梵语佛经汉译的传统. 上海：上海三联书店.

彭萍. 2019. 社会叙述理论与京剧英译和传播. 北京：中译出版社.

彭清. 2015. 瑶族典籍《盘王大歌》翻译与研究. 长沙：湖南师范大学博士学位论文.

彭清. 2018. 瑶族典籍《盘王大歌》翻译与研究. 长沙：湖南人民出版社.

彭秀银. 2019. 毕飞宇小说在英语世界的译介研究. 扬州：扬州大学博士学位论文.

平保兴. 2004. 五四翻译理论史. 北京：中国文史出版社.

平保兴. 2005. 五四翻译文学史. 北京：中国文史出版社.

蒲梢. 2003. 中译俄小说编目. 张静庐辑注. 中国近现代出版史料（现代乙编）. 上海：

上海书店出版社，280–289.

钱林森. 1990. 中国文学在法国. 广州：花城出版社.

钱锺书. 1981. 林纾的翻译. 北京：商务印书馆.

覃江华. 2018. 社会学途径的口译史研究——《纳粹集中营口译》介评. 外国语，（01）：103–109.

秦毅. 2016. 粤籍翻译家研究. 北京：光明日报出版社.

邱均平. 1988. 文献计量学. 北京：科学技术文献出版社.

邱玏. 2011. 中医古籍英译历史的初步研究. 北京：中国中医科学院博士学位论文.

邱少明. 2011. 民国马克思主义经典著作翻译史（1912 至 1949 年）. 南京：南京航空航天大学博士学位论文.

邱少明. 2014. 文本与主义——民国马克思主义经典著作翻译史（1912—1949）. 南京：南京大学出版社.

屈文生. 2013. 从词典出发：法律术语译名统一与规范化的翻译史研究. 上海：上海人民出版社.

屈文生. 2014.《南京条约》的重译与研究. 中国翻译，（03）：41–48.

屈文生. 2018a. 翻译史研究的面向与方法. 外语教学与研究，（06）：830–836.

屈文生. 2018b. 翻译史研究的主要成就与未来之路. 中国翻译，（06）：23–25.

热扎克·买提尼牙孜. 1996. 西域翻译史. 乌鲁木齐：新疆大学出版社.

任东升. 2007. 圣经汉译文化研究. 武汉：湖北教育出版社.

任东升. 2016a. 宗教翻译论. 任东升，雷雨田编. 宗教经典汉译研究（第二辑），北京：社会科学文献出版社，3–21.

任东升. 2016b. 国家翻译实践史书写的初步探索—国家翻译实践中的"外来译家"研究综述. 上海翻译，（05）：1–5，94.

任东升. 2019. 国家翻译实践概念体系构建. 外语研究，（04）：68–73，112.

任东升，高玉霞. 2015. 国家翻译实践初探. 中国外语，（03）：92–97，103.

任淑坤. 2009. 五四时期外国文学翻译研究. 北京：人民出版社.

荣广润. 2007. 地球村中的戏剧互动：中西戏剧影响比较研究. 上海：上海三联书店.

戎林海. 2017. 瞿秋白翻译研究. 南京：东南大学出版社.

阮秋贤. 2013. 越南对二十世纪中国文学的接受观念研究——以徐枕亚、鲁迅、莫言的译介为例. 上海：复旦大学博士学位论文.

桑仲刚. 2015. 翻译家研究的活动理论途径. 外国语，（02）：73–80.

沙枫. 1976a. 鲁迅著作英译絮谈. 香港：大光出版社.

沙枫. 1976b. 中国文学英译絮谈. 香港：大光出版社.

沙枫. 1979. 中诗英译絮谈. 香港：大光出版社.

邵璐. 2012. 布迪厄社会学维度的中国近代史研究. 中国英汉语比较研究会会议论文集，487–501.

邵有学. 2018. 中国翻译思想史新论. 北京：中国社会科学出版社.

单德兴. 2007. 翻译与脉络. 北京：清华大学出版社.

单德兴. 2019. 翻译家余光中. 杭州：浙江大学出版社.

单宇，范武邱，蔡万爽. 2019. 数据时代翻译家研究方法论. 上海翻译，（03）：18–23，94.

商务印书馆编辑部. 1982. 论严复与严译名著. 北京：商务印书馆.

上官艾明. 1959. 瞿秋白与文学. 南京：江苏文艺出版社.

上海师范大学中文系. 1980. 中国当代文学研究资料：郭沫若著译系年目录（1904—
　　1949）. 上海：上海师范大学.

上海图书馆. 2010. 传教士所著汉文小说研究. 上海：上海古籍出版社.

上海图书馆. 2011. 江南制造局翻译馆图志. 上海：上海科学技术文献出版社.

尚永琪. 2012. 胡僧东来——汉唐时期的佛经翻译家和传播人. 兰州：兰州大学出版社.

尚智丛. 2000. 传教士与西学东渐. 太原：山西教育出版社.

佘协斌，张峰，陈琳，李伯和. 2001. 科学翻译研究中几个基本问题的历史回顾与思考.
　　上海科技翻译，（01）：1–6.

申丹. 2007. 外语跨学科研究与自主创新. 中国外语，（01）：13–18.

沈国威. 2010. 近代中日词汇交流研究：汉字新词的创制、容受与共享. 北京：中华书局.

沈鹏年. 1958. 鲁迅研究资料编目. 上海：上海文艺出版社.

沈苏儒. 1998. 论信达雅：严复翻译理论研究. 北京：商务印书馆.

施佳胜. 2010. 经典阐释翻译——《文心雕龙》英译研究. 上海：上海外国语大学
　　博士学位论文.

施建业. 1993. 中国文学在世界的传播与影响. 济南：黄河出版社.

施蛰存. 1990. 中国近代文学大系（翻译文学集1）. 上海：上海书店出版社.

史金波. 1988. 西夏佛教史略. 银川：宁夏人民出版社.

史锦秀. 2007. 艾特玛托夫在中国. 石家庄：河北人民出版社.

释玄奘译撰. 1957. 玄奘法师译撰全集. 南京：金陵刻经处.

释玄奘译撰. 1989. 玄奘法师译撰全集（76种1347卷）. 南京：金陵刻经处.

司佳. 2016. 近代中英语言接触与文化交涉. 上海：上海三联书店.

四川外国语学院高等教育研究所. 1993. 中国外语教育要事录1949—1989. 北京：
　　外语教学与研究出版社.

宋柏年. 1994. 中国古典文学在国外. 北京：北京语言学院出版社.

宋丹. 2015.《红楼梦》日译本研究（1892—2015）. 天津：南开大学博士学位论文.

宋炳辉. 2007. 弱势民族文学在中国. 南京：南京大学出版社.

宋莉华. 2010. 传教士汉文小说研究. 上海：上海古籍出版社.

宋莉华. 2015. 近代来华传教士与儿童文学的译介. 上海：上海古籍出版社.

宋丽娟. 2017. "中学西传"与中国古典小说的早期翻译（1735—1911）——以英语
　　世界为中心. 上海：上海古籍出版社.

宋庆宝. 2012. 拜伦在中国：从清末民初到五四. 北京：中国政法大学出版社.

宋绍香. 2012. 中国新文学20世纪域外传播与研究. 北京：学苑出版社.

宋绍香. 2017. 中国新文学俄苏传播与研究史稿. 北京：学苑出版社.

宋应星. 天工开物. 2011. 王义静，王海燕，刘迎春，译. 广州：广东教育出版社.

宋原放. 2001. 中国出版史料（现代部分）. 济南：山东教育出版社，武汉：湖北教育
　　出版社.

宋原放. 2004. 中国出版史料（古代部分）. 济南：山东教育出版社，武汉：湖北教育
　　出版社.

宋原放. 2006. 中国出版史料（现代部分）补卷. 济南：山东教育出版社，武汉：湖
　　北教育出版社.

宋原放. 2011. 中国出版史料（近代部分）. 济南：山东教育出版社，武汉：湖北教育
　　出版社.

宋韵声. 2016. 辽宁翻译文学史. 沈阳：辽宁大学出版社.

宋韵声. 2017. 中英翻译文化交流史. 沈阳：辽宁大学出版社.

苏川，倪波. 1979. 郭沫若著译系年. 四平：吉林师范大学出版社.

苏精. 1985. 清季同文馆及其师生. 台北：出版者不详.

苏艳. 2018. 从文化自恋到文化自省：晚清中国翻译界的心路历程. 武汉：华中师范
　　大学出版社.

苏玉鑫. 2018. 规范互识，史论互证，学科互通：译诗研究新思路——读张旭的
　　《视界的融合：朱湘译诗新探》（修订版）. 外语与翻译，（02）：94-96.

孙歌. 2000. 国外中国古典戏曲研究. 南京：江苏教育出版社.

孙会军，郑庆珠. 2010. 新时期英美文学在中国大陆的翻译（1976—2008）. 解放军
　　外国语学院学报，（02）：75-79，90.

孙青. 2009. 晚清之"西政"东渐及本土回应. 上海：上海书店出版社.

孙瑞珍，王中忱. 1985. 丁玲研究在国外. 长沙：湖南人民出版社.

孙轶旻. 2014. 近代上海英文出版与中国古典文学的跨文化传播（1867—1941）.
　　上海：上海古籍出版社.

孙宇. 2018. 文化翻译视域下葛浩文中国文学英译研究. 北京：中央编译出版社.

孙致礼. 1996. 1949—1966：我国英美文学翻译概论. 南京：译林出版社.

孙致礼. 2009. 中国的英美文学翻译 1949—2008. 南京：译林出版社.

孙子和. 1977. 清代同文馆之研究. 台北：嘉新水泥公司文化基金会.

孙周兴. 1999. 我们如何敲打词语. 浙江社会科学，（02）：156-157，151.

台湾图书馆. 1958. 近百年来中译西书目录. 台北：台湾文化出版事业委员会.

台湾图书馆. 1972. 中译外文图书目录. 台北：台湾丛书编审委员会.

台湾图书馆汉学研究中心. 1990. 中国文学著述外文译作书目. 台北：台湾图书馆汉学
　　研究中心.

谭慧. 2014. 中国译制电影史. 北京：中国电影出版社.

谭汝谦. 1980a. 中国译日本书综合目录. 香港：香港中文大学出版社.

谭汝谦. 1980b. 日本译中国书综合目录. 香港：香港中文大学出版社.

谭汝谦. 1985. 中日之间翻译事业的几个问题. 日本研究,（03）: 82-87.

谭汝谦. 1988. 近代中日文化关系研究. 香港: 日本研究所.

谭素琴. 2017. 社会认同理论下的译者身份与翻译选择——以查良铮为例. 天津外国语大学学报,（01）: 32-37.

谭载喜. 1991. 西方翻译简史. 北京: 商务印书馆.

谭载喜. 2017. 翻译学: 作为独立学科的求索与发展. 上海: 复旦大学出版社.

谭正璧. 1929. 中国文学进化史. 上海: 光明书局.

唐吉思. 2019. 蒙古族翻译史研究. 北京: 民族出版社.

唐磊. 2011. 理解跨学科研究: 从概念到进路. 国外社会科学,（03）: 89-98.

唐欣玉. 2013. 被建构的西方女杰——《世界十女杰》在晚清. 成都: 四川大学出版社.

滕超. 2014. 权力博弈中的晚清法律翻译. 北京: 中国社会科学出版社.

田本相. 1993. 中国现代比较戏剧史. 北京: 文化艺术出版社.

田本相，宋宝珍. 2013. 中国百年话剧史述. 沈阳: 辽宁教育出版社.

田建国. 2015. 翻译家村上春树. 上海: 上海译文出版社.

田禽. 1944. 中国戏剧运动. 上海: 商务印书馆.

田全金. 2010. 言与思的越界: 陀思妥耶夫斯基比较研究. 上海: 复旦大学出版社.

田正平. 2004. 中外教育交流史. 广州: 广东教育出版社.

通力嘎. 2014.《〈蒙古秘史〉旁译与总译研究》. 呼和浩特: 内蒙古大学博士学位论文.

童清艳. 2013. 受众研究. 上海: 上海交通大学出版社.

涂慧. 2014. 如何译介，怎样研究: 中国古典词在英语世界. 北京: 中国社会科学出版社.

汪东萍. 2012. 佛典汉译传统研究——从支谦到玄奘. 上海: 华东师范大学博士学位论文.

汪介之. 2005. 回望与沉思: 俄苏文论在 20 世纪中国文坛. 北京: 北京大学出版社.

汪晓勤. 2000. 中西科学交流的功臣——伟烈亚力. 北京: 科学出版社.

王邦维. 2013. 语言、文本与文本的转换: 关于古代佛经的翻译. 清华大学学报（哲学社会科学版）,（02）: 93-100, 160.

王秉钦. 2004. 20 世纪中国翻译思想史. 天津: 南开大学出版社.

王秉钦. 2018. 20 世纪中国翻译思想史（第二版）. 天津: 南开大学出版社.

王昌富，吉格阿加. 2017. 彝学与翻译研究论文集. 北京: 民族出版社.

王崇德. 1990. 文献计量学教程. 天津: 南开大学出版社.

王春. 2014. 李文俊文学翻译研究. 上海: 上海外国语大学博士学位论文.

王春景. 2018.《沙恭达罗》翻译史补遗. 东方翻译,（02）: 44-48.

王冬梅. 2017. 西方法学思想在近代中国的译介研究——严译《法意》解析. 北京: 北京外国语大学博士学位论文.

王尔敏. 1975. 中国文献西译书目. 台北: 台湾商务印书馆.

王芳. 2016. 波伏瓦在中国. 西安: 西安交通大学出版社.

王宏印. 2003. 中国传统译论经典诠释——从道安到傅雷. 武汉: 湖北教育出版社.

王宏印. 2016. 诗人翻译家穆旦（查良铮）评传. 北京：商务印书馆.

王宏印，王治国. 2011. 集体记忆的千年传唱：藏蒙史诗《格萨尔》的翻译与传播研究. 中国翻译，（02）：20–26，99.

王宏志. 2000. 翻译与创作：中国近代翻译小说论. 北京：北京大学出版社.

王宏志. 2007. 重释"信、达、雅"——20 世纪中国翻译研究. 北京：清华大学出版社.

王宏志. 2011. 翻译史研究 2011. 上海：复旦大学出版社.

王宏志. 2012. 翻译史研究 2012. 上海：复旦大学出版社.

王宏志. 2013. 翻译史研究 2013. 上海：复旦大学出版社.

王宏志. 2014. 翻译与近代中国. 上海：复旦大学出版社.

王宏志. 2015a. 翻译史研究 2014. 上海：复旦大学出版社.

王志宏. 2015b. 翻译史研究 2015. 上海：复旦大学出版社.

王志宏. 2017. 翻译史研究 2016. 上海：复旦大学出版社.

王宏志. 2018. 翻译史研究 2017. 上海：复旦大学出版社.

王宏志. 2020. 翻译史研究 2018. 上海：复旦大学出版社.

王健. 2001. 沟通两个世界的法律意义：晚清西方法的输入与法律新词初探. 北京：中国政法大学出版社.

王建开. 2003. 五四以来我国英美文学作品译介史（1919—1949）. 上海：上海外语教育出版社.

王介南. 2004. 近代中外文化交流史. 上海：书海出版社.

王俊菊. 2014. 莫言与世界：跨文化视角下的解读. 济南：山东大学出版社.

王克非. 1994. 论翻译文化史研究. 外语教学与研究，（04）：57–61.

王克非. 1997. 翻译文化史论. 上海：上海外语教育出版社.

王克非. 2012. 语料库翻译学探索. 上海：上海交通大学出版社.

王丽娜. 1988. 中国古典小说戏曲名著在国外. 上海：学林出版社.

王丽娜. 2016. 汉译佛典偈颂研究. 北京：商务印书馆.

王立新. 2008. 美国传教士与晚清中国现代化：近代基督新教传教士在华社会、文化与教育活动研究. 天津：天津人民出版社.

王林. 2018. 田汉的戏剧译介与艺术实践. 重庆：西南师范大学出版社.

王宁. 2002. 代表性还是典型性？——一个案的属性与个案研究方法的逻辑基础. 社会学研究，（05）：123–125.

王青建. 2000. 科学译著先师——徐光启. 北京：科学出版社.

王世欣. 2019. 跨文化视野下的斯坦贝克. 天津：南开大学出版社.

王寿兰. 1989. 当代文学翻译百家谈. 北京：北京大学出版社.

王树槐. 2011. 基督教与清季中国的教育与社会. 桂林：广西师范大学出版社.

王硕丰. 2017. 早期汉语《圣经》对勘研究. 北京：社会科学文献出版社.

王文强. 2019.《西游记》英译史研究. 上海：上海外国语大学博士学位论文.

王宪明. 2005. 语言、翻译与政治严复译《社会通诠》研究. 北京：北京大学出版社.

王祥兵，穆雷. 2013. 中国军事翻译史论纲. 外语研究，（01）：84-90.

王向远. 2001a. 东方各国文学在中国——译介与研究史述论. 南昌：江西教育出版社.

王向远. 2001b. 二十世纪中国的日本翻译文学史. 北京：北京师范大学出版社.

王向远. 2013. 应有专业化、专门化的翻译文学史. 社会科学报，10 月 17 日.

王向远. 2015. "译文不在场"的翻译文学史——"译文学"意识的缺失与中国翻译文学史著作的缺憾. 文学评论，（03）：65-71.

王晓丹. 2012. 翻译史话. 北京：社科文献出版社.

王晓凤. 2015. 晚清科学小说译介与近代科学文化. 北京：国防工业出版社.

王小林. 2016. 传播·影响·接受：中国现代作家与美国文学. 长沙：湖南师范大学出版社.

王晓明. 2018. 翻译的政治——从一个侧面看 80 年代的翻译运动. 刘复生编. "80 年代文学"研究读本. 上海：上海书店出版社，26-40.

王晓平. 2014. 中日文学经典的传播与翻译. 北京：中华书局.

王晓元. 2010. 翻译话语与意识形态：中国 1895—1911 年文学翻译研究. 上海：上海外语教育出版社.

王亚光. 2019. 20 世纪以来西方文论汉译中背离现象研究. 沈阳：辽宁大学博士学位论文.

王扬宗. 2000. 傅兰雅与近代中国的科学启蒙. 北京：科学出版社.

王颖冲. 2019. 中文小说英译研究. 北京：外语教学与研究出版社.

王颖冲，王克非. 2014. 现当代中文小说译入、译出的考察与比较. 中国翻译，（02）：33-38.

王友贵. 2001. 翻译家周作人. 成都：四川人民出版社.

王友贵. 2005. 翻译家鲁迅. 天津：南开大学出版社.

王友贵. 2015. 20 世纪下半叶中国翻译文学史：1949—1977. 北京：人民出版社.

王玉民. 2012. 现代星座汉译名的由来与演变. 自然科学史研究，（01）：41-55.

王玉珠. 2015. 茅盾在俄罗斯的接受研究. 北京：北京外国语大学博士学位论文.

王渝生. 2000. 中国近代科学的先驱——李善兰. 北京：科学出版社.

王哲甫. 1933. 中国新文学运动史. 上海：上海书店出版社.

王治国. 2011. 集体记忆的千年传唱——《格萨尔》翻译与传播研究. 天津：南开大学博士学位论文.

王治国. 2012. 民族文化走出去的翻译学解读——以活形态史诗《格萨尔》的译介为例. 天津市社会科学界联合会编. 天津市社会科学界第九届学术年会优秀论文集（上）. 天津：天津人民出版社，294-299.

王治国. 2014. 中国翻译史书写的民族文学之维——朝向建构中华多民族翻译史观的思考. 广西民族大学学报，（04）：18-22.

王治国. 2016. 藏族典籍翻译研究——雪域文学与高原文化的域内外传播. 大连：大连海事大学出版社.

王治江. 2014. 莎剧译介研究. 秦皇岛：燕山大学出版社.

王子华. 2018. 马坚传. 昆明：云南大学出版社.

王宗炎. 1948a. 古代的翻译. 民主时代,（03）：页码不详.

王宗炎. 1948b. 求经与翻译. 民主时代,（02）：页码不详.

旺堆次仁. 2001. 藏族翻译史及历代译师传略明鉴. 北京：民族出版社.

韦旭栿. 1990. 中国文学在朝鲜. 广州：花城出版社.

位方芳. 2007. 1900—1919 中国女性翻译家初探. 洛阳：中国人民解放军外国语学院硕士学位论文.

卫茂平. 2004. 德语文学汉译史考辨：晚清和民国时期. 上海：上海外语教育出版社.

卫倩平. 2018. 认同·迷失·重构——个案研究法的再审视. 现代基础教育研究,（01）：33–39.

温年芳. 2012. 系统中的戏剧翻译——以 1977—2010 年英美戏剧汉译为例. 上海：上海外国语大学博士学位论文.

温中兰, 贺爱军, 于应机等. 2010. 浙江翻译家研究. 上海：上海交通大学出版社.

文大一. 2013. 新世纪国外中国文学译介与研究文情报告（韩国卷）（2001—2005）. 北京：中国社会科学出版社.

文芳. 2011. 中国大陆传播学译著出版的历史与现状分析. 出版科学,（06）：55–58.

文军. 2010. 建国以来中国翻译理论著作出版评述. 中国翻译,（01）：33–37.

吴冰. 2014. 译随境变：社会历史语境下的《老子》英译研究. 长沙：湖南师范大学博士学位论文.

吴笛. 2009. 浙籍作家翻译艺术研究. 杭州：浙江大学出版社.

吴笛. 2019. 外国文学经典生成与传播研究. 北京：北京大学出版社.

吴笛等. 2008. 浙江翻译文学史. 杭州：杭州出版社.

吴伏生. 2012. 汉诗英译研究：理雅各、翟理斯、韦利、庞德. 北京：学苑出版社.

吴伏生. 2013. 英语世界的陶渊明研究. 北京：学苑出版社.

吴格非. 2004. 萨特与中国：新时期文学中"人"的存在探询. 徐州：中国矿业大学出版社.

吴洁敏, 朱宏达. 1990. 朱生豪传. 上海：上海外语教育出版社.

吴钧. 2009. 鲁迅翻译文学研究. 济南：齐鲁书社.

吴克礼. 2006. 俄苏翻译理论流派评述. 上海：上海外语教育出版社.

吴如嵩. 2016. 孙子兵法中外图书总览. 沈阳：白山出版社.

吴树凡. 1991. 浅谈军事翻译的地位和作用. 上海科技翻译,（02）：12–14.

吴相湘. 1978. 傅兰雅与中国近代译学. 吴相湘编. 历史与人物. 台北：东大图书.

吴学录. 2014. 国际学者翻译家校友戈宝权. 北京：光明日报出版社.

吴雨鸽. 2017. 再议翻译学的技术转向. 外语与翻译,（02）：20–24.

伍光建. 1980. 伍光建翻译遗稿. 北京：人民文学出版社.

夏登山. 2018. 慕化归译史. 长春：吉林大学出版社.

夏登山. 2017. 对中国古代翻译大潮的重新认识. 中国外语,（05）：87–92.

夏冠洲，阿扎提·苏里坦，艾光辉. 2014. 新疆当代文学史（文学翻译卷、文学评论卷）. 乌鲁木齐：新疆人民出版社.

夏晶. 2012. 晚清科技语汇的翻译——以傅兰雅为中心. 武汉：武汉大学博士学位论文.

夏天. 2012a. 史学视阈下的翻译家研究：问题与方法. 理论月刊，（03）：71-74.

夏天. 2012b. 史料、语境与理论：文学翻译史研究方法构建. 外国语，（04）：80-87.

夏天. 2019. 文学翻译中的"动态阐释"老舍长篇小说英译研究. 上海：复旦大学出版社.

鲜明. 2016. 晚清首部国人译介的社会主义著作的翻译史考察. 北京：中央编译出版社.

向达. 1933. 中外交通小史. 北京：商务印书馆.

向达. 1934. 中西交通史. 上海：中华书局.

项观奇. 1986. 历史比较研究法. 济南：山东教育出版社.

向洪全. 2016. 翻译家巴金研究. 上海：复旦大学出版社.

肖超. 2016. 翻译出版与学术传播：商务印书馆地理学译著出版史. 北京：商务印书馆.

肖曼琼. 2010. 翻译家卞之琳研究. 长沙：湖南师范大学博士学位论文.

肖志兵. 2016. 论区域翻译史的研究路径——张旭近著《近代湖南翻译史论》评析. 中国比较文学，（01）：204-208.

萧斌如，邵华. 1980. 郭沫若著译书目. 上海：上海文艺出版社.

谢春平. 2018. 英语世界的《水浒传》研究. 北京：中国社会科学出版社.

谢柯，邱进. 2018. 翻译的超学科研究：认知与步骤. 上海翻译，（02）：12-17.

谢淼. 2016. 德国汉学视野下中国当代文学的译介与研究. 南京：南京大学出版社.

谢清果. 2011. 中国近代科技传播史. 北京：科学出版社.

谢天振. 1999. 译介学. 上海：上海外语教育出版社.

谢天振. 2004. 傅雷：杰出的翻译家和散文家. 北京：文津出版社.

谢天振. 2009. 中西翻译简史. 北京：外语教学与研究出版社.

谢天振. 2010. 中西翻译史整体观探索. 东方翻译，（02）：4-8.

谢天振. 2013. 译介学（增订本）. 南京：译林出版社.

谢天振. 2019. 从《译介学》到《译介学概论》——对我的译介学研究之路的回顾. 东方翻译，（06）：4-11.

谢天振，何绍斌. 2013. 简明中西翻译史. 北京：外语教学与研究出版社.

谢天振，许钧. 2015. 新中国 60 年外国文学研究（第五卷）：外国文学译介研究. 北京：北京大学出版社.

谢天振，查明建. 2004 中国现代翻译文学史. 上海：上海外语教育出版社.

新华出版社. 中国文化翻译出版与国际传播调研报告（1949—2014）. 北京：新华出版社.

辛红娟. 2018. 杨宪益翻译研究. 南京：南京大学出版社.

辛红娟，费周瑛. 2018. 布迪厄社会学理论观照下的翻译现象剖析——以徐光启、利玛窦翻译《几何原本》为例. 外国语言与文化，（04）：79-88.

邢力. 2016. 蒙古族典籍翻译研究——从《蒙古秘史》复原到《红楼梦》新译. 大连：大连海事大学出版社.

熊辉. 2018. 抗战大后方翻译文学史论. 上海：上海交通大学出版社.

熊宣东. 2019. 佛典译论译史研究：意义、现状与对策. 上海翻译，（06）：24-28.

熊月之. 1994. 西学东渐与晚清社会. 上海：上海人民出版社.

熊月之. 2007. 晚清新学书目提要. 上海：上海书店出版社.

虚白编. 1929. 汉译东西洋文学作品编目. 上海：真美善书店.

徐红. 2011. 西文东渐与中国早期电影的跨文化改编：1913—1931. 北京：中国电影出版社.

徐若梦. 2014. 古代《圣经》汉译与中西文化交流. 北京：中国文史出版社.

徐若楠. 2018. 中西经典的会通：卫礼贤翻译思想研究. 上海：上海译文出版社.

徐志啸. 2013. 中国古代文学在欧洲. 石家庄：河北教育出版社.

徐宗泽. 1949. 明清间耶稣会士译著提要. 上海：中华书局.

许钧. 2001. 当代英国翻译理论. 武汉：湖北教育出版社.

许钧. 2011. 傅雷的精神世界及其时代意义——“傅雷与翻译”国际学术研讨会论文集. 上海：中西书局.

许钧. 2018. 改革开放以来中国翻译研究概论（1978—2018）. 武汉：湖北教育出版社.

许钧，李国平. 2018a. 中国文学译介与传播研究（卷一）. 杭州：浙江大学出版社.

许钧，李国平. 2018b. 中国文学译介与传播研究（卷二）. 杭州：浙江大学出版社.

许钧，穆雷. 2009a. 中国翻译学研究 30 年 (1978—2007). 外国语，（01）：77-87.

许钧，穆雷. 2009b. 中国翻译研究（1949—2009）. 上海：上海外语教育出版社.

许钧，宋学智. 2007. 20 世纪法国文学在中国的译介与接受. 武汉：湖北教育出版社.

许钧，宋学智，胡安江. 2016. 傅雷翻译研究. 南京：译林出版社.

许钧，朱玉彬. 2007. 中国翻译史研究及其方法初探——兼评五卷本《中国翻译通史》. 外语教学与研究，（06）：451-455.

许敏. 2018. 中国现代小说在英语世界的译介研究（1940—1949）——基于场域、惯习、资本的视角. 上海：华东师范大学博士学位论文.

许诗焱，许多. 2018. 译者-作者互动与翻译过程——基于葛浩文翻译档案的分析. 外语教学与研究，（03）：441-450.

薛绥之，张俊才. 1983. 林纾研究资料. 福州：福建人民出版社.

颜洽茂. 2019. 翻译佛经语料研究. 杭州：浙江大学出版社.

严绍璗，王晓平. 1990. 中国文学在日本. 广州：花城出版社.

严晓江. 2012. 梁实秋的创作与翻译. 北京：北京师范大学出版社.

阎书昌. 2015. 中国近代心理史学（1872—1949）. 上海：上海教育出版社.

阎振瀛. 1971. 理雅各氏英译论语之研究. 台北：台湾商务印书馆.

姚军玲. 2018.《红楼梦》在德国的传播与翻译. 郑州：大象出版社.

杨承淑. 日本统治期台湾における译者及び“翻译”活动——植民地统治と言语文

化の错综关系. 台北：台大出版中心.

杨家骆. 1936. 民国以来出版新书总目提要. 南京：辞典馆.

杨静. 2013. 中国哲学典籍英译史研究：回顾与展望. 湖北民族学院学报（哲学社会科学版），（05）：89-91.

杨静. 2014. 美国二十世纪的中国儒学典籍英译论. 开封：河南大学博士学位论文.

杨靖. 2019. "耶""佛"的接榫与错位——李提摩太中国大乘佛教文本英译研究. 上海：上海外国语大学博士学位论文.

杨丽华. 2011. 中国近代翻译家研究. 天津：天津大学出版社.

杨莉馨，卓岩. 2011. 我的河在向你奔来：20世纪英语女作家在中国. 南京：南京师范大学出版社.

杨玲. 2010. 林译小说及其影响研究. 福州：福建师范大学博士学位论文.

杨玲. 2013. 林译小说及其影响研究. 北京：世界图书出版公司.

杨平. 2011. 中西文化交流视域下的《论语》英译研究. 北京：光明日报出版社.

杨庆芳，刘兰肖. 2006.《新民丛报》与西方近代学术的译介和传播. 出版发行研究，（06）：77-79.

杨全红. 2010. 翻译史另写. 武汉：武汉大学出版社.

杨四平. 2014. 跨文化的对话与想象：现代中国文学海外传播与接受. 上海：东方出版中心.

杨熙楠，雷保德. 2004. 翻译与吸纳：大公神学和汉语神学. 台北：汉语基督教文化研究所.

杨文瑜. 2015. 文本的旅行：日本近代小说《不如归》在中国. 上海：华东理工大学出版社.

杨义. 2009. 二十世纪中国翻译文学史. 天津：百花文艺出版社.

杨玉峰. 2012. 南社著译叙录. 香港：中华书局.

杨玉英. 2011. 英语世界的郭沫若研究. 上海：复旦大学出版社.

杨玉英. 2015. 郭沫若在英语世界的传播与接受研究. 北京：学苑出版社.

杨玉英. 2017.《孙子兵法》在英语世界的传播与接受研究. 北京：学苑出版社.

杨焯. 2015. 丁译《万国公法》研究. 北京：法律出版社.

姚达兑. 2018. 现代的先声：晚清汉语基督教文学. 广州：中山大学出版社.

叶霭云. 2014. 大清留美幼童——洋务运动中被遗忘的译者群体. 中国翻译，（01）：43-48.

叶水夫. 1993. 大陆改革开放时期的外国文学翻译工作. 中国翻译，（01）：4-7.

伊凡·巴夫洛夫. 1955. 高级神经活动研究论文集. 戈绍龙，译. 上海：上海医学出版社.

易经. 2009. 试论翻译学体系的建构. 长沙：湖南师范大学博士学位论文.

尹辉. 2019. 五四前后"弱小民族文学"译介研究. 济南：山东大学博士学位论文.

尹文杰，韩江洪. 2018. 基于语料库的喻瑶琴译者风格研究——以1951—1966年《中国文学》（英文版）中的小说为例. 沈阳大学学报（社会科学版），（06）：

762–765，776.

尹延安. 2013. 传教士中文报刊译述语言文化研究（1815—1907 年）. 上海：华东师范大学博士学位论文.

于丽萍. 2016. 中日翻译文化交流史. 沈阳：辽宁大学出版社.

俞金尧. 2011. 微观史研究与史学的碎化. 历史教学，（12）：3–5.

余畅. 2019. 人道主义概念在现代中国的翻译、重构和播散（1900—1929）. 上海：上海外国语大学博士学位论文.

余石屹. 2016. 保罗·卡鲁斯的《道德经》英译本研究. 中国翻译，（06）：24–30.

余振贵，杨怀中. 1993. 中国伊斯兰文献著译提要. 银川：宁夏人民出版社.

雍桂良. 1983.《资本论》的写作与传播. 北京：求实出版社.

咏梅. 2013. 中日近代物理学交流史研究：1850—1922. 北京：中央民族大学出版社.

袁斌业. 2011. 翻译报国，译随境变——马君武的翻译思想和实践研究. 苏州：苏州大学出版社.

袁斌业. 2015. 桂林抗战文化城翻译出版研究. 桂林：广西师范大学出版社.

袁荻涌. 2002. 二十世纪初期中外文学关系研究. 北京：中国文史出版社.

袁锦翔. 1990. 名家翻译研究与赏析. 武汉：湖北教育出版社.

袁丽梅. 2019. 全球史视野下的翻译史研究——关系梳理与参考借鉴. 上海翻译，（04）：66–70，95.

袁丽梅，李帆. 2018. 史论结合，创新方法——翻译史期刊论文统计研究. 上海翻译，（05）：47–51.

袁帅亚. 2017. 肌理论：邵洵美的翻译诗学研究. 长春：东北师范大学出版社.

袁西玲. 2014. 延安时期的翻译活动及其影响研究. 上海：上海外国语大学博士学位论文.

袁媛. 2010. 近代生理学在中国（1851—1926）. 上海：上海人民出版社.

岳峰. 2018. 中华文献外译与西传研究. 厦门：厦门大学出版社.

臧仲伦. 1991. 中国翻译史话. 济南：山东教育出版社.

曾锦漳. 1966. 林译小说研究（上）. 香港新亚学报，（02）：页码不详.

曾锦漳. 1967. 林译小说研究（下）. 香港新亚学报，（01）：页码不详.

曾利君. 2011. 加西亚·马尔克斯作品的汉译传播与接受. 北京：中华书局.

曾利君. 2012. 马尔克斯在中国. 北京：中国社会科学出版社.

查明建，谢天振. 2007. 中国 20 世纪外国文学翻译史. 武汉：湖北教育出版社.

扎西东珠. 2012.《格萨尔》文学翻译论. 北京：人民出版社.

扎西卓玛. 2011. 藏传佛教佛经翻译史研究. 兰州：兰州大学博士学位论文.

张成智，王华树. 2016. 论翻译学的技术转向. 翻译界，（02）：104–118.

张翠玲. 2017. 中国现当代戏剧的英译与接受研究（1949—2015）. 北京：北京外国语大学博士学位论文.

张德让. 2010. 翻译会通研究——从徐光启到严复. 上海：华东师范大学博士学位论文.

张的妮，廖志勤. 2015. 国内《易经》英译研究综述（1985—2014）. 周易研究，

（02）：85–91.

张登德. 2009. 求富与近代经济学中国解读的最初视角——《富国策》的译刊与传播. 合肥：黄山书社.

张汨. 2018. 翻译手稿研究：问题与方法. 外语教育研究，（02）：41–46.

张汨，文军. 2014a. 翻译家研究模式建构：维度、内容与方法. 译苑新谭.（06）：2–7.

张汨，文军. 2014b. 国内翻译家研究现状与流变趋势. 中国外语，（04）：97–104.

张汨，文军. 2016. 朱生豪翻译手稿描写性研究——以《仲夏夜之梦》为例. 外语与外语教学，（03）：120–128.

张弘. 1992. 中国文学在英国. 广州：花城出版社.

张积玉，王钜春. 1991. 马克思主义理论家翻译家张仲实. 西安：陕西人民教育出版社.

张静. 2019. 1898—1908 翻译文学之“变相”研究. 北京：光明日报出版社.

张静庐. 2003. 中国近现代出版史料补编. 上海：上海书店出版社.

张开媛. 2015.《金刚经》鸠摩罗什译本在唐代的流传和接受. 北京：北京外国语大学博士学位论文.

张立慧，李今. 1986. 巴金研究在国外. 长沙：湖南文艺出版社.

张曼. 2016. 老舍翻译文学研究. 上海：上海交通大学出版社.

张曼涛. 1977. 玄奘大师研究（下）. 台北：大乘文化出版社.

张曼涛. 1978a. 佛典翻译史论. 台北：大乘文化出版社.

张曼涛. 1978b. 佛典译述及著录考略. 台北：大乘文化出版社.

张曼涛. 1979. 西藏佛教教义论集. 台北：大乘文化出版社.

张曼仪. 1989. 卞之琳著译研究. 香港：香港大学中文系.

张美芳. 2001. 中国英汉翻译教材研究 1949—1998. 上海：上海外语教育出版社.

张南峰. 2005. 从多元系统论的观点看翻译文学的“国籍”. 外国语，（05）：56–62.

张佩瑶. 2012. 传统与现代之间：中国译学研究新途径. 长沙：湖南人民出版社.

张岂之，周祖达. 1990. 译名论集. 西安：西北大学出版社.

张秀仿. 2012. 河北省翻译史专题研究. 北京：中国对外翻译出版公司.

张旭. 2008. 从失语到对话——兼评张佩瑶等编译《中国翻译话语英译选集》. 外语研究，（01）：94–97.

张旭. 2008. 视界的融合：朱湘译诗新探（修订版）. 北京：清华大学出版社.

张旭. 2011a. 湘籍近现代文化名人（翻译家卷）. 长沙：湖南师范大学出版社.

张旭. 2011b. 中国英诗汉译史论——1937 年以前部分. 长沙：湖南人民出版社.

张旭. 2014. 近代湖南翻译史论. 长沙：湖南人民出版社.

张旭. 2017. 视界的融合：朱湘译诗新探（修订版）. 北京：清华大学出版社.

张旭. 2019. 心田的音乐——翻译家黎翠珍的英译世界. 北京：清华大学出版社.

张旭，车树昇. 2014. 林纾年谱长编（1852—1924）. 福州：福建教育出版社.

张莹. 2019. 行动者网络理论与中国文化外译——以熊式一英译的 Lady Precious Stream（《王宝川》）为例. 外国语，（04）：25–34.

张玉法. 2005. 心理学在历史研究上的应用. 康乐，彭明辉编. 历史方法与历史解释. 北京：中国大百科全书出版社，192–193.

张振玉. 1966. 译学概论. 台中：中台印刷厂.

张政，蒋童. 2018. 中国近现代翻译家肖像. 北京：外文出版社.

张正东. 2000. 中国外语教学法理论与流派. 北京：科学出版社.

张泽乾. 1994. 翻译经纬. 武汉：武汉大学出版社.

张治. 2012. 中西因缘：近现代文学视野中的西方"经典". 上海：上海社会科学院出版社.

张志芳，张彬. 2012. 译以载道：佛典的传译与佛教的中国化. 厦门：厦门大学出版社.

赵长江. 2014. 19 世纪中国文化典籍英译研究. 天津：南开大学博士学位论文.

赵长江. 2017. 十九世纪中国文化典籍英译史. 上海：上海外语教育出版社.

赵丰. 2017. 童话往事：中国动画译制片（1988—1992）. 北京：中国传媒大学出版社.

赵丰，罗星海. 2017. 童话往事：中国译制动画片（1979—1987）. 北京：中国传媒大学出版社.

赵光育. 1999. 中国翻译小说史论. 天津：天津人民出版社.

赵吉惠. 1987. 历史学方法论. 成都：四川人民出版社.

赵纪萍. 2015. 创造性叛逆视野下的清末民初文学翻译研究. 济南：山东大学博士学位论文.

赵利民. 2013. 对话与交流：中国传统文学与外国文学关系研究. 北京：中国社会科学出版社.

赵生辉. 2014. 数字组带：中国少数民族语言电子文件集成管理的体系架构研究. 西安：陕西师范大学出版社.

赵维本. 1993. 译经溯源——现代五大中文圣经翻译史. 香港：中国神学研究院.

赵稀方. 2009. 二十世纪中国翻译文学史（新时期卷）. 天津：百花文艺出版社.

赵稀方. 2012. 翻译现代性：晚清到五四的翻译研究. 天津：南开大学出版社.

赵稀方. 2018. 翻译与现代中国. 上海：复旦大学出版社.

赵献涛. 2015. 民国文学研究——翻译学、手稿学、鲁迅学. 北京：中国广播影视出版社.

赵晓阳. 2016. 当代中国基督宗教史研究. 北京：中国社会科学出版社.

赵晓阳. 2019. 域外资源与晚清语言运动——以《圣经》中译本为中心. 北京：北京师范大学出版社.

赵莹. 2012. 《三国演义》在日本的译介与研究. 天津：南开大学博士学位论文.

赵莹. 2014 《三国演义》在日本的译介与研究. 天津：南开大学出版社.

赵征军. 2015. 中国戏剧典籍译介研究：以《牡丹亭》的英译与传播为中心. 北京：中国社会科学出版社.

郑伯奇. 1936. 两栖集：中国现代文学史参考资料. 上海：上海书店出版社.

郑鹤声. 1956. 八十年来官办编译事业之检讨. 包遵彭编. 中国近代史论丛——维新与

保守（第 1 辑第 7 册）. 台北：正中书局，17–55.

郑鹤声，郑鹤春. 1930. 中国文献学概要. 上海：商务印书馆.

郑建宁. 2019. 翻译思想史的全新书写与建构——邵有学《中国翻译思想史新论》评介. 连云港师范高等专科学校学报，（02）：55–58.

郑锦怀. 2016. 泉籍翻译家与中西交流——生平述介与著译考录. 青岛：中国海洋大学出版社.

郑锦怀，岳峰. 2011. 翻译史料问题研究. 外语教学与研究，（03）：445–452，481.

郑鲁南. 2005. 一本书和一个世界. 北京：昆仑出版社.

郑鲁南. 2008. 一本书和一个世界（第二集）. 北京：昆仑出版社.

郑炜明. 2014. 香港大学饶宗颐学术馆十周年馆庆同人论文集（琴学卷）. 上海：上海古籍出版社.

郑晔. 2012. 国家机构赞助下中国文学的对外译介——以英文版《中国文学》（1951—2000）为个案. 上海：上海外国语大学博士学位论文.

郑振铎. 1936. 清末翻译小说对新文学的影响. 今代文艺，（01）：112–118.

中共中央马克思、恩格斯、列宁、斯大林著作编译局马恩室. 1983. 马克思恩格斯著作在中国的传播：纪念马克思逝世一百周年. 北京：人民出版社.

中国版本图书馆. 1986. 1949—1979 翻译出版外国文学著作目录和提要. 南京：江苏人民出版社.

中国对外翻译出版公司. 1983. 翻译理论与翻译技巧论文集. 北京：中国对外翻译出版公司.

中国翻译工作者协会，《翻译通讯》编辑部. 1984a. 翻译研究论文集（1894—1948）. 北京：外语教学与研究出版社.

中国翻译工作者协会，《翻译通讯》编辑部. 1984b. 翻译研究论文集（1949—1983）. 北京：外语教学与研究出版社.

中国翻译家词典编写组. 1988. 中国翻译家词典. 北京：中国对外翻译出版公司.

中国佛教协会. 1982. 中国佛教（二）. 上海：东方出版中心.

钟鸣旦. 2010. 清初中国的欧洲星占学：薛凤祚与穆尼阁对卡尔达诺《托勒密〈四书〉评注》的汉译. 自然科学史研究，（03）：85–106.

周昌寿. 1937. 译刊科学书籍考略. 胡适编. 张菊生先生七十生日纪念论文集. 北京：商务印书馆，346–395.

周国伟. 1996. 鲁迅著译版本研究编目. 上海：上海文艺出版社.

周蕾. 2018. 中国当代女作家在法国的翻译和接受（1978—2017）. 上海：上海外国语大学博士学位论文.

周领顺. 2008. 学术翻译研究与批评论纲. 外语研究，（01）：78–84.

周晓虹. 2019. 口述史与社会记忆：现状与未来. 南京社会科学，（12）：10–23.

周文玖. 2006. 史学史导论. 北京：学苑出版社.

周一良. 1947. 论佛典翻译文学. 申报·文史，12 月 20 日，12 月 27 日.

周一良. 1948. 论佛典翻译文学. 申报·文史, 1 月 10 日.

周兆祥. 1981. 汉译《哈姆雷特》研究. 香港: 香港中文大学出版社.

周子东. 1994. 民主革命时期马克思主义在上海的传播 1898—1949. 上海: 上海社会科学院出版社.

朱春花. 2019. 翻译家与编辑家: 鲁迅研究. 长春: 吉林人民出版社.

朱芬. 2018. 莫言作品在日本的译介——基于文化语境的考察. 上海: 华东师范大学博士学位论文.

朱立文. 2007. 林语堂著译及其研究资料系年目录. 厦门: 厦门大学出版社.

朱义明. 2019. 口述史的概念厘定与研究向度. 南京社会科学, (12): 10–23.

朱志瑜, 黄立波. 2013. 中国传统译论: 译名研究. 长沙: 湖南人民出版社.

朱振武. 2017. 《聊斋志异》的创作发生及其在英语世界的传播. 上海: 学林出版社.

朱振武等. 2017. 汉学家的中国文学英译历程. 上海: 华东理工大学出版社.

庄柔玉. 2000. 基督教圣经中文译本权威现象研究. 香港: 国际圣经协会.

邹海仑. 2016. 从《黑奴吁天录》到《喧哗与骚动》——微澜与巨潮激荡的百年史. 北京: 西苑出版社.

邹振环. 1996. 影响中国近代社会的一百种译作. 北京: 中国对外翻译出版公司.

邹振环. 1998. 江苏翻译出版史略. 南京: 江苏人民出版社.

邹振环. 2000a. 译林旧踪. 南昌: 江西教育出版社.

邹振环. 2000b. 20 世纪上海翻译出版与文化变迁. 南宁: 广西教育出版社.

邹振环. 2000c. 晚清西方地理学在中国——以 1815 至 1911 年西方地理学译著的传播与影响为中心. 上海: 上海古籍出版社.

邹振环. 2007. 西方传教士与晚清西史东渐——以 1815 至 1900 年西方历史译著的传播与影响为中心. 上海: 上海古籍出版社.

邹振环. 2010. 晚明至晚清的翻译: 内部史与外部史. 东方翻译, (04): 18–26, 32.

邹振环. 2011. 晚明汉文西学经典: 编译、诠释、流传与影响. 上海: 复旦大学出版社.

邹振环. 2012. 疏通知译史: 中国近代的翻译出版. 上海: 上海人民出版社.

邹振环. 2017. 20 世纪中国翻译史学史. 上海: 中西书局.

Adamo, S. 2006. Microhistory of Translation. In G. L. Bastin & P. F. Bandia (Eds.), *Charting the Future of Translation History*. Ottawa: University of Ottawa Press, 45–69.

Baker, M. 1996. Corpus-based Translation Studies: The Challenges That Lie Ahead. In H. Somers (Ed.), *Terminology, LSP and Translation: Studies in Language Engineering in Honour of Juan C. Sager*. Amsterdam & Philadelphia: John Benjamins, 175–186.

Bassnett, S. 1996. The Meek or the Mighty: Reappraising the Role of the Translator. In R. Álvarez & M. Carmen-África Vidal (Eds.), *Translation, Power, Subversion*. Clevedon: Multilingual Matters, 23.

Bastin, L. G. & Bandia, P. F. (Eds.). 2006. *Charting the Future of Translation History: Current Discourses and Methodology*. Ottawa: University of Ottawa Press.

Burke, P. (Ed.). 2001. *New Perspectives on Historical Writing* (2nd ed). Pennsylvania: The Pennsylvania State University Press.

Chan, L. T. H. (2004). *Twentieth-century Chinese Translation Theory: Modes, Issues and Debates*. Amsterdam & Philadelphia: John Benjamins.

Cheung, M. P. Y. 2006. *An Anthology of Chinese Discourse on Translation: From Earliest Times to the Buddhist Project. Vol. 1*. London: Routledge.

Cheung, M. P. Y. & Neather, R. 2017. *An Anthology of Chinese Discourse on Translation: From the Late Twelfth Century to 1800. Vol. 2*. London: Routledge.

Cronin, M. 2010. The Translation Crowd. *Revista Tradumàtica*, (8): 1–7.

Danto, E. A. 2008. *Historical Research*. Oxford: Oxford University Press.

Delisle, J. & Woodsworth, J. (Eds.). 1995. *Translators through History*. Amsterdam: John Benjamins.

Doherty, S. 2016. The Impact of Translation Technologies on the Process and Product of Translation. *International Journal of Communication*, (10): 947–969.

Griffin, G. 2005. *Research Methods for English Studies*. Edinburgh: Edinburgh University Press.

Howell, M. C. & Prevenier, W. 2001. *From Reliable Sources: An Introduction to Historical Methods*. Ithaca: Cornell University Press.

Klein, J. T. 2010. A Taxonomy of Interdisciplinarity. In R. Frodeman, J. T. Klein & R. C. D. S. Pacheco (Eds.), *The Oxford Handbook of Interdisciplinarity*. Oxford: Oxford University Press, 15–30.

Levi, G. 2001. On Microhistory. In P. Burke (Ed.), *New Perspectives on Historical Writing*. Pennsylvania: The Pennsylvania State University Press, 97–99.

Lung, R. 2011. *Interpreters in Early Imperial China*. Amsterdam: John Benjamins.

Pym, A. 2007. *Method in Translation History*. Beijing: Foreign Language Teaching and Research Press.

Shen, K. 2011. *Brush Talks from Dream Brook* (H. Wang & Z. Zhao, Trans.). London: Paths International.

Susam-Sarajeva, S. 2009. The Case Study Research Method in Translation Studies. *The Interpreter and Translator Trainer*, (01): 37–56.

Ungerer, F. & Schmid, H. J. 2008. *An Introduction to Cognitive Linguistics*. Beijing: Foreign Language Teaching and Research Press.

术 语 表

场域	field
惯习	habitus
行动者网络理论	Actor Network Theory (ANT)
阶级惯习	class habitus
经济资本	economic capital
客观关系结构	structures of objective relations
口述史	oral history
兰克历史学	Rankean historiography
民族志	ethnography
内史	internal history
内史论	internalism
社会资本	social capital
外史	external history
外史论	externalism
微观史	microhistory
文化相对主义理论	cultural relativism
文化资本	cultural capital
文献计量学	Bibliometrics
文学档案与手稿小组	Group for Literary Archives and Manuscripts (GLAM)
象征性资本	symbolic capital
新历史学	new historiography
资本	capital

后　　记

2019 年中国英汉语比较研究会启动了"新时代外国语言文学新发展研究丛书"项目，希望各专业委员会从理论、方法、实践等方面总结近十年来本学科研究所取得的成绩，展望未来的发展。同年 9 月，在内蒙古师范大学召开的"第五届全国翻译史研究高层论坛"上，翻译史研究专业委员会会长张旭教授代表专业委员会将《中国翻译史新发展研究》一书的写作任务交给了我们。获此信任，我们非常激动，会后便联合几位同事和博士生开始了该书的写作工作。

转眼一年过去了，该书即将付梓。2020 年世界发生着巨大变化，"新冠疫情"成为 2020 年的国际词。我们在恐惧、感动和刚强中坚持完成我们的工作，继续我们的生活。我们很高兴，书稿能如期完成。

段峰主要负责了全书的结构编排、审读修改及绪言后记撰写；罗金主要负责联络和第二章的撰写；潘丽妃主要负责第一章的撰写；周鹤主要负责第三章的撰写；陈莉主要负责第四章的撰写；唐绪华主要负责第五章的撰写；覃军和姜学龙参加了前期的撰写工作。

张旭会长、王银泉副会长、王建开副会长非常关心本书的写作工作。张旭会长亲自审读全稿，提出了很好的意见和建议。肖志兵撰写了"闽派翻译馆"部分，孙艳撰写了"科学技术史阐释视角的借鉴"部分。苏玉鑫、蓝岚校对了全书文字内容。蓝岚最后汇总补充和修改建议。本书是集多校之力的合作之作，同时也和丛书主编之一庄智象教授以及清华大学出版社外语分社郝建华社长的支持和帮助密不可分。我们谨向所有为此书编写出版做出贡献的同仁和同学表示感谢。

中国翻译史源远流长，翻译史研究著作和论文数量巨大，尤其是近一二十年以来翻译史研究成果丰硕。要穷尽所有研究成果，并做出全面的叙述和评价，非我们能力所及。因此，如本书忽略或未能做出恰当评析的著作和论文，还请作者海涵，因为确非我们本意，容以后能有机会弥补。

段峰　罗金
2020 年 9 月于四川大学